家庭暴力防治法規專論

五南圖書出版公司 印行

高鳳仙 編著

　　家庭暴力是一個自古存在的問題，卻一直被隱藏在陰暗的角落中，直到20世紀末期才逐漸被人揭開神祕面紗，正視問題之本質，提出根本防治之道，而最令人矚目者，莫過於法律之制定與實務之改進。

　　我國對於家庭暴力問題之關注，起步雖然有點晚，但進步卻十分神速。從婦女團體開始呼籲制定專法時起，在短短四、五年間，家庭暴力防治法即在國人的期盼下順利完成立法程序，使我國成為大陸法系國家中，第一個制定家庭暴力防治專法之國家，也使我國對於婦女人身安全之保護，向前跨進一大步，對於婦女人權之提升，確實具有重大意義。

　　作者於赴美研究及推動立法期間，曾陸續在期刊雜誌上發表有關家庭暴力之論文，一方面論述我國及外國關於家庭暴力之理論發展、實務運作及立法情況，另一方面向國人介紹作者草擬家庭暴力防治法之目標與內容。家庭暴力防治法完成立法程序後，作者再將這些論文配合法律之制定重新修改編排，集成本書。嗣後配合法律的執行及實務運作，陸續修正原論文，並增加新論文，以豐富本書之內容。期望本書能有助於國人深入暸解家庭暴力問題之本質、法律規範之精神及正確之處理方式，使家庭暴力防治法能切實執行，發揮保護被害人與保障家庭安全的功能。

　　家庭暴力防治法是許多關心家庭暴力防治工作者共同努力之成果，作者有機會參與法律之制定及修正，在制定及修正過程中不斷地學習成長，確實獲益良多，此種寶貴經驗將終生難忘。事實上，由於潘維剛等立法委員、現代婦女基金會、台灣防暴聯盟及其他民間團體的大力推動，再加上所有關懷及執行家庭暴力防治工作者的真誠支持與付出，家庭暴力防治法的立法及修法運動才能開花結果，法律漸漸落實執行，使被害人及其子女免受暴力侵害，謹此表示由衷謝忱！

高鳳仙　謹誌
2018年9月

contents 目錄

附　錄　　　　　　　　　　　　　　271

第一章
家庭暴力之理論發展

家庭暴力存在於古今中外，婚姻暴力之受虐者大多為婦女。在男尊女卑思想盛行的社會中，男子認為其有責任保護其妻，亦有權利管教其妻，由於男子在生理與經濟上均較女子更占優勢，婦女也頗能接受丈夫有懲戒妻子權利的想法。許多受虐婦女仍與施虐者共同生活，不願離開施虐者。現今社會雖已漸趨性別平等，但家庭暴力問題依然處處可見，十分嚴重。

為了解決家庭暴力問題，必須探討家庭暴力之原因，才能對症下藥，因此，許多關心家庭暴力之專家學者，投入諸多心力，提出關於家庭暴力之相關理論及防治對策，這些理論經過不斷的批評、檢驗和演進，有些還被不少國家採為家庭暴力防治法規及政策的理論基礎，影響深遠。

本章擬簡介重要之家庭暴力理論，論述其內容及困境，解析理論之功能，期能更深入了解施暴之真正原因，對施虐者提供更有效的協助，使受虐者得到更妥適的保護。

壹、早期理論

關於家庭暴力理論，主要係探討家庭暴力之發生原因，剛開始時之重點在於心理學或精神醫學因素。

早期的心理學家在20世紀初期對此一現象進行研究，在佛洛伊德之精神分析理論盛行的時代中，佛洛伊德的弟子Helene Deutsch提出受虐狂理論（masochism theory），認為受虐狂常見於女性，受虐婦女暗中享受因受虐而得的快樂，故不願離開施虐者，此理論在1950年代一直是主流思

想[1]。

此理論遭受批評包括：受虐狂概念如與受虐婦女相連結，會成為責難被害人（victim-blaming）的工具；並無實驗證據（empirical evidence）證明受虐婦女是受虐狂等[2]。

現代心理學家自1975年以後即揚棄受虐狂理論，在研究上開現象時將受虐婦女視為虐待行為之被害人而非虐待形成之原因，並提出不同的理論以解釋受虐婦女不願離開施虐者的理由。這些理論通常檢視下列因素：(1)婦女之外在社會與經濟壓力。(2)使婦女易接受虐待之成長問題（如婦女本身在孩童時期曾受虐待等）。(3)個別受害人之精神病理學[3]。

貳、近期理論

自1970年代後期開始迄今，美國及其他先進國家之專家學者陸續提出非常多關於家庭暴力之理論，比較重要者大致如下：

一、精神病理學理論（psychopathology theory）

在美國展開受虐婦女運動之1970年代初期，當時所盛行的理論是基於精神病理學，認為施虐者之所以對婦女施暴是因為他們是精神病患（mentally ill）、人格異常（personality disorder）、吸毒或酗酒者，可以經由藥物治療及精神處遇而治癒。然而，有研究資料顯示，大部分施虐者並非精神病患，也無人格異常。而且，此種理論也無法解釋，為何施虐者

---

[1]　Margi Laird McCue, Domestic Violence 128 (2008); Elizabeth Pleck, Domestic Tyranny 158-159 (1987); Naomi R. Cahn, Civil Images of Battered Women: The Impact of Domestic Violence on Child Custody Decisions, 44 Vanderbilt Law Review 1049 (1991).

[2]　Brenda L. Russell, Battered Woman Syndrome as a Legal Defense: History, Effectiveness and implications 38 (2010).

[3]　Cahn，同註1，1046-1050頁。

可以控制其在外或對外人的行為，僅在家中對其家人施暴[4]。再者，將施虐者視為精神病患或人格異常者，不僅無法解決問題，而且會因醫學上之狀況而實際減輕施虐者的責任[5]。

最初的理論也認為受虐婦女是精神病患，認為諸如受虐婦女在孩童時期曾經受虐之背景等原因，可能使其尋求受虐關係或留在受虐關係中[6]。這些婦女可能具有邊緣人格（a borderline personality），對於自我形象、人際關係與喜怒哀樂均有普遍不穩定的形態，在不穩定及緊張關係中則表現出對於自我本身、生活抉擇及人生價值均感不確定，而且常感緊張憤怒或無法控制自己的脾氣[7]。其結果，這些婦女可能在心理上需要經歷親密關係的虐待。

這種理論所受的批評及反駁包括：只歸責受害人，枉顧男性之虐待行為以及婦女之社會經濟地位兩項因素所導致之心理效應，且因枉顧婦女之心境與感覺而否定其個人的真實情況，並否定其所需要之幫助與支持[8]；此理論係經由研究精神病院的婦女所得之結論，事實上，許多受虐婦女係因被誤診而住院，誤診是因為對於家庭暴力之身體及心理效果不了解所致等[9]。

不過，近年來此理論又再度受到重視。研究者自1990年代中葉開始調查家庭暴力之心理學根基，近期不少研究發現，家庭暴力施暴者有高心理或人格異常發生率，最常見的是反社會人格障礙（antisocial personality

---

[4] Walter S. DeKeseredy, Martin D. Schwartz, Theoretical and Definitional Issues in Violence Against Women 10-11 (2011).

[5] Russell，同註2，38頁。

[6] Ann Rasmussen, Chronically and Severely Battered Women: A Psychodiagnostic Investigation 208-226 (1988).

[7] Irene S. Gilman, An Object-Relations Approach to the Phenomenon and Treatment of Battered Women, 43 Psychiatry 346 (1980); American Psychiatric Association, Diagnostic and Statistical Manual of Mental Disorders (1987).

[8] Cahn，同註1，1052頁。

[9] Joan Zorza, Batterer Manipulation and Retaliation in the Courts: A Largely Unrecognized Phenomenon Sometimes Encouraged by Court Practices, 3(5) Domestic Violence Report 67 (1998).

disorder）及邊緣人格障礙（borderline personality disorder），但究竟發生率有多高，不同研究有不同結論，引發爭議。然而，這些研究已經引人注意人格特質（personality characteristics）對於了解施暴者的潛在重要性[10]。

二、學習行為理論（learned behavior theory）

社會學習理論由加拿大的心理學家Albert Bandura於1963年提出後，於1977年加以詳述。剛開始稱之為「觀察學習理論」（observational learning theory），後來稱為「社會學習理論」，最近又稱為「社會認知理論」（social cognitive theory）。此理論將重點置於觀察學習及模仿的重要性，Bandura在其1977年出版的 *Social Learning Theory* 一書中寫道：「如果一個人必須單單依賴自己的行為效果才能知道該做什麼，學習將會非常辛苦，更不用說危險了。幸運的是，大多數人類行為是觀察學習經由模仿而來：從觀察別人而形成自己應該如何實施新行為的觀念，而且這個編碼訊息（coded information）日後會成為行動的指引。」[11]

此理論認為一個人的暴力傾向並非天生，而是經由目睹或模仿別人的暴力行為學習而來。學習對象不限於家庭成員或同儕，但因為許多家庭暴力的加害人是從其孩童時期的榜樣學得暴力行為，所以此理論常與家庭暴力相連結[12]。

此理論可以用以解釋家庭暴力的代際傳遞（intergenerational transmission）問題，為何暴力傾向會從上一代傳到下一代，不少研究認為，家庭暴力會增加孩童將來成為家庭暴力施暴者的可能性。然而，此理論遭到的困境是：沒有研究可以證明女孩成長後會去尋找施暴的男性，而且，雖然有研究資料顯示，男孩目睹其母親受暴後，有30%的男孩後來成

- - - - - - - - - - -

[10] McCue，同註1，12頁。

[11] Albert Bandura, Social Learning Theory 22 (1977).

[12] Suzette Baker, The Social Learning Theory of Domestic Abuse, May 13, 2011. http://voices.yahoo.com/the-social-learning-theory-domestic-abuse-8467757.html?cat=72

為施暴者，但此理論無法解釋為何另外70%的男孩沒有變成施暴者[13]。亦即，此理論無法100%預測誰會實施家庭暴力，大多數經歷家庭暴力的孩童長大後並不會實施家庭暴力，有些從未經歷家庭暴力的人卻會實施家庭暴力行為。因此，有人批評此理論將問題過度簡單化[14]。

三、學得無助感理論（learned helplessness theory）及暴力週期理論（cycle theory of violence）

1979年，美國著名的心理學家蕾娜華克博士（Lenore Walker）在其所出版的「受虐婦女」（*The Battered Women*）一書中提出著名的「學得無助感理論」及「暴力週期理論」，對美國及其他國家實務界造成很大的衝擊。

（一）暴力週期理論

華克博士首先提出暴力週期理論，主張受虐婦女均經歷特定的虐待週期，此週期共分為下列三個階段：

1. 壓力增加階段（tension-building stage）

在第一階段中，發生一些輕微的毆打事件，受虐婦女通常以各種不同的方法安撫施虐者，企圖阻止再度受到傷害。其不僅拒絕承認自己受到心理與生理上的不公平對待，而且找尋理由認為自己也許應該受虐待，贊同施虐者的錯誤理由。不管事件如何嚴重，受虐婦女常儘量淡化之，也可能將此事件歸責於外在因素，如施虐者工作不順利、喝太多酒等，且認為情況會改變，施虐者的行為也會改善。不幸的是，受虐婦女的上開行為並不能使情況改善，只是拖延第二階段到來的時間，劇烈虐待事件終會發生。經歷過一段虐待期間的婦女雖然知道輕微的虐待事件終會變本加厲，卻因

----

[13] McCue，同註1，13-14頁；Mo Yee Lee, John Sebold, Adriana Uken, Solution-focused Treatment of Domestic Violence Offenders: Accountability for Change 229-230 (2003).

[14] Denise A. Hines, Kimberly J. Saudino, Intergenerational Transmission of Intimate Partner Violence, A Behavioral Genetic Perspective, 3(3) Trauma, Violence, & Abuse 214 (July 2002).

心理防衛（psychological defense）之故，拒絕承認之，使自己相信能對施
虐者的行為做某程度的控制。每一次輕微的毆打事件，都附帶產生增加壓
力的效果，雖然受虐婦女不願意承認或表明，但其內心的怨恨不斷增加，
其對情況的控制能力也逐漸減少。施虐者則因受虐婦女對其虐待行為採取
明顯順從接受態度，而不嘗試自我控制，雖然知道自己的行為不當，卻不
願加以承認。多數施虐者只有在自己家裡才會使用暴力，深知其行為不被
大眾所容許。施虐者因明知自己的行為不當，內心恐懼受虐者會因嫌惡而
離開，其行為變得更加暴虐、猜忌與占有慾望強烈，企圖俘擄對方。許多
受虐婦女有學得無助感徵候群（the learned helplessness syndrome），知道
自己無力阻止下階段發生。許多夫妻盡力使第一階段長時間保持在不變的
程度，受虐婦女深知一個外在事件常破壞此種脆弱的平衡，因此努力控制
許多外在因素以防止進一步的虐待事件，他們努力操縱其他家人對施虐者
的行為，並掩飾施虐者之行為，且疏離願意幫助他們的親友或子女，以免
使施虐者感覺不安而招致更大的虐待，有些夫妻確能停留在此一階段達
10年、20年之久，直到某一外部事件發生而進入第二階段。有些夫妻在第
一階段中感覺壓力不斷增強而變得更加狂亂，施虐者變得更加殘暴，輕微
毆打事件更常發生，所引發的怨恨情結更久不散，受虐婦女此時已無法保
持平衡，無法處理心理的創傷，顯得精疲力竭，對施虐者更為退縮，深怕
自己稍有疏忽即引發風暴。施虐者見其退縮便給予受虐婦女更多壓迫，在
其身邊逗留，對其言行作許多錯誤的解釋，夫妻間的壓力已到達令人無法
忍受的地步。

2. 劇烈虐待事件（acute battering cycle）

當第一階段所增強的壓力變得無法控制而爆發開來時，則進入第二
階段──劇烈虐待事件。在此階段中，施虐者因憤怒而無法控制其自身之
行為，剛開始是想教訓受虐者，不想對其造成何種傷害，直到施虐者覺得
受虐者已得到教訓時，受虐者通常已嚴重受害。第二階段的持續期間通常
較第一階段和第三階段為短，而且通常沒有第三者（子女除外）在場。且
只有施虐者能使第二階段結束，受虐者唯有找尋安全處所躲藏一途。受虐

婦女大多知道施虐者已失去控制而不可理喻，故大多採取不反抗態度，努力使自己保持冷靜，等待風暴結束。受虐婦女通常能詳述整個毆打過程，但對於自己在事件中的作為卻難以記憶，施虐者也大多無法描述此一階段中各樣細節。當事件結束時，施虐者與受虐者通常對所發生的事情感到震驚、不承認與不相信，為事情的嚴重性找尋藉口，受虐婦女對其身體所受傷害多予淡化，對其所受的言語侮辱也多認對方係有口無心，除非受傷嚴重需要緊急醫治，受虐婦女在事件結束時並不立刻尋求協助，而受傷嚴重者一旦康復後，多回到施虐者的家中。受虐婦女通常在事件結束後孤立至少一天以上，才會向外尋求協助，有些婦女認為無人能保護其不受虐待，覺得施虐者能逍遙法外。只有少數受虐婦女會呼叫警察，警察大多對雙方進行協談，使其冷靜，然後離去。但協談在此階段中通常不見效，多數受虐配偶表示警察離開後暴力只有加劇，因為警察並未受到關於家庭暴力之良好訓練。警察也抱怨當其欲介入第二階段紛爭時卻常被受虐婦女攻擊，他們認為受虐者也是施虐者暴力行為的共犯，殊不知受虐婦女因怕警察離開後會被施虐者再度施虐，故以攻擊警察來表示對施虐者的忠誠，希望能避開進一步的虐待。有些受虐婦女表示，如果警察能使施虐者離開家庭不再回去，她們就不會攻擊警察。因為受虐者深知警察無力對付施虐者，故向警察求助者並不多見。

3. 溫情懺悔之親愛行為（kindness and contrite loving behavior）

第二階段結束後緊接而來的第三階段係一段非常平靜的時期。壓力已經消除，施虐者常表現一種迷人、親愛、懺悔的態度，求對方寬恕並承諾永不再犯。其確相信自己此後能自我控制，也相信自己已給予對方足夠的教訓，對方的行為會有所改變，自己不會再有毆打的誘因。為了表示誠意起見，他會採取某些行動，如不再喝酒或與其他女人約會等。受虐婦女則由孤寂、憤怒、害怕和痛苦變為快樂、自信和充滿情愛。有些婦女在第三階段剛開始時自認其無法控制施虐者的行為，想要改變生活不再成為受害人，但其丈夫可能運用各種方法示好、求饒及承諾永不再犯，親朋好友也替丈夫求情，而多數受虐婦女均固守愛情與婚姻具有永久性的傳統價值觀

念,不敢擔負破壞家庭的罪責。別人也認為施虐者需要幫助,如果受虐婦女留在身邊,施虐者就會獲得幫助,但事實並非如此。當受虐者留在施虐者身邊時,施虐者尋求幫助的機會極為微小,反而是當受虐婦女離開施虐者時,施虐者才較可能尋求心理治療或其他幫助,希望受虐配偶能回心轉意。

有些婦女在第三階段中並不快樂,因為施虐者為示好起見會贈送其一些極為奢侈的禮物,如果她想退回,他會再度施虐,如不退回,她必須設法賺錢才能還清欠款。有些受虐婦女相信施虐者能夠改變,施虐者的親愛行為使她願意維持關係,她寧願相信施虐者在此階段中的行為才是其真實的樣子,他看來堅強、可靠又溫柔,如果能得到幫助,他就能永遠保持那樣。她們可能撤回控訴、放棄分居或離婚,而且常努力做彌補的行為,直到下一個劇烈虐待事件發生為止,這些行為令有心幫助受虐婦女者感到憤怒。受虐婦女也是在此階段中才知道其施虐者是何等脆弱與沒有安全感,他說自己非常需要她,一旦失去她,將會發生極為可怕的事情,事實上確有不少施虐者在受虐者離去後自殺。此階段是受虐婦女最難下定決心斷絕關係的時期,如果她不願中斷關係,而且已經經歷幾個週期,會覺得自己是在出賣身體與心理的安全以換取短暫的第三夢想階段,而有一種自恨和困窘的感覺,許多婦女承認她們深愛第三階段中的施虐者。第三階段的持續期間不定,似乎比第二階段長而比第一階段短,但沒有很明確的中止時間,在不知不覺中又發生一些輕微的虐待事件,而開始另一個虐待週期。有些婦女非常靈巧地讓第三階段持續很長一段時間,當第一階段的緊張時期又來臨時,她們無法控制自己隱忍的憤怒而出手嚴重傷害或殺死對方。這種報復行動常發生於較長平靜時期之後,再經歷幾個短暫的虐待週期後之第一階段中。受虐婦女似乎覺得自己無法應付進一步的傷害,每一個人都說自己無意殺死對方,只希望阻止對方對自己做出更多的傷害行為[15]。

---

[15] Lenore E. Walker, The Battered Women 56-70 (1979).

（二）學得無助感理論

　　華克博士依據賓州大學馬丁沙利門博士（Martin Seligman）之動物間歇電擊實驗結果，將學得無助感觀念應用到受虐婦女身上。她認為重複虐待正如動物實驗中的電擊一樣，減損婦女的反應動機，使其變得消極被動。其次，婦女對於成功的認知能力也產生改變，認為不管自己做出何種反應，都不會帶來良好的結果。再者，婦女將其無助普遍化，認為自己做任何事情都不會改變任何結果，不僅是在已經發生的特定情況中方有此種感覺。最後其情感上之幸福感變得極不安定，很容易感到沮喪和焦慮[16]。

　　學得無助感理論之假設如下：

　　1.嚴重的虐待使被害人心生無助感，如孩童一般地受虐以及忽視各種援助，使得此種無助感更加惡化，受虐婦女終成嚴重的犧牲者。

　　2.被害人感到自卑、自責、內疚與沮喪，對於不可預知的環境若想有些許控制感，也只能認為「我若能改變自己的方式，事情會好轉」，但虐待依然持續。

　　3.被害人終成心理癱瘓（psychologically paralyzed），不為自己求助，甚至可能在受毆時十分被動。其若向外求援，對於援助的接納十分遲疑，而且可能罔顧忠告或拒絕離開的機會而重回施虐者身旁。

　　4.此種脆弱與遲疑延長暴力時間，且可能使暴力更為激烈，有些觀察者主張此種性向可能反映受虐婦女所隱藏的受虐狂，婦女可能覺得自己該受毆打，將受毆看成是自己期望的實現。

　　5.身為被害人之受虐婦女最需要心理輔導以治療其自卑、沮喪與受虐狂，而對虐待提出歸責原因的認知療法也可能在激發被害人方面具有特殊功效[17]。

　　華克博士將沙利門博士的研究納入自己所提出之「受虐婦女徵候群」（battered women's syndrome）理論中，並讓暴力週期及學得無助感成為

---

[16] 同前註，49-50頁。

[17] Edward W. Gondolf & Ellen R. Fisher, Battered Women as Survivors: An Alternative to Treating Learned Helplessness 12 (1988).

「受虐婦女徵候群」的兩個重要因素,以解釋受虐婦女為何會在經歷許多暴力週期後,仍繼續留在施虐者身邊,不願離開或不向外求助。華克博士的學得無助感、暴力週期、受虐婦女徵候群等理論的確對某些婦女的受虐關係提供一些重要的解釋理由,去除受虐婦女喜歡受虐、謊稱受虐或誇大受虐等迷思,改變了社會大眾對於受虐婦女的印象。

然而,此理論所受的批評包括:(1)許多婦女並非表現得全然無助感,她們會報警,在受虐時設法保護自己與子女,向外求援等。(2)雖然華克博士提出暴力週期理論,但其所提供之統計資料顯示,可能大約只有38%之婦女真正經歷了整個週期[18]。

四、生存者理論(survivor theory)

由於學得無助感遭受批評,認知心理學(cognitive psychology)將個人期望與屬性(individual expectations and attributions)引進以調和學得無助感理論,認為一個人對於環境的認知最能影響其對環境的反應,如果認為其無法控制一連串的懲罰與失敗,較可能學得無助感。

有幾項研究也證明受虐婦女的社會環境促成其對虐待的反應,但卻不贊成學得無助感理論,因而提出另外一個理論。社會學家Edward W. Gondolf及Ellen R. Fisher曾對於1984年至1985年間在50個德州庇護所的6,612個受虐婦女進行研究,發現大多數婦女都曾對於終止暴力做了極為確實的努力,因而於1988年提出了「生存者理論」[19]。

依據受虐婦女所接受的訪談,受虐婦女在第一次事件發生時較可能自責,為取悅其施虐者與避免進一步虐待也可能嘗試改變自己的行為。當施虐者無視受虐婦女之努力而重複出現暴力行為且加劇時,受虐婦女漸漸將原因歸責施虐者,並設法改變他。當這些努力都失敗時,受虐婦女可能尋

---

[18] Cahn,同註1,1050-1051頁。

[19] Michael P. Johnson, A Typology of Domestic Violence: Intimate Terrorism, Violent Resistance, and Situational Couple Violence 49 (2010).

求法律扶助等較具決定性的干涉，並尋找分居的方法。如果這些努力都無法見效，受虐婦女可能留在虐待關係中，盡可能獨自應付虐待。如果受虐婦女能得到適當的支援，便開始接納自己是個「生存者」（a survivor），繼續長程的求助，以建立安全的生活。

　　生存者理論將受虐婦女描述成活躍的生存者而非無助的受害者，當虐待增加時，受虐婦女的求助行為可能相對增加，努力保護自己及子女以求得生存，此種求生努力甚至超越其所受的危害、沮喪、內疚與經濟壓力。

　　生存者理論之假設如下：

　　1.嚴重的虐待促使受虐婦女提出新對策與努力求助，先前的虐待以及求援受拒，使婦女轉向其他援助與對策，受虐婦女就此觀點而言是一個「生存者」。

　　2.生存者對於離開受虐者的前景可能感到焦慮與懷疑，欠缺選擇權、謀生技能與財力使其害怕嘗試逃離施虐者，受虐婦女因而可能不試著離開而努力改變施虐者。

　　3.生存者積極地向各種正式與非正式管道求援，通常是不適當的或片段的援助使婦女不得不重回施虐者身旁，但仍繼續求助。

　　4.幫助者未能廣泛與堅定地介入，使虐待繼續與加劇，幫助者的無能可能係歸因於在許多團體服務中心所經歷的一種學得無助感，服務中心的供應者認為其資源過於窘困與有限而無法產生功效，因此不願盡心盡力。

　　5.身為虐待生存者之受虐婦女最需要接近能助其逃離施虐者之管道，各種團體服務中心應互相協調以確保必要的資源配置，也應互相整合以確保長程地廣泛介入[20]。

　　生存者理論讓世人更能了解受虐婦女對於受暴的反應，也可以使受虐婦女得到更多社會支持及資源，讓其更為獨立而離開施虐者。然而，此理論所受的批評包括：將受虐經驗過於簡單化，不能涵蓋許多受虐婦女的受虐經驗，受虐婦女的故事非常複雜，不能均被歸類為「生存者」或「被害

---

[20] Gondolf & Fisher，同註17，8、15-18頁。

人」，此種歸類會在有意或無意間對不屬於這兩種類型的受虐婦女造成傷害[21]。

五、權力與控制理論（power and control theory）

美國明尼蘇達州之杜魯市於1981年開創「明尼蘇達州杜魯市之家庭暴力介入計畫」（Domestic Abuse Intervention Project of Duluth, Minnesota），又稱為Duluth模式。此計畫嗣後成為全美最普遍及最成功的計畫，廣被美國各州及加拿大各省採用。Duluth模式認為，家庭暴力是鼓勵男性控制其伴侶之父權思想的產物，是一種對女性恐嚇及脅迫控制、社會認可的學習行為（learned behavior）。所以，此模式被認為是一種女性主義及認知行為原則的混合物[22]。

由於此模式認為男性實施家庭暴力幾乎完全是一種權力與控制，施暴之目的在於對女性施加權力及控制，故以「權力與控制輪」（Power and Control Wheel）作為課程教導工具。此模式認為，在施暴關係中，加害人使用「權力與控制輪」中所描述的八個策略（tactics）以加強其施暴行為，這些策略包括：「使用強暴脅迫」、「使用恐嚇」、「使用精神虐待」（emotional abuse）、「使用孤立」、「使用淡化、否認、苛責」（minimizing, denying and blaming）、「利用子女」、「使用男性特權」、「使用經濟虐待」等[23]。

由於此模式認為家庭暴力是一種學習行為，所以不進行心理問題之處遇或人格之改變等程序[24]。

此理論所受的批評包括：忽視酗酒、吸毒、邊緣型人格異常及其他嚴

---

[21] Leigh Goodmark, A Troubled Marriage: Domestic Violence and the Legal System 62-63 (2012).

[22] Wayne W. Bennett, Kären M. Hess, Criminal Investigation 281(2006); Peter Lehmann, Catherine A. Simmons, Strengths-Based Batterer Intervention, A New Paradigm in Ending Family Violence 5-6 (2009).

[23] Lucille Pope, Kathleen Ferraro, The Duluth Power and Control Model 1, 5 (2006).

[24] Lehmann & Simmons，同註22，5頁。

重心理問題，宣稱家暴只有一種原因及一種解決方法，忽視婦女為施暴者問題等[25]。

參、理論之功能解析

　　家庭暴力自古至今普遍存在於世界各個角落，是一個非常嚴重及複雜的問題，但長久以來一直受人漠視，直到1970年代，才從美國開始漸漸得到世人的重視。

　　為了了解家庭暴力之成因，許多心理學家、社會學家、犯罪學家等不斷進行研究，並提出各種理論及社會政策，希望能夠讓世人更了解家庭暴力之本質，並能對被害人及加害人提供更好的協助、輔導與治療，協助警察、司法、醫療、社工等人員正確處理相關事件，防止家庭暴力之發生。

　　雖然許多人曾深入探討家庭暴力問題，並提出各種不同的家庭暴力理論，但迄今沒有一種理論能夠完全解釋家庭暴力之原因。不過，家庭暴力理論不是僅作學術性探討，對家庭暴力之實務處理也產生很大作用，其較大之功能如下：

一、提出解釋，去除迷思

　　家庭暴力之發生原因及其影響十分複雜，讓人難以理解，各種迷思普遍存在於各處，導致無法提出有效的因應對策。

　　家庭暴力理論對於家庭暴力之相關問題提出多種解釋，讓世人尤其是執法人員能去除迷思，對家庭暴力問題有更深入地了解，做出更正確的處理。

1. 解釋加害人施暴之原因

　　許多人不了解加害人施暴之原因，甚至於會將原因歸咎被害人，認為

---

[25] Bert H. Hoff, What's Wrong with the "Duluth Model"? (1999). http://www.batteredmen.com/batdulut.htm

「一個巴掌拍不響」、「可憐之人必有可恨之處」等等,使被害人受到二度傷害。

近期家庭暴力理論多數不認為被害人是暴力發生之原因,問題多出在加害人身上,較重要之理論認為加害人施暴之原因如下:

(1)精神病理學理論:加害人之所以對婦女施暴是因為他們是精神病患、人格異常、吸毒或酗酒者。加害人可能因為其在孩童時受暴、人格特質(控制需求等)、人格障礙(邊緣型人格等)、精神病理學(反社會人格等)、心理障礙或問題(創傷後壓力、容易衝動、自卑、吸毒等)等原因,而實施家庭暴力[26]。

(2)學習行為理論:加害人之施暴行為是因目睹或模仿別人的暴力行為學習而來,許多加害人從其孩童時期的榜樣學得暴力行為。如果被害人不離開,加害人會認為暴力是一種可以得到正面效果的方法,子女則可能學習父母之行為,將來男孩可能發展成加害人,女孩可能發展為被害人[27]。

(3)權力與控制理論:家庭暴力是鼓勵男性控制其伴侶之父權思想的產物,是一種對女性恐嚇及脅迫控制、社會認可的學習行為,男性實施家庭暴力是一種權力與控制,施暴之目的在於控制及限制女性的獨立性。

2. 解釋被害人不離開之原因

許多被害人不願離開加害人,讓人誤以為被害人喜歡受虐,或誤以為被害人誇大或捏造受暴事實,也造成法官、警察、社工、醫療、教育等人員在執法上產生困境。

近期家庭暴力理論對於被害人不願離開之原因提出解釋,以去除上開迷思,較重要之理論如下:

(1)學得無助感理論:重複虐待對於被害人之身心造成傷害,使被害人心生無助感,甚至於有受虐婦女徵候群,變得消極被動,認為自己做任何

---

[26] Rana Sampson, Domestic Violence, Problem-Oriented Guides for Police, Problem-Specific Guides Series, Guide No. 45, U.S. Department of Justice, Office of Community Oriented Policing Services 7 (2007).

[27] 同前註。

事情都無法脫離暴力，所以不敢離開施虐者。

　　(2)暴力週期理論：受虐婦女所經歷之虐待週期可分為三個階段：①壓力增加階段。②劇烈虐待事件。③溫情懺悔之親愛行為。第三個階段為蜜月期（honeymoon phase），讓被害人得到平靜而願意繼續留在加害人身邊。

　　(3)生存者理論：受虐婦女如果努力尋求各種方法仍無法脫離暴力時，可能繼續留在虐待關係中，如果受虐婦女能得到適當的支援，可能會離開加害人。

　　(4)斯德哥爾摩徵候群（Stockholm syndrome）：受虐婦女因為受到加害人之身體及心理威脅，覺得其受加害人完全控制以至於無處可逃，所以類似加害人的人質。然而，受虐婦女有時會得到加害人的友善及支持，又因其與外人隔絕，所以對加害人產生情感，願意支持及善待加害人。

　　(5)創傷情結理論（traumatic bonding theory）：受虐婦女如在年少時對虐待或疏忽的父母有過焦慮的或不健康的依附（unhealthy attachments），比較容易在成人關係中發展不健康的依附方式，接受親密伴侶的暴力行為，不會離開加害人。被害人受暴後，變得脆弱，需要得到加害人的正面對待，加害人在施暴之後所表現的友善、關愛和懺悔，增強了被害人對加害人的情感連結（emotional bond）[28]。

二、提供專家證言

　　由於家庭暴力的迷思普遍存在，所以專家證言（expert testimony）在美國法庭上廣被應用。專家證人（expert witness）在法庭上應用家庭暴力理論，敘述家庭暴力之動力學（dynamics），解釋受虐婦女之所以不離開加害人之原因，說明殺害加害人之心態（state of mind），討論刑法「自我防衛」（self defense）之要件「急迫危險」（imminent danger）問題，講

----

[28]　Albert R. Roberts, Handbook of Domestic Violence Intervention Strategies: Policies, Programs, and Legal Remedies 33-34 (2002).

解為何受虐婦女要使用致命武力以自我防衛等[29]。

例如：在受虐婦女被控殺夫或加害人被控家庭暴力案件中，專家證人可能提出關於「受虐婦女徵候群」之證言，用暴力週期及學得無助感等理論，解釋受虐婦女在經歷多個暴力週期後，有學得無助感，認為自己不可能逃離，所以不願離開加害人或不向外求助，讓陪審員或法官去除受虐婦女喜歡受虐、謊稱受虐或誇大受虐等迷思。

美國有些州成文法採用「受虐婦女徵候群」，例如：俄亥俄州修正法典（Ohio Revised Code）§2901.06(B)規定：「被訴對他人施暴而主張自我防衛（self-defense）抗辯事由者，得引進『受虐婦女徵候群』之專家證言，以及其患有該徵候群足證其相信有死亡或重大傷害之急迫危險（imminent danger）而具備該抗辯事由之要件及有正當理由使用系爭武力之專家證言。依本規定引進專家證言應依俄亥俄州證據法（the Ohio Rules of Evidence）之規定。」

1996年，美國司法部（U.S. Department of Justice）發表一篇報告，標題為「刑事審判中關於虐待及其效果之證據使用及其效力」（The Validity and Use of Evidence Concerning Battering and Its Effects in Criminal Trials），其中一個結論認為：因為「受虐婦女徵候群」意指所有受虐婦女反應的特有效果，其見解尚未得到研究結果或臨床實驗的支持，而且「徵候群」一詞因為帶有病理學或疾病之意涵而可能造成誤導，也可能產生受虐婦女患有「心理缺陷」之假象，所以雖然「受虐婦女徵候群」在引進專家證言中扮演了歷史性角色，但此用詞已經不再有用或適當（no longer useful or appropriate），鼓勵改採「虐待及其效果」（battering and its effects）用詞作為參考標準用語[30]。

美國有些州將「虐待及其效果」規定於成文法中，例如：加州證據法

---

[29] Nicky Ali Jackson, Encyclopedia of Domestic Violence 306 (2007).

[30] U.S. Department of Justice, Office of Justice Programs, National Institute of Justice & U.S. Department of Health and Human Services, National Institute of Mental Health, The Validity and Use of Evidence Concerning Battering and Its Effects in Criminal Trials: Report Responding to §40507 of the Violence Against Women Act (1996).

（California Evidence Code）§1107(a)規定：「在刑事訴訟中，得容許檢察官或被告提出關於親密伴侶（intimate partner）虐待及其效果之專家證言，包括在家庭暴力被害人之信仰、觀念或行為上所為之身體、情感或心理虐待之性質及效果，但提出係為對抗刑事被告而證明虐待行為之發生並作為起訴基礎者，不在此限。」

　　一般而言，當專家證人用「虐待及其效果」來解釋一般被害人的行為時，還是會依據受虐婦女徵候群之標準來描述被害人之行為。「虐待及其效果」用詞遭受之批評包括：此用詞定義太廣而無法正確描述一般家暴被害人之行為；家暴被害人的行為相當個別化及複雜，不應該被簡化為一個簡單的用詞等[31]。

三、作為加害人處遇計畫之理論基礎

　　加害人處遇計畫有各種不同模式，每個計畫通常以一個或多個家庭暴力理論為基礎，才能產生功效。

　　在實務上，最常被使用的加害人處遇計畫是美國於1981年開創「明尼蘇達州杜魯市之家庭暴力介入計畫」，被稱為Duluth模式。此模式以「權力與控制理論」為基礎，認為加害人故意實施暴力以控制其親密伴侶，所以改變其控制欲望是消除暴力最有效的方式[32]。

　　然而，加害人處遇計畫較少基於單一家庭暴力理論，很多計畫除了主要理論基礎外，會加入其他理論。有一項在2008年公布的研究調查結果顯示，美國各州之家庭暴力處遇計畫有95%係以「權力與控制理論」為基礎，其中27%將權力與控制列為唯一的觀念架構，另外68%則與某種形式的「社會心理學理論」（social psychological theory）相結合。社會心理學

---

[31] Jennifer G. Long, Introducing Expert Testimony to Explain Victim Behavior in Sexual and Domestic Violence Prosecutions 45, 14-15 (2007).

[32] Lehmann & Simmons，同註22，5、7-8頁；Shawn Smith, It's Time for Domestic Violence Treatment to Grow Up, November 2006. http://ironshrink.com/2006/11/its-time-for-domestic-violence-treatment-to-grow-up/

方法強調姑息暴力及性別歧視態度、欠缺人際關係及問題解決技巧，及加害人原生家庭的錯誤示範等[33]。

社會心理學是心理學的一個分支，對於個人在社會情境進行研究，用科學方法了解一個人的思想、感受及行為如何受其他人影響或影響其他人。暴力週期理論及受虐婦女徵候群也是一種社會心理學理論[34]。

依上開2008年之調查結果，美國有35%州雖然承認心理及精神病理學因素可能造成影響，但禁止主要處遇方法係以心理健康或疾病模式、心理動力學理論、衝動控制障礙、相互依賴、家庭制度、成癮模式等為基礎，因為此種處遇方法會使加害人的責任感最小化，對被害人造成潛在的危害[35]。

肆、結語

家庭暴力問題雖然自古存在，而且非常嚴重且普遍，但長久以來並沒有得到世人的重視，直到20世紀初期，才有心理學家或精神醫學家進行研究。然而，早期提出之家庭暴力理論是受虐狂理論，將受虐婦女看成家庭暴力發生之原因，直到1975年後，現代心理學家才揚棄此理論，將受虐婦女看成家庭暴力之被害人，而非家庭暴力之發生原因。

家庭暴力問題遲至1970年代起，才從美國開始漸漸得到世人的重視。為了了解家庭暴力之成因，許多心理學家、社會學家、犯罪學家等不斷進行研究，並提出各種理論及社會政策。自1970年代後期開始迄今，美國及其他先進國家發展非常多關於家庭暴力之理論，比較重要者大致包括精神病理學理論、學習行為理論、學得無助感理論及暴力週期理論、生存者理

---

[33] Roland D. Maiuro, Jane A. Eberle, Violence Perpetrator Treatment: Current Status, Trends, and Recommendations, 23 Violence and Victims 136 (2008).

[34] Pamela J. Jenkins, Barbara Parmer Davidson, Stopping Domestic Violence: How a Community Can Prevent Spousal Abuse 47 (2001).

[35] Maiuro & Eberle，同註33，136-137頁。

論、權力與控制理論等。

　　雖然各種理論蓬勃發展，但迄今沒有一種理論能夠完全解釋家庭暴力之原因。不過，有些家庭暴力理論對家庭暴力之實務處理產生相當大的影響，其較大之功能包括：對於加害人施暴原因、被害人不離開之原因等提出解釋，讓世人尤其是執法人員能去除迷思，對家庭暴力問題有更深入的了解，做出更正確的處理；提供專家證言讓陪審員或法官去除受虐婦女喜歡受虐、謊稱受虐或誇大受虐等迷思，讓加害人因實施家庭暴力而繩之以法，使殺夫之受虐婦女因自我防衛等抗辯而被判處無罪或得到減刑；加害人處遇計畫應以家庭暴力理論基礎，才能達成改變施暴習性及消除暴力的功效，以「權力與控制理論」為基礎之Duluth模式被認為是最常使用及最成功的加害人處遇計畫，但加害人處遇計畫較少基於單一家庭暴力理論，很多計畫除了主要理論基礎外，會加入其他理論。

　　儘管家庭暴力發生之原因迄無定論，各種家庭暴力理論均有其瑕疵而遭受批評，但有些理論已經發揮很大功效。期待將來會發展更新更好的理論，讓世人更真正了解家庭暴力之本質，幫助有關政府機關及民間機構制定周全的法規及政策，使警察、司法、醫療、社工、教育等人員都能正確處理相關事件，以防止家庭暴力之發生，讓被害人及加害人可以得到更好的扶助與保護。

第二章
美國家庭暴力法之立法概況

壹、前言

　　家庭暴力問題是世界各國普遍存在的共同問題,自古以來人類社會多有忽略或迴避此問題的傾向。由於家庭暴力問題在現代複雜的工商業社會中有更形嚴重的趨勢,且由於社會風氣逐漸開放,人們對於家庭生活之品質要求也日益提高,再加上某些婦女團體的大力宣導,家庭暴力問題近年來在世界各國漸次成為人們關切的問題,1992年在薩爾瓦多舉行的第七屆世界家事法會議便將家庭暴力問題列為大會之第一議題。如何制定一套完整妥善的家庭暴力法以保護受虐配偶與子女,並消弭家庭紛爭與暴力,以增進社會安全與和諧,已成為現代法學界的重要課題。

　　美國社會對於家庭暴力問題的重視始自1970年代。1960年代末期的婦女解放運動創設一些婦女扶助機構(women support centers)及電話危機專線(telephone crisis lines),引起許多受虐配偶的熱烈迴響。受虐配偶(絕大多數為婦女)開始將其困苦情況向其辯護律師陳明,夫妻間的祕密暴力問題於是有了申訴與公開的管道,法學界與立法機關便開始依據受虐配偶之經驗努力尋求法律救濟途徑,到了1970年代末期,法律終於為受虐配偶開啟保護的門扇[1]。統計資料顯示,美國司法部於1986年報導,全美每隔15秒鐘發生一件家庭暴力事件;美國聯邦調查局於1985年報導,女性

---

[1] Barbara J. Hart, State Codes on Domestic Violence: Analysis, Commentary and Recommendations, National Council of Juvenile and Family Court Judges 3 (1992).

被謀殺者有30%係遭其配偶或男友殺害[2]；紐約州政府於1986年報導，全美婚姻估計有10%至20%發生配偶間重複暴力事件[3]。由於家庭暴力問題已引起全國人民的關注，美國各州因而紛紛制定法律保護受虐配偶，各州法律並不相同，且多未制定單獨之家庭暴力法，家庭暴力法多散見於民法、刑法、民事訴訟法、刑事訴訟法、證據法、社會與健康服務法等法規中，且常做修正，其目的無非在提供受虐配偶最佳保護途徑。

美國司法部之統計資料如下：從1993年起至2002年止，美國12歲以上家庭暴力（family violence）發生率，估計從每1,000人有5.4人降至每1,000人有2.1人受害[4]；從1994年起至2010年止，美國12歲以上親密伴侶暴力（intimate partner violence）之發生率下滑64%，從每1,000人有9.8人降至每1,000人有3.6人受害；五分之四受害人係屬女性，受暴率最高者為18歲至34歲女性。所謂親密伴侶暴力，係指對於現有或曾有配偶或男女朋友關係者實施身體傷害（assault）、性侵害或搶劫等行為而言[5]。上開資料顯示，由於美國各州重視家庭暴力問題，制定不少關於防治家庭暴力之法規及政策，所以自1993年起家庭暴力及親密伴侶暴力事件之發生率已有降低，但問題仍然相當嚴重，不可輕忽。

家庭暴力問題已引起我國人民的普遍關切，受虐配偶的困境和苦情已有向公眾陳明的機會，家庭暴力防治法使受虐配偶與其子女可得到更具體的協助。因我國之家庭暴力防治法主要係參考美國模範家庭暴力法及各州法律制定而成，故有必要對於美國關於家庭暴力之理論發展與立法概況深入了解。因此，本文擬簡介美國家庭暴力法之歷史沿革、美國與家庭暴力有關之民事法、刑事法及社會與健康服務法等，期有助於我國家庭暴力防

---

[2] Domestic Violence, Law Manual (State Bar of California) (1998).

[3] New York State Governor's Comm'n on Domestic Violence, First Report (1986) (citing Murray A. Straus, Richard J. Gelles & Suzanne K. Steinmetz, Behind closed Doors: Violence in the American Family 18 (1980).

[4] Bureau of Justice Statistics, Special Reports, Intimate Partner Violence, 1993-2010, 1. (November 2012, NCJ 239203).

[5] Bureau of Justice Statistics, Family Violence Statistics 11. (June 2005, NCJ 207846).

治工作之推動與執行。

貳、家庭暴力法之歷史沿革

一、夫對妻之懲戒法則

　　自古以來男人即享有對其妻子行使暴力之權利，古老的英國普通法採用「拇指法則」（the rule of thumb），允許丈夫使用不超過其拇指粗厚之杖懲戒其妻[6]。美國法律最初承襲許多英國普通法，由於美國聯邦憲法制定時並未對親密關係問題明文規範，所以丈夫對妻子之傳統懲戒法則悉由美國各州法院決定是否予以承認。密西西比州最高法院於1824年之Bradley v. State一案中，首度作成承認懲戒權利之判決。在此案件中，被告被控對其妻實施暴行及毆打行為，法院認為丈夫在緊急情況中有適度懲戒其妻之權，毋庸受暴行與毆擊罪之控訴，免除當事人所可能遭受之懷疑與羞辱[7]，此後美國法院即一直允許丈夫對妻子行使懲戒權。1864年之State v. Black一案中，北卡羅來納州法院作成如下判決：「夫應對妻之行為負責，且應管理其家，因此法律允許夫在控制妻之暴躁脾氣及使其行為檢點之必要範圍內對妻行使某程度之暴力，而且除非有引起永久性傷害、過度使用暴力，或有殘酷行為足證係夫為滿足其壞情緒而施暴等情事，法律不曾侵入家事領域或走進幕後，寧願讓當事人為所欲為，以促使當事人重修舊好及履行夫妻同居生活義務為上策。[8]」古老的法則在只要丈夫不使用大過其拇指之杖條，或者不引致嚴重或永久性之人身傷害等條件下，即承認丈夫有權鞭打其妻，其理由有三：(1)夫負有使妻行為檢點之責任，且在達成該目的之必要情況下有責任鞭打其妻。(2)夫妻關係應予遮蔽，因為夫私下執行有益的懲戒以端正妻之行為，較公開之法庭審判更不引人注目或

---

[6] State v. Oliver, 70 N. C. 60; State v. Rhodes, 61 N. C. 453.

[7] Bradley v. State, I Miss. (Walk.) 156.

[8] State v. Black, 60 N. C. 262, 86 Am. Dec. 436 (1864).

遭人物議。(3)許多判決已賦予夫行使懲戒之特權與免責權[9]。

二、廢除懲戒法則

到了1871年，阿拉巴馬州最高法院在Fulgham v. State一案中，首度作成廢除夫對妻懲戒權之判決：「雖然自古以來夫享有鞭打其妻、揪其頭髮、扼其咽喉、唾其臉部、踢倒在地或施加侮辱等特權，現今這種特權已非法所容許……妻本人享有與夫同等受保護之權利……阿拉巴馬州公民於法律之前均站在相同之立足點上。享有平等之公民權、政治權與公眾特權。[10]」而密西西比州最高法院在1894年之Harris v. State一案中，亦推翻前開Bradley v. State案件之判例，認為該「令人反感」之判例不應盲目依循，古老普通法上之夫對妻懲戒法不應得到支持[11]。在1882年，馬里蘭州首度通過法律，規定毆妻係犯罪行為，處以四十鞭刑或一年有期徒刑[12]。

美國法院於19世紀末期拒斥夫對妻之懲戒法則後，暴力法則漸漸地被關愛法則所取代，有些法院判決認為縱使妻有通姦、醉酒、蠻橫、倔強等行為，丈夫並無毆打妻子之權利[13]。已婚婦女在法律上之從屬地位漸漸地經由司法判決與解釋而得到解放，一些不合理的法律也透過一連串的司法判決而遭到廢除[14]。不過，在嗣後近一個世紀中，家庭隱私權之傳統觀念仍深植於美國法界，許多法院不願介入家庭紛爭，不少人持有家務事毋庸法院裁判的看法[15]，故法律雖不容許丈夫毆打其妻，但事實上丈夫仍能在

9　Beirne Stedman, Right of Husband to Chastise Wife, 3 Virginia Law Register, n.s. 243-244 (Aug. 1917).

10　Fulgham v. State, 46 Ala. 146-147 (1871).

11　Harris v. State, 71 Miss. 462, 14 So. 266 (1894).

12　Terry Davidson, "Wife Beating: A Recurring Phenomenon Throughout History, " in Maria Roy ed., Battered Woman: A Psychosociological Study of Domestic Violence (New York: Van Nostrand Reinhold, 1977).

13　例如：Shacklett v. Shacklett, 49 Vt. 193, 197; Commonwealth v. McAfee, 108 Mass. 458, 11 Am. Rep. 383, 395; Poor v. Poor, 8 N. H. 307, 29 Am. Dec. 664.

14　Stedman，同註9，247頁。

15　Naomi R. Cahn, Civil Images of Battered Women: The Impact of Domestic Violence on

許多州內對其妻使用暴力，毫無遭受報復之顧忌[16]。

三、家庭暴力法之制定與發展

如前所述，美國60年代末期之婦女解放運動創設婦女扶助機構及電話危機專線，使受虐配偶之苦情有陳明的機會。人們開始關注家庭暴力問題，律師界、學術界與立法者也開始依據受虐配偶之經驗尋求法律救濟途徑。

家庭暴力法之制定並非易事，為達確實解決家庭暴力問題及保護被害人之立法目的，立法者必須針對幾個重要的問題提出救濟之道，這些問題包括：施虐者使用暴力作為得到權力與控制其配偶及子女之手段，當受虐配偶採取行動反抗施虐者之控制權時反增加其受虐之危險性，施虐者在雙方分居時往往給予受虐配偶更嚴重的傷害，受虐者如繼續與施虐者同居，其所受之虐待往往與時俱增且具有高度危害性，虐待配偶者常虐待其子女，目睹家庭暴力之子女長大後易成為施虐者或受虐者，施虐者常使用子女監護權作為威嚇或報復受虐者的手段，受虐者及其未成年子女常因經濟困難被迫與施虐者回復關係，家庭暴力常造成身體、精神或財產之巨大損害，施虐者應承擔重大的後果方能止息其施虐行為等。為解決這些問題，有必要對現行法律做重大改革[17]。

美國家庭暴力法之成文法制定工作自1975年由律師界展開，起草人早期即認定，如果法律僅僅對施虐者之虐待行為加以處罰，而不尋求防止將來暴力行為與保護受害者之途徑，則不能對受重大虐待之配偶提供有效的救濟途徑。立法者與公共政策之制定者所聽取之證言證明施虐者拒絕改變，他們不願停止施暴，不願放棄對配偶的控制權，也不允許受虐配偶建立安全與獨立的家庭。其結果，美國多數州立法機關均對民法與

- - - - - - - - - - - - -

Child Custody Decisions, 44 Vanderbilt Law Review 1083, note 226 (1991).

[16] Barbara J. Hart, "Legal Road to Freedom", in Marsali Hansen & Michele Harway (Eds), Battering and Family Therapy: A Feminist Perspective 2 (1993).

[17] 同前註，2-5頁。

刑法從事廣泛的修改工作，期能消滅家庭暴力，使受害人得到恢復與補償。美國各州立法機關所制定與修正之法律較有成效者計有：民事保護令（Civil Protection Orders）、家庭暴力逮捕法（Domestic Violence Arrest Statutes）、家庭暴力監護權（Domestic Violence Custody Statutes）、強制監護調解法（Mandatory Custody Mediation）、被害人權利法（Victim Rights Statutes）、受虐婦女經驗之專家證言法則（Expert Testimony on the Experience of Battered Women）等[18]。

　　美國家庭暴力法已做了重大的改變，各州及哥倫比亞特區均有民事保護令，多數州之警察得對家庭暴力罪之施虐者進行無逮捕令狀之逮捕（warrantless arrests），約半數州修改其監護法以要求法院為探視權或監護權之裁判時應考量家庭暴力因素，有些州法律已經對家庭暴力及子女虐待之受害人免除離婚與監護之強制調解，許多州在受虐配偶提出自衛、脅迫或必要（necessity）等主張之刑事審判中允許非專家與專家證人證述家庭暴力之過程及其對受虐配偶的影響。簡言之，各州或多或少均已對家庭暴力之受害人提供法律救濟途徑以保障其人身與財產之安全。不過，受虐配偶有時仍感法律並非保障其安全與獨立之有效方法，因為法官、檢察官、警察、犯罪被害人賠償委員會、假釋委員會等機構在執法時享有極大的自由裁量權，有時這些機關並不看重家庭暴力案件，而社會服務機構（human service institutions）有時不能或不願對受虐配偶及子女提供緊急服務或居住處所，且受虐配偶之親友有時不願對受虐配偶之安全與改變提供協助[19]。美國各州陸續展開家庭暴力法之制定與修正工作，全美許多團體亦進行各種努力以促進法律之執行，使受虐配偶能得到確實的保護。

---

[18] 同前註，2-10頁。

[19] 同前註，10頁。

參、家庭暴力法之民事有關規定

如前所述，美國家庭暴力法雖有蓬勃的發展，各州均對家庭暴力問題制定法律加以規範，但許多州並未制定單獨之家庭暴力法，家庭暴力法之有關規定散見於民法、刑法、家事法、民事訴訟法、刑事訴訟法、證據法、社會安全法、移民法等法規中，而且因為各州法律並不相同，要全盤了解美國家庭暴力法並非易事。本文僅將美國家庭暴力法之各州重要法規作概括簡介，其民事有關規定大致如下所述。

一、民事保護令

民事保護令（civil protection orders）可以說是美國各州及哥倫比亞特區賦予家庭暴力之被害人最直接與最常用以禁止施虐者進一步實施虐待行為之法律救濟途徑[20]。被害人尋求此救濟途徑時，毋庸對施虐者提起刑事控訴或使之拘禁獄中，且亦得再採取某他民事或刑事救濟方法[21]。

美國各州對於「家庭暴力」多採廣泛的定義，例如，俄亥俄州修正法典（Ohio Revised Code），將家庭暴力定義為「對於家庭成員（a family or household member）為下列行為者：（一）意圖或冒然引起人身傷害。（二）威嚇他人致其心生緊迫重大身體傷害之畏怖或犯違反修正法典第2903.211條或第2911.211條之罪。（三）對孩童實施犯行致其成為修正法典第2151.031條所定義之受虐孩童。（四）為性犯罪。[22]」該州並將家庭成員定義為下列人士：「（一）與相對人同居中或同居過之下列人士：1.相對人之配偶、生活如配偶者（a person living as a spouse）或前配偶。

---

[20] 參閱Michael J. Voris, The Domestic Violence Civil Protection Order and the Role of the Court, 24: 2 Akron Law Review 425-426 (Fall 1990); Beck, Protecting Battered Women: A Proposal for Comprehensive Domestic Violence Legislation in New York, XV Fordham Urban Law Journal 1011-1013 (1987).

[21] Voris，同前註，426頁。

[22] Ohio Rev. Code §3113.31(A)(l).

2.相對人之父母、養父母、子女或其他血親或姻親。3.相對人之配偶、生活如配偶者或前配偶之父母、子女或其他血親或姻親。（二）相對人為子女生父母或推定生父母之一方，該子女之他方生父母。」該州將「生活如配偶者」定義為「與相對人在普通法婚姻關係中同居或同居過者，或與相對人以其他方式同居中或於系爭行為實施前五年內曾經同居者。」[23]關於家庭成員之定義，有些州法律還包括「現在或過去之性伴侶或親密伴侶，或有生理上之親子關係者」[24]，有些州法律之保護對象尚包括現在或過去分享共同住所之成年人[25]、與施虐者有約會或性關係者[26]、養父母或養子女等[27]。因此，在現今美國許多州之家庭暴力法有關規定中，不僅保護無婚姻或血緣關係之同居者，連同性戀者亦多在受保護之列。至於所禁止之暴力行為，多數州法律均禁止人身傷害行為及恐嚇為人身傷害之行為[28]。有些州法律尚禁止任何應受刑罰之犯罪行為[29]、強迫或恐嚇他人使之行無義務之事或不行有權利之行為[30]、毀損財物[31]、不法侵入受虐者之住居所[32]、引起精神上痛苦[33]等[34]。

民事保護令之種類，各州雖有不同，大致可分為經一造審理程序（ex parte hearing）之「暫時保護令」（temporary protection order）及經傳喚相對人及兩造審理程序之「保護令」（protection order）兩大類，茲分述如

- - - - - - - - - - - -

[23] Ohio Rev. Code §3113.31(A)(3), (4).

[24] 例如：23 Pa. Cons.Stat. §6102(a).

[25] 例如：Cal. Family Code §6211(b); D. C. Code §16-1001(7)(C).

[26] 例如：Cal. Family Code §6211(c); Alaska Stat. §18.66.990(5)(C), (D).

[27] 例如：La. Rev. Stat. §46:2132(4); Tenn. Code Ann. §36-3-601(5)(D).

[28] 例如：23 Pa. Con. Stat. §6102(a).

[29] D. C. Code §16-1001(7), (9).

[30] Nov. Rev. Stat. §33.018(1)(c).

[31] 例如：Ga. Code §19-13-1(2); Hawaii Rev. Stat. §586-1.

[32] Nev. Rev. Stat. §33.018(1)(g).

[33] 例如：Hawaii Rev. Stat. §586-1; N.Y. SOS. LAW §459-a: N.Y. Code §459-A(1)(i).

[34] Hart，同註1，5-6頁。

下：

（一）暫時保護令

　　現今美國許多州法律授權法院得依法核發暫時保護令。所有暫時保護令法規現均授權法院依一造審理程序裁令當事人之一方獨占或逐出當事人雙方或聲請人之住居所[35]，多數法規准許法院在暫時保護令中裁令子女監護（但多不准裁令子女探視權）[36]，有些法規授權法院裁令禁止當事人一方將子女帶離法院之轄區[37]、限制財產之移轉或毀損[38]。夏威夷州法規比較特殊，不僅授權法院對當事人雙方均核發暫時保護令，禁止當事人雙方或一方離開住居所或為接觸、恐嚇、身體虐待受保護當事人及與其共同居住者之行為，且明定暫時限制令之效力及於訴訟當事人及其所屬高級職員（officers）、代理人（agents）、使用人（servants）、受僱人（employees）、律師（attorneys）或其他積極參與或與其共同行動之人[39]。

　　為取得暫時保護令，多數州法律要求聲請人證明有正當、合理或可能原因（good, reasonable or probable cause），足信聲請人或其家庭成員置身受相對人虐待或恐嚇虐待之現時危險中，而法院如認有必要保護聲請人或其他應受保護之人免受暴力危害，得核發暫時保護令[40]。有些州法律要求聲請人證明如不核發暫時保護令將導致無法補償的傷害（irreparable injury）[41]、有正當理由且聲請人或其他受保護之人有受虐待之直接與現時

---

[35] 同前註，12頁。

[36] 例如：Nev. Rev. Stat. §33.030(1); N. H. Rev. Stat. Ann. §173 B-4 & 6.

[37] 例如：Mont. Code §40-15-201(2)(c); Idaho Stat. §9-6308(1)(C).

[38] 例如：Cal. Family Code §2045(a); 750 ILCS (I11. Compiled Stat.) 60/214(b)(11) (from Ch. 40, par. 2312-14).

[39] Hawaii Rev. Stat. §586-4(c).

[40] Hart，同註1，13頁；例如：Ala. Code §30-5-6(b); Alaska Stat. §18.66.110(b).

[41] Idaho Stat. §39-6308(1).

危險（the immediate and present danger of abuse）[42]、相對人曾於去年實施家庭暴力犯行，且有正當理由足證其可能重犯[43]等。

　　為提供快速、有效之救濟途徑，除少數州以外，美國各州法院多讓受虐者於遞狀聲請當日即能取得暫時保護令，而且需依法裁定兩造審理期日。此外，許多州法律明定法院應提供24小時服務，有些州法律更要求法院在週末亦提供服務，而有些州法院之法官在正常上班時間以外核發暫時保護令時，係經由法律執行機關以電話與其聯絡後，發出口頭暫時保護令，該法律執行機關再依該口頭命令核發書面文件予當事人[44]。關於暫時保護令之存續期間，許多州法律明定其有效期間不超過若干日[45]，許多州明定其期間至兩造審理期日止[46]。有些州法律規定相對人得於兩造審理期日前向法院聲請撤銷或變更暫時保護令，法院應於通知聲請人後儘速審理該項聲請[47]。至於在通常上班時間以外所核發之暫時保護令，其存續期間較短，可能至翌日之法院上班時間或至通知相對人開庭審理為止即失效[48]。多數州法律明定違反暫時保護令與違反終局保護令應受相同之處罰[49]。

（二）保護令

　　保護令係法律授權法院於通知相對人並開庭審理後所核發，此與暫時保護令係法院對聲請人行一造審理程序後所核發者不同，其保護範圍及有效期間通常較暫時保護令為廣、為長。關於保護令之救濟範圍，各州法

----

[42] 例如：Ala. Code §30-5-6(b); N.H. Rev. Stat. §173-B:4(1).

[43] Ariz. Rev. Stat. §13-3602(E).

[44] Hart，同註1，7-8頁；例如：Cal. Family Code §6270, §6271 Colo. Rev. Stat. §13-14-103(2).

[45] 例如：Md. Fam. Law Code §4-505(c)(1)（至多為暫時保護令送達後7日）。

[46] 例如：Colo. Rev. Stat. §13-14-102(9); Iowa Code §236.4(2), (4); Ky. Rev. Stat. §403.740(4).

[47] 例如：Alaska Stat. §18.66.120(a)(1); Nev. Rev. Stat. §33.080(2).

[48] 例如：23 Pa. Cons. Stat. §6110(b); Me. Rev. Stat. tit. 19-A, §4006(2).

[49] 例如：D. C. Code Ann. §16-1005(f).

律多准許法院核發禁止相對人為進一步暴力行為、准許獨占住所或將加害人逐出被害人之家庭、定子女監護權或探視權、定子女扶養費或夫妻贍養費、定律師費或其他費用、定金錢損害賠償等命令。各州法律亦多明定法院在行使通知與審理程序後得核發禁止接觸或禁止侵擾令（no contact or no harassment），且多准許法院核發其他能保護被害人或終止暴力行為之保護令[50]。

　　關於保護令之存續期間，多數州法律規定為定期，關於最長期間，多數州規定為1年[51]，有些州規定為5年[52]，阿肯色州規定最低期間90日、最長期間10年[53]。有些州未規定最長或最短期間，由法官自由裁量合理期間[54]。許多州法律規定保護令得予延長，有些州法律規定法官得自由裁量延長期間，有些則規定法定延長期間[55]。

　　有些州法律明定法院得核發相互保護令（mutual protection order），有些州規定必須雙方當事人均提出合法之書面聲請，且均經合法通知後始得核發[56]，有些州則規定雙方當事人均應親自出庭且均提出家庭暴力或虐待之書面證據始得核發[57]。由於相互保護令常發生執行機關不知如何執行之困擾，有些州法律規定保護令之內容應詳細明確，使執法人員於當事人違背命令時知悉何者違背保護令[58]。

　　關於保護令之駁回（dismissal）、變更（modification）、終止（termination）或撤回（withdrawal）問題，多數州法律明定聲請人得依

----

[50]　Hart，同註1，15-17頁。

[51]　參閱American Bar Association Commission on Domestic Violence, Domestic Violence Civil Protection Orders (CPOs) By State (2009); Ohio Rev. Code §3113.31(E)(3)(a).

[52]　例如：Ohio Rev. Code §3113.31(E)(3)(a); Cal. Fam. Code §6345(a).

[53]　Ark. Code §9-15-205(b).

[54]　例如：Hawaii Rev. Stat. §586-5.5(a).

[55]　Hart，同註1，17-18頁。

[56]　例如：Mo. Rev. Stat. §455-050(2); Mont. Code §40-15-202(3).

[57]　Cal. Family Code §6305.

[58]　Mass. Gen. Laws. ch. 209A §3.

法聲請駁回或撤回，有些州規定延長保護令之終止應經當事人之相互同意（mutual consent）[59]，有些要求駁回應經聽證審理程序[60]。

在保護令之執行方面，許多州法律要求警察人員在執行違反逮捕之前應先確認保護令之存在與有效[61]，有些州則未明定。有些州法律明定，執法人員如有可能原因（probable cause）足信某人違反保護令者，「應」執行無令狀逮捕（warrantless arrest）[62]，另許多州法律授權執法人員對於有可能原因足認其違反保護令之人「得」為無令狀逮捕[63]。

關於刑責方面，許多州法律規定違反保護令構成輕罪（a misdemeanor）；有些州法律規定違反保護令之某些條款為輕罪，某些僅構成藐視法庭罪（contempt）；有些州法律規定違反保護令者，如知悉保護令存在之事實均構成輕罪。在處罰上，雖然有些州法律規定違反保護令者之最低監禁期間，而多數州法律規定最高刑期及最高罰款金額，並賦予法官自由裁量權[64]。

保護令法規業經證實為保護受虐配偶與其子女以及阻嚇虐待犯行之重要利器，而保護令之功效全繫於保護令內容之詳細明確，以及執法機關之有效執行。有研究資料顯示，受保護令拘束之犯人有三分之二到四分之三在保護令有效期間不再重犯，而聲請民事保護令之受虐婦女對於其所經歷之法律程序也多給予好評[65]。另有研究資料顯示，保護令核發後6個月內，僅50%有違反保護令情事，而且經歷違反保護令之被害人，受暴情形隨著時間的經過而顯著降低，保護令不僅關係施暴及恐懼之顯著降低，也大幅

---

[59] 例如：Hawaii Rev. Stat. §586-5.5(b).

[60] Idaho Stat. §39-6313; Mo. Rev. Stat. §455.060(5).

[61] 例如：Iowa Code. §236.11; Neb. Rev. Stat. §33.070.

[62] 例如：Iowa Code §236.11; Minn. Stat. §518B.01, Subd. 14(e).

[63] 例如：23 Pa. Cons. Stat. §6113(a).

[64] Hart，同註1，20-21頁。

[65] 同前註，23-24頁。

節省警政、司法及社會服務等經費，並有效改善被害人的生活品質[66]。不過，保護令最常遭致之批評為執行不當，例如警察人員不願逮捕施虐者、取得保護令過於遲緩、判刑太輕等[67]。由於保護令法規在各州有日益更新與複雜的傾向，美國法官不僅要熟悉這些法規，而且對家庭暴力之嚴重性也應有正確的認知，才能扮演領導的角色，幫助律師及一般民眾了解家庭暴力問題及各項民事法律救濟途徑[68]。

二、子女監護權

美國各州約在1970年以後陸續改採無過失離婚法制，在此以前之過失離婚法制下，父母親之道德問題成為法官判決離婚與子女監護權之重要審酌因素，「殘酷行為」（cruelty）不僅是法定離婚原因，法院也常將子女監護權判給殘酷行為之受害人。改採無過失離婚法制後，法官為子女監護權之判決時，已不再重視父母親的權益，而以子女之最大利益為其判決標準，父母間之關係在子女監護權判決時已越來越不重要。直到最近，美國各州法院與立法機關又開始漸漸將家庭暴力與子女監護判決結合起來，與以前不同的是，法官為判決時並不重視父母之道德性，而是仔細分析家庭暴力對子女的影響，並將此併入子女最大利益之判決標準中[69]。不過，並非所有法院及立法機關均願在子女監護問題上考慮家庭暴力因素，故美國各州及哥倫比亞特區多制定子女監護法規，要求法院在為子女監護權與探視權之判決時應考慮家庭暴力因素[70]。

從心理學觀點而言，子女受家庭暴力影響極大。(1)暴力家庭之子女較

----

[66] TK Logan, Robert Walker, William Hoyt & Teri Faragher, The Kentucky Civil Protective Order Study: A Rural and Urban Multiple Perspective Study of Protective Order Violation Consequences, Responses, and Costs iii, 7, 8 (September 2009).

[67] Beck，同註20，1015頁。

[68] Voris，同註20，432頁。

[69] Cahn，同註15，1043-1044頁。

[70] Hart，同註1，29頁。

非暴力家庭之子女更可能受父母所為之身體傷害。(2)即使未受身體傷害，其因目擊父母親之暴力行為而感痛苦，且可能發生行為與其他心理異常現象，而暴力家庭之子女長大成人後，在其自己所建立之家庭中也常發生暴力行為。(3)暴力家庭之子女本身亦可能受身體虐待，研究結果顯示，有70%之兒童虐待係發生在配偶虐待之家庭中，而這些家庭之子女可能遭受父母雙方之虐待，因受虐婦女較其他婦女有2倍虐待其子女之可能性。因此，家庭暴力並非僅係受虐婦女之問題，而係整個家庭失調，法官為子女監護權與探視權之判決時，應將家庭暴力列為重要考慮因素[71]。

美國各州之現行監護法關於家庭暴力之規定十分分歧，大致可以分為下述幾類：(1)要求法院為監護權與探視權之判決時應考慮家庭暴力。(2)在判定子女之最大利益時應審酌家庭暴力因素。(3)推定將子女監護權判歸施虐父母並非子女之最大利益，或推定有家庭暴力時不利共同監護，或排除共同監護。(4)在監護與探視條文中明文規定應保護被害人與子女。(5)明文規定施虐父母被定罪時之監護與探視問題。(6)明文規定家庭暴力對其他判決（如受虐配偶為逃避暴力而遺棄子女或帶走子女等）之影響[72]。

路易西安那州修正法律（Revised Statutes）對於受虐配偶及子女均有詳明之保護規定，可作為修法之模範法典。該法對於向配偶或子女為身體虐待、性虐待或其他犯罪行為之人，推定應為對其不利之單獨或共同監護判決，且只能給予監督探視權（supervised visitation），並要求其參與且完成專為家庭暴力犯人設計之治療課程。施虐配偶只有在完成治療課程，不再酗酒或非法吸毒，並證明其因不可能再施虐或有其他情形足證取得監護權判決符合子女之最大利益時，才能推翻不利監護之推定。施虐配偶也只有在完成治療課程，不再酗酒或吸毒，對子女不具危險性，無監督探視符合子女之最大利益等情況下，才能准予無監督探視權（unsupervised visitation）。對子女為性虐待者，除非其已完成專為性虐待者設計之課

---

[71] Cahn，同註15，1055-1058頁。

[72] 同前註，1063頁；Hart，同註1，32頁。

程，且法院認監督探視權符合子女之最大利益，否則法院應拒絕給予其探視或接觸受虐子女之權利。此外，因對子女或配偶為犯罪行為而經起訴之人，法院應禁止其接觸其配偶與所有子女，但法院如認符合子女最大利益而准許監督探視權者不在此限[73]。

關於監督探視，該法定義如下：「父母之一方與子女在法院許可之監督人面前，遵守防止對於受虐父母或子女為任何身體虐待、脅迫、恐嚇、誘拐或羞辱行為之規定，而為面對面接觸。監督人不得為實施家庭暴力行為父母之親戚、朋友、治療師或夥伴，如經受虐父母同意，得為受虐父母之家人或朋友。法院得依受虐父母請求，命警察人員或其他合格之專業人員為監督人……監督探視絕不能過夜或在暴力父母家中。」違反此規定之父母應負擔監督探視之一切費用[74]。

該法規定，離婚、分居、監護與探視權之裁判如確認有家庭暴力，則應在裁定或判決中為家庭暴力之禁止令（injunction），除禁止令另有規定外，禁止暴力父母接觸受虐父母或子女，除外規定應僅限於有關子女教育、健康與福利問題，或為其他經受虐父母明示同意目的所為之聯絡[75]。且禁止暴力父母未經受虐父母明示同意，故意走入距離受虐父母及其子女之家庭、學校、辦公處所或受虐父母及其子女本人50碼範圍之內，或距離其汽車50呎範圍之內，但法院所命探視權有必要者，或考慮雙方當事人之住居所或辦公處所接近情形認有必要者，不在此限[76]。

關於主張兩造過去均曾實施家庭虐待之情形，該法規定「家庭暴力」一詞概不包括父母之一方為保護其本身或子女免受他方之家庭暴力而實施之正當自我防衛行為（reasonable acts of self-defense）[77]。並規定，當父母雙方均曾對子女施暴時，單獨監護權應判給較不可能實施家庭暴力之一

---

[73] La. Rev. Stat. §9:364.

[74] La. Rev. Stat. §9:362(6).

[75] La. Rev. Stat. §9:362(4).

[76] 同前註。

[77] La. Rev. Stat. §9:362(3).

方，法院應命該有監護權之父母完成治療課程，但法院認為保護子女有必要時，得將監護權判給除經法院允許外能阻止接近暴力父母之適當第三人[78]。

為進一步保護受虐父母及其子女起見，該法規定家庭暴力之監護權或探視權訴訟有關之訴訟費用、律師費、評估費與專家證人費均由加害人負擔；因虐待致受虐父母及其子女之醫藥費與心理治療費亦由加害人負擔[79]。

再者，該法規定，在當事人之一方或其子女受他方虐待之家事訴訟法程序中，法院不得強制受害當事人參與調解[80]。

該法最後規定為家庭暴力被害人服務計畫所擬公款不得用以對家庭暴力之加害人提供服務[81]。

在法院判決方面，由於法官依子女最大利益原則對於監護判決之家庭暴力因素有自由裁量權，其結果各法院判決十分分歧，有些認為家庭暴力對子女有重大危害而將監護權判予被害人，有些則認為家庭暴力對子女影響不大或毫無影響。而且，一般而言，上訴法院除認為地方法院有濫用自由裁量權或顯然違背證據法則情事外，多不願廢棄地方法院之判決，因此各法官對於家庭暴力之認定並不一致[82]。法院之所以不重視家庭暴力之原因，有些認為家庭有其隱私不宜有公權力介入，有些是對於家庭暴力及受虐配偶沒有正確地了解，認為受虐配偶既然沒有離開施虐者則證明暴力並不嚴重或受虐者喜歡受虐待，或認為受虐配偶之暴力陳述純屬謊言[83]。事實上，除非司法人員能正確了解家庭暴力對受虐配偶及子女之影響，否則無法做出能阻止暴力並保護受虐配偶及子女之正確裁判。

---

[78] La. Rev. Stat. § 9:364(B).

[79] La. Rev. Stat. § 9:367.

[80] La. Rev. Stat. § 9:363.

[81] La. Rev. Stat. § 9:369; Hart，同註1，29-31頁。

[82] Cahn，同註15，1071-1072頁。

[83] 同前註，1083-1085頁。

三、調解法規

　　自從1970年代末期開始，美國受虐婦女之辯護律師及調解人（mediator）漸漸關心調解程序（mediation）在家庭暴力案件之妥當性問題。雖然受虐配偶之辯護律師多年來已致力於促進司法制度關切家庭暴力問題，且法院對於應將家庭暴力視為犯罪問題一事上也有了更多回應，而應用調解程序以解決家庭紛爭也有成長的趨勢，法院為疏減訟累起見，多以調解作為替代裁判之方法[84]。

　　調解之目的在於互相讓步以止息訟爭，而子女監護之調解目的在於促使離婚或分居當事人雙方互相合作以盡其能力共同撫育其子女。在調解程序中，調解人協助雙方當事人擬定一些能切合雙方父母及其子女需要之子女養育方案。調解雖以追求公平為目標，但並不重視當事人曾否對其家人實施危險性或破壞性之行為，認為過去的不和，不適宜或無助於子女撫育的雙方責任之擬定，而且以安排能讓子女繼續維持與父母雙方穩定關係之共同監護為優先考慮調解方案。

　　然而，在家庭暴力之場合，上開調解理論則有待商榷。因為公平的調解方案之擬定，必須調解當事人雙方擁有相當平等的權力（equal power）為前提要件，而施虐者與受虐者間並無平等之權力，施虐者運用各種強暴手段取得權力並控制受虐者，受虐者常因畏懼而放棄許多法律上的權利。在調解程序中，即使是最優秀的調解人也很難補救此種不平等的狀況。

　　再者，調解程序以合作（cooperation）為其基本目標，而施虐者卻不是一個能與受虐者合作的人，在調解程序中，他可能在外表上給人一個真誠並願意合作的印象，卻運用握拳、皺眉、咬牙等只有受虐者才能懂的巧妙肢體語言控制與支配受虐者，即使是最審慎的調解人也很難對這些威嚇與脅迫手段做正確的辨識與解釋。

　　此外，自願（voluntariness）是調解的重要成分，而受虐者在施虐者

----

[84] Sheila J. Kuehl & Lisa G. Lerman, Mediators' Response to Abusive Men and Battered Women: Guidelines for Policymakers and Mediators 1 (1988).

的脅迫下並無自由選擇權，在調解程序中，其處境就像人質或被洗腦的人一般，小心翼翼地順從施虐者的要求，既無接受或拒斥調解的自由，對調解的內容也無同意或不同意的自由。

由於施虐者也常虐待其子女，在調解程序中，受虐者常為其子女擔憂。即便受虐者不認為其配偶會虐待子女，為了擔負起撫育子女之角色（受虐配偶絕大多數為婦女），受虐者可能會認為有必要犧牲自己的安全以換取對自己子女的照顧，而施虐者也常尋索能繼續控制受虐者及子女的途徑。

有研究資料顯示，在離婚程序中，有兩種防止暴力的干涉方法。第一種是使施虐者不得接近受虐者以保護受虐者，第二種是向執法機關尋求保護以防止其實施暴力並向其提出挑戰。而辯護律師較調解人可能對其當事人運用上開方法，因此辯護制度較調解制度在離婚程序中更能保護受虐者。另一項研究資料顯示，父母親如有衝突或有家庭暴力情形，則不宜共同監護[85]。

在法律方面，美國各州法律對於有爭執的監護案件明文規定強制調解的並不多，不過，在實務上調解常為監護訟爭的最重要解決方法。因此，有些州法律對於與家庭暴力有關之爭執性監護案件調解問題做明文規定。例如：北達科塔州（North Dakota）法律規定，法院在一造當事人或其子女可能受有身體或性虐待之監護、扶養費或探視訟爭中不得命其調解[86]；新罕布夏州（New Hampshire）法律規定，法院認有家庭暴力情事者，不得命其調解，但所有當事人均同意調解者，不在此限[87]；佛羅里達州（Florida）法律賦予法院在監護或探視訟爭中有強制調解之自由裁量權，但規定案件如果有重大家庭暴力情事足以妥協調解程序者，不得移送

---

[85] Barbara J. Hart, Gentle Jeopardy: The Further Endangerment of Battered Women and Children in Custody Mediation, 7 Mediation Quarterly 318-326 (Summer 1990).

[86] N. D. Cent. Code § 14-09.1-02.

[87] N. H. Rev. Stat. § 458:15-c(IV).

調解[88]；俄亥俄州（Ohio）法律規定，在有家庭暴力之案件中，法院應以書面明確認定事實，認定調解符合當事人之最大利益，始得強制當事人進行調解[89]；威斯康辛州（Wisconsin）法律規定，法院如認調解將引起不當困境（undue hardship）或危及一造當事人之健康與安全，得不命其強制調解，法院應審酌之證據包括當事人之一方所為之子女虐待、配偶毆打或家庭虐待，或一造當事人甚至於因只是參加調解前之審查及評價程序即可能危及其健康或安全之任何證據[90]；威州法律且規定，調解人如發現當事人一方有子女虐待、毆打配偶或家庭暴力情事，有權終止調解程序[91]；加州法律並未規定家庭暴力之被害人得不參與監護調解或和解程序，受民事保護令保護之人得依法聲請在不同時間進行調解，調解聲請狀應載明關於受保護令保護之當事人得在不同時間與調解人分別會面之建議[92]；為進一步保護受虐者起見，加州法律規定家庭暴力之被害人得由輔助人（support person）陪同參加監護調解或其他有關離婚或婚姻無效之程序，輔助人得為非律師或不提供法律意見，但受虐者如未委任律師為代理人，輔助人得助於當事人或律師席位。在調解庭中輔助人有保密義務，其如具有破裂性，調解人得將其逐出庭外，而法院則負有義務告知受虐者其有使輔助人參與一切監護程序之權[93]。

　　1992年夏季，加州11個郡之家事法庭調解人與律師舉行研討會，並發表與家庭暴力有關之家事法院服務中心介入準則（Guidelines for Family Court Services Intervention）。其關於一般原則之聲明（statement of general principles）第5條規定：「暴力問題本身不得受調解，暴力之中止亦不得

- - - - - - - - - - - - - - - - - - - -

[88] Fla. Stat. §44.102(2)(c).

[89] Ohio Rev. Code §3109.052(A).

[90] Wis. Stat. §767.405(8)(b).

[91] Wis. Stat. §767.405(10)(e).

[92] Cal. Family Code §3181.

[93] Cal. Family Code §6303 Hart，同註1，37-38頁。

以暴力被害人之行為為依據。[94]」其程序問題（procedural issues）第5條規定：「在更廣大的體制內，可能有必要考慮法院本身之組織問題。家庭暴力情況可能需要類似少年法庭為孩童所提供之法院保護功能，家事法庭也許應在適當之安全裝置下有足夠之權力提供保護，例如：能命受虐者接受治療（期間為6個月以上，且能得到治療過程之報告）或命被害人接受治療、能為暫時安置人員之裁判等，以確實保障被害人及其子女。」[95]

有許多研究資料顯示，在有家庭暴力之子女監護爭訟中，調解是一種不適當與危險的解決方法，調解程序與共同監護方法均無法使暴力家庭之子女得到好的結果，而美國已有越來越多州法律明定在家庭暴力案件中不得為強制調解[96]。為解決家庭暴力問題，法院應有更安全的裝置與更大的權力以保護受虐婦女及其子女，且應與律師、檢察官、庇護所等共同協調合作，才能發揮最大的保護功能。

四、損害賠償法規

家庭暴力可能對受虐者造成極大的身體與精神傷害，有研究資料顯示，家庭暴力是美國婦女受害的最大原因，其所造成之損害超過強姦、搶劫與車禍所造成損害之總和[97]。

家庭暴力問題在美國已受肯認，美國離婚法也經歷重大變革，不僅廢除過失離婚原因，而且以贍養費及夫妻財產分配方式來限制經濟上之損害賠償，如此一來，許多遭受重大或永久性傷害之受虐配偶失去求償途徑，使美國各州制定與家庭暴力有關之損害賠償法規之可能性大增，有關家庭暴力損害賠償的案件也可能激增[98]。

----

[94] Guidelines for Family Court Services Intervention When There Are Allegations of Domestic Violence 2 (July 1992).

[95] 同前註，7頁。

[96] Hart，同註85，326頁。

[97] Jane O' Reilly, Wife Beating: The Silent Crime, Time Magazine (5 Sept. 1983).

[98] Hart，同註1，43頁。

　　依據古老的普通法則，夫妻既是一體，故只能有一個法律上的人格，且夫妻之一方不能對他方提起損害賠償訴訟，此即「配偶豁免法則」（rule of interspousal immunity）。配偶豁免法則禁止配偶間提起侵權行為訴訟，其理由大致如下：(1)此種訴訟會破壞家庭之平靜與和諧。(2)此種訴訟常是一些家庭紛爭之瑣碎訴訟，使法院增加無謂的負擔。(3)在配偶之一方或雙方保險責任的場合，允許此種訴訟將增加通謀與詐欺之機會等[99]。

　　19世紀中葉之已婚婦女法案（Married Women's Act）允許已婚婦女有獨立之法律人格，賦予其獨立之財產所有權與處分權等權利。此後美國各州逐漸廢除或限制上開豁免法則。現今美國各州除德拉威州（Delaware）、夏威夷州外，大多已完全廢除配偶豁免法則，少數則對該法則加以限制並創設許多法則之例外規定，如配偶死亡、離婚、分居、婚姻無效、車禍侵權行為、故意或任意侵權行為、婚前侵權行為等。廢除法則之方式多非以成文法明文廢除，而是以判例法廢除之[100]。

　　關於受虐配偶對於施虐者得提起民事賠償訴訟之訴因（causes of action）約有下列幾項：

（一）普通侵權行為（general torts）

　　美國各州法律雖然很少以成文法明定獨立之「配偶虐待」侵權行為，使其包括一切婚姻關係存續中之虐待行為，但因目前有趨勢承認配偶之強暴、毆擊、人身傷害、故意或過失引起精神痛苦等訴訟[101]，有關家庭侵權行為之法律正值發展階段，家庭侵權訴訟之特質開始漸漸浮現。現今受虐配偶在許多州中已得依成文法有關普通侵權行為之規定（如虐待致死、故意或過失致生精神痛苦、非法監禁、過度使用暴力或毆擊等）對施虐者提

---

[99] 參閱Goode v. Martinis, 361 P. 2d 944 (1961).

[100] Hart，同註1，41頁。

[101] Paul J. Buser, The Battered Women's Syndrome: Tort liability makes it essential to separate myths from reality, 78 ABA Journal 68 (January 1992).

起訴訟，縱使法未明定配偶間得提起此種訴訟，法院方多允許之[102]。

（二）特別准許法規（special enabling statutes）

1. 民事保護令

美國各州均有成文法規保護受虐婦女免受將來之家庭暴力危害，這些法規中有許多准許金錢或非金錢上之損害賠償。例如：賓州法律規定，受虐者得回復因受虐而致之合理損失（reasonable losses），包括醫藥費、牙齒診治費、遷居費、輔導費、工作或扶養損失，及其他因傷害而致之金錢損失[103]；新澤西州法律允許法院對家庭暴力之犯人為懲罰賠償（punitive damages）及補償賠償（compensatory damages）之裁判[104]；伊利諾州法律規定，在保護令訴訟中不當受控實施家庭暴力之人，得訴請給付因不實指控而致之合理費用，以及為防衛不實陳述而應支付之合理律師費[105]等。

2. 父母妨害監護權（parental interference with custody）

「子女搶奪」（child snatching）問題或「子女綁架」（child kidnapping）問題在美國情形十分嚴重，據統計，每小時有40名以上之孩童受其父親或母親或父母親一方之代理人誘拐，這些綁架事件有一半以上與家庭暴力有關，而只有半數子女可能尋回[106]。在家庭暴力之場合，不僅施虐者可能以搶奪子女作為報復或脅迫受虐者之手段，受虐者也可能因恐懼無法獲得合法之子女監護或對司法不信任等因素而攜帶子女逃逸無蹤。美國之刑事司法制度以往多認此為家庭紛爭而不願以綁架重罪加以審理，警察、檢察官與法官也常將父母綁架子女看成是傳統綁架法規之例外情形。而在民事審判制度方面，由於「物色法院」（forum shopping）嚴重，美國各州多已採納「統一子女監護管轄法」（Uniform

---

[102] Hart，同註1，41頁。

[103] 23 Pa. Con. Stat. §6108(a)(8).

[104] N. J. Stat. §2c:25-29(b)(4).

[105] 750 ILCS (I11. Compiled Stat.) 60/226 (from ch. 40, paras 2312-26.); Hart，同註1，41-42頁。

[106] Hart，同前註，42頁。

Child Custody Jurisdiction Act，簡稱UCCJA）及「父母綁架防制法」
（Parental Kidnapping Prevention Act，簡稱PKPA）之規定以防止監護權
之物色法院與重複起訴弊端。現今美國各州多已制定重大監護妨害法
（felony custodial laws）及輕罪法規（misdemeanor statutes）以懲治綁架子
女犯行，但受虐配偶攜其子女抵達他州以後，依UCCJA之緊急管轄條款
（emergency jurisdiction provision）及該州之家庭暴力法有關規定，儘速
向該州法院取得暫時監護令（temporary custody order），使該受虐配偶免
受綁架子女之控訴並獲准在該他州居留。但有關非暫時性之子女監護權之
訴訟仍應由住所州（home state）法院審理，雖然受虐配偶毋庸親自回住
所州進行訴訟，但可能需要委託律師代理其在住所州及庇護所州（refuge
state）中出庭應訊以保護其權益[107]。

　　在損害賠償法規方面，有些州成文法對於父母綁架事件規定得請求
侵權行為損害賠償。例如：羅得島（Rhode Island）法律規定，對於違反
法院所為監護權裁判而帶走或扣留18歲以下子女之人，得向其請求損害賠
償[108]；德州法律規定，有監護權或無監護權之父母親均得對任何違反法院
監護權裁判之人請求損害賠償[109]。在法律未明文規定刑事法規是否創設民
事訴因之場合，許多州法院認為違反刑法規定即包含民事訴因，但有些州
法院則認為在民事法規無明文規定時，不得以父母綁架為由訴請損害賠
償。在法律所明定之損害賠償訴訟答辯理由方面，其主張包括父母之綁架
行為係為保護子女之健康或福利，或為保護行為人之安全等[110]。

3. 違背夫妻信託義務（breach of spousal fiduciary duties）

　　加州民法典最近所為修正，使夫妻關於婚姻關係存續中之財產事項
亦受一般信託關係法則之規範。夫妻之一方於他方提出要求時，應將共同
財產有關登記及資料給與他方，且非經他方書面同意不得為與共同財產有

---

[107] 參閱UCCJA §201-204。

[108] R. I. Gen. Laws §9-1-43(a).

[109] Tex. Fam. Code §42.001-42.003.

[110] Hart，同註1，42頁。

關之交易，此包括營業資產在內。夫妻之一方發現他方違背上開信託義務時，得要求他方給與隱匿或移轉財產之一半，並給付律師費及其他費用。違背信託義務之配偶如係故意或詐欺不公開財產或取得他方同意，他方配偶得要求系爭財產100%以上之損害賠償[111]。

4. 侵害電話隱私權（invasion of telephone privacy）

1986年之綜合犯罪防制與安全街道法（Omnibus Crime Control and Safe Streets Act 1968）允許對於違背通訊竊聽條款者提起民事訴訟，有些州法律因而通過法律，使因不法竊聽電話通訊而隱私權受侵害之人得訴請損害賠償。由於電話科技日益複雜，有人預測未來美國將通過更多法律以保護隱私權及允許對於侵害者訴請損害賠償[112]。

5. 精神慰藉侵權行為（heart balm torts）

過去美國許多州均制定侵權行為法，使夫妻之一方如因第三人而受他方情感疏離時得訴請賠償，該侵權行為之基礎在侵害婚姻情誼。但現在承認此種侵權行為之州已不到10個，而且受虐配偶多不認為第三者之介入係施虐者在婚姻關係中使用暴力之促進因素。然而，夫妻之一方如為阻止他方破壞其婚外情而開始使用暴力，他方似可主張故意與施虐配偶有親密行為之第三人應依法負責。在已廢除此項訴因之州中，受虐配偶得依普通法或州成文法有關故意引起精神痛苦之法則訴請賠償[113]。

肆、家庭暴力法之刑事有關規定

家庭暴力行為常常帶有犯罪性質，傳統的美國刑事司法制度將家庭暴力視為家務事而採取不介入的態度。現今美國各州均立有家庭暴力刑事法規使司法人員、警察人員及一般民眾重視家庭暴力之嚴重犯罪性質，以確

---

[111]Cal. Family Code § 1101(g); Hart，同前註。

[112]Hart，同前註，42-43頁。

[113]同前註，43頁。

實保護受害人。茲將重要之刑事有關規定簡介如下：

一、婚姻強暴法規

17世紀美國著名法學家馬太海耶先生（Sir Matthew Hale）曾提出「婚姻同意契約理論」（matrimonial consent contract theory）；「夫本身不能對其合法妻子犯強姦罪，因夫妻間既有婚姻合意及契約，妻子已以此種方式捨棄自身，而且不能撤回。」[114] 海耶這段話雖未引經據典，英國法院卻於1888年之Regina v. Clarence一案中採用上開婚姻同意契約理論，認為不論夫如何殘酷對待其妻，妻並無權拒絕夫妻間之性行為[115]。在1954年之Regina v. Miller一案中，英國法院認為妻雖已訴請離婚，並不等於撤回其對婚姻性行為所為之默示契約同意，只有在法院准許離婚或分居之場合，或分居協議書載明「禁止騷擾」（non-molestation）條款時，始得撤回同意[116]。此即英國普通法上之「婚姻強姦豁免權」（marital exemption for rape），簡稱「婚姻豁免權」（marital exemption）或「配偶豁免權」（spouse exemption）。

美國麻薩諸塞州最高法院於1857年之Commonwealth v. Fogerty一案中首次承認婚姻豁免權，該法院引用海耶之上開理論，認為夫除為共犯之外，不能直接負擔強姦其妻之罪責[117]。此後其他州法院也有相繼採用海耶之理論而承認配偶豁免權者，各州且多制定婚姻豁免法，使夫免受強姦其妻罪之控訴[118]。直至1970年止，美國法律並不承認婚姻強暴是一種犯罪行為，各州法律多將強暴罪定義為強暴者與其妻之外之婦女為性行為，受夫強暴之妻充其量僅能提起暴行罪（assault）控訴，或以殘酷（cruelty）為

---

[114] Sir Matthew Hale, 1 The History of the Pleas of the Crown 629 (1736).

[115] 22Q. B. D.23 (1888).

[116] 2 AII E. R. 529 (1954).

[117] Commonwealth v. Fogerty, 74 Mass. (8 Gray) 489 (1857).

[118] Susan Barry, Spousal Rape: The Uncommon Law, 66 American Bar Association Journal 1088-1089 (1980).

由訴請離婚[119]。

婚姻豁免權在1970年代逐漸遭受批評與揚棄。至1980年止，已有5個州允許在特殊情況下對夫提起強暴罪之控訴[120]。1981年，麻州最高法院在Commonwealth v. Chretien一案[121]及新澤西州最高法院在State v. Smith一案中[122]均認為夫應對強暴其妻之犯行負刑事責任。到了1985年，美國已有20個州法律允許妻對夫提起強暴罪之控訴，但這些州法律多對妻之此項控訴權設有限制。到1991年7月止，也僅有19個州完全廢除婚姻強暴豁免權[123]。不過，在不允許妻對夫提起強暴罪控訴之州，多允許妻以強暴為由訴請離婚，亦多允許妻以性虐待為由請求法院核發保護令以為救濟[124]。

二、逮捕法規

在家庭暴力案件中，警察人員扮演極重要的角色，許多受虐者會向警察求助，認為警察人員是其尋求法律救濟的重要接觸管道，而警察人員的執法態度也與民事保護令等家庭暴力法規是否發生阻嚇與保護功效息息相關。然而，從1970年代到1980年代初期，美國警察卻對家庭暴力採取冷漠的態度，認為家庭暴力是家務事，公權力不宜介入[125]。有些警察機關甚至明定不逮捕政策（non-arrest policy），教導及指示警員儘量避免逮捕家庭暴力犯者，認為逮捕行為只有使紛爭加劇，且可能使逮捕人員在犯人拒捕

---

[119] Joan Zorza, The Criminal Law of Misdemeanor Domestic Violence, 1970-1990, 83 Journal of Criminal Law and Criminology 50-51 (1992).

[120] 該5個州為Nebraska、Oregon、Delaware、Iowa及California，參閱Barry，同註118，1089-1090頁。

[121] 383 Mass. 123, 417 N. E. 1023 (1981).

[122] 85 N. J. 193, 426A. 2d 38 (1981).

[123] Zorza，同註119，51頁。

[124] 同前註；Peter Finn & Sarah Colson, Civil Protection Orders: Legislation, Current Court Practice and Enforcement 12-31 (March 1990).

[125] Eva S. Buzawa & Carl G. Buzawa Domestic Violence: The Criminal Justice Response 31 (1990).

時遭受重大危險[126]。

　　由於警察人員的冷漠與拒絕逮捕態度使許多受虐者或關心家庭暴力者深感挫折，於是決定尋求法律途徑使警察人員確實執行法律以保護受虐者。比較重要的案件是在1976年10月的Scott v. Hart一案中，有5名律師代理在家庭暴力中受害之一般婦女及特定的黑人婦女對加州奧克蘭警察局長提起集體訴訟，訴請法院：(1)永久禁止警察機關拒絕對受虐婦女的求助做適當的回應。(2)確定命警察機關做適當回應。(3)命警察機關於其知悉有犯重罪情事或婦女要求逮捕攻擊者時應為逮捕。(4)命警察機關告知婦女關於其所擁有之國民逮捕權及警員為執行逮捕得將攻擊者拘禁之事實。(5)命警察機關於適當時機應使攻擊者至心理機構為72小時觀察。(6)命警察機關應訓練警員對這些事件做最佳處理。(7)命警察機關開始一項施虐者治療計畫。(8)命政府機關為婦女建立庇護所。(9)命被告給付原告訴訟費、其他支出費用及合理之律師費。到了1979年，雙方達成和解，和解內容允許原告所為大部分請求：警察機關同意採用新政策，對家庭暴力做迅速回應，並同意當警員有正當理由認定已發生毆擊重罪或發現輕罪之現行犯時應進行逮捕，警察機關負有充分告知每位受虐婦女其享有國民逮捕權並有權接受警方之逮捕協助的義務，其後警員應將受害者移送扶助機關接受輔導及其他協助，警察機關也承認其負有執行民事限制令（civil restraining order）及民事「驅逐」令（civil "kick-out" order）之確定義務，奧克蘭市復同意申請聯邦經費以提供受虐婦女各項扶助服務，並同意支付原告之律師費及訴訟費[127]。

　　在1967年12月之Bruno v. Codd一案中，3個紐約法律服務處以及憲法權利中心（Center for Constitutional Rights）代表已婚受虐婦女對紐約警察局、家事法院、觀護所及其他16名被告提起與上開案件類似之集體訴訟，主張警察未能逮捕施虐之丈夫，而家事法院之職員使受虐婦女無法接近法

- - - - - - - - - - -

[126] Del Martin, Battered Wives 93-94 (1981).

[127] Scott v. Hart, No. c-76-2395 (N. D. Cal..led Oct. 28, 1976).

院等。關於對家事法院及觀護所之訴訟部分經三審法院駁回確定,關於對警察局之訴訟部分,兩造達成協議判決(consent judgment),規定婦女因主張受夫毆打或有違背保護令情事而要求保護時,警察機關有義務且必須回應;警員如有正當理由足認夫對妻犯輕罪,或在警員面前對妻有違法情事時,不應避免對夫進行逮捕;警員如有正當理由足證夫對妻犯重罪或違反保護令時,應逮捕夫,且不應意圖調停或調解雙方當事人;警察抵達現場時如被控之夫已離去且妻請求逮捕者,警察應如其他犯罪情形一樣查出夫之所在;警員事後應協助妻獲得需要之醫療協助,並告知其有權向家事法院聲請保護令;警察機關應頒布符合本判決之新政策與訓練資料;監督警員應迅速調查有關違反本協議判決之陳情,如經調查屬實,應儘速使其立刻遵守;保護令保留對警察訴訟部分之管轄權,允許當事人一方請求必要或適當之救濟[128]。

在1984年之Thurman v. City of Torrington Conn.一案中,聯邦陪審員認為,警察機關疏於保護原告免受其夫虐待,裁決被告應賠償原告與其子共230萬美元[129]。由於上開案件之訴訟結果,全美警察機關明白其如未保護受虐婦女之權益,則可能擔負巨大的法律責任,許多警察機關遂同意修改政策與作法以免受訟累[130]。

由於採取訴訟途徑有花費時間以及判決難執行等缺點,關心受虐配偶者遂改變政策,致力於促使警察機關制定有效的家庭暴力政策,以及促使立法機關修改法令使警察在家庭暴力案件中有逮捕施虐者之權[131]。目前美國各州多已制定警察逮捕有關法令,有些州制定強制逮捕法規,使警察人員如認有家庭暴力犯罪情事[132]或違反保護令[133]情形時,負有無令狀逮捕

---

[128] Bruno v. Codd, 90 Misc. 2d 1047, 369 N. Y. S. 2d 947 (Sup. Ct. 1977).

[129] Thurman v. City of Torrington, 595 F. Supp. 1521 (Dist. Conn. 1984).

[130] Zorza,同註119,54-60頁。

[131] 同前註,61頁。

[132] 例如:Conn. Gen. Stat. §46b-38b(a); D. C. Code §16-1031(a); Colo. Rev. Stat. §18-6-803.6(1).

[133] 例如Del. Code, §1904(a)(5); Me. Rev. Stat. tit. 19-A, §4012(5); Colo. Rev. Stat. §803.5(3)(b).

犯人之義務；有些州制定非強制逮捕法規，使警察人員於家庭暴力輕罪案件[134]或違反保護令案件[135]中得進行無令狀逮捕。多數制定強制或非強制逮捕法規之州亦明定，警員不管是否進行逮捕，均應告知被害人各項權益，包括聲請保護令、庇護所或其他社區資源、交通工具之提供、刑事控訴權、民事賠償權等[136]，此種告知多要求以書面為之。再者，許多州且要求警員提供被害人多樣協助，包括取得醫療協助、陪同被害人或犯人領取個人財物、要求警員留在現場直到被害人能離去或其安全已得確保為止，或扣押犯罪所用之兇器[137]等。許多州法律要求警員不管是否進行逮捕均應製作家庭暴力之事件報告，有些州法律且要求此項報告應保存特定期間，除有法院裁令外不得將載有被害人住處之報告向被告揭露，監督機關應將警員所做報告作成統計資料表等[138]。許多州法律要求對執法警察提供家庭暴力訓練課程，有些州法律且要求提供訓練課程予檢察官、法官、家事法庭職員等[139]。有些州法律規定執法機關應制定與實施家庭暴力有關之法律執行政策，以作為執法人員處理家庭暴力之準則[140]。許多州法律規定執法人員在介入家庭暴力事件時有免責權，各州對於免責條件之規定不完全相同，有些州規定警員進行逮捕時應基於善意（good faith without malice）、可能原因（probable cause）等始享有民事免責權，有些則規定警員之任何作為與不作為均有免責權[141]。

　　近年來，警察對家庭暴力犯人所為之逮捕不僅是受虐婦女運動所關注之對象，立法者與執法人員也有越來越願意採行之傾向。自1970年代開

---

[134] 例如：Cal. Penal Code §836(c).

[135] 例如：Utah Code §77-7-2(2).

[136] 例如：Idaho Stat. §39-6316(2), (3); Mass. Gen. Laws ch. 209A §6(4).

[137] 例如：750 ILCS (I11. Compiled Stat.) 60/304 (from ch. 40, para. 2313-4); Cal. Penal Code §13701(b)(7), 12028.5(b); 18 Pa. Cons. Stat. §2711(b), (d).

[138] 例如：S. D. Codified Laws §25-10-361; Cal. Penal Code §13730(c).

[139] 例如：Fla. Stat. Ann. §943.171(1); Conn. Gen. Stat. §46b-38b(f), §46b-38c(j).

[140] 例如：Cal. Penal Code §13701; Wis. Stat. §968.075(3) (1)-(3).

[141] 例如：Ark. Stat. Ann. §16-81-113(4); Colo. Rev. Stat. §18-6-803.6(5).

始，人們逐漸批評及揚棄警察機關所採取之避免逮捕政策，各州紛紛制定法律擴張警察在家庭暴力案件之逮捕權限。在1981年至1982年間所進行的明尼亞波利斯家庭暴力實驗（Minneapolis Domestic Violence Experiment）結果顯示，逮捕具有阻嚇犯罪之效果，是警察用以減少家庭暴力最有效之方法[142]，此實驗對於美國各州修法以擴張警察權限有很大影響。然而，嗣後於包括明尼亞波利斯在內之6個城市所為之重複實驗卻產生與上開實驗不同之結果，亦即，逮捕在Minneapolis、Miami及Spring3個城市雖具有阻嚇效果，在Milwaukee、Omaha及北Charlotte3個城市則無此效果；再者，逮捕對不同人具有不同效果，有工作之人有易受阻嚇之傾向，無工作者於逮捕後似乎更具有暴力傾向[143]。不過，大致看來，美國民眾有越來越接納警察逮捕家庭暴力犯人之趨勢，目前美國各州幾乎均已授權警察對家庭暴力犯人進行無令狀逮捕，且有十餘個州制定強制逮捕法規，使警員在逮捕家庭暴力犯人時並無自由裁量權[144]，此種強制逮捕法規在美國有日漸增加的趨勢，警察人員在家庭暴力案件所扮演之角色，其重要性也與日俱增。

三、證據法規

　　美國婦女因傷害或殺害其配偶或同居人而被起訴之案件，有研究資料顯示，殺害其夫或同居人之婦女約有80%係由於自衛或防衛他人[145]。許多為受虐婦女辯護之律師會努力於審判中提出專家證人關於受虐婦女徵候群之證言。所謂受虐婦女徵候群，係指婦女受其親密伴侶所為身體、心理或性虐待之心理受害症狀而言。專家證人通常對下列問題表示意見：(1)被告是否可能為受虐婦女？(2)是否顯示受虐婦女徵候群之症狀？(3)受虐婦女

---

[142] Lawrence W. Sherman & Richard A. Berk, The Minneapolis Domestic Violence Experiment. I Police Foundation Reports I (Apr. 1984).

[143] Lawrence W. Sherman, Introduction: The Influence of Criminology on Criminal Law: Evaluating Arrests for Misdemeanor Domestic Violence, 83 The Journal of Criminal Law & Criminology 25 (1992).

[144] Hart，同註1，63-70頁。

[145] 同前註，76頁。

徵候群與其所受控訴之犯罪行為有何關係[146]？由於陪審員與法官可能對於受虐婦女並不了解或存有偏見，為確保審判之公平與完全，法律應容許受虐婦女提出家庭暴力史之有關證據，以及提出專家證言，證明關於受虐婦女認知與信念之合理性、其於行為時面對環境之心境、一般人對於家庭暴力之通常誤解、受虐婦女未離開施虐者之原因、家庭暴力對於被害人之信念、認知、行為以及應對策略所生影響等問題[147]。

　　在現今美國多數州中，受虐婦女為其法律請求或刑事防衛所提出之家庭暴力史證據及關於其經驗、信念或認知之專家證言依現行證據法之規定均具有容許性，許多上訴法院法官認定傳統證據法則足以容納受虐婦女之自我防衛主張或其他法律請求，多數法院判決因而認定受虐婦女得依現行或傳統證據法規提出家庭暴力史之證據以及上開專家證言。然而，仍有不少法院判決拒絕採納家庭暴力史之證據及其相關之專家證言，因此，近來美國有些州已修改證據法規，明文規定容許受虐婦女提出包括受虐婦女徵候群等專家證言在內之有關證據[148]。

　　1996年，美國司法部發表一篇名為「刑事審判中關於虐待及其效果證據之使用及效力」之報告，認為「受虐婦女徵候群」意指所有受虐婦女反應的特有效果，其見解尚未得到研究結果或臨床實驗的支持，且「徵候群」一詞因為帶有病理學或疾病之意涵而可能產生誤導，也可能產生受虐婦女患有「心理缺陷」之假象，所以雖然「受虐婦女徵候群」在引進專家證言中扮演了歷史性角色，但此用詞已經不再有用或適當，宜改採「虐待及其效果」（battering and its effects）一詞作為參考標準用語[149]。現今美

---

[146]Ellen Leesfield & Mary Ann Dutton-Douglas, "Faith and Love": Use of the Battered Women Syndrome to Negate Specific Intent, The Champion 10-11 (April 1989).

[147]Hart，同註1，77頁。

[148]例如：Ohio Rev. Code §2901.06(B).

[149]U.S. Department of Justice, Office of Justice Programs, National Institute of Justice & U.S. Department of Health and Human Services, National Institute of Mental Health, The Validity and Use of Evidence Concerning Battering and Its Effects in Criminal Trials: Report Responding to §40507 of the Violence Against Women Act vii-viii, 17-20 (1996).

國有些州成文法仍採用「受虐婦女徵候群」，但有些州已經將「虐待及其效果」規定於成文法中[150]。當專家證人用「虐待及其效果」來解釋一般被害人的行為時，還是依據受虐婦女徵候群之標準來描述被害人之行為。虐待及其效果」用詞遭受批評，包括：此用詞定義太廣而無法正確描述一般家暴被害人之行為；家暴被害人的行為相當個別化及複雜，不應該被簡化為一個簡單的用詞等[151]。

伍、家庭暴力有關之社會與健康服務法規

美國各州政府在致力於改革家庭暴力有關之民事與刑事規定之後，近幾年來也制定了一些家庭暴力有關之社會與健康服務法規（social and health services codes），因為司法審判制度固然是消弭家庭暴力與保護受虐者有效的工具，但為達消除家庭暴力之目的，尚須有其他法規相配合[152]。茲將美國所制定之社會與健康服務法規概述如下：

一、受虐配偶服務法規

美國各州為了減輕家庭暴力對受虐配偶所造成的傷害及尋求家庭暴力問題之救濟途徑，多數均制定法律以提供緊急庇護所、暫時住處、24小時電話線、緊急接送、輔導與諮詢、父母教育課程、育幼設施、法律扶助、陪伴出庭、職業訓練、職業介紹、住宅輔助、經濟輔助、支援其他社會及醫療機構等各項服務。多數州法律明定服務計畫應包括庇護所、電話輔導、交通服務及諮詢等重要服務項目[153]。

---

[150] 例如：Cal. Evid. Code § 1107(a).

[151] Jennifer G. Long, Introducing Expert Testimony to Explain Victim Behavior in Sexual and Domestic Violence Prosecutions 45, 14-15 (2007).

[152] Hart，同註1，45頁。

[153] 同前註，46頁。

　　許多州法律規定警察機關或受領州政府補助金之服務機構不得將被害人或接受服務者之身分等資料公開[154]，有些州法律規定只有在少數例外情形始能公開家庭暴力庇護所之紀錄[155]，有些州法律規定家庭暴力被害人居住計畫之地址應予保密[156]，有些州法律則規定各項服務均應予保密[157]。

　　家庭暴力服務計畫對受虐配偶及其子女提供極有效力的協助，研究結果顯示，受虐配偶的求助行為能減低嗣後的受虐行為，因為透過外界的援助，施虐者不再如往常般控制或接近受虐者，而且，當施虐者開始明白社會已伸手保護受虐者並可能給予施虐者特定的懲罰時，可能會停止施虐行為[158]。此外，一項調查結果顯示：接受庇護所協助之受虐配偶中有90%表示滿意，許多人因為在庇護所中能與他人分享經驗與交換心得而覺得獲益良多[159]。不過，由於受到經濟不景氣的影響，有些州政府對於家庭暴力計畫之經費補助已大幅縮減，尤其是沒有法規課以補助義務之州更是如此，但庇護所服務設施之需求量卻有激增之勢，尋求庇護所、輔導等各項服務之受虐配偶大多因欠缺設備及人手而遭受拒絕，如何增加州政府與聯邦政府對家庭暴力計畫之經費補助是有待克服的一大難題。

二、施虐配偶服務法規

　　為達消弭家庭暴力之目的，施虐配偶服務計畫緊隨受虐配偶服務計畫之後問世。目前美國約有半數州法律明文規定對家庭暴力之犯人提供治療性或教育性服務，多數州並未對這些服務給予經費補助，參與服務計畫之

---

[154] 例如：Minn. Stat. §13.82, Subd. 17, §611A.02, Subd. 2(b)(2); N. J. Stat. §30:4-24.3.

[155] 例如：Miss. Code §93-21-109; Ore. Rev. Stat. §409.292(3)(b).

[156] 例如：Conn. Gen. Stat. §46b-38c(c) & §8-360; N. Y. SOS. LAW §459-g: N.Y. Code §459-G.

[157] 例如：Iowa Code. §22.7(2); Neb. Rev. Stat. §42-918.

[158] Hart，同註1，55頁。

[159] Joan B. Cannon & Jean S. Sparks, Shelters-An Alternative to Violence: A psychosocial Case Study, Journal of Community Psychology 17 (July 1989).

犯人必須自己付費[160]。

在民法或刑法授權法院強制家庭暴力犯人參與治療或教育服務之規定中，多數州法律係在民事保護令法規部分授權法院裁令上開服務，法院得在社區所提供的許多治療性服務中選擇其一，但刑事法規通常要求施虐者接受特定之治療計畫，法院並無上開選擇權[161]。

有些州法律授權法院得命家庭暴力之犯人於刑事審判前參與輔導計畫，此種輔導計畫可能進行1、2年之久，法院會接獲一份被告是否已完成教育課程的報告。如果被告已遵循一切規定，其所受控訴則不受理，如果被告未遵守規定或請求退出計畫，則繼續進行刑事訴訟程序[162]。

有些州法律規定在訴訟或定罪後得判命輔導，其中有些州法律要求對監禁犯人提供治療，有些州法律則使法院得於適當情形判命治療，其對象並不限於業經判定成立家庭暴力罪之犯人[163]。

在民事保護令法規方面，許多州法律授權法官在制定民事保護令中要求強制輔導，其中多數州法律賦予法官自由裁量權，得判令關於酗酒、吸毒、心理健全等治療與輔導。有些州法律規定只能強制施虐者參與輔導，有些州法律則規定得要求或建議當事人一方或雙方參與輔導[164]。

受虐配偶服務計畫依法應予保密，但施虐配偶服務計畫之機密性卻受到限制，其理由為：(1)保護被害人之安全，使其確能獲取施虐配偶治療計畫之有關資料以作成關乎自身生命之正確決定。(2)施虐者對法院及為受虐婦女提供服務之計畫均負有義務。(3)為提高心理復健之功效等[165]。

施虐配偶服務計畫之成效如何？有些調查研究結果顯示參與計畫之施虐者似乎有減低再犯率之效果，有些研究結果卻顯示參與計畫之施虐者並

---

[160] Hart，同註1，48、56頁。

[161] 例如：Alaska Stat. §12.55.101(a)(1) & §18.66.100(c)(15); Cal. Penal Code §1000.8(a).

[162] 例如：Conn. Gen. Stat. Ann. 46b-38c(h)(2); Cal. Penal Code §1000.5(b).

[163] 例如：Colo. Rev. Stat. §18-6-801; Iowa Code Ann. §708.2B.

[164] 例如：Cal. Family Code §3190; Nev. Rev. Stat. §200.485(3); Hart，同註1，50頁。

[165] Hart，同前註，52頁。

未減少其虐待行為，故關於施虐配偶服務計畫之效果如何，尚有待更進一步之調查與研究[166]。

三、其他防止與保護法規

　　由於家庭暴力之防制需要整體制度之配合，有些州採取有關家庭暴力之整體制度措施，企圖建立一套使司法機關與社會服務機構能合作協力之政策與程序。例如：有些州法律規定得對大眾教育、課程擬定、訓練、研究、職業訓練、宣傳活動等提供經費補助[167]；有些州法律要求成立關於家庭暴力之全州性多專門學科政策委員會，以完成計畫評估、發展公共政策、訓練、研究、立法建議等工作[168]。

　　再者，由於有研究報告指出家庭暴力係美國婦女受害之最大原因，其嚴重性超過車禍、強暴、搶劫等事件之總和[169]，家庭暴力所引起的健康危機遂引起廣泛的重視。有些州法律要求醫院制定及執行能切合家庭暴力受害病人需求之準則（protocols）[170]；有些州法律要求，醫療機構或醫療者應每季向法院之家庭暴力訓練及監控單位（the domestic violence training and monitoring unit of the court system）提出關於家庭暴力被害人之處遇資料蒐集報告，該單位應制定報告之例稿[171]；有些州法律要求特定家庭暴力服務機構，例如：阿拉巴馬州反家庭暴力聯盟（The Alabama Coalition Against Domestic Violence）應與政府機關、醫學院、醫院及診所共同合作或提供協助以對於家庭暴力之防制、醫治、復健等服務進行規劃與研究[172]。

--- --- --- --- --- --- --- --- --- ---

[166] 同前註，57-58頁。

[167] 例如：Cal. Penal Code §13823.4; Colo. Rev. Stat. §26-7.5-103.

[168] 例如：Ind. Code §5-2-6.6-10; Wis. Stat. §15.207(16).

[169] O' Reilly，同註97。

[170] Iowa Code §135B.7(4).

[171] R. I. Gen. Laws §12-29-9.

[172] Ala. Code §30-6-4(l).

在學校課程方面，有些州法律規定教育部應設置學校健康教育專員以協調包含家庭暴力課程在內之健康與人身安全教育計畫[173]，有些州法律規定學校課程應提供幼稚園至十二年級學生有關家庭暴力之教導[174]。

在社區教育方面，有些州法律要求對家庭暴力各項服務提供經費之機關亦應從事關於家庭暴力之社區教育活動，利用廣播、報紙及廣告看板等各種傳播媒體告知民眾下列事項：(1)家庭暴力行為之犯罪性。(2)家庭暴力罪對施虐者之後果。(3)消除大眾對家庭暴力之誤解[175]。有些州法律規定司法部門應與專案組織共同合作並鼓勵其建立關於家庭暴力之訓練計畫及各項防止服務[176]。

此外，有些州法律授權住宅處對於曾接受庇護所服務之受虐配偶提供購屋或建屋之金錢輔助[177]；有些州法律則允許因家庭暴力而失業之受虐配偶受領失業補助金[178]。

陸、結語

美國是一個深受英國普通法影響的不成文法國家，但近年來在全美所展開的家庭暴力成文法立法運動卻有蓬勃的發展，其相關法律制定之快速鮮有其他法律足堪比擬，而且家庭暴力法之涵蓋領域深入民事法規、刑事法規及社會與健康服務法規中，不僅為受虐配偶創設許多權利，且使警察機關、司法機關、行政機關及社會服務機構擔負許多責任以降低家庭暴力所造成的傷害。如今，受虐配偶在美國不僅可以向法院聲請民事保護令使施虐者無法接近及做出更多傷害，且可依法請求警察逮捕施虐者，同法院

---

[173] Alaska Stat. §14.30.360(b).

[174] Iowa Code §280.9B.

[175] Tex. Cr. Code. §42.141(6); Texas C.C.P. Art. 42.141, Sec. 6.

[176] Iowa Code. §236.17.

[177] Conn. Gen. Stat. §8-357(a).

[178] Me. Rev. Stat. tit 26, §1193(1)(A)(4).

訴請子女監護及損害賠償等；如其因不堪虐待而做出傷害或殺人犯行時，可請專家證人在法庭上就其心理狀態提供有利證言；如其因受虐而有生活上之困難時，可請求社會服務機構提供庇護所、住宅輔助、醫療及就業等各項服務。再者，警察人員及司法人員對於家庭暴力的冷漠態度已大有改善，一般民眾對於家庭暴力的誤解也慢慢消除當中。

　　雖然美國的家庭暴力法不能謂已經完善，許多州法律關於家庭暴力之規定仍然十分簡陋，而且法律的執行仍有待加強，各種服務計畫的成效如何尚須做進一步的研究與評估，但已頗具規模的美國家庭暴力法既有如此傲人的發展，實足為我國立法及執法時的重要參考。家庭暴力已嚴重危及個人、家庭及社會之安全，為達解決家庭暴力之目的，除須制定完善之法律外，尚須政府各有關機關及社會服務機構之多方配合，且唯有當事人對家庭暴力有正確的了解與真心的關懷時，才能共同努力以謀求根本解決之道，徹底消弭暴力於無形。

第三章
家庭暴力防治法之
立法修法運動及規範內容

壹、前言

　　所謂家庭暴力，係指一個人對其家人或家庭成員實施暴力行為而言。對於家庭暴力之定義，通常採取比較廣義之解釋，以擴大保護之範圍。在廣義立法例之國家中，關於家人或家屬之定義，係指同居中或同居過之配偶、父母、子女、其他血親或姻親、性伴侶等而言，故廣義之家人或家屬，包含同性戀者[1]及男女朋友在內。關於暴力行為之定義，則指恐嚇、傷害、強姦、妨害自由、毀損財物、不法侵入住宅、引起精神上之痛苦等行為而言，故騷擾、跟蹤、辱罵、窺視等行為均有可能構成暴力行為。

　　家庭暴力問題自人類有家庭以來即普遍存在，長久以來人們不願公開承認與面對，直到1970年代才陸陸續續有人認真探討其發生原因並積極謀求解決之道，其中以美國各州所制定之家庭暴力有關法令最具特色。

　　自20世紀下半葉開始，因為發生幾件夫妻及親子相互殘殺事件，我國家庭暴力問題漸漸受到重視。根據臺北市政府社會局北區婦女中心之民國（以下同）85年度工作報告，康乃馨專線電話之接獲量，80至82年度每年約為2,600通或2,700通，83年度因受媒體大量報導我國鄧如雯殺夫案及美

---

[1]　Ruthann Robson, Lavender Bruises: Intra-Lesbian Violence, Law and Lesbian Legal Theory, 20 Golden Gate University Law Review 577-578, note 49 (1990).

國卡洛琳閣夫案之影響而激增為3,560通，84年度則為3,280通[2]。

　　家庭暴力之嚴重性與廣泛性已漸為國人所知，傳統的處理方法與現行有關法律均不足以提供適切與根本的解決之道，因此，家庭暴力問題所受重視之情形，不僅是反映在被害人求助情形增加、各縣市婦女中心或家暴中心增設以及民間單位投入受虐婦女協助上，有關家庭暴力之立法及修法運動因國人的支持，使家庭暴力防治法順利完成立法及修法程序。

　　在家庭暴力防治法制定之前，我國關於家庭暴力之各種規定，散見於當時有效之民法、刑法、兒童及少年福利與權益保障法等法規中，本文稱之為傳統法律。本文擬概述傳統法律之救濟途徑及其漏洞與缺失，簡介家庭暴力防治法之制定與修法過程，析論此法之制定方針、規範內容、精神與執行，期有助於法律之落實執行，達到根本防治家庭暴力之立法目的，造福人群。

貳、家庭暴力防治法制定前之傳統法律概述

一、救濟途徑

　　根據傳統法律，受虐者所能尋求之民事救濟途徑大致包括：拒絕履行同居義務（民法§1001但書）、成立兩願或裁判離婚（民法§1050、§1052Ⅰ③④）、定子女監護權或置監護人（舊民法§1055、§1090）、請求贍養費（民法§1057）、取回各自財產（民法§1058）、請求法院宣告終止收養關係（民法§1081、兒童及少年福利與權益保障法§20）、請求損害賠償（民法§1056）。

　　依據傳統法律，受虐者所能尋求之刑事救濟途徑大致包括：為犯罪之告訴或提起自訴（刑事訴訟法§232、§319Ⅰ）、請求逮捕拘提（刑事訴訟法§88、§87、§75、§76）、無罪抗辯或減免其刑（刑法§23、

2　臺北市政府社會局北區婦女中心85年度工作報告，5頁。

§19）。

二、司法實務

在上開救濟途徑中，被害人最常尋求之途徑應屬離婚與提起刑事告訴兩種，司法院並未特別針對家庭暴力之案件處理情形作統計分析，茲僅將司法院對於臺灣各地方法院之離婚案件及傷害案件之有關統計資料析論如下：

（一）關於離婚案件

臺灣各地方法院至民國（以下同）84年底止之10年來終結離婚事件合計19,789件，以84年之2,723件為最多，76年之1,349件為最少。依其原因分析，離婚原因以惡意遺棄11,924件為最多（占60.26%），處三年以上有期徒刑4,139件次之（占20.92%），再其次為不堪受對方虐待2,296件（占11.6%）。關於此點，司法院作如下說明：「從以上資料分析可知，離婚事件有逐年增加之趨勢，離婚原因則以惡意遺棄為最多。此蓋由於農業社會轉型為工業社會，小家庭組織尚嫌脆弱，夫妻一方離家出走，他方訴請履行同居之訴，經確定判決後仍不履行同居之義務在繼續狀態中者，即得訴請判決離婚使然。」此外，以主動離婚者而言，男方主動者8,089件（占40.88%），女方主動者11,694件（占59.09%），雙方均主張離婚者6件（占0.03%）。以離婚者已婚年數言，以逾9年者10,027件為最多（占50.67%），逾3年至5年以下者2,668件次之（占13.48%）。司法院對此亦有說明：「依以上資料分析，主動離婚者，女方較男方為多，此蓋由於工商業發達，教育普遍，男女平等，女子有自主之謀生能力使然。離婚者已婚年數，逾9年者所占比例亦頗高，蓋因世界交通發達，受歐美風氣之影響，縱令結婚已逾9年，甚至於子女成年後始離婚者，亦所在多有。[3]」

司法院將離婚事件之增加及離婚原因以惡意遺棄為最多，均歸因於

---

[3]　司法院行政訴訟及懲戒廳編輯，中華民國84年司法案件分析，85年6月，136-137頁。

工業社會小家庭組織脆弱,將主動離婚者女方多於男方歸因於工商業發達男女平等及女子有自主之謀生能力,並將結婚逾9年者離婚比例頗高歸因於交通發達受歐美風氣影響,此種分析說明僅觸及表象,未能深入探查真正之原因,而且完全忽略家庭暴力之影響力。因為司法院之資料顯示,就主動離婚者而言,75年男方615件,女方750件,相差無幾,但84年男方974件,女方1,748件,相差近一倍;就結婚逾9年之離婚件數而言,75年593件(占43.5%),84年1,406件(占51.6%),呈現逐年微幅增加之現象[4];就惡意遺棄離婚原因而言,75年942件(占69%),84年1,412件(占51.9%),有逐年微幅下跌之趨勢;就重大事由難以維持婚姻離婚原因而言,75年0件,84年50件(占1.8%)[5]。從以上數據可以看出,雖然有越來越多女性在結婚逾9年後向法院訴請離婚,但婦女如果遭受丈夫虐待,法院10年來對於不堪同居虐待之法定離婚原因仍然維持一貫之嚴格標準,所以法院對於不堪受對方虐待為離婚原因之終結件數,歷年來均維持在占離婚總件數11%左右。另有不少遭受家庭暴力之婦女,係以受直系尊親屬虐待、通姦、處三年以上有期徒刑、意圖殺害對方、重大事由難以維持婚姻等法定離婚原因訴請離婚。此外,有更多遭受家庭暴力之婦女因無法取得不堪同居虐待之證據或不願與配偶對簿公堂,而離家出走,嗣後其配偶反以惡意遺棄為由訴請離婚。再者,從上開統計資料顯示,在所有離婚案件中,以惡意遺棄離婚原因而終結案件者,歷年來均超過離婚總件數的50%,其中女性主動離婚者均較男性主動離婚者為多,而且男女之差距有逐年增大之趨勢。因此,從上開資料可以做此推論:臺灣各地方法院所終結之離婚事件,以惡意遺棄離婚原因占絕大多數,其中又以女方主動離婚者為多數,而且男女差距有越來越多的傾向。依此推論,在所有終結離婚案件中,以男方遺棄妻子後,女方等待多年始向法院訴請離婚最為常見。因家庭暴力之被害人絕大多數為女性,故男方遺棄家庭之真正原因幾乎不

4　同前註,172頁,附表II-20。

5　同前註,171頁,附表II-19。

可能係受女方虐待所致，而可以說是因為男方不負責任，女方不得不訴請離婚謀求新生活，故亦非如司法院所做之解釋：「工商業發達，教育普遍，男女平等，女子有自主之謀生能力」或「因世界交通發達，受歐美風氣之影響」。其次多數為女方離家出走後男方向法院訴請離婚，這些案件不能單純以女方不負責任視之，如前所述，其中有許多案件隱藏家庭暴力因素，亦即，許多婦女因遭受家庭暴力而不得不離家出走，嗣後其配偶反以女方惡意遺棄為由訴請離婚，這些婦女大多不敢或不願出庭申辯，男方得以獲得勝訴之離婚判決，這些案件也與男女平等、女子有自主之謀生能力、受歐美風氣之影響、工業社會小家庭組織無多大關係。再者，依據司法院之統計資料，臺灣各地方法院84年1月至12月之第一審事件終結情形，離婚事件總計4,305件，其中撤回件數竟然高達1,099件[6]，其中是否有許多係因受虐配偶在施虐配偶之施壓與控制下始撤回訴訟，則不得而知。

（二）關於刑事訴訟案件

1. 傷害罪之告訴

家庭暴力之被害人最常提出之刑事救濟為傷害罪之告訴。如果被害人無法提出足夠之證據證明加害人確有犯罪之嫌疑，檢察官則予以不起訴處分；如果檢察官已提起公訴，或被害人自行提起自訴，判決結果也通常無法令被害人滿意。

在被害人提出傷害告訴並經檢察官提起公訴案件之情形，依據司法院最近所做之統計資料顯示，臺灣各地方法院84年1月至12月之刑事第一審公訴案件裁判結果，傷害罪被告人數13,717人，其中科刑人數僅6,140人（占44.6%），有一半以上之被告獲判免刑、無罪、免訴或不受理。而在上開科刑人數中，受罰金宣告者587人，受拘役宣告者1,995人（其中得易科罰金者1,976人），被處六個月以下有期徒刑者2,894人（其中得易科罰金者2,813人）[7]。受六個月以上有期徒刑宣告者660人，其中獲判一年以下

---

[6]　同前註，188頁，附表II-35-A。該附表關於「駁回」欄之記載，應係「撤回」欄之筆誤。

[7]　同前註，465頁，附表III-32（續三）；473頁，附表III-32（續十一）。

有期徒刑者302人，逾一年至二年以下者70人[8]，合計已逾半數，且其中有50人獲判緩刑[9]；受宣告無期徒刑者2人，無人被判死刑[10]。綜上所述，在13,771名被告中，科刑人數僅6,140人，尚不及半數；其中必須服勞役及入監執行者，僅有710人，僅約占被告總數5.2%，比例極小；且這些必須入監執行者有半數以上受宣告之徒刑僅一年以下，處罰不重。

2. 傷害罪之自訴

在被害人自行提起傷害自訴之情形，依據司法院所作之統計資料顯示，臺灣各地方法院84年1月至12月之刑事第一審自訴案件裁判結果，被告人數總計504人，其中科刑人數僅142人（占28.2%）。而在上開科刑人數中，受罰金宣告者25人，受拘役宣告者45人（其中43人得易科罰金），被處六個月以下有期徒刑者65人（其中62人得易科罰金），共計135人[11]，約占科刑總人數95%。受六個月以上有期徒刑宣告者計7人，但其中獲判一年以下有期徒刑者6人，逾三年至五年以下者1人，無人被判無期徒刑或死刑[12]。綜上所述，在504名被告中，科刑人數僅約占28.2%；其中必須服勞役及入監執行者，僅有12人，僅約占被告總數2.4%，比例較公訴案件更小；且這些必須入監執行者有90%受宣告之徒刑僅一年以下，處罰較公訴案件更輕。

綜上所述，家庭暴力之被害人最常尋求之法律救濟途徑為訴請離婚及提起傷害罪之告訴。然而，在離婚訴訟方面，法官對於不堪同居之虐待法定離婚原因向來維持嚴格之認定標準，致使許多被害人不得不繼續與加害人共同生活，或選擇離家出走後反遭加害人以惡意遺棄為由訴請離婚。在傷害案件方面，加害人被定罪之機會不大，即使被定罪，通常也能以繳交罰金方式結案，只有極少數人必須入監執行，但刑期多不超過一年，根本

---

[8] 同前註，465頁，附表III-32（續三）。

[9] 同前註，465頁，附表III-32（續十一）。

[10] 同前註，465頁，附表III-32（續三）。

[11] 同前註，481頁，附表III-33（續三）；489頁，附表III-33（續十一）。

[12] 同前註，481頁，附表III-32（續三）。

無法達到懲罰被告及嚇阻犯罪之目的。

三、漏洞與缺失

　　除上開司法統計資料所呈現之問題外，事實上不論被害人尋求何種法律救濟，司法人員與警察人員在處理家庭暴力案件之時，仍普遍抱持公權力不宜介入家庭之態度，且大多對於家庭暴力欠缺深入的了解，因此家庭暴力之被害人確實能得到之保護相當有限。

　　關於傳統法律在家庭暴力問題處理上之法律規範及執行上之漏洞與缺失，比較顯著者如下：

（一）欠缺防範措施

　　受虐者依據上開法律，固然可以在受虐之後，依法拒絕履行同居義務，請求離婚、決定子女監護權、置監護人、贍養費、分配財產、終止收養關係、損害賠償，為刑事告訴，提起自訴，請求逮捕施虐者等，也可以在為防止進一步虐待而加害施虐者之後，抗辯無罪或減免其刑。這些法律救濟途徑看似齊全，其實都只是在虐待行為發生之後，而且大多是在重複多次為虐待行為或發生極為嚴重之傷害或損害結果之後，才賦予受虐者請求救濟之權利。除非施虐者或受虐者死亡，否則無法有效防範進一步虐待行為之發生，亦不能在輕微虐待事件發生之後即加以制止，使家庭悲劇不會發生。

（二）執法成效不彰

　　家庭暴力問題雖然在我國已日益受到重視，但國人對於此一問題仍然普遍欠缺了解，執法人員也常有家務事不宜干涉的想法，在執法時採取冷漠與忽視問題之態度。於是，當家庭暴力事件發生時，受虐者如果向外界求助，常有下列情事發生：

　　1.親友抱持勸和不勸離之態度，給與受虐者應多多忍耐、順服、改變自己以維持家庭之和諧與完整等建議，不願報警處理或提供精神上與金錢上之扶助，使受虐者得到確實之保護。

2.警察因認為家人吵架是常事、父母有懲戒子女之權利而採取不介入之處理方式，甚至於即使目睹暴力事件之發生也不願將施虐者逮捕並移送偵查。

3.家事法庭之法官在審理離婚案件時因對於是否構成不堪同居之虐待採取嚴格採證之態度，而不願判決離婚；在審理子女監護案件時，因不知虐待配偶者多有虐待子女之傾向，於考量子女之最佳利益時忽視施虐配偶之虐待性格，而為不利於受虐配偶之認定；在家事案件之調解程序中，施虐者常以肢體語言控制與支配受虐者，法官因無法對於這些恐嚇與脅迫手段做正確之辨識，而在子女監護、財產分配損害賠償等事項上作成極為不利於受虐者之調解筆錄。

4.檢察官與刑庭法官因不了解家庭暴力之心理學，以為受虐者既仍然與施虐者共同生活而不離開，便推論虐待行為並不嚴重或受虐者有喜歡受虐之性向，而不願將施虐者起訴或判罪。於受虐者抗辯正當防衛、心神喪失或精神耗弱時，不願判決受虐者無罪或減免其刑。因此，雖然現行法律已賦予家庭暴力之受虐者上開救濟途徑，因一般民眾及執法人員無法配合，受虐者所能得到的救濟與保護極其有限。

（三）缺乏整體規範

在家庭暴力防治法制定前，我國對於家庭暴力有關規定係分散於當時有效之民法、刑法、民事訴訟法、刑事訴訟法、兒童及少年福利與權益保障法等法規中，不僅未針對家庭暴力問題之特性做特別規範，而且並無社會服務法規以資配合。因此，家庭暴力之受害人無法接受緊急庇護所、法律扶助、醫療輔助、電話諮詢等各項服務，加害人亦無從接受心理之治療及輔導，一般民眾也不太有機會參與家庭暴力有關之教育或研究計畫，或提供經費輔助之義務。如此一來，家庭暴力問題既無根本防治與解決之道，其嚴重性及複雜性只有與日俱增。

參、家庭暴力防治法之立法運動

由於傳統法律不僅很少對於家庭暴力問題做特別的規範，其在規範及執行上均存在許多漏洞及缺失，無法確實達成嚇阻犯罪與保護無辜之目的，家庭暴力防治法之立法運動因而在國人的企盼下迅速展開。

一、筆者起草法案

民國（以下同）82年6月至83年4月間，筆者於擔任臺北地方法院法官期間，經司法院遴選奉派赴美從事司法院82年度出國專題研究，蒐集並攜回美國各州家庭暴力之有關法規及論文資料，且完成「美國家庭暴力法概觀」專題研究報告，由臺北地方法院於83年6月出版。

民國84年2月間，筆者復經司法院遴選至關島參加第十一屆南太平洋法官會議（11th South Pacific Judicial Conference），適逢關島於數日前已舉行家庭暴力之國際研討會議，經關島法官大力協助下，攜回剛出爐之1994年美國模範家庭暴力法（Model Code on Domestic and Family Violence）[13]，以及關島、紐西蘭等國之家庭暴力有關法規及文獻。回國後，即參考上開法規資料，並以美國模範家庭暴力法為藍本，草擬我國家庭暴力法，嗣於84年9月間完成「家庭暴力法」草案，此為第一次草案。

二、婦女新知基金會作成研究報告

財團法人婦女新知基金會遂接受內政部社會司之委託，進行防治婚姻暴力之研究，由涂秀蕊擔任研究主持人，執行時間自83年12月至84年6月，作成「防治婦女婚姻暴力研究報告」，其中法律領域之中期計畫為「制定婚姻暴力防治法規，內容應包括民事保護令、子女監護權、逮捕法

---

[13] National Council of Juvenile and Family Court Judges, Model Code on Domestic and Family Violence (1994).

規、證據法規、調解法規、損害賠償法規及社會服務法規等」。該報告中並附有美國麻州、美國賓州、美國加州、英國、香港之家庭暴力有關法規之中文翻譯整理內容[14]。

三、現代婦女基金會推動立法

（一）考察美國實務

民國85年2月11日，財團法人現代婦女教育基金會為繼續推動家庭暴力之立法工作，由該基金會董事長即立法委員潘維剛率領考察團，至美國加州舊金山、洛杉磯及華盛頓州西雅圖等地，考察美國法院、警察機關、市政府機關及民間團體對於家庭暴力事件之處理情形，團員計有黃富源、王如玄、張錦麗、黃東君及筆者共5人。

（二）成立「家庭暴力法制定委員會」

回國後，現代婦女基金會即著手推動立法，於85年4月及5月間共召開三次籌備會，此間，中華民國女法官協會及婦女新知基金會亦表示願意提供協助，婦女新知基金會並提供「防治婦女婚姻暴力研究報告」及上開美國麻州等重要參考資料。該基金會於85年7月初成立「家庭暴力法制定委員會」，由潘維剛擔任總召集人，黃富源、王如玄、張錦麗及筆者任共同召集人，委員係聘請教授、法官、律師、公家及民間機構中關心家庭暴力之學者專家計40餘人擔任，其中約有10位係中華民國女法官協會之會員，嗣於85年7月13日上午召開記者會，公布筆者所起草之「家庭暴力法」，開始法規之制定工作。

（三）立法提案

委員會以筆者所起草之「家庭暴力法」為基礎，分成民事、刑事、家事及防治服務法規四小組，分組逐條討論，所參考之外國立法例主要有

---

[14] 委託單位內政部社會司，執行單位財團法人婦女新知基金會，防治婦女婚姻暴力研究報告，1、233-245、270頁。

美國模範家庭暴力法、紐西蘭、澳洲、英國、關島、美國加州、賓州、麻州、華盛頓州等家庭暴力有關法規。委員會第一次開會時,民事小組委員決議將「家庭暴力法」更名為「家庭暴力防治法」,認為較具有正面之意義。委員會原則上每週召開一次,共召開二十次研討會,始完成逐條討論,對外公布第二次草案,並針對該草案於立法院舉行五次公聽會,彙整各方意見後,再召開三次審查會,於86年9月16日公布第三次草案,同月23日於立法院提案。

四、跨黨派立委支持通過立法

　　家庭暴力防治法草案在立法院司法委員會審議期間,由於該委員會召集人潘維剛委員之大力推動及多方協調,再加上蕭裕珍委員、范巽綠委員及其他出席委員對於此法案關懷與支持,於86年10月20日經司法委員會審查通過。86年12月20日,立法院由蕭裕珍委員主持第一次朝野協商,參與者包括潘維剛委員、范巽綠委員、彭紹瑾委員、高惠宇委員及各政府機關代表,筆者亦以起草人身分參與該次協商,並於87年1月2日通過第一次朝野協商版本。嗣後,立法院復進行第二次朝野協商,於87年5月15日通過第二次朝野協商版本。87年5月28日,立法院在會期即將結束前,挑燈夜戰快速完成二讀及三讀程序,通過家庭暴力防治法,於87年6月24日總統令公布,除第二章至第四章、第五章第40條、第41條、第六章自公布後一年施行外,其餘條文均自公布日施行。

肆、家庭暴力防治法之修法運動

　　家庭暴力防治法之修法運動於90年展開,不同於家庭暴力防治法制定時僅有現代婦女基金會所提案之單一版本,此次修法,民間團體、立法委員及行政院均各自提出不同版本,內容十分歧異,經過多年角力與協商,至96年始順利完成修法程序,所通過之修法條文主要採納民間團體及行政

院所提出之修法意見。

一、「家庭暴力防治法修法聯盟」完成草案

　　家庭暴力防治法在立法過程中曾作許多妥協，在法律規範及執行上均產生不少困境，因此，在家庭暴力防治法公布施行滿2年後，現代婦女基金會、勵馨基金會、婦女救援基金會、晚晴婦女協會、中華民國女法官協會、民間司法改革基金會及臺北律師公會等七大團體於90年1月1日司法節當天成立「家庭暴力防治法修法聯盟」，開始家庭暴力防治法的修法工作，筆者代表中華民國女法官協會參與修法。

　　聯盟原則上每月召開會議一次，先就家庭暴力防治法作大體討論，再提出相關議題開放討論，以凝聚共識，並作成修法條文。歷經約2年時間，始完成修法工作，於92年間由周清玉委員等跨黨派立法委員連署後，送立法院審議。

二、「防暴三法推動聯盟」推動修法

　　草案送立法院審議期間，現代婦女基金會、勵馨基金會、雙福基金會、臺北市雙胞胎協會、臺灣家庭暴力暨性侵害處遇計畫協會、兒童福利聯盟、東吳大學安素堂、臺北北安扶輪社、臺大婦女研究室、中華育幼機構兒童關懷協會及臺北市婦女新知協會等十一個民間團體於93年8月20日七夕情人節之成立「防暴三法推動聯盟」，全力推動家庭暴力防治法修法條文、連續性暴力犯罪修法條文及性騷擾防治法之立法與修法工作。筆者代表東吳大學安素堂與其他聯盟成員共同推動防暴三法。

　　由於聯盟版本與行政院版本內容過於歧異，致未能於第五屆立法委員任期內通過修法條文。民間團體之版本因屆期不連續而遭退回後，由王昱婷等第六屆跨黨派立法委員連署，送立法院審議。

三、行政院提出修法版本

政府各部門之家庭暴力防治工作雖已具有成果，但在法律執行上產生一些困境，而且中央及地方家庭暴力防治組織定位模糊，對於業務推動產生不良影響。

再者，大法官會議於92年5月2日作成釋字第559號解釋認為：家庭暴力防治法關於警察機關執行非金錢給付保護令之程序及方法未加以明定，僅於第52條規定警察機關執行保護令及處理家庭暴力案件辦法由中央主管機關定之，雖不生牴觸憲法問題，然對警察機關執行非金錢給付保護令得適用之程序及方法均未加規定，且未對辦法內容為具體明確之授權，保護令既有涉及人身之處置或財產之強制執行者，應分別情形以法律或法律具體明確授權之命令定之，有關機關應從速修訂相關法律，以符憲法保障人民權利之本旨。

因此，行政院依據上開解釋文意旨，擬具「家庭暴力防治法」修正草案，於92年12月22日函送立法院審議。嗣因民間團體與官方版本內容過於歧異而未能於第五屆立法委員任期內通過修法條文，行政院版本因屆期不連續而退回後，行政院復於94年間提出「家庭暴力防治法修正草案」，再送立法院審議。

四、「臺灣防暴聯盟」及跨黨派立委推動通過修法

「防暴三法推動聯盟」於94年3月間更名為「臺灣防暴聯盟」，並加入婦女救援基金會、輔仁大學家庭暨生命教育倫理中心、晚晴婦女協會等團體，臺灣防暴聯盟對於民間團體之修法版本做部分修正及增訂，並不斷展開記者會、拜會立院黨團等推動修法工作，各黨團也承諾支持聯盟版本。

由於李永萍、王昱婷、沈智慧、雷倩、朱鳳芝、黃淑英、高思博、郭林勇等委員到場大力支持聯盟版本，讓聯盟的修法訴求超過半數能通過立法，家庭暴力防治法修法條文終於在立法院三讀通過，於96年3月28日總

統令修正公布全文66條，並自公布日施行。

　　嗣後，家庭暴力防治法再為小幅度修正，於97年1月9日修正公布第10條，98年4月22日修正公布第50條，98年4月29日修正公布第58條，104年再為較大幅度的修正，於104年2月4日修正公布第2、4至6、8、11、14至17、19、20、31、32、34、36至38、42、48至50、58至60條條文；並增訂第30-1、34-1、36-1、36-2、50-1、58-1、61-1、63-1條條文；除第63-1條條文自公布後一年施行外，其餘自公布日施行。。

伍、家庭暴力防治法之制定方針與制定內容

　　家庭暴力防治法之制定方針與制定內容大致可分述如下：

一、民事部分

　　我國雖有保全財產免受日後不能強制執行之假扣押、假處分等制度，卻無保護人身安全免受將來暴力危害之制度。家庭暴力防治法為彌補傳統法律之缺失，特引進外國之保護令制度，使被害人不必採取離家出走、訴請離婚及提起傷害告訴等傳統處理方式，即能達到更簡便有效之防止暴力途徑。

　　因此，家庭暴力防治法使法院能依被害人、檢察官、警察機關、社政機關之聲請，審酌被害人之需要保護程度，核發暫時保護令、緊急保護令或通常保護令。保護令之內容均具有多樣化，依家庭暴力防治法第14條第1項規定，法官可依被害人之需要，在不侵犯加害人合法權益之情況下，選擇核發下列通常保護令：（一）禁止加害人繼續實施暴力行為。（二）禁止加害人為騷擾或聯絡行為。（三）命加害人遷出住居所。（四）命加害人遠離被害人或其家庭成員經常出入之特定場所。（五）定動產之使用權。（六）定暫時監護權。（七）定相對人之探視方式或禁止探視。（八）命加害人給付租金或子女扶養費。（九）命加害人給付醫療、輔

導、庇護所或財物損害等費用。（十）命相對人完成處遇計畫。（十一）命相對人負擔律師費。（十二）禁止相對人查閱被害人及其子女之戶籍及所得等資訊。（十三）命其他保護被害人及其家庭成員之必要命令。

依第16條第3項規定，緊急及暫時保護令之內容較為狹小，其核發範圍僅限於上述第（一）至（六）款、第（十二）至（十三）款。

違反保護令者，依第21條規定，可聲請警察機關、社政機關、法院或相關機關執行或強制執行，再者，依第61條規定，有些必須接受刑事處罰。

保護令制度若能確實執行，不僅可以保護被害人不須離家出走即可免受侵害，而且可以在被害人不願對加害人採取離婚或刑事告訴等較為激烈之手段時，提供被害人另一種避免家庭暴力之極佳選擇途徑。

二、刑事部分

由於許多警察人員仍抱持家務事不宜介入之想法，而警察人員之案件處理方式對於家庭暴力之防治又居於關鍵地位。

家庭暴力防治法為讓司法人員與警察人員採取更積極主動的辦案態度，並讓司法人員及警察有更多拘提權限，故擴大檢察官、司法警察官或司法警察之逕行拘提權，於第29條第2項明定：「檢察官、司法警察官或司法警察偵查犯罪認被告或犯罪嫌疑人犯家庭暴力罪或違反保護令罪嫌疑重大，且有繼續侵害家庭成員生命、身體或自由之危險，而情況急迫者，得逕行拘提之。」

再者，為使加害人不需入監執行時或出獄後，對於被害人不會採取報復行動或繼續施以暴力，故明定司法人員對於加害人為宣告緩刑、假釋或釋放時，得附加保護被害人免受暴力之緩刑、釋放或假釋條件。亦即，第31條、第33條、第38條、第39條明定法官或檢察官在宣告緩刑、釋放被告或辦理假釋時，均得定類似上開保護令救濟範圍之緩刑條件、釋放條件及假釋條件，使加害人如違反條件時，必須予以羈押或入監執行，以收嚇阻

犯罪之效果。

又為徹底解決家庭暴力問題，復於第41條明定法務部應訂定並執行受刑人處遇計畫，以幫助其重建新生活。

三、家事部分

我國民法親屬編並無關於家庭暴力發生時應如何處理之特別規定，亦無保護受虐配偶及受虐子女之特別條文。有研究資料顯示，虐待配偶者較常虐待子女，有許多虐待配偶者於受虐配偶離開後轉而虐待子女，或藉由行使子女監護權或子女探視權之機會，繼續控制被害人使其無法脫離受虐困境。

因此，家庭暴力防治法第43條規定，法官在審理子女監護案件時，對已發生家庭暴力者，推定由加害人監護不利於子女。在子女探視方面，為切實保護被害人及其子女之安全，家庭暴力防治法特別引進外國之安全探視制度，使施虐者無法藉探視子女之機會，繼續控制或虐待被害人及其子女。該法第45條第1項第2款且明定監督探視（supervised visitation）制度，使法官得命施虐配偶僅能在法院所指定之第三人或機關團體監督下探視子女，此外，法官依該項第3款規定，亦得命加害人必須接受完成加害人處遇計畫或特定輔導，作為探視子女之條件。

再者，第46條規定，各直轄市及縣（市）政府機關應設立探視處所或委託辦理，使子女得到安全之探視。

我國舊民事訴訟法及現行之家事事件法對於離婚及履行同居事件採取強制調解制度[15]，但夫妻間如有暴力事件發生，雙方並無對等之談判能力，且目前法院家事事件之調解人均由承審法官或法院所聘任之調解委員擔任，法官或調解委員如因案件繁忙或未有特別訓練，很難在和解或調解程序中防止施虐者以受虐者才懂之肢體語言，脅迫受虐者做不公平之讓步，並達到其繼續控制受虐者及其子女之目的。故家庭暴力防治法第47條

---

[15] 舊民事訴訟法第577條第1項、家事事件法第23條第1項參照。

明定，法院於訴訟或調解程序（不限於家事案件）中如認為有家庭暴力情事時，除行和解或調解之人曾受家庭暴力防治之訓練並以確保被害人安全之方式進行和解或調解、准許被害人選定輔助人參與調解、或其他行和解或調解之人認為能使被害人免受加害人脅迫之程序外，不得進行和解或調解。

四、防治服務部分

目前我國雖有不少公私立機構從事家庭暴力之防治工作，但多處於各自為政之情形，缺乏整合與協調。家庭暴力防治法極重視家庭暴力之根治問題，故要求地方政府設立家庭暴力防治委員會及家庭暴力防治中心，以提供各種救援、扶助、教育與輔導，並建立一套完善之綜合服務網絡。

因此，該法第7條規定，各級地方政府應設立家庭暴力防治委員會，以協調、督導及推動家庭暴力防治工作。第8條規定，各級地方政府應設立家庭暴力防治中心辦理24小時電話專線、緊急救援、安置、職業訓練及就業服務等事項。第53條規定，衛生主管機關應擬訂及推廣家庭暴力防治之衛生教育宣導計畫。依第58條規定，各級地方政府應核發家庭暴力被害人關於生活扶助、醫療、租金、子女養育、訴訟等費用之補助。第59條規定，政府主管機關應提供司法人員、警察人員、社工人員、居家式托育服務提供者、保育人員、醫護人員、行政人員、輔導人員、教師、教保服務人員及學生有關家庭暴力之在職教育或學校教育，以徹底根治家庭暴力問題。

陸、家庭暴力防治法之特色

87年6月24日公布之家庭暴力防治法，雖然有許多妥協色彩，諸如擴大警察逕行拘捕權條文被否決、家庭成員之範圍被縮小等等，但大致仍維持草案之特色與精神；96年3月28日公布之家庭暴力防治法修法條文，雖

因諸多妥協而有許多不盡完善之處，但已某程度改正舊法之缺失，如部分擴大警察逕行拘捕權、將家庭成員擴大及於同居關係者等。104年修法條文再度擴大保護範圍，讓未同居親密關係及目睹暴力兒童及少年均受家暴法之保護。

大致而言，家庭暴力防治法之特色可以歸納如下：

一、擷取外國法精華之進步立法

家庭暴力防治法草案以美國模範家庭暴力法為藍本，所參考之資料包括美國各州、紐西蘭、澳洲、英國、關島、菲律賓等先進國家之有關家庭暴力法規及學說論著，採納現今世界各國最新、最進步、最有效之法制精華制定而成，其內容新穎而進步，足與其他先進國家之法規相比擬。

二、融合專家學者與民間及官方代表之智慧結晶

外國法制是否能適合我國國情，必須經過謹慎之研討與評估，因此，現代婦女基金會「家庭暴力防治法制定委員會」之委員約有50位，幾乎將所有國內關心家庭暴力問題或對於家庭暴力學有專精或經驗豐富者均聘為委員，有教授、法官、律師、公家及民間機構之負責人及有關人員，其行業跨及司法、警政、社政、教育、衛生等領域，委員會人數之多、領域之廣、討論之熱烈均屬十分罕見。五場公聽會邀請國內專精家庭暴力有關法令與實務工作之學者專家、機關與團體代表提供寶貴意見後，再由委員會召開審查會做全面檢討修正，將外國法制汰蕪存菁，成為適合國情之良法。修法期間又由許多專家學者、民間團體及政府團體代表對舊法做整體檢驗而提出修正條文，使通過後之現行法更符合國人之需求，增訂家庭暴力防治所需人力與物力等資源，更能發揮防治家庭暴力之功能。

三、跨越不同領域之綜合立法

家庭暴力防治法係一種包含民法、刑法、民事訴訟法、家事事件法、

刑事訴訟法、親屬法、強制執行法、社會服務法等相關規定之綜合立法，其目的在於建立一套整合司法體系、警政體系、醫療體系、教育體系及社政體系之整體救援與服務網絡。在此意義之下，家庭暴力防治法堪稱具有跨越多種領域、內容十分完備之特別法。

柒、結語

　　雖然曾有許多人反對制定家庭暴力防治法，所持之理由大致如下：現行法已很完備，故不須特別立法；家庭暴力是家務事，不宜由公權力介入，只要以告訴乃論加以規範即可；家庭暴力問題雖然嚴重，但司法人員辦案時可以在個別案件特別照顧被害人，不宜制定特別法，以免理想太高；家庭暴力不宜制定特別法，以免得了特別法肥大症；家庭暴力之研究與立法，均違背我國固有之倫理規範；家庭暴力若制定專法，將導致家庭破裂等。這些反對理由不但不了解家庭暴力問題之特質，而且不願正視家庭暴力問題之嚴重性，認為只要被害人姑息忍讓不要張揚求助，即是最佳之防治方法，將固有之倫理規範及家庭之形式完整置於個人之人身安全與家庭之實質幸福之上。事實證明，傳統法律在處理家庭暴力問題方面確實存在許多漏洞與缺失，司法與警察人員又普遍存有家務事不宜介入之想法，從事家庭暴力工作之政府部門及民間團體又多各自為政，缺乏整合，致使許多家庭暴力之被害人被迫離家出走，或無法脫離虐待關係而悲苦度日，有些最終演變成殺夫或殺妻之慘劇。

　　家庭暴力問題漸漸得到國人的重視後，傳統法律及傳統處理方式均無法提出有效的解決或防治途徑，因此，以制定特別法之方式提供整體的根本防治方法，為大勢所趨。政府機關對於家庭暴力防治法之制定工作雖然曾經抱持漠視或反對之態度，但由於家庭暴力被害人與其關懷者對於家庭暴力之立法有高度期盼，現代婦女基金會、家庭暴力防治法修法聯盟及臺灣防暴聯盟所推動之立法及修法工作在許多專家學者、立法委員的協助與

支持下，已順利完成立法及修法。家庭暴力防治法不僅擷取美國、紐西蘭等許多先進國家之法治精華，且經許多從事家庭暴力防治工作或關心家庭暴力防治工作者汰蕪存菁後，其內容雖非完美無缺，但堪稱充實完備。

　　要建立一套重要而完善之法制並非易事，要制定一個包含許多外國法制之法律尤其困難。期望家庭暴力防治法能成為徹底防治家庭暴力之利器，政府之司法、社政、警政、醫療、教育等單位與民間家庭暴力服務團體能相互協調合作，建立全國性之家庭暴力防治體系，使家庭暴力問題才能得到根本之解決，以確實保障家庭之安全與和諧，是所有參與本法制定或修正者以及關懷家庭暴力者共同努力之目標。

第四章
家庭暴力防治法立法期間之爭議問題研究

壹、前言

民國（以下同）84年9月間，筆者完成家庭暴力防治法第一次草案，當時僅有極少數婦女團體知悉此草案之存在，且知悉者多對於此法之必要性與可行性抱持高度懷疑之態度。現代婦女基金會首先以積極行動表達推動立法的意願，不僅由董事長潘維剛率團赴美考察家庭暴力防治問題，復於85年7月間召開記者會，將草案公布於世，並成立「家庭暴力防治法制定委員會」，正式展開家庭暴力防治法之立法工作。

「家庭暴力防治法制定委員會」自85年7月間起至86年1月間止，共召開二十餘場會議，經由約50位學有專長之委員共同努力，完成家庭暴力防治法第二次草案。86年3月至8月間，現代婦女基金會邀集學者專家及社會大眾召開五次公聽會，中華民國女法官協會亦於同年6月間針對第二次草案召開二次研討會。嗣後，現代婦女基金會於同年7月間再由學者專家及法務部與內政部代表組成委員會召開三次審查會，同年8月間完成第三次草案，遂於9月間送立法院審議。

家庭暴力防治法草案在立法院司法委員會審議期間，由於該委員會召集人潘維剛委員之大力推動及多方協調，再加上蕭裕珍委員、范巽綠委員及其他出席委員對於此法案關懷與支持，於86年10月20經司法委員會審查通過。86年12月20日，在蕭裕珍委員主持下，由潘維剛委員、范巽綠委

員、彭紹瑾委員、高惠宇委員、各政府機關代表進行朝野協商，筆者以起草人身分參與第一次協商。立法院於87年1月2日通過第一次朝野協商版本，復於87年5月15日通過第二次朝野協商版本，嗣於87年5月28日二讀及三讀通過家庭暴力防治法，於87年6月24日總統令公布施行。

　　家庭暴力防治法公布施行後，雖然引起國人廣泛注意，並發揮許多保護被害人與防治暴力之功能，但因該法存有不少規範上之瑕疵及執行上之困境，所以七大民間團體於90年1月11日成立「家庭暴力防治法修法聯盟」，並展開修法工作，歷經約2年時間完成修法草案，於92年間由周清玉委員等跨黨派立法委員連署後送立法院審議。

　　行政院為因應大法官會議於92年5月2日作成釋字第559號關於應以法律明定警察機關執行保護令之程序及方法之解釋，於92年間完成官方版本之「家庭暴力防治法」修正草案，於92年12月22日送立法院審議。

　　由於民間團體與官方版本內容過於歧異，第五屆立法委員任期內未能完成修法。民間團體版本嗣後由王昱婷等第六屆跨黨派立法委員連署送立法院審議，行政院版本亦於94年間再函送立法院審議。

　　由十餘個團體組成之「臺灣防暴聯盟」不斷展開推動修法工作，行政機關也積極推動修法，再加上沈智慧、李永萍、王昱婷、高思博、雷倩、郭林勇、黃淑英、朱鳳芝等委員在立法院推動及參與修法，家庭暴力防治法修法條文終於完成立法程序，於96年3月28日總統令公布施行。

　　雖然朝野均有修法之共識，但對於修法內容卻看法不一，所以修法過程並不順利。由於民間團體推動修法不遺餘力，更難得的是有些關心家暴議題之立法委員願意傾聽民意全力支持修法，再加上內政部努力整合各界意見，歷經兩屆立法委員任期及長達5年的艱辛修法運動，終能於96年開花結果，通過修法條文。

　　其後，家庭暴力防治法再為下列修正：97年1月9日修正公布第10條；98年4月22日修正公布第50條；98年4月29日修正公布第58條；104年2月4日修正公布第2、4至6、8、11、14至17、19、20、31、32、34、36至38、42、48至50、58至60條條文，並增訂第30-1、34-1、36-1、36-2、50-1、

58-1、61-1、63-1條條文，除第63-1條條文自公布後一年施行外，其餘自公布日施行。

　　本文擬將修法運動作一簡介，分析民間版本與官方版本的規範內容，概述立法院所通過之修法內容，並對於修法之精神做整理與評論。事實上，本文無法將所有參與修法者的努力完全呈現，但凡走過必留下痕跡，許多人對於家暴法的默默付出與努力，其實是家暴法修法成功的最大原因。

貳、家庭暴力之爭議問題解析

　　家庭暴力防治法制定與修法期間有不少爭議問題，其中較具重要性者如下：

一、家庭暴力防治法是否應以促進家庭和諧為立法目的？

　　家庭暴力防治法之立法目的規定於第1條，在家庭暴力防治法制定期間，草案原僅規定立法目的為防治家庭暴力及保護被害人，朝野協商時有人認為應加上促使「家庭重建」，其目的無非希望此法之目的係在維持而非破壞家庭之完整。反對以家庭重建為立法目的者認為：國人長久以來對於家庭暴力問題多有「勸和不勸離」之迷思，為了維持家庭形式上之完整，不惜犧牲被害人之權益，造成對於暴力之姑息，無助於問題之解決，因此，如將家庭重建作為立法目的，恐使執法人員再落入勸和不勸離之傳統窠臼中，而且，家庭暴力問題如已相當嚴重，不能勉強當事人共同生活，以免造成彼此相殘的可怕結局，故不宜以家庭重建作為立法目的。經過研商後，決定將「家庭重建」改為「促進家庭和諧」列入立法目的中。

　　家庭暴力防治法是否應該以「促進家庭和諧」為立法目的之一？是否會因而產生勸和不勸離之迷思？「促進家庭和諧」之立法目的如與防治家庭暴力及保護被害人之立法目的衝突時，應以何者為優先？這些問題不僅

引起學說上之爭議，在實務運作上也產生不少困擾，法官在審理案件時各有不同之解讀。因此，有些法官告訴當事人：「因為核發保護令會讓家庭不和諧，所以我不核發保護令。」有些法官則對當事人說：「我之所以核發保護令，是為了讓家庭更為和諧。」

家庭暴力防治法之立法目的絕對不是為了讓家庭破裂，除非萬不得已，沒有人願意自己的或別人的家庭破裂，家庭和諧也是眾人所肯定的目標。但是，家庭之和諧與完整不是靠被害人忍讓姑息所能達成，唯有加害人停止施暴行為才能形成美滿和諧的家庭。而且，如果加害人不能停止施暴行為且危及被害人之安全時，那麼，保護被害人及其子女安全之目的，應置於家庭和諧與家庭完整等目的之上。所以，促進家庭和諧不能作為立法之主要目的，充其量僅能作為次要目的，而且，以促進家庭和諧為立法目的爭議過多，所以在第一次修法時，已將此立法目的刪除。

二、家庭暴力防治法侵害加害人之人權？

在家庭暴力防治法制定過程中，有些人抱持強烈反對之態度，其理由不外為：「家庭暴力防治法是一個可怕的法律，要把男人趕離家中，所以不能讓它通過」；有人則說：「家庭暴力防治法之保護令可以命加害人遷離住居所，違反加害人或被告之人權」等等。

這些反對的聲音，一方面誤導大眾認為家庭暴力防治法是想挑起男人與女人的戰爭，可能使某些男性因而反對此法案，另一方面高舉加害人與被告人權之大旗，以人權之護衛者自居，使家庭暴力防治法之內容遭到扭曲與貶抑。事實上，家庭暴力防治法之立法目的是在消除暴力以促進家庭和諧，絕無意挑起男人與女人之戰爭，已如前述。再者，家庭暴力防治法之保護令制度，其內容具有多樣性，使被害人或法官可以視暴力之嚴重性而選擇聲請或核發內容最妥適的保護令，命加害人遷出住居所只是其中一種保護令，若非兩造已不適合繼續共同生活或有暫時分居之必要，不能隨便核發，而且，加害人被命令離家後，法官可以命其接受加害人處遇計

畫，希望加害人完成處遇計畫後能改變施暴習性而建立和諧的家庭，才是立法者的本意。國內許多高舉被告人權大旗者，往往僅固守傳統的被告人權觀念，殊不知自20世紀末期開始，世界法學思潮已漸漸改變方向，轉而重視被害人與證人之人權[1]。與其讓滿身受傷的被害人離開家庭、子女與親友，在隱密的庇護所中過著躲躲閃閃的日子，不如讓施虐者暫時離開家庭在外自由行動正常工作或接受輔導治療，這才是兼顧被害人人權與加害人人權之正當處理方式。

三、家庭暴力防治法浪費社會資源？

在家庭暴力防治法制定期間，有人認為，家庭暴力防治法要求中央政府設立家庭暴力防治委員會、各級地方政府設立家庭暴力防治委員會及家庭暴力防治中心、各直轄市及縣市政府設立探視處所，設立太多單位，浪費社會資源。

有研究資料顯示，家庭暴力問題不僅是個人或家庭問題而已，在暴力家庭中成長的孩子，將來很可能變成施虐者或受虐者，也可能會成為反社會者，對於社會治安與國家的發展造成不良影響，因此，國家社會為家庭暴力所付出之代價與成本實難以估計。試問，我國政府對於家庭暴力之防治工作有何種具體成果？已經實施哪些根本防治措施？在欠缺法令依據下，要建立整體防治網絡近乎空談。家庭暴力防治法所要求設立之委員會、中心、場所，無非是要協調及整合公私立資源，協助政府擬訂及執行精確有效的家庭暴力防治政策，建立確保被害人權益及徹底防治暴力行為之整體網絡，希望能將既有之社會資源做最有效之利用，並拓展更多必要的資源以補現有資源之不足。所以，吾人應該擔心的是：政府對於家庭暴力問題給與太少資源而無法有效防治暴力之發生，而不是政府所給資源太多而有浪費情事。

---

[1]　高鳳仙，祕密證人及其證明力之研究，司法院82年度出國專題研究報告，83年6月，96頁。

四、同居關係應否納入家庭暴力防治法適用範圍？

有人認為，家庭暴力防治法不宜將同居之男女朋友關係列入保護範圍，否則必須將同居之男女朋友定義為家庭成員，此無異鼓勵同居而不結婚，對於青年男女有不良之教育作用。有人則認為，同居關係不合法，且定義不明確，所以不宜納入法律保護範圍。有些人則認為，同居關係可以涵蓋在「事實上夫妻關係」及「家長家屬」關係中，不必明文規定。

事實上，在外國立法例中，家庭暴力法中所規定之家庭成員，係指現有或曾有親戚關係、婚姻關係、男女朋友關係、家長家屬關係等親密關係者而言，範圍十分廣泛，因這些人都有難以割捨或劃分之血緣關係或感情關係，愛恨情仇相互糾葛，其間所發生之暴力問題極為類似，需要相同或類似之保護與防治措施。

事實上之夫妻，在學說上係採較同居關係更為狹隘之解釋，必須當事人在主觀上具有婚姻之意思，而且在客觀上有夫妻般共同生活之事實，將許多同居男女排除在外。而民法親屬編規定之家長家屬需以永久共同生活為目的而同居一家為要件，許多同居者並非以永久共同生活為目的而同居，所以不合家長家屬之要件。將同居關係納入保護範圍，無非是希望對「家庭成員」採取較廣義之立法，希望讓更多人有機會接受保護令之保護以及得到其他扶助、護衛、輔導與治療。而且，如果能夠讓尚未有婚姻關係僅在男女朋友交往同居階段者，於發生暴力行為時即可接受家庭暴力防治法之規範，不僅可以事先防止一些情殺案的發生，而且可以使某些人在結婚前即接受輔導治療而改變施暴習性，不至於演變成更大的悲劇。

或許是因為許多國人的觀念仍十分保守，也許是因為不少人對於家庭暴力防治法之精神尚未深入了解與肯定認同，因此，立法院於86年三讀通過之家庭暴力防治法並未明確將同居之男女朋友納入家庭成員之定義中，而以「現為或曾為事實上之夫妻關係者」取代「現同居或曾同居者」，讓法官在具體案件中，隨社會觀念而對於事實上之夫妻關係作廣義或狹義之解釋。

　　由於有越來越多人選擇同居而不結婚，同性戀者無法結婚僅能同居，而同居關係也不限於情侶關係（如修道院之僧侶、寺廟之沙彌等），這些同居人間所發生之暴力事件，也具備親密關係難以遁逃之性質，需要受到家庭暴力防治法之保護。因此，立法委員在第一次修法時傾聽民意，將「同居關係」納入保護範圍，至於「同居關係」之定義，法未明定，由法院就具體案件認定之。104年修法再將未同居親密關係納入保護範圍，可以說是對家暴法的一種肯定。

五、警察人員之逕行拘捕權限應否擴大？

　　有人認為，警察素質不高，警察拘捕權限不應擴大，以免侵害被告人權，而且有關警察拘捕權限之規定應規定於刑事訴訟法中，不應有特別之刑事訴訟法規定，否則法官有不知如何適用法律或誤用之虞。

　　關於警察拘捕權限之擴大，是在最注重人權之國家如：美國、澳洲、紐西蘭等為防治家庭暴力所發展出來之無令狀逮捕政策（warrantless arrest policy），因為家庭暴力通常發生於家中，報案大都在夜間，有時十分危急，警察如須報請拘票將會延誤處理時機，無法有效制止暴力之實施，故賦予警察對於家庭暴力案件極大之裁量權，可以依情況進行無拘票之逮捕。無令狀逮捕政策在重視家庭暴力防治之國家已廣被採納，而且對此政策之採行多以法律明文授權，並未引起違憲之爭議，其適用範圍及於一切家庭暴力事件，從未聽說因規定於家庭暴力法而使法官有不會適用法律或誤用法律情事。

　　反觀我國，雖然現代婦女基金會送立法院審議之草案，已採取較外國法律較嚴格及限縮之規定，限於「警察人員如有事實足認為犯家庭暴力罪或違反保護令嫌疑重大，且有繼續侵害家庭成員身體或生命之急迫危險者」，警察始可為無拘票逕行拘捕，但在立法院審議中仍不能被司法機關代表接受，要求在符合刑事訴訟法所定之逕行拘捕要件時，始應逕行拘提或逮捕，使警察逕行拘捕權絲毫無法加以擴大。

擴大逕行拘捕權條文之所以無法通過之原因，一方面是因為許多人仍囿於傳統之被告人權觀念，對於被害人之人權過於忽視，另一方面則是因為有不少人將刑事訴訟法等民刑事重要大法看得過於神聖不可侵犯，寧願維持法規形式上之完整美觀，對於法規是否能解決現實問題反而看為次要，以回歸刑法、刑事訴訟法為由，拒絕接受新法規與新觀念。例如：家庭暴力防治法中引進釋放條件（有人稱為刑事保護令）之條文時，反對意見認為：應回歸刑事訴訟法，縱使違反法官或檢察官所定之釋放條件，如未符合現行刑事訴訟法之羈押條件，仍無法執行羈押。嗣在立法院中經幾番協商，反對者才勉強同意違反釋放條件得羈押之。然而，在家庭暴力防治法制定期間，經立法院一讀通過後尚未進入二、三讀程序前，因治平專案被告保外就醫後參選問題引發各界對於法官准許保外就醫之批評，司法院刑事訴訟法研修委員會鑑於刑事訴訟法之有關規定無法解決此一問題，特參酌家庭暴力防治法一讀通過條文之釋放條件規定及德國、日本、美國等刑事訴訟之規定，增訂刑事訴訟法第116條之2，明定法官准許交保時得附加法定條件命被告遵守，違反條件得再執行羈押（有人稱為具保「回籠條款」）[2]。對於家庭暴力防治法之某些觀念在未經立法院通過前，即經刑事訴訟法研修委員會之參酌引用一事，筆者一方面感到安慰與鼓勵，另一方面卻又感到難過與遺憾，因為一個真正能解決問題之好法律，先前放在家庭暴力防治法中曾遭受反對與拒絕，嗣後放在刑事訴訟法中卻得到肯定與接納，正可凸顯家庭暴力防治法並未得到應有的尊重。

家庭暴力常發生於夜間或其他非上班時間，如果警察無逕行拘提權，將難以當場將加害人進行逮捕。警察拘捕權限之擴大，係家庭暴力防治法之重要精神，與保護令制度相互配合，猶如鳥之雙翼。被視為家庭暴力防治法靈魂條款的擴大逕行拘捕條款無法通過一事，使許多對於家庭暴力有研究或從事家庭暴力關懷工作者，同感無比遺憾，也讓警察陷入只有被賦予更多執法責任卻未給予更多執法權限之困境，對法律之有效執行產生非

---

[2] 聯合報，87年3月4日，第7版。

常不良之影響。

　　為增強警察機關及檢察官辦理家庭暴力刑事案件之能力、權限及責任，第一次修法時，司法機關已經採取開放之態度，官方版本及聯盟版本均有擴大警察逕行逮捕權之條文，官方版本擴大之範圍雖不及聯盟版本，但其將檢察官之逕行拘捕權也一併擴大。

　　因此，立法院通過之修法條文明定：檢察官、司法警察官或司法警察偵查犯罪認被告或犯罪嫌疑人犯家庭暴力罪或違反保護令罪嫌疑重大，且有繼續侵害家庭成員生命、身體或自由危險，而情況急迫者，得逕行拘提之。檢察官執行逕行拘提時，得不用拘票，司法警察官以其急迫情形不及報請檢察官者為限始得逕行拘提，於執行後應即報請檢察官簽發拘票，如檢察官不簽發拘票時，應即將被拘提人釋放。

六、加害人應否接受強制治療或輔導？

　　有人認為，加害人接受強制治療或輔導頂多只有20%具有效果，治療或輔導效果很低，故不應建立加害人強制治療或輔導制度，以免浪費社會資源。

　　美國已有超過半數以上之州授權法官得核發保護令，命加害人接受強制治療，有些州則授權法官得以強制治療作為審前釋放（pre-trial release）之條件，也有些州明定加害人被定罪後應接受強制治療。關於強制治療之效果如何問題，有些調查資料顯示很有成效，有些調查資料則顯示效果不彰，故強制治療對於加害人所產生之影響與改變，並無定論，尚待更進一步研究[3]。因此，不宜冒然認定強制治療效果很低，並以此作為反對強制治療之理由。

　　退萬步而言，縱使認為目前強制治療之成效不彰為真，亦不因而認定加害人不應接受強制治療，理由如下：家庭暴力防治法對於家庭暴力之處

---

[3]　Barbara J. Hart, State Code on Domestic Violence, Analysis, Commentary and Recommendations, National Council of Juvenile and Family Court Judges, 50, 55-56 (1992).

理，並非採用嚴刑峻罰之治標方法，而是採用預防與治療之治本方法，其中加害人處遇計畫之建立，即是非常重要之防治措施，因為只有當加害人能夠改變施暴習性時，家庭暴力才能得到根本解決，而加害人絕大多數均不願意接受治療或輔導，當加害人不願接受治療或輔導時，唯有依法強制一途。事實上，強制治療制度並非要廢除或取代自願治療或輔導制度，故將來加害人處遇計畫建立之後，所有自願接受治療或輔導之人，或依法院所核發之保護令強制其接受治療或輔導之人，均能各依所需由加害人處遇計畫中受到各種不同之長期或短期治療或輔導。

加害人之治療或輔導是一項艱難的工作，而且正在不斷研究發展中，但是，不應因為工作艱難或成效不高，就完全放棄不顧，因為，縱使是不治之重病如：癌症、愛滋病等，國家亦花費龐大的經費研究治療方法，而對於比家庭暴力之加害人更難治療之性侵害加害人，性侵害犯罪防治法亦明定加害人在獄中或於出獄時應接受強制治療。因此，對於家庭暴力加害人之強制治療與輔導不僅有其必要，而且應積極建立加害人處遇計畫，其辦理方式可由公家機關辦理，亦可採公設民營方式或委託民間機構辦理。

家庭暴力事件使國家社會付出非常大之成本，而且，因個人之身心健康與家庭之安全和諧均屬無價之寶，因此，對於加害人之強制治療，縱使只有20%效果，或者更低，亦值得實施，絕對不會浪費社會資源，更重要的是，加害人之治療與輔導方法，可以因加害人處遇計畫之建立，而鼓勵國人研究發展更有效之方式，使更多加害人得到實質的幫助。

七、家庭暴力防治法應否採責任通報制？

有人認為，家庭暴力防治法如採責任通報制，將使被害人不願接受救援，使被害人易於被曝光，而有危害其安全之虞，故反對採責任通報制。

關於責任通報制在家庭暴力有關法規中應否採用問題，有不同之見解。贊成者認為：採用責任通報制，可以加強對於被害人之保護與照顧，並有助於資料之蒐集、檔案之建立，且使公權力易於介入，幫助被害人向

外求援，使加害人擔負法律責任等。反對者認為：責任通報制剝奪被害人自主之權利，使其無法為自己及子女做自己認為最好之決定，且不當干涉業務祕密關係（例如醫生與病人之關係等）之祕密性質，侵害被害人之隱私權，使被害人對於負通報義務之專業人員產生不信任感，影響此等專業人員所扮演之救援角色，嚇阻被害人尋求照護，無法防止加害人的報復等[4]。

責任通報制雖具有爭議性，但美國各州均有責任通報制，只是關於何人負有通報責任、對於何種事件應該通報、應該向誰通報、不通報者可否加以處罰等，各州法律規定並不相同。大致而言，美國各州法律均要求醫療人員、社工人員、教師等均應通報兒童虐待事件，雖然比較少規定家庭暴力事件應該通報，但多數州法律要求對於以武器所引起之傷害事件或犯罪事件均應通報，而家庭暴力通常被認為是一種犯罪事件[5]。有統計資料顯示，截至2002年止，美國有7個州法律要求醫療人員應通報家庭暴力所引起之傷害，42個州要求通報因武器所導致之傷害，23個州法律要求通報犯罪事件所造成之傷害，總計有45個州法律要求醫療人員應通報因家庭暴力、武器或犯罪所引起之傷害[6]。

綜上所述，家庭暴力事件應採取責任通報制，為多數人所肯認，至少在使用致命武器實施家庭暴力事件之情形，很少人反對採用責任通報制。採用責任通報制最大之爭議問題是：應全面通報或應將通報案件限縮於某類案件？如不採全面通報，應如何限縮？採責任通報制，應如何將通報資料保密以保護被害人之隱私權？

採全面通報制之優點在於比較容易適用法律，其缺點則為較可能侵

---

[4]　Annie Lewis-O'Connor, 'Dying to Tell?': Do mandatory reporting laws benefit victims of domestic violence? 104(10) American Journal of Nursing 75-79 (2004); Ashley E. Schumacher, Mandatory Report of Intimate Partner Violence Injuries by Health Care Professionals: An Ethical Dilemma for Nurses (2007).

[5]　Scott Coltrane & Michele Adams, Gender and Families 266 (2008).

[6]　Debra Houry, Carolyn J. Sachs, Kim M. Feldhaus & Judith Linden, Violence-inflicted injuries: reporting laws in the fifty states, 39(1) Annals of Emergency Medicine 56-60 (2002).

犯當事人之隱私權及影響被害人向外求援之意願。採部分通報制之優點在於較少遭致侵害隱私權及破壞信賴關係等批評，其缺點則為適用法律比較複雜，例如：如將應通報之事件限於使用致命武器之事件時，何謂致命武器有時難以認定，而且，有些不使用致命武器之暴力可能會造成比致命武器更大的傷害，例如：關閉被害人使其餓死、將行動不便之被害人遺棄荒郊野外、對於重病之被害人不餵食藥物、將被害人置於車頂再開車來回衝撞、裝神弄鬼欲使被害人精神分裂等等，不勝枚舉。

關於通報資料之保密部分，如何將有關資料建檔管理，有利於被害人或有關機關日後調閱，且該資料不至於洩露於無權調閱者，誠為一個十分重要之課題，也是責任通報制之成敗關鍵。

家庭暴力防治法制定時即採用全面通報制，其他法律（例如兒童及少年福利與權益保障法、兒童及少年性剝削防制條例等也有採取責任通報制者。然而，雖然近年來情況已有改善，但這些法律規定仍無法完全落實，許多人未依法通報，許多不通報者並未受到法律所規定之處罰。如何讓責任通報制度確實發揮保護被害人安全之功能，又能保護其隱私，是一項有關機關應付出更多心力的重要課題。

八、家庭暴力防治法之中央主管機關為何？

家庭暴力防治法制定時，係以家庭暴力防治委員會係家庭暴力防治法之主管機關，此點並無爭議，但關於中央政府之家庭暴力防治委員會究應設於何處，卻引起極大爭議。

家庭暴力防治法草案及立法院一讀通過之家庭暴力防治法，均規定行政院應設置家庭暴力防治委員會，各級地方政府得設置家庭暴力防治委員會，但在第二次朝野協商時因行政院代表反對，內政部代表亦表示願意承擔此一重任，故朝野協商版本將中央之家庭暴力防治委員會改為設於內政部，嗣立法院即照此協商版本通過二讀及三讀程序。主張設於內政部者，多為行政機關代表，其理由為：家庭暴力問題之處理係屬內政部之職掌範

圍，故中央政府之家庭暴力防治委員會不應設在行政院，而應設在內政部，否則層級太高，反而不能發揮功效，而且，性侵害防治委員會既然設在內政部，中央政府之家庭暴力防治委員會即無設在行政院之理。

　　家庭暴力問題中雖然有部分包含性侵害問題，但家庭暴力問題卻不能與性侵害問題採取完全相同之處理方式，因為比較而言，家庭暴力防治法所保護之對象比性侵害犯罪防治法更為數眾多，所處理之問題更為複雜，所牽涉之機關團體也更為廣泛。此外，性侵害防治法比較注重犯罪後之蒐證、處罰、輔導與治療，家庭暴力防治法則引進許多外國制度，將重點置於結合政府與民間資源，建立包括司法、警政、社政、醫療、教育等體系之整體防治網絡。再者，要建立家庭暴力之整體防治網絡，不僅工程十分浩大，而且必須由政府各有關機關與民間團體長期共同合作，方能達成目標。中央政府之家庭暴力防治委員會依法應能發揮協調、整合、監督及指導政府各有關部門與相關民間團體之家庭暴力防治工作。既然委員會之功能在於督導整合政府各有關部門，其設在內政部，實在難以指揮督促非隸屬其下之司法、教育等單位。

　　再者，家庭暴力防治法制定時原規定家庭暴力防治法之主管機關為「內政部家庭暴力防治委員會」，但該法實施後，「內政部家庭暴力防治委員會」一直是處於任務編組或內部單位狀態，從未成為實質上之主管機關，故遭受主管機關違法之批評。因此，在第一次修法時，即通過官方版本之修法條文，將家庭暴力防治法之中央主管機關遷就現實直接改為內政部，以去除主管機關名實不符之窘境，甚至於在本文中將「內政部家庭暴力防治委員會」之名稱刪除，刪除之理由為：「為中央行政機關組織基準法第5條第3項規定，作用法或其他法規不得規定機關之組織，酌修第1項序文，現行條文第6條之委員會移列第2項，其組織、定位與功能仍予維持，對於業務推動並無影響。」內政部家庭暴力防治委員會既然從主管機關降格為內政部之內部單位或任務編組，而且名稱從家庭暴力防治法中消失，實在很難期待其可發揮協調、整合、監督及指導政府各有關部門與相關民間團體之功能。

再者，與家庭暴力防治有關之家庭暴力防治委員會與警政署原均屬於內政部，102年7月23日「衛生福利部」正式成立後，警政署仍留在內政部，原屬內政部之家庭暴力防治業務則移撥至衛生福利部，內政部的家庭暴力及性侵害防治委員會因而消失，家庭暴力防治業務改由保護服務司辦理，加害人處遇服務則由心理及口腔健康司辦理。如此一來，原屬內政部之家庭暴力防治業務不僅分屬兩個不同部，而且在衛生福利部又分屬兩個司，不同部及不同司間如何協調合作，誠屬難題。

再者，家庭暴力防治法有關主管機關等相關規定，並未在衛生福利部成立前配合完成修法，為恐造成名實不符困境。102年7月19日行政院院台規字第1020141353號公告：家暴法第4條所列屬「內政部」之權責事項，自102年7月23日起，改由「衛生福利部」管轄。因此，自102年7月23日「衛生福利部」正式成立後，家暴法之主管機關由內政部變為衛生福利部，104年修正條文第4條第1項，將主管機關明定為衛生福利部。

九、家庭暴力防治中心應否與性侵害防治中心合併？

家庭暴力防治法規定各級地方政府應設置家庭暴力防治中心，性侵害防治法規定各直轄市政府及縣（市）政府應各設立性侵害防治中心。有人認為，家庭暴力防治中心應與性侵害防治中心合併，以免浪費行政資源。有人則認為，家庭暴力問題之解決方式與性侵害問題之解決方式並不相同，故兩個中心應分別設立，才能發揮功效。

從法條上看來，家庭暴力防治中心與性侵害防治中心確實有些類似。事實上，性侵害防治法關於性侵害防治委員會以及性侵害防治中心之規定，亦均係筆者所草擬之條文，故與家庭暴力防治法中關於家庭暴力防治委員會以及家庭暴力防治中心之規定內容，確有許多雷同之處。而就實際運作而言，二中心所要求之硬體與軟體設備似乎也有不少共同點，例如：均要求設置熱線電話、驗傷及蒐證等設備（例如隔離錄影偵訊系統），均應提供緊急救援、身心治療、推廣教育及訓練等，故如合併設立，確實可

以節省不少人力及物力，而且，對同時遭受家庭暴力及性侵害之被害人而言，又可收統合救援及醫治之效。然而，如再做更深層之思考則不難發現，對於家庭暴力事件之調查、蒐證、救援、治療、輔導、教育、訓練等案件處裡方式，其實與性侵害之案件處理方式仍有極大之差異，所以，不能將兩種案件由完全相同之一組人員及一套設備做相同之處理。最理想之設立方式，應係二中心可設在同一處所，但二中心各有其組織及設備，依其性質，有些組織及設備可以通用，有些則不能共用。

　　家庭暴力防治法原規定：家庭暴力防治中心得單獨設立或與性侵害防治中心合併設立，第一次修法時將單獨設立之文字刪除，僅規定家庭暴力防治中心得與性侵害防治中心合併設立，直轄市及各縣市政府也多採取合併設立「家庭暴力暨性侵害防治中心」之做法，應是出於節省行政資源之考量所致。

十、家庭暴力事件服務處是否應有明定設置法源？

　　家庭暴力防治法施行後，筆者曾與官方及民間團體赴美考察家暴防治業務，對於美國法院內多設有被害人服務處使社工或輔導人員得於法院內提供家庭暴力被害人各項服務之制度印象十分深刻，遂於88年間向筆者任職之臺灣高等法院提出「各地方法院與各級地方政府聯合家庭暴力被害人服務處設立建議案」，院長吳啟賓先生十分支持該方案，將該方案於88年7月28日行文司法院。此外，筆者在臺北市政府家庭暴力暨性侵害防治委員會所提出之「臺北市政府分別與臺北、士林地方法院設立聯合家庭暴力被害人服務處之建議案」，亦獲得委員會通過。

　　雖然有些法官存有法院與其他行政機關共同設立聯合服務處與法院中立立場不合之疑慮，臺北地院也表示不同意在該院設立服務處之看法。然而，上開建議案在司法院翁岳生院長、高等法院吳啟賓院長、陳佑治庭長、士林地方法院郭仁和院長以及臺北市政府馬英九市長、白秀雄副市長、家庭暴力防治中心江幸慧主任、現代婦女基金會董事長潘維剛及張錦

麗執行長等人之不斷努力與支持下，終於在91年1月21日於士林地方法院正式成立由臺北市政府社會局委託、現代婦女基金會承辦之「臺灣士林地方法院暨臺北市政府家庭暴力事件聯合服務處」，成為全國首創司法結合社政部門處理家庭暴力事件之聯合服務處。

自從臺北市政府於士林地方法院率先設立服務處後，許多原本反對設立之法官對服務處改採正面看法，各級地方政府也陸續於法院內設立服務處，因廣受各界肯定，司法院及內政部也積極推動，現今各級地方政府除離島法院外均已於法院設立家庭暴力事件服務處。其服務項目包括：協助聲請核發保護令、協助聲請執行保護令、提供法律諮詢、社工人員於法院審理保護令案件時依法向法院提供意見、社工或輔導人員依法經被害人選定為輔助人於訴訟或調解程序中參與和解或調解、提供心理輔導及診療之轉介等。

不過，由於家庭暴力事件服務處並非法院所設，是由各縣市政府委辦，並無法源依據，隨時可能遭裁撤而終止服務。因此聯盟修法版本明定：法院得自行設立、委託民間團體設立或與其他政府機關共同設立家庭暴力事件聯合服務處。

然而，因為司法機關仍存有服務處是否會影響審判中立之疑慮，也擔心地方法院必須負擔人力與物力，所以並不同意將服務處明文規定於家庭暴力防治法中。聯盟代表則認為，服務處之設立可以定位為訴訟輔導，與審判中立無關，而且經由服務處之設立，一方面可以讓被害人在審判中不會因武器不對等而處於劣勢，另一方面可以幫助被害人寫好書狀及準備必須之證據文件，幫助法官做出快速妥適之裁判，不僅無損於於司法公信力，還可以提升法院溫馨正面的形象。

司法院代表與聯盟代表各有堅持，經立法委員郭林勇邀集司法院代表、聯盟代表及李永萍、王昱婷、高思博、雷倩等立法委員在立法院協商後，終於各讓一步而取得共識並達成協議，通過之修法條文因而回應臺灣防暴聯盟關於服務處正名化之訴求，明定地方政府主管機關應於所在地地方法院設立家庭暴力事件聯合服務處所，由地方政府提供人力及經費，法

院提供場所、軟硬體設備及其他相關協助。不過，因司法機關不願擔任設立者之角色，所以修法條文雖讓家庭暴力事件服務處取得設立之法源基礎，但明定設立者係地方政府而非法院，地方法院依法難以取得服務處之主導地位。

十一、家庭暴力防治人員可否為自己聲請保護令？

民事保護令制度在英美法系國家行諸多年，在家庭暴力相關法令制定之前即已開始施行，並非家庭暴力相關法令所特有之制度，因此，非家庭暴力之被害人亦可聲請民事保護令制度而獲得保護。在我國，只有在家庭暴力防治法中採行民事保護令制度，依該法規定，只有被害人及其子女可以受到保護令之保護，其他人都不可以為自己申請保護令。

然而，許多社工人員、教育人員等等家庭暴力防治人員在辦理家庭暴力事件時，受到加害人之威脅或恐嚇，所以在家庭暴力防治法修法期間，屢屢提出其需要聲請保護令免受侵害之需求。聲請民事保護令，聯盟版本為保護辦理家庭暴力事件有關人員之安全，於修法條文中明定：醫事人員、社工人員、臨床心理人員、教育人員及保育人員等，為防治家庭暴力行為或保護家庭暴力被害人之權益而受到身體或精神上不法侵害時，亦得為自己聲請保護令，以保障其安全。

司法機關並不同意將家庭暴力防治人員納入保護範圍，導致聯盟上開條文未能通過立法，僅於修正條文第21條第2項規定：社政機關執行未成年子女會面交往或加害人處遇計畫之保護令時，必要時得請求警察機關協助。

司法機關之反對理由為：（一）社工員如受委託執行家暴防治業務，依新修正之刑法係屬公務員，可受保護，不必聲請保護令。（二）家庭暴力防治人員與加害人不共同生活，聲請保護令與家庭暴力防治法之規範不合。（三）其他執法人員（如環保人員）常受威脅亦未有保護令之設計，不能獨厚家暴防治人員等。

因此，當醫事人員、社工人員、臨床心理人員、教育人員及保育人員等家庭暴力防治人員，為防治家庭暴力行為或保護家庭暴力被害人之權益而受到身體或精神上不法侵害時，將無法為自己聲請保護令。

事實上，民事保護令具有快速保護被害人、預防受害等功能，是開啟刑事處罰及民事賠償以外的救濟途徑，目前是家庭暴力被害人最喜歡使用的救濟途徑，所以「社工員如果是公務員可依刑法受保護而不必聲請保護令」之反對理由，實屬無稽。再者，家庭暴力防治法之民事保護令並非以保護共同生活者為前提，所以現為或曾為四親等之旁系親屬，不論其是否共同生活，均為家庭成員，可以聲請保護令，因此，「家庭暴力防治人員與加害人不共同生活，聲請保護令與家暴法之規範不合」之反對理由，實為曲解法律。此外，家庭暴力防治人員如確實有受民事保護之必要，所以才發出需要保護的心聲，至於其他非家庭暴力防治人員如有受保護之必要，應另立法律加以保護，而不能以其他人員無法受保護為由，反對家庭暴力防治人員可以聲請保護令。因此，「其他執法人員長受威脅亦未有保護令之設計，不能獨厚家暴防治人員」之反對理由，難以讓人信服。

修法條文所規定之警察人員協助範圍非常狹小，協助對象十分有限，僅能在社政人員執行上開保護令時給予協助，完全無法提供民事保護令之事前防止及隔離等功能。有能力保護自己，才會有能力保護他人，家庭暴力防治人員的安全需要民事保護令之保護，才能使其在執法時無後顧之憂，勇往直前，讓公權力得以伸張。

十二、民事保護令之相關費用應否徵收？

被害人向法院聲請核發或執行民事保護令時，常無資力繳納聲請費或執行費，修正非訟事件法將聲請費提高為新臺幣1,000元並於94年8月5日開始施行後，情況更為嚴重，且費用之繳納常延誤核發與執行保護令之時間，不能迅速達到保護被害人之目的，所以民間團體及立法委員大力主張保護令之聲請及執行均應免徵費用。立法院亦採納聯盟及黃昭順等立法委

員所提出之修法條文，第一次修正條文明定：聲請保護令免徵聲請費，聲請執行不動產禁止使用收益或處分、金錢給付、交付子女等保護令均暫免徵收執行費。

　　然而，立法院司法、內政及民族、衛生環境及社會福利三委員會所組成之審查會，就所審查完竣之本次家庭暴力防治法修正草案向立法院院會提出之審查報告中，雖明文記載「有關抗告費用免徵，請司法院函知法院」[7]，該審查會審查通過之家庭暴力防治法條文對照表說明欄亦記載：「二、配合行政院提案第9條第3項之增訂，有關保護令之聲請免徵裁判費之規定，相對之抗告費用免徵，以維體制之一貫性，並請司法院函知法院查照」[8]，第一次修法卻僅規定保護令之聲請免徵裁判費，對於保護令之撤銷、變更、延長及抗告是否應繳裁判費，則漏未規定。

　　地方法院對於修法條文之解釋產生嚴重分歧現象，有些地方法院之庭務會議依據上開立法文件，作成民事保護令不須繳納抗告費之決議，有些地方法院則依據民事訴訟法第77條之18明定：「抗告，徵收裁判費新臺幣一千元，再為抗告者，亦同。」作成決議認為民事保護令之抗告應徵裁判費1,000元。此外，關於郵務送達費及法院人員之差旅費是否應予徵收，也產生嚴重爭議。有些法官認為：郵務送達費及差旅費屬於裁判費，既然保護令免徵聲請費，當然亦免徵郵務送達費及差旅費。有些法官則認為：家庭暴力法規定，保護令之程序除該法別有規定外，準用非訟事件法有關規定。家庭暴力防治法對於郵務送達費及差旅費是否應予徵收既無特別規定，應準用非訟事件法第20條但書規定：「郵務送達費及法院人員之差旅費不另徵收。但所需費用超過應徵收費用者，其超過部分，依實支數計算徵收。」依此規定，聲請費因免徵，數額為零，則郵務送達費及差旅費全數超過應徵收之費用，應全數徵收。

　　為消弭各法院在適用修法條文時產生之歧異與爭議，且符合當初修法

---

[7]　立法院公報，第96卷第10期，院會紀錄第588頁。

[8]　立法院公報，第96卷第13期，院會記錄第329頁。

之意旨，筆者與司法院及內政部官員商議後，取得保護令之聲請、撤銷、變更、延長及抗告，均免徵裁判費、郵務送達費及差旅費之共識，於96年4月間草擬家庭暴力防治法第10條第3項修正條文如下：「保護令之聲請、撤銷、變更、延長及抗告，均免徵裁判費，並準用民事訴訟法第77條之23第4項規定。」潘維剛委員於96年5月間將此條文完成連署後送立法院審議，該修正條文經立法院通過後，於97年1月9日總統令公布施行。

十三、民事保護令可否分散執行機關？

家庭暴力防治法原規定民事保護令之執行機關只有法院與警察機關，法院執行金錢給付之保護令，非金錢給付之保護令則由警察機關執行。法院之執行程序依據強制執行法，警察機關之執行程序則未於家庭暴力防治法中加以明定。司法院大法官會議於92年5月2日作成釋字第559號解釋，認為警察機關執行保護令之程序及方法應以法律或法律具體明確授權之命令定之[9]。

修法聯盟對於警察執行保護令之程序，究竟應採取適用行政執行法之程序，或擴大違反保護令罪之範圍而逮捕加害人之方式，有不同看法。由於警察機關認為行政執行法之執行程序有時需準用強制執行法，過於複

----

[9] 大法官會議釋字第559號解釋文如下：「基於法治國家之基本原則，凡涉及人身自由之限制事項，應以法律定之；涉及財產權者，則得依其限制之程度，以法律或法律明確授權之命令予以規範。惟法律本身若已就人身之處置為明文之規定者，應非不得以法律具體明確之授權委由主管機關執行之。至主管機關依法律概括授權所發布之命令若僅屬細節性、技術性之次要事項者，並非法所不許。家庭暴力防治法第20條第1項規定保護令之執行機關及金錢給付保護令之強制執行程序，對警察機關執行非金錢給付保護令之程序及方法則未加規定，僅以同法第52條為概括授權：『警察機關執行保護令及處理家庭暴力案件辦法，由中央主管機關定之。』雖不生牴觸憲法問題，然對警察機關執行上開保護令得適用之程序及方法均未加規定，且未對辦法內容為具體明確之授權，保護令既有涉及人身之處置或財產之強制執行者（參照家庭暴力防治法第13條及第15條），揆諸前開解釋意旨，應分別情形以法律或法律具體明確授權之命令定之，有關機關應從速修訂相關法律，以符憲法保障人民權利之本旨。行政執行法之執行機關除金錢給付之執行為法務部行政執行署所屬行政執行處外，其餘事件依其性質分由原處分機關或該管機關為之（參照行政執行法第4條），依上述家庭暴力防治法規定，警察機關有執行金錢給付以外保護令之職責，其於執行具體事件應適用之程序，在法律未依上開解釋修改前，警察機關執行保護令得準用行政執行法規定之程序而採各種適當之執行方法。」

雜，比較贊成用違反保護令罪之處理方式，所以聯盟版本尊重警察機關之看法，對保護令之執行採取下列規定：（一）不動產禁止處分之保護令改由法院執行。（二）增訂違反保護令之物品使用權、定暫時監護權及定暫時探視權等命令，均構成為違反保護令罪。（三）警察機關執行保護令應依下列方式為之：1.主動告知保護令之內容並命其自動履行。2.依保護令，保護被害人至被害人或相對人之住居所，確保其安全占有住居所、汽、機車或其他個人、生活上、職業上或教育上必需品。3.對違反保護令罪之犯罪嫌疑人依法拘提、逮捕或移送偵辦。

　　行政院修法版本卻將保護令之執行機關分散如下：（一）法院執行部分：除舊法所定之金錢給付令由法院執行外，不動產禁止使用收益或處分之保護令改由法院執行。（二）社政機關執行部分：家暴中心主責之會面交往、完成加害人處遇計畫均改由社政機關執行。（三）相關機關執行部分：禁止查閱資訊由相關機關執行。（四）戶政機關執行部分：戶籍遷徙登記由戶政機關執行。（五）警察機關執行部分：其他命令由警察機關執行。

　　聯盟版本之民事保護令執行係仿外國立法例，將違反金錢以外之保護令均明定為違反保護令罪，並由警察以逮捕方式執行之，一方面讓保護令之執行單純化，警察容易執行，而且警察因加害人違反保護令而加以逮捕後，將其移送地檢署，可以由檢察官核發釋放條件，使檢察官與刑事庭法官也能經由核發釋放條件及緩刑條件等「刑事保護令」而保護被害人，讓刑事保護令發揮其應有之功能。然而，由於有不少人認為刑事處罰係不得已才使用之最後手段，所以聯盟版本的上開執行方式未被採納。

　　立法院通過之修法條文大致採用行政院版本，將民事保護令之執行機關由舊法之警察機關與法院，擴充為法院、警察機關、社政機關、戶政機關及其他相關機關，讓執行機關變成多頭馬車，欠缺統一執行窗口，當事人執行民事保護令時，難免要花費更多時間與精力。再者，警察機關執行保護令時，必須視情況而採取逮捕、強制進入處所、取交物品、申請變更或核發憑證等方式，對於擅長辦理刑事案件之警察機關，是一項很大的挑

戰，也是一種沉重的負擔。

再者，關於暫時監護權及探視權之交付子女部分，聯盟版本及行政院版本均規定應由警察機關執行。當加害人或被害人帶子女躲避或不願交付子女時，聯盟版本規定構成違反保護令罪，警察應加以逮捕或移送法辦。行政院版本則規定：相對人不依保護令交付未成年子女時，警察機關得以直接強制方法，將該子女取交被害人；相對人不依保護令安全交還會面交往之未成年子女時，執行機關或被害人得請警察機關以直接強制方法，將該子女取還被害人，並得向法院聲請變更保護令，禁止其會面交往。

由於行政院版本採取抓小孩不抓大人、直接強制而非間接強制之做法，不僅產生小孩被藏匿時將無法取交之困境，而且直接取交子女可能對子女的身心產生非常不良之影響。經司法院代表、聯盟代表及立法委員協商後，取得應由法院執行之協議，通過第24條規定：「義務人不依保護令交付未成年子女時，權利人得聲請警察機關限期命義務人交付，屆期未交付者，命交付未成年子女之保護令得為強制執行名義，由權利人聲請法院強制執行，並暫免徵收執行費。」

交付子女之命令改由法院而非警察執行，在法律適用可能產生一些困境，因為法院所定探視權之交付子女之命令，常應在週末為之，法院與警察不同，週末不上班，法院如何執行非上班時間之交付子女命令，將是一道有待解決的難題。

參、結語

家庭暴力防治法立法期間之爭議問題並不止上述十三項，但上述十三項爭議問題比較具有代表性，故在本章中加以論述。綜合以觀，有些爭議係出於誤解，有些則係見解不同，並無對錯可言。

在立法及修法期間所提出之批評意見，大多給參與立法及修法之人從不同角度思考與反省之機會，藉著各樣腦力激盪，真理越辯越明，對於提

升家庭暴力防治法之品質，以及使原本以外國立法例為藍本之家庭暴力防治法得以成功地本土化，有不可磨滅之的貢獻，非常值得感謝。

　　至於在立法及修法期間所提出之贊同與肯定意見者，以及積極參與法案之制定、修正與推動者，則是推動立法及修法工作之最大動力。因著這些不斷支持的聲音，使得家庭暴力防治法在立法及修法期間均引起國人的重視，並在立法院通過法案之審議，誠然是家庭暴力防治法立法運動之最大功臣。

　　家庭暴力防治法之立法目的在於提供根本防治家庭暴力之方法，然而，沒有一個法案是十全十美的，希望將來有更多人關心此法之執行成效，勇於提出各種建設性之批評，使家庭暴力防治法能與時俱進，跟得上時代的腳步，有效解決現代社會層出不窮之家庭暴力問題。

第五章
家庭暴力防治法之精神與執行

壹、前言

　　家庭暴力防治法完成制定程序，於民國（以下同）87年6月24日總統令公布，其中第二章至第四章、第五章第40條、第41條、第六章自公布後一年施行，其餘條文自公布日施行。嗣後家庭暴力防治法完成第一次修法程序，修正條文於96年3月28日總統令公布施行。嗣該法再於97年1月9日、98年4月22日及29日各公布修正1個條文；104年2月4日修正公布第2、4至6、8、11、14至17、19、20、31、32、34、36至38、42、48至50、58至60條條文，並增訂第30-1、34-1、36-1、36-2、50-1、58-1、61-1、63-1條條文，除第63-1條條文自公布後一年施行外，其餘自公布日施行。

　　法律之制定及修正過程固然十分艱辛，如何將制定及修正後之法律落實在具體案件中，使法律達到根本防治家庭暴力之目的，可以說是一個更浩大的工程及更艱難的課題。茲僅對於家庭暴力防治法之精神與執行作一簡介。

貳、家庭暴力防治法之精神

　　家庭暴力防治法第1條明揭立法目的：「為防治家庭暴力行為及保護被害人權益，特制定本法。」在具體條文之適用上，家庭暴力防治法之重要精神可以歸納如下：

一、讓被害人安居家庭中

傳統法律僅對於加害人在實施犯罪行為後施加並不嚴重之刑罰,因此,被害人為免遭受侵害,大都只能逆來順受或離家出走。家庭暴力防治法之保護令制度則提供被害人另一種選擇途徑,被害人可以視侵害行為之嚴重程度,請求法院核發保護令,禁止加害人繼續施暴、命令離家、禁止與被害人聯絡、遠離被害人或其家庭成員住居所及其他經常出入之特定場所等,違反者應負擔刑事責任(第14條第1項第1款至第4款、第61條第1項第1款至第4款)。此可讓被害人在保護令有效期間內,不須離家出走,即有安全的居住環境,不受暴力迫害。此外,檢察官或法官亦得核發釋放、緩刑或假釋條件,禁止加害人繼續施暴、禁止騷擾聯絡被害人、遷出住居所、遠離特定場所等,違者得命羈押、命再執行羈押、撤銷緩刑或假釋之宣告(第31條至第33條、第38條、第39條)。

二、為加害人及被害人建立特別醫療或輔導制度

防治家庭暴力之有效方法,並非要求被害人姑息忍讓,而是改變加害人的施暴習性。因此,被害人得請求法院核發保護令,命加害人完成加害人處遇計畫,使加害人可以自願或依法院之命令接受戒癮治療、精神治療、心理輔導等,違反者應負擔刑事責任(第14條第1項第10款、第61條第1項第5款)。此外,法院或法務部亦得以加害人接受加害人處遇計畫為緩刑或假釋條件,違者得撤銷緩刑或假釋之宣告(第38條、第39條)。

三、保護未成年子女之安全

未成年子女常是家庭暴力之直接或間接受害者,或常被加害人當作控制被害人之手段。因此,家庭暴力防治法明定:法律推定由加害人監護不利於子女(第43條),故原則上應由被害人監護子女;發生家庭暴力事件,得作為請求改定監護權之理由(第44條);法院准許加害人探視子女

時，得命於特定安全場所交付子女、由第三人或機關團體監督探視、加害人應完成處遇計畫、禁止過夜探視、出具準時及安全交還子女之保證書（第45條第1項）等，使未成年子女之安全得到確實之保護，並避免使子女淪為加害人操控被害人之工具。

四、公權力積極介入家庭

家庭暴力不是家務事，是嚴重的犯罪行為，對於家庭、社會、國家均造成深遠的影響。因此，家庭暴力防治法對於政府各有關部門均課以積極介入之義務，例如：檢察官、警察機關及社政機關得向法院聲請保護令（第12條第1項）、法院在必要時應依聲請或依職權核發保護令（第14條第1項、第16條第3項）、警察人員處理家庭暴力事件應採取保護被害人之方法及防止家庭暴力之發生（第48條第1項）、衛生主管機關應擬訂及推廣家庭暴力防治之衛生教育宣導計畫（第53條）、高級中等以下學校每學年應有4小時以上之家庭暴力防治課程（第60條）等，藉由公權力之積極的介入，正視問題之特質而提供有效的防治之道，使被害人得到確實之保護。

五、設立家庭暴力防治委員會及防治中心

家庭暴力之防治，需要協調、整合及監督有關政府部門及民間團體，以建立整體防治網絡，故內政部應設立家庭暴力防治委員會（第5條第2項），各級地方政府應設立家庭暴力防治委員會（第7條）。再者，為推動家庭暴力之防治工作，需要專責之執行單位，故各級地方政府應設立家庭暴力防治中心，該中心得單獨設立，或與性侵害防治中合併設立，中心內應配置社工、警察、衛生及其他相關專業人員，並整合警政、教育、社政、民政、戶政、勞工、新聞等機關、單位業務及人力，並協調司法、移民機關，以辦理與家庭暴力有關之事項（第8條）。

102年7月23日「衛生福利部」正式成立，家庭暴力防治法有關主管機

關及家庭暴力防治委員會等相關規定未在該部成立前配合修法，依102年7月19日行政院院台規字第1020141353號公告，家暴法各該規定所列屬「內政部」之權責事項自102年7月23日起改由「衛生福利部」管轄，內政部家庭暴力防治委員會因而裁撤，衛生福利部下設「保護服務司」以辦理家庭暴力等業務，但該部並未成立家庭暴力防治委員會，僅成立「衛生福利部家庭暴力及性侵害防治推動小組」，辦理研擬、協調、督導、研究、諮詢及推動家庭暴力、性侵害、性騷擾防治及各項保護性工作等事項。

參、家庭暴力防治法之執行單位與權責劃分

家庭暴力之防治工作，需要政府相關單位之分工與配合，因此，家庭暴力防治法對於政府各單位之權責有不少規定，茲僅將各單位之重要權責分別概述如下：

一、司法單位

法官得依聲請或依職權核發保護令（第14條第1項、第16條第3項），禁止或限制加害人探視子女（第14條第1項第7款、第45條第1項）、對於被告定釋放條件或緩刑條件（第31條第1項、第33條第1項、第38條）、對於被害人得依聲請或依職權於法庭外為訊問或詰問，或採取適當隔離措施（第36條第1項）等。檢察官得對於被告定釋放條件（第31條第1項）、為被害人聲請保護令（第10條第2項）。法院應提供被害人或證人安全出庭之環境、提供家庭暴力事件服務處所需場所、軟硬體設備及其他相關協助（第19條）。關於金錢給付、禁止處分不動產、交付子女之保護令得向法院聲請強制執行（第21條第1項第1款、第24條）。法務部應訂定並執行受刑人處遇計畫（第41條第1項）。矯正機關應將受刑人預定出獄之日期或逃脫之事實通知被害人、其住居所所在地之警察機關及家庭暴力防治中心（第42條第1項）、受刑人如有脫逃之事實，矯正機關應立即為前項之通

知（第42條第2項）。司法院及法務部應辦理司法人員防治家庭暴力之在職教育（第59條第3項）。

二、警察單位

警察機關得為被害人聲請保護令（第10條第2項），警察人員於法院受理緊急保護令之聲請後得到庭或以電話陳述家庭暴力之事實（第16條第4項）。非由其他機關執行之保護令均由警察機關執行之（第21條第1項第5款）。警察機關應依保護令保護被害人至住居所並確保其安全占有不動產或個人必需品（第22條第1項）。警察人員應逕行逮捕現行犯並得依法逕行拘提犯罪嫌疑人（第29條）。警察機關於詢問被害人時，得採取適當之保護及隔離措施（第36條第2項）。警察人員處理家庭暴力事件，必要時應採取下列措施：於緊急保護令核發前採取在被害人住居所守護等安全措施、保護被害人或及子女至庇護所或醫療處所、保護被害人至住居所以安全占有保護令所定之個人必需品、告知被害人得行使之權利及服務措施、查訪並告誡相對人、訪查被害人及其家庭成員，並提供必要之安全措施等（第48條第1項、第22條）。警察人員處理家庭暴力事件，應製作書面紀錄，其格式由中央警政主管機關訂定之（第48條第2項）。警察人員在執行職務時知有家庭暴力之犯罪嫌疑者，應通報當地主管機關（第50條第1項）。警政主管機關應辦理警察人員防治家庭暴力之在職教育（第59條第2項）。

三、社政單位

衛生福利部為家庭暴力防治法之中央主管機關，應辦理家庭暴力防治業務（第4條、第5條）。直轄市、縣（市）主管機關應設置家庭暴力防治委員會、家庭暴力防治中心及會面交往場所、應於地方法院設置家庭暴力事件服務處（第7條、第8條、第19條、第46條）。衛生福利部應設置家庭暴力及性侵害防治基金（第6條）。直轄市、縣（市）主管機關得為被

害人向法院聲請保護令（第10條第2項）。法官於保護令案件審理中得准許社工人員陪同出庭並陳述意見，亦得聽取直轄市、縣（市）主管機關或社會福利機構之意見（第13條第4項、第6項）。各直轄市及縣（市）政府應設探視場所或委託辦理，並訂定執行及收費規定（第46條）。社工人員或保育人員在執行職務時知有家庭暴力之犯罪嫌疑者，應通報當地主管機關（第50條第1項）。主管機關接獲家庭暴力犯罪嫌疑之通報後，應即行處理，並評估有無兒童及少年目睹家庭暴力之情事，必要時得自行或委託其他機關團體進行訪視、調查（第50條第3項）。直轄市及縣（市）政府主管機關應製作家庭暴力被害人服務書面資料供被害人取閱及醫療、警察機關使用（第56條第1項）。直轄市、縣（市）政府應提供醫療機構、公私立小學及戶政機關家庭暴力防治之相關資料，使其將該資料提供給辦理結婚或出生登記者、新生兒之父母或辦理小學新生註冊者（第57條第1項）。直轄市、縣（市）政府得核發家庭暴力被害人緊急生活扶助費用、醫療費用、訴訟費用、安置費用、子女教育費用等等補助；家庭暴力被害人年滿20歲者，得申請創業貸款（第58條第1項及第3項）。社會行政主管機關應辦理社工人員、居家式托育服務提供者、托育人員及保育人員防治家庭暴力之在職教育（第59條第1項）。

四、醫療單位

醫事人員在執行職務時知有家庭暴力之犯罪嫌疑者，應通報當地主管機關（第50條第1項）。醫療機構對於家庭暴力之被害人，不得無故拒絕診療及開立驗傷診斷書（第52條）。衛生主管機關應擬訂及推廣有關家庭暴力防治之衛生教育宣導計畫（第53條）。醫事人員於執行業務時，知悉病人為家庭暴力被害人時，應將家庭暴力被害人服務資料交付該病人（第56條第2項）。中央衛生主管機關應訂定家庭暴力加害人處遇計畫規範，並應會同相關機關負責加害人處遇計畫之推動、發展、協調、督導及其他事宜（第54條）。衛生主管機關應辦理或督促相關醫療團體辦理醫護人員

防治家庭暴力之在職教育（第59條第4項）。

五、教育單位

教育人員在執行職務時知有家庭暴力之犯罪嫌疑者，應通報當地主管機關（第50條第1項）。教育主管機關應辦理學校、幼兒園之輔導人員、行政人員、教師、教保服務人員及學生防治家庭暴力之在職教育及學校教育（第59條第5項）。高級中等以下學校每學年應有4小時以上之家庭暴力防治課程（第60條）。

肆、家庭暴力防治法之執行特色

家庭暴力防治法之立法目的，既在於促進家庭和諧、防治家庭暴力行為及保護被害人之權益，其內容又對於政府各單位之權責設有詳細之規定，家庭暴力防治法之執行特色如下：

一、擴張政府有關單位之職權

為使公權力積極介入家庭暴力事件，家庭暴力防治法賦予政府各單位不少新的職權，例如：司法機關有權聲請、核發及執行保護令，警察機關有權聲請及執行保護令，社政機關有權聲請及執行保護令、設置家庭暴力及性侵害防治基金、對於家庭暴力通報事件進行訪視或調查，衛生機關有權擬訂家庭暴力防治之公共衛生計畫，教育機關有權辦理家庭暴力防治之在職教育及學校教育等。

二、加重政府有關單位之責任

為使政府單位確實做好防治工作，家庭暴力防治法課以政府各單位許多新的責任，例如：法院應提供被害人及證人安全出庭之環境，警察應

逕行逮捕現行犯並依法逕行拘提犯罪嫌疑人、地方主管機關應製作家庭暴力被害人服務書面資料、醫院或診所對於家庭暴力之被害人不得無故拒絕診療及開立驗傷診斷書、高級中等以下學校每學年應有家庭暴力防治課程等。

三、增設新單位或新措施

為達到家庭暴力之防治目的，家庭暴力防治法要求政府機關增設一些新單位或新措施，例如：法務部應訂定並執行受刑人處遇計畫、警察人員處理家庭暴力事件必要時應採取在被害人住居所守護等安全措施、地方主管機關應設探視場所、家庭暴力事件服務處或委託辦理、中央衛生主管機關應訂定家庭暴力加害人處遇計畫規範內容、各級地方政府應設立家庭暴力防治委員會、家庭暴力防治中心等。

四、建立整體防治網絡

家庭暴力之防治工作龐大而複雜，不是政府單一部門或少數民間團體所能承擔，故家庭暴力防治法一方面擴張及加重政府有關單位之權責，使政府有關單位有權力並有義務做好防治工作，另一方面又設置家庭暴力防治中心，以因應新的防治措施，補政府機關現有單位之不足。此外，為協調及整合現有之政府單位及民間團體各項資源，協助及監督政府機關及民間機構防治工作之進行，特設置家庭暴力防治委員會，以建立整體防治網絡，提高家庭暴力防治工作之績效。

伍、結語

家庭暴力防治法之制定及修正工作均十分艱辛，在制定及修正過程中曾遭受許多阻撓及困境，然而，經許多關懷家庭暴力防治工作者長期共同努力，終能普遍獲得國人支持。在家庭暴力防治法尚未完成立法程序前，

由現代婦女基金會主辦、世新大學民意調查中心協辦，於87年3月8日公布之「全國婦女人身安全滿意度總調查」資料顯示，89.7%之受訪者贊成制定家庭暴力防治法，僅有3.3%之受訪者不贊成制定[1]。再者，司法院刑事訴訟研修委員會於87年3月3日增訂具保「回籠條款」草案，明定法官准許被告停止羈押時，得附加四項條件命被告遵守，如違反該條件得拘提被告，命再執行羈押，即參酌立法院一讀通過之家庭暴力防治法草案關於釋放條件所為之規定[2]。

　　家庭暴力防治法能得到大眾的支持與肯定，固然值得欣慰，但家庭暴力之防治是一件持續而長遠的工作，且徒法不足以自行，不能稍有懈怠。期待家庭暴力防治法能有效執行，依法設立之家庭暴力防治委員會、家庭暴力防治中心、家庭暴力事件服務處均能發揮功能，家庭暴力之防治工作得以在全國各處展開，使無數生活在家庭暴力陰影下之被害人，重享安全祥和的家庭生活。

---

[1] 現代婦女基金會暨潘維剛國會辦公室主辦，全國婦女人身安全滿意度總調查，調查報告，87年3月8日，第14頁；中國時報，83年3月9日，第1版。

[2] 聯合報，87年3月4日，第7版。

第六章
中外保護令制度探究

壹、前言

　　所謂保護令，英文稱為protection order、order of protection或protective order，係指法院所為保護特定人使其免受侵擾、傳喚或發現真實（discovery）之命令或裁判而言[1]。在家庭暴力案件中，則係指法院所為保護特定人免受家庭暴力之命令或裁判而言，且保護令通常係由民事庭法官所核發，稱為民事保護令（civil protection order），但刑事庭法官或檢察官，亦可能得依法對於家庭暴力罪或違反保護令之犯罪嫌疑人、被告或受刑人為宣告緩刑、審前釋放或假釋時，定類似下述保護令救濟範圍之緩刑、釋放或假釋條件，對於違反上開條件者，得撤銷緩刑、釋放或假釋[2]。

　　保護令在有家庭暴力法之國家中扮演極為重要之角色，可以說是家庭暴力之被害人最直接及最常用之法律救濟途徑。保護令規定多見於英美法制國家之民事訴訟法、刑事訴訟法等法規中，此外，在諸如家庭暴力法、被害人與證人保護法（Victim and Witness Protection Act）等特別法規中亦有不少關於保護令之規定，但許多採行大陸法制國家之人民對之感到陌

----

[1] Black's Law Dictionary, Fifth Edition, at 1101, 418；所謂發現真實，在審判實務上，係指一方當事人在審判前得用以向他方當事人獲取與案件有關之事實或資訊以助其準備審判之方法。依美國聯邦民事訴訟法之規定，發現真實之手段包括：宣誓證言、訊問筆錄、提供文件或物件、允許進入土地或其他財產、身體或心理檢查、要求自白等。

[2] 例如：Model Code on Domestic and Family Violence §208, §219, §220; Mass. Gen. Laws ch. 276. §58A, §58B.

生，我國家庭暴力防治法亦引進外國之保護令制度，使家庭暴力之被害人能得到更切實之保護。茲僅將中外家庭暴力法規有關之保護令規定及實務作一探討，以供參考。

貳、種類

一般而言，關於保護令之種類，有些立法例分保護令（此為狹義之保護令，廣義之保護令則包含暫時保護令在內）及暫時保護令二種，有些立法例則分為保護令、暫時保護令及緊急保護令三種。我國家庭暴力防治法將保護令分為通常保護令、暫時保護令及緊急保護令（第10條第2項）。

通常保護令（外國法制多稱為保護令）係法院依聲請人之聲請，通知相對人，但不管相對人是否到庭，於行審理程序後，所核發之命令，亦有人稱之為完全保護令（full protection order）、終局保護令（final protection order）或常久保護令（permanent protection order）。

暫時保護令（temporary protection order）係法院為保護處於急迫危險之家庭暴力被害人，不通知相對人，僅依聲請人之聲請即核發之命令，有人稱之為緊急保護令（emergency protection order）、急速保護令（expedited order）、一造保護令（ex parte protection order）或一造暫時保護令（ex parte temporary protection order）。有些法制則將緊急保護令與暫時保護令分開作不同之規定。大致而言，暫時保護令不僅在核發程序上與通常保護令不同，其證據標準通常要求聲請人證明有可能理由足認聲請人或其家人置身受虐之直接與現時危險中，美國有些州要求證明如不核發暫時保護令將受無法回復之傷害（irreparable injury），故與通常保護令有異。外國法制大多規定暫時保護令之有效期間較通常保護令為短，許多法制規定只有10至30日，且大多規定暫時保護令之救濟範圍較通常保護令為狹。我國家庭暴力防治法第16條第5項則規定，暫時保護令於核發通常保護令或駁回聲請時失其效力。

參、救濟範圍

所謂救濟範圍（scope of relief），係指法院所得核發保護令之內容而言，茲將通常保護令與暫時保護令之救濟範圍分述如下。

一、通常保護令之救濟範圍

（一）外國法制

通常保護令，在外國多僅稱為保護令，其救濟範圍因各國不同之法律而有不同之規定，綜觀外國法制，保護令可能之救濟範圍分述如下：

1.禁止相對人對於被害人或其家人實施暴力行為。

2.禁止相對人對於聲請人或其家人或同事為騷擾、接觸、通話或其他聯絡行為。

3.命相對人遷出聲請人或雙方當事人之住居所。

4.命相對人遠離聲請人或其家人之住居所、學校、工作場所或其他特定場所。

5.命相對人給付聲請人配偶生活費、子女扶養費或其他緊急資助。

6.准聲請人對於未成年子女有暫時監護權。

7.定相對人探視未成年子女之方式，或命第三人監督該探視，或於必要時駁回探視以保護聲請人或其子女之安全。

8.准一方當事人對於汽車、支票簿、保險卡等動產有暫時占有權。

9.命相對人給付聲請人所占有不動產之租金或抵押貸款。

10.命相對人賠償聲請人因暴力行為所受之損害。

11.命相對人接受家庭暴力之專業輔導或參與法院所許可之施虐者處遇計畫（batterer's treatment program）。

12.命執法人員陪同一方當事人至住居所並監督取回動產財物。

13.命相對人負擔律師費、訴訟費或其他費用。

14.禁止相對人持有武器。

從上開救濟範圍可以看出，通常保護令之救濟範圍極為廣泛，救濟內容極具多樣化，有禁止為暴力行為之限制令（restraining order）、禁止為聯絡行為或為騷擾行為之禁止接觸令（no contact order）或禁止騷擾令（no harassment order）、命遷出住居所之驅逐令（kick out order）、遷出令（vacate order）或獨占令（exclusive order）、命不得靠近處所之遠離令（stay away order），還有定暫時監護權、監督探視權、動產之暫占有權，並有命給付金錢、派人護送等等確保被害人及其家人安全之措施。綜觀上開各項救濟中，以第1項至第7項最為典型，許多家庭暴力法規均有此類規定。

（二）我國法制

家庭暴力防治法對於通常保護令之救濟範圍十分廣泛，除於第14條第1項第1款至第10款為列舉規定外，於同項第13款又為概括規定，其各款規定如下：

1.禁止相對人對於被害人、目睹家庭暴力兒童及少年或其特定家庭成員實施家庭暴力。

2.禁止相對人對於被害人、目睹家庭暴力兒童及少年或其特定家庭成員為騷擾、接觸、跟蹤、通話、通信或其他非必要之聯絡行為。

3.命相對人遷出被害人、目睹家庭暴力兒童及少年或其特定家庭成員之住居所；必要時，並得禁止相對人就該不動產為使用、收益或處分行為。

4.命相對人遠離下列場所特定距離：被害人、目睹家庭暴力兒童及少年或其特定家庭成員之住居所、學校、工作場所或其他經常出入之特定場所。

5.定汽車、機車及其他個人生活上、職業上或教育上必需品之使用權；必要時，並得命交付之。

6.定暫時對未成年子女權利義務之行使或負擔，由當事人之一方或雙

方共同任之、行使或負擔之內容及方法；必要時，並得命交付子女。

7.定相對人對未成年子女會面交往之時間、地點及方式；必要時，並得禁止會面交往。

8.命相對人給付被害人住居所之租金或被害人及其未成年子女之扶養費。

9.命相對人交付被害人或特定家庭成員之醫療、輔導、庇護所或財物損害等費用。

10.命相對人完成加害人處遇計畫。

11.命相對人負擔相當之律師費用。

12.禁止相對人查閱被害人及受其暫時監護之未成年子女戶籍、學籍、所得來源相關資訊。

13.命其他保護被害人、目睹家庭暴力兒童及少年或其特定家庭成員之必要命令。

二、暫時及緊急保護令之救濟範圍

（一）外國法制

關於暫時保護令之救濟範圍，美國有些州法律明定，法院可以在暫時保護令中核發相對人禁止會面交往、監督會面交往等命令，其救濟範圍較為廣泛[3]。許多州法律則規定，暫時保護令之救濟範圍限於下列各項或其中幾項：

1.禁止相對人對於聲請人或其特定家庭成員實施暴力行為。

2.禁止相對人對於聲請人或其特定家庭成員為騷擾或聯絡行為。

3.准聲請人獨占或命相對人遷出聲請人或雙方當事人之住居所。

4.命遠離聲請人或其特定家庭成員經常出入之場所。

5.准聲請人對於未成年子女有暫時監護權。

6.禁止移轉或毀損財物。

---

[3] 例如：N.H. Rev. Stat. Ann. 173-B:4(a)(5).

7.禁止相對人使子女離開法院轄區[4]。

美國模範家庭暴力法（Model Code on Domestic and Family Violence）第305條第3項規定，緊急保護令（emergency order for protection）之救濟範圍包括：

1.禁止相對人對聲請人及其家庭成員實施或威脅將實施家庭暴力行為。

2.禁止相對人對聲請人直接或間接為騷擾、妨害、通話、接觸或其他聯絡行為。

3.命相對人遷出聲請人之住居所，不論何人為所有權人。

4.相對人遠離聲請人之住居所、學校、工作場所或其他聲請人或特定家庭成員經常出入之特定場所。

5.定汽車及其他個人必需品之占有使用權，不論何人為所有權人。命合適之警察人員陪同聲請人至當事人之住居所，以確保聲請人安全回復占有住居所、汽車及其他個人必需品，或監督聲請人或相對人取回個人財物。

6.准許聲請人對未成年子女有暫時監護權。

7.其他保護或維護聲請人及其特定家庭成員安全之必要命令。

（二）我國法制

家庭暴力防治法規定暫時及緊急保護令之救濟範圍較通常保護令為狹，依第16條第3項規定，暫時保護令之救濟範圍限於下列幾項：

1.禁止相對人對於被害人、目睹家庭暴力兒童及少年或其特定家庭成員實施家庭暴力。

2.禁止相對人對於被害人、目睹家庭暴力兒童及少年或其特定家庭成員為騷擾、接觸、跟蹤、通話、通信或其他非必要之聯絡行為。

3.命相對人遷出被害人、目睹家庭暴力兒童及少年或其特定家庭成員

---

[4] 例如：Nev. Rev. Stat. §33.030(1); Mont. Code §40-15-201(2); Cal. Fam. Code §6320; N.H. Rev. Stat. Ann. 173-B:4(a)(5); Ala. Code §30-5-7(c); Colo. Rev. Stat. 13-14-103(1)(b).

之住居所；必要時，並得禁止相對人就該不動產為使用、收益或處分行為。

4.命相對人遠離下列場所特定距離：被害人、目睹家庭暴力兒童及少年或其特定家庭成員之住居所、學校、工作場所或其他經常出入之特定場所。

5.定汽車、機車及其他個人生活上、職業上或教育上必需品之使用權；必要時，並得命交付之。

6.定暫時對未成年子女權利義務之行使或負擔，由當事人之一方或雙方共同任之、行使或負擔之內容及方法；必要時，並得命交付子女。

7.禁止相對人查閱被害人及受其暫時監護之未成年子女戶籍、學籍、所得來源相關資訊。

8.命其他保護被害人、目睹家庭暴力兒童及少年或其特定家庭成員之必要命令。

肆、存續期間、延長、變更或撤銷

通常、暫時及緊急保護令之存續期間因不同之法律而有不同之規定。

一、通常保護令

（一）外國法制

關於通常保護令之存續期間，美國多數州法律規定為定期，關於期間，多數州規定最長為1年[5]，有些州規定最長5年[6]，阿肯色州規定最低90日最長10年[7]。有些州未規定最長或最短期間，由法官自由裁量合理期

---

[5]　參閱American Bar Association Commission on Domestic Violence, Domestic Violence Civil Protection Orders (CPOs) By State(2009); Ohio Rev. Code §3113.31(E)(3)(a).

[6]　例如：Ohio Rev. Code §3113.31(E)(3)(a); Cal. Fam. Code §6345(a).

[7]　Ark. Code §9-15-205(b).

間[8]。美國模範家庭暴力法第306條第5項規定，保護令至法院變更或撤銷時失其效力。

再者，許多法律規定，在保護令存續期間屆滿前或屆滿時，法院得依聲請或依職權，於行通知及審理程序後，延長（extension）或更新（renewal）之。關於延長保護令之要件，有些法律則規定應證明有正當理由，有些則規定應以違反保護令為要件。法院得酌定延長保護令之存續期間，所延長之存續期間可能與原來保護令之存續期間相同或相異。例如：田納西州法律規定，保護令之最長存續期間為1年，相對人如違反保護令時，法院得將保護令期間延長至5年，相對人如再違反保護令時，法院得將保護令期間延長至10年[9]。

（二）我國法制

家庭暴力防治法第15條第1項規定：「通常保護令之有效期間為二年以下，自核發時起生效。」同條第2項規定：「通常保護令失效前，法院得依當事人或被害人之聲請法院撤銷、變更或延長之。延長保護令之聲請，每次延長期間為二年以下。」依此規定，通常保護令自核發時起生效，亦即不管有無合法送達，自法院核發時起即發生效力。再者，通常保護令之存續期間係由法院就具體個案加以判定，但最長之期間並無限制，亦即，法院核發時可定2年以下之有效期間，嗣後可再延長，延長期間為2年以下，延長次數不限。

再者，同條第4項規定：「通常保護令所定之命令，於期間屆滿前經法院另為裁判確定者，該命令失其效力。」通常保護令雖因須經審理程序而有實質之確定力，但仍具有非訟事件之性質，故如法院就法院所定之命令（如定暫時監護權）另為裁判確定（如就子女監護訴訟另為裁判確定）時，該命令即失其效力。

8　例如：Hawaii Rev. Stat. §586-5.5(a).

9　Tenn. Code Ann. §36-3-605(b), (d).

二、暫時及緊急保護令

(一) 外國法制

　　美國各州法律對於暫時保護令之存續期間規定不一，有些法律規定核發命令幾日後失其效力[10]，有些規定至法院行通知審理期日失效[11]，美國模範家庭暴力法第306條第5項則規定其有效期間至法院另為命令時為止。有些法律規定，暫時保護令之相對人得於法院所定之審理期日前聲請撤銷或變更暫時保護令，法院則應對之速行通知審理程序並作成裁決[12]。

　　美國模範家庭暴力法第305條第5項規定，緊急保護令之存續期間為自核發起算72小時。

(二) 我國法制

　　家庭暴力防治法第16條第6項規定：「暫時保護令、緊急保護令自核發時起生效，於聲請人撤回通常保護令之聲請、法院審理終結核發通常保護令或駁回聲請時失其效力。」依此規定，暫時及緊急保護令與通常保護令有相同之處，均自核發時起生效，亦即不管有無合法送達，自法院核發起即發生效力。但其與通常保護令亦有不同之處，亦即，法院核發時不須定暫時及緊急保護令之存續期間。

　　然而，因同條第5項規定，法院核發暫時及緊急保護令者應視為當事人已有保護令之聲請，故不管當事人是否聲請通常保護令，法院於核發暫時及緊急保護令後，應即行審理程序，決定是否核發通常保護令或駁回聲請，在未為核發或駁回前，暫時及緊急保護令均為有效，但法院核發通常保護令或駁回聲請時，暫時及緊急保護令即失其效力。

　　同條第7項規定：「暫時保護令、緊急保護令失效前，法院得依當事人或被害人之聲請或依職權撤銷或變更之。」依此規定，法院雖尚未核發

---

[10] 例如：Md. Fam. Law Code. §4-505(c)(1)（至多為暫時保護令送達後7日）。

[11] 例如：Colo. Rev. Stat. §13-14-102(9); Iowa Code §236.4(2), (4); Ky. Rev. Stat. §403.740(4).

[12] 例如：Alaska Stat. §18.66.120.(a)(1); Nev. Rev. Stat. §33.080(2).

通常保護令或駁回聲請，暫時及緊急保護令亦得由法院加以撤銷或變更。

伍、違反保護令之民刑事責任

一、外國法制

　　通常保護令、暫時保護令及緊急保護令雖係由民事庭法官依民事訴訟程序而核發，但違反之人卻可能必須負擔刑事責任，也可能必須負擔民事損害賠償責任。在刑事責任方面，違反者可能構成輕罪（misdemeanor）[13]、民事藐視法庭罪（civil contempt）或刑事藐視法庭罪（criminal contempt）[14]，大致而言，法律多規定最長徒刑為6個月或1年，最高罰金額為1,000美元[15]。

二、我國法制

　　家庭暴力防治法第61條規定，違反法院所核發之下列通常保護令、暫時保護令或緊急保護令之裁定者，為違反保護令罪，處三年以下有期徒刑、拘役或科或併科新臺幣10萬元以下罰金：
　　1.禁止實施家庭暴力。
　　2.禁止騷擾、接觸、跟蹤、通話、通信或其他非必要之聯絡行為。
　　3.遷出住居所。
　　4.遠離住居所、工作場所、學校或其他特定場所。
　　5.完成加害人處遇計畫。

----

[13] 例如：Nev. Rev. Stat. §33.100.

[14] 民事藐視法庭罪，係因一方當事人未遵行法院於訴訟程序進行中為他方當事人之利益所命為之行為而構成，此罪並非侮辱法庭，而係不利於法院為其利益所發指令之人，通常科一方罰金以為他方之賠償金；刑事藐視法庭罪，則係因行為對法官或法庭程序不敬、妨礙審判、或意圖使法官尊嚴受損而構成，此罪對於法庭為侮辱或損害行為，通常對於藐視者科以罰金或徒刑以為懲罰。

[15] Barbara J. Hart, State Codes on Domestic Violence: Analysis Council of Juvenile and Family Court Judges 20-21 (1992).

依此規定，違反保護令並非全部構成違反保護令罪，只有違反上開五種關於通常保護令或暫時保護令之裁定，始應負擔責任。

再者，家庭暴力防治法第21條第1項及第24條規定，違反保護令時，可能必須接受警察機關、法院、社政機關或其他相關機關之強制執行。

如果違反保護令另構成民事責任，例如法院核發禁止實施家庭暴力行為之保護令後，相對人違反該命令仍繼續對被害人實施暴力行為時，如因而使被害人受有身心傷害或財物損害，相對人可能必須依法負擔侵權行為損害賠償等民事責任，固不待言。

陸、法院案件處理程序

通常保護令與暫時保護令之法院案件處理程序可以說係以便民、馬上處理及24小時服務為原則，茲擇要分述如下：

一、管轄法院

（一）外國法制

關於家庭暴力案件之法院管轄權（jurisdiction）與審判地（venue），美國法律多規定聲請人居所地、聲請人逃避虐待之暫時居住地、相對人居所地及虐待事件發生地之法院均有管轄權及審判權[16]。

美國模範家庭暴力法第303條第2項規定，聲請人得向下列法院提出聲請：(1)聲請人之現在或暫時居所地。(2)相對人之居所地。(3)家庭暴力發生地。該條第3項規定，聲請人並無最低居住期間之要件。如此一來，聲請人即有較多之選擇法院機會，但也不會因而不法侵害相對人之憲法保障權利。

----

[16] Hart，同前註，7頁。

（二）我國法制

　　家庭暴力防治法為使被害人容易聲請保護令起見，特擴大法院之管轄範圍，於第11條規定：「保護令之聲請，由被害人之住居所地、相對人之住居所地或家庭暴力發生地之地方法院管轄（第1項）。前項地方法院，於設有少年及家事法院地區，指少年及家事法院（第2項）。」因此，如被害人逃離其與加害人共同之住居所後，而在他地居住時，不必返回原住所地，得於其現住居所地之法院聲請保護令。

　　關於民事令案件應由何種法院處理問題，家庭暴力防治法並未明文加以規定。依家事事件法第3條規定，民事保護令事件係屬丁類家事事件，依該法第2條規定，原則上由少年及家事法院處理，未設少年及家事法院地區，由地方法院家事法庭處理。

二、聲請人

（一）外國法制

　　家庭暴力之被害人具有訴訟能力者，其本人得為聲請人。如被害人無訴訟能力，其法定代理人得代理被害人為聲請。有些法律規定，在當事人聲請保護令案件中，法院得為一方或雙方當事人之未成年子女指定法定代理人[17]。此外，有些法律規定檢察官、社會福利機關等亦得為聲請人[18]。有些法律則規定，警察人員在法院不辦公期間得為被害人聲請緊急救濟[19]。而美國伊利諾州法律更進一步規定，任何人均得代理未成年人或無訴訟能力之成年人為聲請[20]。

---

[17] 例如：N. H. Rev. Stat. §173-B:6.

[18] 例如：Md. Fam. Law Code §4-501(o)(2)(i)&(ii).

[19] 例如：Md. Fam. Law Code §4-504.1(a).

[20] 750 ILCS (Il1. Compiled Stat.) 60/201(b) (from ch. 40, para. 2312-1(b)).

（二）我國法制

家庭暴力防治法對於聲請人採取較為寬廣之立法，不以被害人為限，但非被害人為聲請人時，僅能為被害人聲請，不能為自己聲請。亦即，第10條第1項規定：「被害人得向法院聲請通常保護令、暫時保護令；被害人為未成年人、身心障礙者或因故難以委任代理人者，其法定代理人、三親等以內之血親或姻親，得為其向法院聲請之。」同條第2項規定：「檢察官、警察機關或直轄市、縣（市）主管機關得向法院聲請保護令。」

依此規定，被害人、檢察官、警察機關、直轄市、縣（市）主管機關均可以聲請暫時及通常保護令，但緊急保護令僅檢察官、警察機關、直轄市、縣（市）主管機關有聲請權，包括被害人本人在內之其他人均不得為聲請。

三、聲請程序

（一）外國法制

保護令之聲請，即使在採取律師強制代理制度之國家，亦多准許聲請人本人不經律師代理提出聲請。美國各州法律多規定，法院應制定特別之簡化聲請表格及填表說明，並由法院人員提供書寫協助，且免除第一次聲請費，以提供迅速及有效之服務[21]。雖然聲請人通常應提出聲請狀，但有些法律規定在緊急情況下得為口頭聲請，例如：維吉尼亞州法律規定，法官為保護任何人之健康或安全，得依法核發書面或口頭之一造緊急保護令；該州之少年及家事法庭手冊則規定，警察人員得以電話聲請保護令，聲請時應將請求在書狀上，讀給法官聽後，再將法官的回應寫在書狀的命令欄內[22]。

關於聲請狀應記載之事項，美國法律多未明定。有些州法律則規定，

---

[21] Hart，同註15，7、9頁。

[22] Va. Code. §16.1-253.4(A); Office of the Executive Secretary, Department of Judicial Services, Juvenile and domestic relations district court manual 6-1 (2010).

聲請狀應記載聲請人之姓名、相對人之姓名及地址、兩造之關係、暴力事件之陳述、兩造間其他案件之繫屬、所聲請之救濟等[23]。雖然法律多規定聲請人應告知法院兩造間尚有諸如離婚、監護或其他民刑訴訟案件之繫屬情形，但法律多不因兩造間有其他案件繫屬而禁止聲請人提出保護令之聲請，且多不禁止保護令之聲請人再提起其他民事或刑事訴訟，再者，如於另案中法院已就監護或扶養問題而為裁判或正進行訴訟時，有些法律規定，法院雖得核發命令，但其救濟範圍不應包括監護或扶養在內[24]。

　　為了保護聲請人之安全，美國法律多規定聲請人得聲請保密其住居所。例如：模範家庭暴力法第304條第3項則規定，聲請人得於其向法院所提出之各種書狀及文件中，不記載其住居所，僅記載其送達處所，但法院為調查有無管轄權或審判權，有下列情形之一時，得命其陳明住居所：1.得聲請人同意。2.於相對人不在場時在辦公室口頭訊問後將筆錄密封。3.開庭審理後，審酌聲請人之安全，認公開其住居所有利於審判。加州親屬法第6225條規定，聲請狀、保護令及暫時保護令雖未載明聲請人或其子女之住居所、托兒、就學或工作場所等，仍有效力及執行力；自1991年起生效之賓州虐待保護法（Protection from Abuse Act，即為「賓州綜合法規」第23編「家庭關係」第61章「虐待保護」，英文名稱為Pennsylvania Consolidated Statutes Title 23 "Domestic Relations" Chapter 61 "Protection from Abuse"）第6112條規定：法官於審理程序中如認被告對原告構成持續危險之威脅，原告亦請求保密其住居所之地址、電話號碼時，應命執法機關、民眾服務機關、原告監護之子女所註冊之學區，不得揭露該轄區或地區內原告或其子女之所在，亦不得提供任何有關原告或其子女之地址、電話號碼或其他人口統計訊息，但法院另有命令者不在此限。

（二）我國法制

　　家庭暴力防治法第12條第1項規定：「保護令之聲請，應以書面為

---

[23] 例如：Ariz. Rev. Stat. §13-3602(C). MD Code, Family Law, §4-504(b)(1)(ii).
[24] 例如：Mass. Gen. Laws ch. 209A §3.

之。但被害人有受家庭暴力之急迫危險者，檢察官、警察機關、直轄市、縣（市）主管機關，得以言詞、電信傳真或其他科技設備傳送之方式聲請緊急保護令，並得於夜間或休息日為之。」依此規定，通常及暫時保護令之聲請原則上均應以書面在上班時間為之，但在急迫情形，得以言詞、電信傳真或傳真等方式為聲請緊急保護令，且得於下班時間為之。應注意者，此種下班時間之聲請緊急保護令，僅限於檢察官、警察機關、直轄市、縣（市）主管機關始得為之，被害人本人不得聲請。

再者，為保密被害人之住居所起見，同條第2項規定：「前項聲請得不記載聲請人或被害人之住居所，僅記載其送達處所。」

同條第3項規定：「法院為定管轄權，得調查被害人之住居所。如聲請人或被害人要求保密被害人之住居所，法院應以秘密方式訊問，將該筆錄及相關資料密封，並禁止閱覽。」

此外，關於書面、言詞、傳真等聲請之方式（如聲請狀之記載方式等），依家庭暴力防治法第20條第1項規定：「保護令之程序，除本章別有規定外，適用家事事件法有關規定。」依家事事件法第3條第4項第13款規定，民事保護令事件係屬家事事件之丁類事件，依該法第74條規定，除別有規定外，原則上應適用該法第四編「家事非訟程序」之規定。

四、法院核發及審理程序

（一）外國法制

為了確實保護及迅速處理起見，美國法院多提供24小時服務。有些法院在下班時間之處理方式，係由警察人員與值班法官以電話聯絡後，將法官口頭核發之保護令依法定格式做成書面文件，交予聲請人。這些下班時間所核發之命令通常存續期間較短，有些法律規定至法院上班之日失其效力，有些則規定其效力至通知相對人開庭審理之日止。除了極少數州外，暫時保護令之聲請人通常可以在其聲請當日取得暫時保護令，不過，法律多規定應定審理期日，此期日通常係核發暫時保護令後10至13日，也有法

律規定法院應於聲請當日或上班之日行一造審理程序[25]。

關於家庭暴力案件之一切書狀、傳票以及法院所核發之命令，均應合法送達相對人。有些法律規定，如無法送達相對人，得為公示送達或其他適當之方式而為送達[26]。有些法律規定，法院送達聲請狀或暫時保護令時，應告知相對人其有權提出答辯、所定審理期日及地點、儘快與律師諮商、不到庭則保護令繼續有效、不到庭則法院可能核發更具有長久性之保護令、行一造判決、發拘票為拘提等[27]。至於命令如未送達時之效力問題，有些法律規定，命令於送達時生效[28]；有些規定，有效之保護令不因無法送達而停止其效力[29]；有些則規定，命令於核發時即對於聲請人有拘束力，對於相對人則於送達時始有拘束力[30]。此外，有些法律規定，法院應將其所核發之命令送達聲請人住居所轄區或有權執行該命令之警察機關[31]。

大致而言，法院處理暫時保護令之聲請案件時，如聲請人能證明有正當、合理或可能理由（good, reasonable or probable cause）足認其本人或其家人有受相對人虐待或威嚇之現時或急迫危險[32]，或如不核發暫時保護令將導致無法恢復之傷害（irreparable injury）[33]，法院得不行通知及審理程序，以口頭或書面核發暫時保護令，但應於核發時，通知相對人其得聲請定審理期日並提出答辯，或由法院依職權定審理期日通知兩造到庭。有些法律規定，相對人得於審理期日前聲請法院撤銷或變更暫時保護令，

---

[25] Hart，同註15，78頁。

[26] 例如：Minn. Stat. §518B.01 Subd.5(8)(c)(f).

[27] 例如：Colo. Rev. Stat. §13-14-102(6); Cal. Fam. Code §6302; Mass. Gen Laws ch. 209A §4.

[28] 例如：Va. Code. §16.1-253.1(C).

[29] 例如：23 Pa Cons. Stat. §6106(g).

[30] 例如：Ariz. Rev. Stat. §13-3602(K).

[31] 例如：Minn. Stat. §518B.01 Subd.9; Cal. Fam. Code §6250.5.

[32] 例如：23 Pa. Cons. Stat. §6107(b).

[33] 例如：Wash. Rev. Code §26.50.070(1).

法院應儘速通知兩造行審理程序並做成裁定[34]。法院如駁回暫時保護令之聲請時，有些法律規定應說明駁回之理由[35]，有些法律則規定法院應通知聲請人其有權要求法院通知兩造定期審理[36]。而依據紐西蘭之家庭暴力法（Domestic Violence Act）第77條第1項規定，除法律另有規定、相對人請求法院定期審理或命令快速被撤銷外，暫時保護令即為終局（final）保護令，自核發時起三個月內有效。同法第78條規定，法院如認其所核發之保護令有正當理由不應未行一造或兩造審理程序即為終局保護令時，得依職權定期審理。同法第80條規定，法院於審理期日得為下列各項處置：撤銷暫時保護令、使暫時保護令成為終局保護令（final order）、另定審理期日（暫時保護令之效力延續至該期日）。再者，依同法第78條、第79條及第80條規定，法院如僅就暫時命令之部分條件（即部分救濟範圍）行審理程序時，其餘未定期審理期日部分成為終局命令，法院於審理期日得就未成為終局命令之暫時命令部分為下列處置：維持（confirm）該暫時命令、變更（vary or alter）該暫時命令之條件、撤銷該暫時命令、另定審理期日並使該暫時命令之效力延續至該期日。

　　由於法院在准許或駁回暫時保護令之聲請時，通常時間緊急且未行通知兩造及定期審理程序，故法律多要求聲請人於聲請時提出宣誓書（affidavit）或宣誓陳述（sworn statement），法院如認宣誓書或宣誓陳述已對於其所主張之虐待行為提供合理的證據，即可核發暫時保護令。例如：加州親屬法第6300條規定，法院如認為宣誓書，或必要時宣誓書及其他依第6306條所定之資料，足證有施暴行為時，得經審理程序或不經審理程序，核發命令以防止再發生家庭暴力及確保關係人有一段隔離期間。

　　法院對於保護令之案件處理，通常係應先行通知及審理程序，亦即，法院於受理聲請後，應迅速定期審理並通知兩造到場，此審理期日通常定

---

[34] 例如：Alaska Stat. §18.66.120(a)(1); Nev. Rev. Stat. §33.080(2).

[35] 例如：Wash. Rev. Code §26.50.070(6).

[36] 例如：美國模範家庭暴力法第314條第4項規定，法院如未通知相對人即駁回保護令或變更保護令之聲請時，應告知聲請人其有權請求法院通知相對人定期審理。

在聲請後10日左右。有些法律規定，法院為保護聲請人起見，在極特殊情形下，對於聲請人得進行電話審理，但應於電話審理前先確認聲請人之身分[37]。在保護相對人之權益方面，法院應行合法之通知及審理程序。而依據紐西蘭家庭暴力法第83條規定，除法院人員、當事人、訴訟代理人、證人、依法能為他人辯護或提起訴訟之人、合格的新聞媒體記者（accredited news media reporters）、依法為他人辯護或提起訴訟之人、受辯護或為其提起訴訟之人、保護令聲請人或受保護人所指定之人或其他法院所允許之人外，任何人均不得於審理程序中在場；法官於審理程序中，得隨時命證人及合格的新聞媒體記者離開法庭，或將任何到場之人排除於審理程序之外。同法第82條規定，法院得依職權傳喚證人，並使該證人接受法院、雙方當事人及法院指定律師之詰問及再詰問。

在舉證責任方面，同法第85條規定，除在刑事訴訟程序以外，任何事實問題（question of fact）均應依可能性對比（balance of probabilities）認定之。賓州虐待保護法規定，原告應於審理程序中以優勢證據（preponderance of the evidence）證明其所主張之事實[38]。依此規定，只要聲請人提出之證據較相對人所提出之證據較具有可信性，或依兩造所提出之證據看來，所主張之事實可能性較大即可。

此外，紐西蘭家庭暴力法第86條規定，除同法第18條另有規定外，法院得於任何依該法所進行之訴訟程序中，依當事人之協議（the consent of all the parties）核發任何該法所定之保護令。賓州虐待保護法第6108條則規定，法院得認可任何協議契約（consent agreement）以終止虐待原告或未成年子女之行為，此種協議契約之救濟範圍與保護令相同。不過，值得注意的是，美國模範家庭暴力法第311條規定，法院不得命當事人進行調解或將其移送調解以解決聲請保護令之爭點。麻州之暴力防制（abuse prevention）編第3條亦規定，法院對於案件之任何方面均不得強制當事人

---

[37] 例如：Wash. Rev. Code §26.50.050.

[38] 例如：23 Pa. Cons. Stat. §6107(a).

進行調解。

　　再者，法院所核發之保護令、暫時保護令或其所認可之協議契約，法律多准許法院依任何一方當事人於任何時候所為聲請而變更之[39]。許多法律且允許聲請人依民事訴訟法之規定向法院聲請撤回（withdraw）或駁回（dismiss）保護令之聲請[40]。

（二）我國法制

　　關於通常保護令之核發程序，家庭暴力防治法第13條第1項規定：「聲請保護令之程式或要件有欠缺者，法院應以裁定駁回之。但其情形可以補正者，應定期間先命補正。」同條第8項規定：「法院受理保護令之聲請後，應即行審理程序。」第14條第1項規定：「法院於審理終結後，認有家庭暴力之事實且有必要者，應依聲請或依職權核發包括下列一款或數款之通常保護令。」依此規定，法院受理通常保護令之聲請後，應審查是否合法，除因不合法而以裁定駁回者外，應立即通知兩造行審理程序，審理終結後，如認為有家庭暴力之事實且有必要者，應核發通常保護令，核發之內容可不受聲請人聲請之拘束，可核發當事人所聲請之保護令，亦可依職權核發當事人所未聲請之保護令。

　　關於暫時及緊急保護令之核發程序，家庭暴力防治法第16條第1項規定：「法院核發暫時保護令或緊急保護令，得不經審理程序。」同條第2項規定：「法院為保護被害人，得於通常保護令審理終結前，依聲請或依職權核發暫時保護令。」同條第3項規定：「法院核發暫時保護令或緊急保護令時，得依聲請或依職權核發第十四條第一項第一款至第六款、第十二款及第十三款之命令。」依此規定，法院受理暫時保護令之聲請後，如認為情形急迫或事證明確，得不經審理程序或於審理終結前，核發暫時保護令，核發之內容可不受聲請人聲請之拘束，可核發當事人所聲請之保護令，亦可依職權核發當事人所未聲請之保護令。

----

[39] 例如：Mass. Gen. Laws ch. 209A. §3; 23 Pa. Cons. Stat. §6108(d).

[40] Hart，同註15，19頁。

關於緊急保護令之核發程序，家庭暴力防治法另於第16條第4項規定：「法院於受理緊急保護令之聲請後，依聲請人到庭或電話陳述家庭暴力之事實，足認被害人有受家庭暴力之急迫危險者，應於四小時內以書面核發緊急保護令，並得以電信傳真或其他科技設備傳送緊急保護令予警察機關。」依此規定，法院受理檢察官、警察機關、或直轄市、縣（市）主管機關（被害人無聲請權）緊急保護令之聲請後，依聲請人到庭或電話陳述家庭暴力之事實，有正當理由足認被害人有受家庭暴力之急迫危險者，除有正當事由外，應不經審理程序，於4小時內以書面核發緊急保護令，並得以電話傳真或其他科技設備傳送暫時保護令予警察機關。

再者，依家庭暴力防治法第16條第5項規定：「聲請人於聲請通常保護令前聲請暫時或緊急保護令，其經法院准許核發者，視為已有通常保護令之聲請。」依此規定，如當事人僅聲請暫時保護令或緊急保護令而未聲請通常保護令，法院若未駁回聲請而准許核發暫時保護令後，案件仍未終結，應視為當事人已為通常保護令之聲請，法院應即通知兩造行審理程序，於審理終結後，核發通常保護令或駁回聲請，以免暫時保護令之效力永遠存續，而依同條第5項規定，暫時保護令於法院核發通常保護令或駁回聲請時失其效力。

關於保護令之審理程序，家庭暴力防治法為保密及保護被害人，於第13條第5項規定：「保護令事件之審理不公開。」同條第2項規定：「法院得依職權調查證據，必要時得隔別訊問。」再者，為使社工人員得於法院審理中到庭陳述意見，同條第6項規定：「法院於審理終結前，得聽取直轄市、縣（市）主管機關或社會福利機構之意見。」此外，因家庭暴力事件之聲請人常懼怕相對人，並無與相對人對等之談判能力，且法院得依職權核發，公權力介入色彩濃厚，故同條第4項規定：「被害人得於審理時，聲請其親屬或個案輔導之社工人員、心理師陪同被害人在場，並得陳述意見。」同條第7項規定：「保護令事件不得進行調解或和解。」又保護令之核發宜速審速結，故同條第8項規定：「法院受理保護令之聲請後，應即行審理程序，不得以當事人間有其他案件偵查或訴訟繫屬為由，

延緩核發保護令。」

　　關於保護令之送達問題，因保護令係自「核發時」而非「送達時」起生效，故宜迅速發送當事人、被害人及有關機關，因此，家庭暴力防治法第18條第1項規定：「保護令除緊急保護令外，應於核發後二十四小時內發送當事人、被害人、警察機關及直轄市、縣（市）主管機關。」亦即，緊急保護令應於法院受理聲請後4小時內核發，並得以電話傳真或其他科技設備傳送予警察機關，除此之外，保護令均應於核發後24小時內發送當事人、被害人、警察機關及直轄市、縣（市）主管機關。再者，依同條第2項規定：「直轄市、縣（市）主管機關應登錄各法院所核發之保護令，並供司法及其他執行保護令之機關查閱。」

　　為防止被害人出庭時可能遭受加害人迫害，使被害人受到切實保護起見，家庭暴力防治法第19條第1項規定：「法院應提供被害人或證人安全出庭之環境與措施。」再者，為提供法院內之家庭暴力事件相關服務，同條第2項規定：「直轄市、縣（市）主管機關應於所在地地方法院自行或委託民間團體設置家庭暴力事件服務處所，法院應提供場所、必要之軟硬體設備及其他相關協助。但離島法院有礙難情形者，不在此限。」同條第3項規定：「前項地方法院，於設有少年及家事法院地區，指少年及家事法院。」

五、抗告程序

　　法律多允許當事人對於保護令與暫時保護令於法定期間內提起抗告。依據紐西蘭之家庭暴力法第91條規定，法院如核發命令、拒絕核發命令、駁回訴訟或為其他終局裁判時，受不利之當事人或第三人得向高等法院（high court）提起抗告。同法第93條規定，當事人對於高等法院之裁判，得以其違背法令為由，經上訴法院（court of appeal）允許，向上訴法院提起抗告。同法第95條規定，除核發命令之法院另為裁令外，命令之效力不因抗告而停止，命令之執行亦不因抗告而受任何影響。

101年6月1日施行之家事事件法第82條第1項規定：「裁定，除法律別有規定外，於宣示、公告、送達或以其他適當方法告知於受裁定人時發生效力。但有合法之抗告者，抗告中停止其效力。」為排除此項規定之適用，使保護令於抗告中仍具有執行力，104年修正之家庭暴力防治法第20條規定：「保護令之程序，除本章別有規定外，適用家事事件法有關規定（第1項）。關於保護令之裁定，除有特別規定者外，得為抗告；抗告中不停止執行（第2項）。」

六、執行效力

（一）外國法制

法院核發保護令與暫時保護令之後，有些法律規定，法院應迅速通知聲請人住居所轄區或執行該保護令轄區之警察機關。例如，美國模範家庭暴力法第306條第4項規定，法院應於翌日上班時間內將保護令正本送達聲請人指定之執法機關，並送達州政府登記處。

警員在執行保護令與暫時保護令之前，美國有不少法律規定「應」先確認保護令之存在及有效，有些法律規定「得」為確認行為，其確認方式通常係以電話或其他電子通信向警察局、郡登記處、聲請或核發保護令之機關查證[41]。

關於違反保護令與暫時保護令之逮捕方面，警員如有可能理由（probable cause）認受命令拘束之人已違反命令時，有些法律規定其「應」為無令狀逮捕（warrantless arrest）[42]，有些法律則規定「得」為無令狀逮補[43]。加州親屬法第6272條則規定，警員應用各種合理的方法（reasonable means）執行緊急保護令；本於善意（good faith）執行保護令之警員不須擔負民事或刑事責任。

---

[41] 例如：23 Pa. Cons. Stat. §6113(a).

[42] 例如：Iowa Code §236.11; Neb. Rev. Stat. §42-928.

[43] 例如：23 Pa. Cons. Stat. §6113(a).

　　倘若聲請人因當事人於事後已達成和解或其他因素而不願執行保護令時，有些法律明定，保護令之執行力不因當事人之行為而受影響，只能依法院之命令而為變更[44]。雖然有許多法律規定，依保護令與暫時保護令法規所進行之訴訟程序，並不排除其他民事及刑事救濟，但關於違反命令罪之裁判是否有雙重危險（double jeopardy）法則之適用而禁止再提起其他刑事訴訟問題，美國法院判決並不一致，故有些被害人及檢察官在藐視罪之審理程序中，會評估如果藐視罪成立是否將導致嗣後無法就重罪或輕罪起訴之不良後果。持否定見解之學說以為，如果有該原則之適用，則要求被害人在民事及刑事訴訟程序間選擇其一，若禁止提起刑事訴訟會增強施虐者關於家庭暴力並非犯罪行為之辯解，而禁止提起民事訴訟則會使被害人在等待審判期間處於極為脆弱之情況[45]。

（二）我國法制

　　家庭暴力防治法第21條第1項規定：「保護令核發後，當事人及相關機關應確實遵守，並依下列規定辦理：一、不動產之禁止使用、收益或處分行為及金錢給付之保護令，得為強制執行名義，由被害人依強制執行法聲請法院強制執行，並暫免徵收執行費。二、於直轄市、縣（市）主管機關所設處所為未成年子女會面交往，及由直轄市、縣（市）主管機關或其所屬人員監督未成年子女會面交往之保護令，由相對人向直轄市、縣（市）主管機關申請執行。三、完成加害人處遇計畫之保護令，由直轄市、縣（市）主管機關執行之。四、禁止查閱相關資訊之保護令，由被害人向相關機關申請執行。五、其他保護令之執行，由警察機關為之。」

　　此外，同法第24條規定：「義務人不依保護令交付未成年子女時，權利人得聲請警察機關限期命義務人交付，屆期未交付者，命交付未成年子女之保護令得為強制執行名義，由權利人聲請法院強制執行，並暫免徵收執行費。」

----

44 例如：Cal. Penal Code §13710(b).
45 Hart，同註15，21-22頁。

因此，違反保護令時，可能必須接受警察機關、法院、社政機關或其他相關機關之強制執行。

依此規定，關於金錢給付、禁止處分及交付子女之保護令，當事人得向法院聲請強制執行，此時法院即依照強制執行法之有關規定辦理。

非關於金錢給付之保護令，當事人得向警察、社政及其他相關機關聲請強制執行，其執行程序依家庭暴力防治法第二節執行專章之相關規定辦理。此外，家庭暴力防治法第27條第1、2項規定：「當事人或利害關係人對於執行保護令之方法、應遵行之程序或其他侵害利益之情事，得於執行程序終結前，向執行機關聲明異議。前項聲明異議，執行機關認其有理由者，應即停止執行並撤銷或更正已為之執行行為；認其無理由者，應於十日內加具意見，送原核發保護令之法院裁定之。」

因此，保護令之執行機關非法院而係警察、社政或其他機關時，其關於強制執行之聲明異議受理機關雖為該執行機關，但裁決機關仍可能為法院。為使有關行政機關切實執行保護令起見，家庭暴力防治法第64條規定：「行政機關執行保護令及處理家庭暴力案件辦法，由中央主管機關定之。」依此規定，內政部於88年6月22日訂定發布「警察機關執行保護令及處理家庭暴力案件辦法」，嗣後內政部將該辦法之名稱及條文均為修正，於96年9月28日修正發布「行政機關執行保護令及處理家庭暴力案件辦法」。

柒、結語

保護令制度於英美法系國家中存在已久，不僅在許多案件中都有其適用，且近年來在家庭暴力案件中則廣被適用，使受虐配偶及其子女得到極大的保護。

保護令制度乍看之下與我國假處分制度有幾分類似，但保護令之目的係在於保護受虐者免受侵害，假處分之目的則在於保全強制執行，故保護令不僅能禁止相對人為某些行為或命其為某些行為，還能定監護權及探視

權、命給付扶養費、損害賠償或專業輔導等等，而且，保護令所禁止或所命為之行為不僅可以與保全財產有關，大部分可以說是與保護人身安全有關，再者，違反保護令之法律效果可能必須負擔刑事責任，因此，保護令制度與我國之假處分制度相比較，在立法目的、法定要件、救濟範圍及法律效果各方面均不相同。

　　由於保護令制度在保護家庭暴力之被害人方面極具成效，故在世界各國家庭暴力法之立法趨勢上，均有越來越被廣為採納之趨勢，連一些歐洲大陸法系之國家也嘗試引進此一制度。而且，在許多已經採用此一制度之國家中，保護令更是家庭暴力被害人最常用之救濟方式，可以說是被害人尋求諸多法律救濟途徑中之首要步驟。我國將此一制度斟酌國情後以適當方式加以採行，並制定一套完整之家庭暴力防治法，其目的在於根本解決家庭暴力問題，使被害人及其子女得到確實之保護。

第七章
論家庭暴力之加害人處遇計畫

壹、前言

　　我國家庭暴力防治法之立法目的，不僅在於防止家庭暴力之發生，而且在於對已發生家庭暴力之相關人員進行輔導治療，故定有加害人處遇計畫制度。

　　加害人處遇計畫制度源自美國等先進國家之法制，外國法制之加害人處遇計畫，有些可能是在民事事件中由民事法庭或家事法庭核發民事保護令（civil protection order）而令加害人完成「加害人處遇計畫」（batterer treatment program），也有人稱之為「加害人介入計畫」（batterer intervention program，簡稱BIP）。此外，也可能是在刑事案件中，由刑事法庭、審前釋放機關或假釋機關核發釋放條件（conditions of release）、緩刑（conditions of probation）或假釋條件（conditions of parole），命加害人完成加害人處遇計畫[1]。

　　依我國家庭暴力防治法規定，家庭暴力加害人所成立之犯罪，可分為「家庭暴力罪」及「違反保護令罪」兩種。家庭暴力罪，係指家庭成員間故意實施身體、精神或經濟上之騷擾、控制、脅迫或其他不法侵害之行為，因而成立其他法律所規定之犯罪而言（第2條）；違反保護令罪，係因違反民事保護令之禁止施暴令、禁止接觸令、遷出令、遠離令及加害人處遇計畫令等五種命令而構成（第61條）。

----

[1]　參閱National Council of Juvenile and Family Court Judges, Model Code on Domestic and Family Violence §§208, 219, 220 (1994).

家庭暴力防治法對於因家庭暴力犯罪而入監執行之加害人，定有「受刑人處遇計畫」。此法第41條第1項：「法務部應訂定並執行家庭暴力罪或違反保護令罪受刑人之處遇計畫（第1項）。前項計畫之訂定及執行之相關人員，應接受家庭暴力防治教育及訓練（第2項）。」故「受刑人處遇計畫」為家庭暴力犯罪之「獄中處遇」。

然而，家庭暴力之加害人未必成立「家庭暴力罪」或「違反保護令罪」，縱使成立犯罪，也可能獲緩起訴處分，或獲判緩刑、罰金、易科罰金，或假釋出獄。因此，家庭暴力防治法對於未入監獄或已出監獄而在社區中之加害人定有「加害人處遇計畫」，此為「社區處遇」。此法第21條第1項第3款規定：「完成加害人處遇計畫之保護令，由直轄市、縣（市）主管機關執行之。」同法第40條規定：「檢察官或法院依第三十一條第一項、第三十三條第一項、第三十八條第二項或前條規定所附之條件，得通知直轄市、縣（市）主管機關或警察機關執行之。」故法院命家庭暴力加害人完成加害人處遇計畫之保護令、緩刑條件或假釋條件，均應由地方主管機關或警察在社區中執行。

本章擬對於我國加害人處遇計畫探討其定義、類型、執行現況及執行困境，並對於美國之加害人處遇計畫概述其內容、常用處遇模式、費用負擔、施行成效及其限制，期有助於計畫之提升成效及發展成熟。

貳、我國加害人處遇計畫之定義與類型

一、定義

關於加害人處遇計畫之定義，家庭暴力防治法第2條第1項第6款規定：「加害人處遇計畫：指對於加害人實施之認知教育輔導、親職教育輔導、心理輔導、精神治療、戒癮治療或其他輔導、治療。」依此規定，法院得命相對人完成加害人處遇計畫，命其接受下列一種或數種處遇：（一）認知教育輔導。（二）親職教育輔導。（三）心理輔導。（四）精

神治療。（五）戒癮治療。（六）其他輔導。（七）其他治療。

　　為使加害人處遇計畫能落實施行，家庭暴力防治法賦予衛生福利部有訂定加害人處遇計畫規範之義務，於第54條規定如下：「中央衛生主管機關應訂定家庭暴力加害人處遇計畫規範；其內容包括下列各款：一、處遇計畫之評估標準。二、司法機關、家庭暴力被害人保護計畫之執行機關（構）、加害人處遇計畫之執行機關（構）間之連繫及評估制度。三、執行機關（構）之資格。中央衛生主管機關應會同相關機關負責家庭暴力加害人處遇計畫之推動、發展、協調、督導及其他相關事宜。」

　　依此規定，行政院衛生署於民國（以下同）88年6月22日發布「家庭暴力加害人處遇計畫規範」（以下僅稱計畫規範），全文共12點。嗣於90年2月1日修正發布全文共24點，再於97年6月6日修正發布全文19點，自97年6月8日生效。

　　計畫規範第19點規定：「被告或受刑人依本法第三十八條第二項及第三十九條規定，於緩刑或假釋付保護管束期間內應完成加害人處遇計畫者，準用本規範。」

　　因此，計畫規範不僅適用於民事通常保護令之加害人處遇計畫令，其對於緩刑條件及假釋條件之加害人處遇計畫令亦有準用。

二、類型

　　如前所述，法院命家庭暴力加害人完成「加害人處遇計畫」之保護令、緩刑條件或假釋條件，均為家庭暴力犯罪之社區處遇，故加害人在社區中依法應接受之「加害人處遇計畫」，可分為下列三種類型：

（一）通常保護令

　　依家庭暴力防治法第14條第1項第10款及第3、4項規定，法院於審理終結後，認有家庭暴力之事實且有必要者，應依聲請或依職權核發「命相對人完成加害人處遇計畫」之通常保護令；法院為裁定前，得逕命相對人接受認知教育輔導、親職教育輔導及其他輔導，並得命相對人接受有無必

要施以其他處遇計畫之鑑定，直轄市、縣（市）主管機關得對處遇計畫之實施方式提出建議；裁定應載明處遇計畫完成期限。

依此規定，在民事庭法官審理通常保護令事件時，在開庭審理後，如果認為已經發生家庭暴力，且有必要命加害人接受處遇計畫時，縱使不構成家庭暴力罪或違反保護令罪（例如：因精神疾病或心智缺陷而施暴），也可以依當事人之聲請或依職權，核發通常保護令，命加害人完成加害人處遇計畫。

法院命加害人接受處遇計畫，加害人卻不依該命令完成加害人處遇計畫時，依家庭暴力防治法第61條第1項第5款規定，加害人即構成違反保護令罪，處三年以下有期徒刑、拘役或科或併科新臺幣十萬元以下罰金。

（二）緩刑條件

家庭暴力防治法第38條第1項、第2項第5款及第3項規定：犯家庭暴力罪或違反保護令罪而受緩刑之宣告者，在緩刑期內應付保護管束；法院為緩刑宣告時，除顯無必要者外，應命被告於付緩刑保護管束期間內完成加害人處遇計畫；法院命被告完成加害人處遇計畫前，得準用第14條第3項規定。依此規定，刑事庭法官審理家庭暴力罪或違反保護令罪事件時，如果認為被告已經成立家庭暴力罪或違反保護令罪，而且符合刑法第74條第1項所定之緩刑要件時，可以判決宣告緩刑；法官為緩刑宣告時，被告在緩刑期內應付保護管束，宣告緩刑之法官可以命被告在付緩刑保護管束期間內完成加害人處遇計畫。此種命令在學理上稱為緩刑條件，也是一種刑事保護令。

法院命加害人接受處遇計畫，加害人卻不依該命令完成加害人處遇計畫時，法院如果認為情節重大時，可以適用該法第38條第5項規定：「受保護管束人違反第二項保護管束事項情節重大者，撤銷其緩刑之宣告。」

（三）假釋條件

家庭暴力防治法第39條規定：「前條規定，於受刑人經假釋出獄付保護管束者，準用之。」加害人因犯家庭暴力罪或違反保護令罪而被判刑確

定入監執行後，如因符合刑法第77條所定之假釋要件，依該條及監獄行刑法第81條第1項規定，而經假釋審查委員會決議，由監獄報請法務部許可假釋出獄時，依刑法第93條第2項規定，在假釋中應付保護管束。監獄行刑法第82條規定：「受刑人經假釋出獄，在假釋期間內，應遵守保護管束之規定。」刑法第96條前段規定：「保安處分於裁判時併宣告之。」刑事訴訟法第481條第1項前段規定：依刑法第93條第2項之付保護管束，由檢察官聲請該案犯罪事實最後裁判之法院裁定之。

依上開規定，檢察官依刑事訴訟法第481條規定，向法院聲請准許家庭暴力罪或違反保護令罪之受刑人假釋時，可以向法院聲請命受刑人於假釋期間應遵守家庭暴力防治法第38條第2項所定之各款事項。法院准許假釋時，除顯無必要者外，應依檢察官之聲請或依職權，命被告在假釋付保護管束期間應遵守家庭暴力防治法第38條第2項所定之各款事項，包括該項第5款之完成加害人處遇計畫，此種命令在學理上稱為假釋條件，也是一種刑事保護令。

再者，依保安處分執行法第74條之2第1項第2款規定，受保護管束人在保護管束期間內，應服從檢察官及執行保護管束者之命令。如違反此規定，依該法第74條之3第2項規定，典獄長得報請撤銷假釋。

因此，法院如命受刑人在假釋付保護管束期間內完成加害人接受處遇計畫，受保護管束人卻不依該命令完成時，如果認為情節重大，依保安處分執行法第74條之3第2項、家庭暴力防治法第39條準用該法第38條第5項等規定，典獄長得報請法務部撤銷其假釋。

參、我國加害人處遇計畫之執行現況

一、加害人處遇計畫之執行資格及項目

（一）執行資格

關於加害人處遇計畫之執行者，依計畫規範第2點規定，應具下列資

格之一：1.經中央衛生主管機關醫院評鑑合格並設有精神科門診或精神科病房者。2.經中央衛生主管機關精神科醫院評鑑合格者。3.經中央衛生主管機關指定之藥癮戒治醫療機構。4.經直轄市、縣（市）政府指定之相關機關（構）或團體。

　　因此，不僅特定之醫院或醫療機構具有執行資格，經地方政府指定之非醫療機關、機構或民間團體，亦有可能具備執行資格。

（二）項目

　　關於加害人處遇計畫之項目，依計畫規範第3點規定，合格之醫療院所得施行下列一款或數款處遇計畫項目：1.認知教育輔導。2.心理輔導。3.精神治療。4.戒癮治療。5.其他輔導、治療。

　　然而，計畫規範第4點規定，經地方政府指定之相關機關機構或團體，僅能施行下列一款或數款處遇計畫項目：1.認知教育輔導。2.心理輔導。3.其他輔導。

　　因此，合格之醫院或醫療院所可以為治療及輔導，但非醫院或醫療院所之執行機關機構或團體，僅能為輔導，不能為治療。

二、命令前之鑑定

（一）家庭暴力防治法之規定

1. 通常保護令

　　家庭暴力防治法第13條第6項規定：「法院於審理終結前，得聽取直轄市、縣（市）主管機關或社會福利機構之意見。」同法第14條第3項規定：「第一項第十款之加害人處遇計畫，法院得逕命相對人接受認知教育輔導、親職教育輔導及其他輔導，並得命相對人接受有無必要施以其他處遇計畫之鑑定；直轄市、縣（市）主管機關得於法院裁定前，對處遇計畫之實施方式提出建議。」依此規定，法院於審理通常保護令事件審理終結前，可以聽取地方政府主管機關或社會福利機構之意見，也可以逕為裁定命相對人接受認知教育輔導、親職教育輔導及其他輔導，並得命相對人接

受有無必要施以其他處遇計畫之鑑定。

2. 緩刑條件及假釋條件

　　家庭暴力防治法第38條第3項規定：「法院依前項第五款規定，命被告完成加害人處遇計畫前，得準用第十四條第三項規定。」同法第39條規定：「前條規定，於受刑人經假釋出獄付保護管束者，準用之。」依此規定，法院如欲對家庭暴力犯罪之被告或受刑人宣告緩刑或准許假釋，則在其認定被告或受刑人有無必要施以認知教育輔導、親職教育輔導及其他輔導以外之加害人處遇計畫時，可以先命被告或受刑人接受鑑定，以作為是否命被告或受刑人在付緩刑或假釋保護管束期間內完成加害人處遇之參考。

（二）計畫規範之規定

1. 書面意見提出義務

　　依計畫規範第5點及第19點規定，法院在通常保護令事件審理終結前、法院在命被告或受刑人在付緩刑或假釋保護管束期間內完成加害人處遇前，均得請地方主管機關提出加害人有無接受處遇計畫必要及其建議之書面意見。地方主管機關如認為加害人有接受處遇計畫之必要時，也可以主動提出前項書面意見供法院參考。

2. 加害人之評估

　　依處遇計畫規定，地方主管機關在提出書面意見前，應對加害人進行評估，其評估方式如下：

　　(1)組成評估小組：依計畫規範第6點規定，地方主管機關為進行評估，應遴聘受過家庭暴力防治相關訓練之下列人員，組成相對人評估小組：①精神科專科醫師。②心理師。③社會工作人員、少年調查官、少年保護官或觀護人。

　　(2)訪談與資料評估：依計畫規範第7點及第9點規定，地方政府主管機關應檢視民事保護令聲請書狀、警察機關之案件調查記錄表及現場報告表、訪視會談記錄表、驗傷診斷證明書或驗傷單、判決書（緩刑或假釋

者）、危險評估量表、相對人前科等資料，並於接獲法院或監獄請其提出書面意見之通知後，於3日內將上開資料送交評估人員，且應指定評估小組成員2人以上，以面談、電話訪談或書面資料評估等方式，作成書面意見。

(3)提交建議書：依計畫規範第8點第1項規定，評估人員應依加害人之身心狀況及參考相關危險評估量表，視其有無精神狀態表現異常、酗酒、濫用藥物、人格違常或行為偏差等及其與家庭暴力有無因果關係，並依其家庭暴力行為之嚴重度及再犯危險性等，評估相對人應否接受處遇計畫，並作成處遇計畫建議書。依計畫規範第9點規定，地方主管機關應於評估之日起7日內，將處遇計畫建議書送交法院。

三、命令後之執行

（一）安排計畫執行者及執行期日

依計畫規範第10點及第19點規定，地方主管機關接獲法院或監獄之加害人處遇計畫裁定或命令後，應即安排處遇計畫執行者及執行期日，並通知加害人及其代理人、處遇計畫執行者、被害人及其代理人或執行保護管束之地方法院檢察署。加害人接獲通知後，應依指定期日至執行者報到，並完成處遇計畫。加害人未如期報到者，執行者應於一週內通知加害人至少二次，其仍未報到者，應立即通報地方主管機關。地方政府主管機關執行上開任務而有必要時，得請警察機關協助。

（二）計畫之變更

依計畫規範第11點規定，計畫執行者如認計畫有延長、縮短其期間或變更內容之必要時，應敘明理由及建議意見，通報地方主管機關。主管機關接獲通報後，應即通知當事人及被害人。當事人或被害人得依家庭暴力防治法第15條第2項規定向法院聲請撤銷、變更或延長通常保護令。

（三）計畫無法完成之處理

依計畫規範第12點及第19點規定，地方主管機關接獲處遇計畫執行者通知加害人有不接受處遇計畫、接受時數不足或不遵守處遇計畫內容情事，且於保護令裁定期限、緩刑或假釋期限內，明顯無法完成處遇計畫，或有恐嚇、施暴等行為時，應即通知警察機關或地方法院檢察署。

（四）完成計畫之處理

加害人完成處遇計畫時，依計畫規範第13、14及15點規定，處遇計畫執行者應於10日內，填報「家庭暴力加害人完成處遇計畫書」，以書面、電信傳真或其他科技設備傳送等方式通報地方主管機關。地方主管機關應就該計畫書之執行成果進行綜合評估，並得定期輔導訪查。

（五）申請費用補助

依計畫規範第17點規定，加害人有接受處遇計畫之意願，且經主管機關調查認定其確屬經濟困難者，得依規定向地方政府申請補助處遇計畫部分費用。

四、相關單位之聯繫與聯絡

（一）定期召開聯繫檢討會議

依計畫規範第16點規定，地方主管機關應邀集司法機關、家庭暴力被害人保護計畫執行者、處遇計畫執行者，就計畫規範各項執行內容定期召開聯繫檢討會議。

（二）置專責聯絡窗口

依計畫規範第18點規定，地方主管機關、司法機關、家庭暴力被害人保護計畫執行者、處遇計畫執行者，應置專責聯絡窗口，負責有關加害人處遇計畫聯絡事宜，並應將專責人員之聯絡資料通知各相關機關或機構。

肆、我國加害人處遇計畫之施行困境

家庭暴力防治法施行已逾10年，加害人處遇計畫之實施成效卻不理想，其實施困境大致如下：

一、衛生福利部訂定之「家庭暴力加害人處遇計畫規範」尚未周全

衛生福利部雖已依家庭暴力防治法規定訂定加害人處遇計畫規範，該規範不僅適用於民事通常保護令之加害人處遇計畫令，對於緩刑條件及假釋條件之加害人處遇計畫令亦有準用，其對於計畫執行者之資格、相對人之評估、有關機關與計畫執行機構間之連繫制度等均加以規範，一方面使法院或監獄核發加害人處遇計畫令時，可以參酌鑑定機關之鑑定意見，作出准許或不准許核發加害人處遇計畫令之妥適命令，另一方面在法院或監獄准許核發後，加害人處遇計畫令可以依法執行。

然而，此規範內容仍相當簡陋，且對於家庭暴力防治法第54條第1項第1款所定之「處遇計畫之評估標準」並未加以規定，致使現在實施之各種加害人處遇計畫，究竟應合乎何種標準，並無法規可循，且對於各執行者所施行之處遇計畫並未建立定期評估制度，無法控管及提升加害人處遇計畫之成效。

二、醫療院所參與意願不足

如前所述，關於加害人處遇計畫之執行者，依計畫規範第2點規定，不僅特定之醫院或醫療機構具有執行資格，經地方政府指定之非醫療機關、機構或民間團體，亦有可能具備執行資格。不過，執行者仍以醫療院所為主，需要許多精神醫師與心理師高度參與。

有研究資料顯示，有意願參與加害人處遇計畫之醫療院所不多，許多醫院的態度並不熱絡。因為醫院民營化與健保制度之實施，造成醫院普

遍以收支平衡作為思考經營策略之標準，而心理治療與輔導工作幾無利潤可言，且健保制度係論件計酬，壓縮醫生進行心理治療之時間與品質。因此，醫療院所並不鼓勵此類治療輔導，醫師亦缺乏接受此領域培育或訓練之意願，而造成專業人才之缺乏及醫療院所參與意願不足之現象[2]，使加害人處遇計畫之品質難以提升，其成效自然大打折扣。

目前大部分縣市均有一家以上之責任醫院負責執行加害人處遇計畫，資源開發及行政作業多仰賴地方政府衛生局[3]，但關於採取何種處遇方式、何人應負擔處遇費用等等，仍是各自為政，分歧不一[4]。關於處遇計畫所需經費與專業人員，也嚴重短缺。

三、法院核發意願低落

關於通常保護令之加害人處遇計畫令核發件數，依司法院所公布之統計資料，自88年6月至101年12月止，各地方法院所准許核發之民事保護令款項共計373,964項，其中加害人處遇計畫令卻非常少，僅16,889項，約占5%[5]。而101年之地方法院所准許核發之民事保護令共計35,959項，其中加害人處遇計畫令不多，僅3,303項，約占9%。依司法院公布之統計資料，106年各地方法院所准許核發之民事保護令共計41,871項，其中加害人處遇計畫令僅3,426項，約占8%[6]。

關於緩刑條件之加害人處遇計畫令核發件數，依司法院公布之統計資料，101年各地方法院命被告於緩刑付保護管束期間應接受「加害人處遇計畫」僅4項，106年僅11項[7]。監察院之98年「監獄、看守所收容人

---

[2]　鄧純芳，藍鬍子現身——揭開加害人面具的婚姻暴力加害人處遇計畫，國立臺灣大學碩士論文，89年6月，69頁。

[3]　柯麗評、王珮玲、張錦麗，家庭暴力：理論政策與實務，94年1月，161頁。

[4]　成蒂，婚姻暴力加害人處遇與司法體系之連結，應用心理研究，第32期，95年冬，112頁。

[5]　司法院，101年度司法業務年報案件分析，102年10月，774頁。

[6]　司法院網站／業務綜覽／司法統計／公務統計／年報。

[7]　司法院網站／業務綜覽／司法統計／公務統計／指標。

處遇、超收、教化問題之檢討」專案調查研究[8]曾針對此件數問題進行調查，司法院少年家事廳98年8月24日廳少家字第0980018737號函復監察院調查處之統計資料如下：自88年11至12月起至98年1至6月止，法院命被告於緩刑付保護管束期間應接受「加害人處遇計畫」，約10年間之終結件數僅共計26件，被告人數僅27人，每年件數或人數均為0或個位數。

關於假釋條件之加害人處遇計畫令核發件數，司法院並無公布之統計資料。上開監察院之專案調查研究針對此件數問題進行調查時，司法院、內政部及法務部均未能提供任何受刑人於假釋期間應接受加害人處遇計畫之統計資料，其件數及人數均可認為零。

四、加害人接受意願不高

在法院已核發加害人處遇計畫令之案件中，許多加害人不願意依法院所核發之命令接受並完成治療輔導。有研究資料顯示，約有6成機構之加害人報到率達75%以上，57.1%的機構處遇之加害人流失率在25%以下，有8成的機構可達50%以上之完成率。處遇計畫之個案困境包括：否認與防衛態度、無法繳交治療費、出席狀況差、不遵守治療規定與沉默不說話等。工作人員之困境包括：人力不足、意願不高、增加工作負擔與訓練不足等[9]。

家庭暴力防治法第14條第3項規定：「第一項第十款之加害人處遇計畫，法院得逕命相對人接受認知教育輔導、親職教育輔導及其他輔導，並得命相對人接受有無必要施以其他處遇計畫之鑑定；直轄市、縣（市）主管機關得於法院裁定前，對處遇計畫之實施方式提出建議。」依此規定，法官為使加害人接受認知教育輔導、親職教育輔導及其他輔導以外之處遇計畫，可以命加害人先完成鑑定程序，將鑑定結果作為核發加害人處遇計

8　此專案研究計畫由監察委員林鉅鋃、趙昌平、吳豐山、余騰芳及筆者共5人主持，調查官董樂群、調查專員李俊儒、調查員梁錦文協查，筆者為召集人。

9　林世棋、陳筱萍、孫鳳卿、周煌智，家庭暴力加害人處遇計畫執行現況，臺灣精神醫學，第21卷第3期，96年9月，208-217頁。

畫令之參考。然而，加害人如果不願接受鑑定，家庭暴力防治法並無任何處罰規定。而且，此命令既非屬於金錢給付之保護令，依法應由警察機關執行之，但警察機關如依此命令強制加害人接受鑑定，非常容易引起侵犯加害人人權之爭議，因為目前法院對於民事事件之鑑定，通常並無強制當事人接受鑑定之權力，而民事保護令係屬民事非訟事件，故警察機關不宜以強制方法執行此種命令，此種命令如無執行力，則可能無法達到解決加害人不願接受鑑定問題之效果。因此，加害人之鑑定程序目前仍是困難重重。

五、處遇計畫成效有待加強

多數加害人之暴力行為並非屬「精神病理學」，家庭暴力之加害人其實有許多類型，有些人只會毆打家人，較無心理病理上之問題，有些人有人格異常現象，或具有反社會人格，對於非家人也實施暴力行為。至於加害人施暴之原因也有很多種，包括兒童虐待、目睹家庭暴力、父母過度管教、同儕之偏差行為、人格異常、精神疾病、吸毒、酗酒等等，不一而足[10]。

為使加害人處遇計畫有良好之成效，首先應普遍深入了解各類加害人之差異性，再對於不同種類之加害人提供不同類型之治療輔導方案，對於個別之加害人亦應做危險評估，法官再依據評估報告命加害人完成適當之處遇計畫[11]，衛生主管機關對於各個處遇計畫亦應定期評估其效能，使加害人能藉處遇計畫消除其施暴習性。

目前我國缺乏對於家庭暴力加害人類型之深入研究，迄今尚未發展適合各種不同加害人之治療輔導方案，對於各個處遇計畫之效能評估亦付諸闕如。因此，目前加害人處遇計畫可以說是且戰且走，成效尚待加強。

----

[10] 林明傑，美加婚姻暴力犯之治療方案與技術暨其危險評估之探討，社區發展季刊，第90期，89年6月，18-20頁。

[11] 同前註，17、20-23頁。

伍、美國之加害人處遇計畫概述

一、加害人處遇計畫之沿革

美國對於家庭暴力之加害人處遇計畫最早開創於1970年代,當時美國對於家庭暴力事件尚未採行強制逮捕或強制處遇之法規或政策,有些加害人想要經由輔導而與被害人重修舊好,有些被害人也希望加害人能接受輔導。

自1980年代開始,美國各州開始紛紛制定支持逮捕及起訴加害人之法規及政策,導致被逮捕或起訴之加害人遽增,加害人處遇計畫的需求也跟著增加。因此,美國許多加害人處遇計畫成立於1990年代,接受計畫者大多數經由法院之民事庭或刑事庭所轉介[12]。

在各種加害人處遇計畫中,Duluth模式(Duluth Model)及Emerge模式(Emerge Model)最常被仿效或複製,複製時將此模式做相當幅度的調整,將此模式與其他模式之元素相混合,如此一來,絕大多數的處遇計畫都能獨樹一格。事實上,各種處遇計畫也因著自己的經驗、服務社區人口、法律或政策的變遷而不斷演變[13]。

現今美國各州及加拿大各省均已採行某種形式的強制加害人處遇計畫,大多數加害人接受處遇計畫是由於被強制而非出於自願,而這些人所接受之計畫可以說大多是以Duluth模式的原理為基礎[14]。因此,許多美國

---

[12] Greater Twin Cities United Way, Current and Evolving Practices for Programs, That Work With People Who Batter 2 (2010); David Adams, Certified Batterer Intervention Programs: History, Philosophies, Techniques, Collaborations, Innovations and Challenges 1-2. (此文曾於2003年刊載於「Clinics in Family Practice」第5(1)期,第159-176頁,嗣作者調整及更新內容,登載於網站上。) http://www.futureswithoutviolence.org/userfiles/file/Children_and_Families/Certified%20Batterer%20Intervention%20Programs.pdf

[13] Adams,同前註,2-3頁。

[14] Peter Lehmann & Catherine A. Simmons, Strengths-Based Batterer Intervention, A New Paradigm in Ending Family Violence 4 (2009).

之法院命令計畫（court-ordered program或Court-mandated program）認為施暴是父權制度的產物，將焦點置於加害人使用暴力以對於被害人建立權力與控制（power and control）之問題上。雖然許多加害人在施暴時有酗酒及吸毒問題，但很多法院命令的加害人處遇計畫卻不接受有吸毒問題的加害人，認為這些加害人應該需要多元介入（multiple intervention）[15]。

二、顯著的處遇模式簡介

如前所述，加害人處遇計畫有非常多種模式，各個處遇計畫採取不同程度之教育與治療方法，而以改變根深蒂固之行為異常者為目標之處遇計畫，通常採行包括個別治療與團體治療之長程療法[16]。茲將其中比較顯著的三種類型概述如下。

（一）Duluth模式

美國明尼蘇達州之杜魯市於1981年開創「明尼蘇達州杜魯市之家庭暴力介入計畫」（Domestic Abuse Intervention Project of Duluth, Minnesota），廣被稱為Duluth模式。此計畫嗣後成為全美最普遍及最成功的計畫，雖然其有效性受到許多批評，但仍然廣被美國各州及加拿大各省採用[17]。

此計畫開「整合社區回應」（coordinated community response）制度之先鋒，將警察、法院、處遇計畫、庇護所及其他防治家暴相關單位結合起來，彼此交換資訊，共同合作，以保護被害人之安全及追究加害人之責任。當時許多州採取此計畫，也開始制定支持逮捕及起訴政策，或擴充警

---

[15] Cheryl Hanna, Domestic Violence, Encyclopedia of Crime and Justice (2002). http://www.encyclopedia.com/topic/Domestic_violence.aspx

[16] Batterer Treatment Programs, Courts and Communities: Confronting Violence in the Family, State Justice Institute Conference, San Francisco, CA: March 25-28, 1993.

[17] Lehmann & Simmons，同註14，5、7-8頁；Kenneth Corvo, Donald Dutton & Wan-Yi Chen, Do Duluth Model Interventions With Perpetrators of Domestic Violence Violate Mental Health Professional Ethics? 19(4) Ethics & Behavior 324 (2009).

察關於家庭暴力之權力與責任，其結果，導致法院命令加害人處遇計畫之需求大為增加[18]。

Duluth模式是以女性主義為基礎，認為家庭暴力是鼓勵男性控制其伴侶之父權思想的產物[19]。此模式被認為是一種女性主義及認知行為原則的混合物，認為家庭暴力是一種對女性恐嚇及脅迫控制、社會認可的學習行為（learned behavior），所以要改變男人的施暴行為，重點在於行為的問責、思想及態度的挑戰及轉變、教育等，而改變的關鍵在於逮補、起訴及法院命令介入計畫[20]。因此，此計畫之目的是藉由對加害人究責之方式保護女性被害人免於再度受暴，以及藉由讓社區介入擔負責任之方式以確保婦女之安全[21]。有人認為此模式的特徵是：對於因實施家暴而被逮捕及被法院命令接受家庭暴力計畫之男人，所進行之一種以性別為基礎的認知行為（gender-based cognitive-behavioral）輔導及教育方法[22]，有人稱此模式為女性主義的心理教育法（feminist psychoeducational approach）[23]。

此計畫之課程強調，男性實施家庭暴力幾乎完全是一種權力與控制，課程使用兩個主要的教導工具，一個是「權力與控制輪」（power and control wheel），另一個是「控制日誌」（control log），其中權力與控制輪常被用以解釋施暴行為，也是此計畫非常著名的圖標[24]。課程係採用教育與輔導方法，將焦點集中在施虐者使用暴力以對於其伴侶樹立權力與控制上。進入計畫者每週參加由一位輔助員（facilitator）所負責之團體，此

---

[18] Greater Twin Cities United Way，同註12，2頁。

[19] Wayne W. Bennet & Kären M. Hess, Criminal Investigation 281 (2006).

[20] Lehmann & Simmons，同註14，5-6頁。

[21] Corvo, Dutton & Chen，同註17，324頁。

[22] Edward W. Gondolf, Theoretical and Research Support for the Duluth Model: A Reply to Dutton and Corvo, Aggression and Violent Behavior 645 (2007).

[23] Julia C. Babcock, Charles E. Green, Chet Robie, Does batterers' treatment work? A meta-analytic review of domestic violence treatment, 23 Clinical Psychology Review 1026 (2004).

[24] Lucille Pope, Kathleen Ferraro, The Duluth Power and Control Model 1 (2006); Corvo, Dutton & Chen, 同註17，324頁。

輔導不一定是心理衛生專業人員，可能是一個受過訓練的非專業人士。參加者做一些對抗自身暴力行為之活動，例如：每位參加者維持控制日誌或日記以辨認自己的暴力行為、用個人經驗的角色扮演來建立非暴力技巧、放映錄影帶並做即時討論、教導認識婦女憤怒等技巧。這些活動不討論特定關係，而將焦點置於權力與控制根本問題上[25]。

由於此計畫認為家庭暴力是一種學習行為，所以不進行心理問題之處遇或人格之改變等程序，輔助員並不認為其工作是一種「治療」，多迴避精神病類型的診斷[26]。

（二）EMERGE模式

EMERGE模式是美國麻薩諸塞州波士頓於1977年創立，為全美首創之加害人處遇計畫，是一個相當受歡迎而具有女性主義觀點的加害人處遇計畫。

此模式認為，家庭暴力並非是一種疾病，而是一種學習行為（learned behavior），其目標在於集結一群男性共同致力於終結對婦女之施暴行為，故此計畫雖然由訓練有素的輔導員所主持，但課程卻是以受監督的自助團體方式進行。為了達成目標，此模式教育個別加害人，避免讓年輕人學會接受親密關係之暴力行為，提升機構對於家庭暴力之處理能力，並促使大眾了解家庭暴力之原因及解決方式。此外，此模式還擴大其目標，開展親職教育，協助男人成為更負責任的父親[27]。

此模式內容包括教育課程、認知行為技巧及團體治療等，接受計畫者必須找出施暴原因才能終止施暴及尊重他人，也必須遵守準時上課、繳交費用、禁止吸毒及酗酒等規定。此計畫也重視加害人與被害人之關係，將

---

[25] Cheryl Hanna, The Paradox of Hope: The Crime and Punishment of Domestic violence, 39 William & Mary Law Review 1530 (1998).

[26] Lehmann & Simmons，同註14，5頁。

[27] Hanna，同註25，1530-1531頁；Emerge, Because Wanting to Stop is NOT Enough, http://www.emergedv.com/

加害人對於暴力之態度是否改變詳列清單定期告知被害人[28]。

（三）認知行為治療（cognitive behavioral therapy，簡稱CBT）模式

此模式也可稱為「認知行為介入」（cognitive behavioral intervention，簡稱CBI）模式。此模式主要是由心理學家所開展，認為因為暴力是一種學習行為，所以同樣地可以用認知行為模式來學習非暴力；家庭暴力問題在於人的思想、猜測、信念和行為，施暴者施暴是基於實用性考量，藉由施暴行為以減低其心理壓力、使被害人順服、結束不舒服的狀況或使其有權力及控制情況的感覺，因此，此計畫將重點置於行為技巧培養及角色扮演，以減低憤怒、衝突管理及增加正向互動[29]。

有學者認為，此模式之名稱常產生誤導，有些CBT團體嚴格來說並非「認知」或「行為」，多數現代的CBT團體也常提到加害人關於婦女的態度及價值觀、對婦女使用暴力等，就CBT團體提到父權態度，而Duluth模式提到暴力的學習及強化方面而言，兩種模式之間的區別變得越來越不明顯[30]。

三、費用負擔

關於加害人處遇計畫之費用負擔問題，多數計畫要求加害人負擔費用[31]。例如：加州制定一個以加害人之付費能力為基礎之機動費用表（sliding fee schedule）[32]，康乃狄克州規定每一個家庭暴力教育計畫之

---

[28] The Advocates for Human Rights, Influential US Batterers' Intervention Programs, last updated October 17, 2008. http://www.stopvaw.org/influential_us_batterers_intervention_programs

[29] Lehmann & Simmons，同註14，6-7頁；Babcock, Green & Robie，同註23，1026頁。

[30] Babcock, Green & Robie，同前註，1026頁。

[31] Hanna，同註25，1531頁。

[32] Cal. Penal Code §1203.097(C)(I)(P).

費用為300美元[33]，麻薩諸塞州要求每位因緩刑條件而被移送參加加害人處遇計畫者，除依「麻薩諸塞州加害人介入計畫之認證標準及準則」（Massachusetts Guidelines and Standards for the Certification of Batterer Intervention Programs）給付接受處遇之費用外，原則上應負擔350美元之評估費用，但法院如認其貧困或支付評估費用會導致其本人或其家屬嚴重經濟困難者，得減輕或免除之[34]。而且，許多計畫僅接受認罪（plead guilty）或坦承自己曾為施暴行為之加害人[35]。

四、施行成效

關於加害人處遇計畫之有效性（effectiveness），多數專家認為，所謂有效性係指停止施暴而言，是否停止施暴之衡量方法有很多種，包括：不再申訴或逮捕、加害人在處遇計畫期間的表現、被害人對於計畫官員的報告等[36]。

加害人處遇計畫是否確實有效問題，世界衛生組織（World Health Organization）、歐洲理事會（Council of Europe）、美國及其他國家均曾經做過許多研究，不同研究得出不同結論，茲將一些重要的研究概述如下。

（一）美國之歷年研究

美國曾有許多對於加害人處遇計畫是否有效之研究，雖然有不少認為有效，但未能得到一致結論。

有些研究結果認為，加害人處遇計畫相當有效。例如：多數完成計畫者在完成計畫後之1年內未再實施暴力行為，未實施暴力行為之比例在

---

[33] Conn. Code 46b-38c(i).

[34] Mass. Gen. Laws §209(A) 10.

[35] Hanna，同註25，1531頁。

[36] The Advocates for Human Rights, Effectiveness of Batterers' Intervention Programs, last updated October 17, 2008. http://www.stopvaw.org/effectiveness_of_batterers_intervention_programs

53%至85%之間，而未完成計畫者比完成計畫者更可能繼續實施暴力行為[37]；加害人完成處遇者在接受處遇後6個月以上期間之平均再施暴率為35%，未完成處遇者之平均再施暴率為52%[38]。

有些研究結果認為，加害人處遇計畫並非全然有效，例如：如將受法院命令接受處遇者與未接受處遇者相比較，顯示暴力之降低係依施暴者之特質而定，暴力行為如屬嚴重或頻繁時，完成法院所命之加害人處遇者與法院未命其完成加害人處遇者間，並無明顯的差異[39]。

另有一些人檢視多個關於加害人處遇計畫之評估研究結果，做統合分析回顧（meta-analytic review）。有些統合分析認為加害人處遇計畫不是很有效，例如：將Duluth模式與認知行為治療模式相比較，其效果量（effect size）並無差異，整體而言，除去被逮捕效果，處遇對於降低再犯率只有很小的影響（have a minimal impact）[40]；實驗研究（experimental studies）顯示，如依據家庭暴力之官方報告，計畫之平均效果是有溫和效益（modest benefit），但如依據被害人通報結果，平均效果卻是零，因此，法院命令加害人處遇計畫之有效性令人存疑[41]。

（二）美國國家司法研究所（National Institute of Justice）之2003年研究報告

美國司法部（U.S. Department of Justice）之國家司法研究所，曾針對採用Duluth模式加害人處遇計畫之下列兩個地區進行實務研究（research for practice）：佛羅里達州Broward郡及紐約州Brooklyn區，嗣於2003年

---

[37] Richard M. Tolman & Larry W. Bennett, A Review of Quantitative Research on Men who Batter, 5 Journal of Interpersonal Violence 87-110 (1990).

[38] Daniel G. Saunders, Legal Responses to Wife Assault: Current Trends and Evaluation 9-34 (1993).

[39] Batterer Treatment Programs，同註16。

[40] Babcock, Green & Robie，同註23，1023頁。

[41] Lynette Feder & David B. Wilson, A meta-analytic review of Court-mandated Batterer intervention programs: Can courts affect abusers' behavior? 1 Journal of Experimental Criminology 239 (2005).

9月提出報告。報告雖然對於加害人處遇計畫之有效性（effectiveness）提出嚴重質疑，然而，在進行研究時產生一些問題，所以這些問題對於研究結果造成質疑。

報告指出，兩個計畫都不能改變接受計畫者對家庭暴力之態度。在Broward郡的研究發現，加害人處遇計畫幾乎無效，加害人如果有工作、已婚、有家庭或與社區有利害關係，則比較可能不會再犯。在Brooklyn區的研究顯示，加害人處遇計畫只有對某些人有小的改善，接受計畫較長時間（26週）的加害人比接受計畫短時間（8週）的加害人，更少再施暴，接受計畫較長時間有助於在接受處遇期間及接受後一些時間內減少施暴。

然而，此研究報告也承認，其無法避免下列研究限制（research limitations）：加害人中輟率（dropout rate）高、被害人難找到、沒有設計一套特別評估加害人態度之方法、法官為保護被害人常拒絕隨機指定加害人等。這些研究上之限制，影響了此研究所取得資料之品質，也因此影響了研究者得到確證結論之能力[42]。

（三）世界衛生組織之2003年研究報告

世界衛生組織於2003年出版研究報告認為：評估研究指出，加害處遇計畫在防止再度施暴方面至少是溫和成功（modestly successful）；檢視美國及加拿大的加害人處遇計畫評估資料顯示，大約50至90%完成計畫者在6個月至3年追蹤期間內未再施暴；迄今最大規模的評估發現，完成計畫者再度實施肢體暴力的可能性較未完成計畫者少三分之二。

此報告也指出，家庭暴力處遇計畫評估受到批評如下：接受處遇者可能更精於遮掩其再度施暴行為，使評估結果比真實情形更為正面；在美國及加拿大，有22%至24%施暴者未能完成計畫，而評估報告之效果僅關於完成計畫者等。

此報告認為：儘管受到批評，基於現有的評估研究可能得到的結論

----

[42] U. S. Department of Justice, Do Batterer Intervention Programs Work? Two Studies, Ii, 1-3 (NCJ 200331, September 2003).

是，加害人處遇計畫雖然不是萬能，但其對於願意接受之家庭暴力加害人提供一些改變行為的希望[43]。

（四）歐洲理事會之2007年分析研究

歐洲理事會於2007年提出分析研究，對於加害人處遇計畫在其會員國之推展情形概述如下：

加害人處遇計畫發展緩慢，比較有可能存在於已經有被害人服務計畫之國家，有些會員國並無此計畫。各計畫雖不相同，但常接受自願者及被法院命令者。各國之加害人處遇計畫多屬小型，且很少普及全國。

關於加害人處遇計畫之成效，在英國、蘇格蘭於1989年首創法院命令加害人處遇計畫，科學的評估確立各計畫有整體正面結果（overall positive result）。然而，所有研究均發現，因計畫而產生的行為改變程度是溫和（modest），至多可以控制及減少肢體暴力的危險，但很少去除背後的支配模式（pattern of dominance）[44]。

綜上所述，對於加害人處遇計畫之有效性問題，雖然不同研究得出不同結論，導致眾說紛紜，迄無定論。但絕大多數研究均認為加害人處遇計畫或多或少具有正面效果，許多研究認為效果溫和，可以控制及減少肢體暴力，對某些加害人提供改變行為的希望。

雖然加害人處遇計畫並非防治家庭暴力之萬靈丹，但有人認為，加害人處遇計畫是跨出正確方向的一步，確實有許多加害人在完成加害人處遇計畫後停止施暴行為，而且，因為加害人處遇計畫正不斷進行新的發展，其成功率將不斷提高[45]。不斷有人提出新的論點及新的加害人處遇計畫，顯然大眾對計畫的期望仍然很深。

----

[43] Emily F. Rothman, Alexander Butchart & Magdalena Cerdá, Intervening With Perpetrators of Intimate Partner Violence: A Global Perspective 3 (2003).

[44] Carol Hagemann-White & Sabine Bohn, Protecting Women against Violence: Analytical study on the effective implementation of Recommendation Rec (2002); 5 on the protection of women against violence in Council of Europe member states 28 (2007).

[45] Leslie D. Johnson, Caught in the Crossfire: Examining Legislative and Response to the Forgotten Victims of Domestic Violence, 22 Law and Psychology Review 278 (1998).

五、施行困境

加害人處遇計畫施行迄今面臨不少困境，較大之困境大致如下。

（一）標準不一

為了控制加害人處遇計畫之品質及確保被害人之安全，美國多數州已經制定加害人處遇計畫之認定標準（certification standard），多數州要求經認證之計畫應接受監督機關的定期審查。

但各州所定之認定標準並不相同，例如：關於計畫所使用之方法及理論基礎，各州規定不一，依據一項2008年公布的研究調查結果，美國各州有95%係以權力與控制理論為基礎，其中27%將權力與控制列為唯一的觀念架構，另外68%則與某種形式的社會心理學理論相結合；關於處遇計畫之最低期間，美國各州亦規定不一，依上開研究調查結果，有些州規定為12週，有些州規定為1年以上，多數州規定為6個月。整體而言，各州所要求之最低期間有越來越長之趨勢[46]；關於認證標準之效力，有些州規定認證標準具有法律拘束力，有些州制定準則使人自願遵守而不加以監督，有些州則將認證與政府經費補助緊密連結[47]。

世界衛生組織之2003年研究報告認為，應該開始構思關於國際最佳實務準則（international best practices guidelines）之發展程序，實務準則一旦訂立，不僅可以顯出各發展計畫的需求有助於經費補助程序，而且可以提供補助機關一些可以評估接受補助者的基線測量（baseline measure）[48]。

歐洲理事會之2007年分析研究指出，英國全國性的家庭暴力加害人處遇計畫協會正致力於提升計畫的有效性以加強被害人的安全性，而且已經訂立最低標準。德國及荷蘭也正進行類似的建立網絡及訂定標準程序，加害人處遇計畫在這兩國國家中已經做了評估。歐洲理事會在2003年及

---

[46] Roland D. Maiuro, Jane A. Eberle, Violence Perpetrator Treatment: Current Status, Trends, and Recommendations, 23 Violence and Victims, 136-138 (2008).

[47] Adams，同註12，2、3頁。

[48] Rothman, Butchart & Cerdá，同註43，28頁。

2004年各舉行一場加害人處理措施的研討會，在第二場研討會中確定需要建立一個歐州網絡（European network），因此，標準及證明有效的方法（standards and proven method）正慢慢顯現[49]。

（二）中輟率高

在美國，有一些研究資料及調查顯示，加害人處遇計畫的流失率（attrition rate）在25%和65%間，處遇期間越長，流失率越高。流失率較高的原因之一是，法院對於中輟或未報到之加害人處理方式不一。一個西雅圖之研究結果顯示，40%中輟與法院怠於處罰未完成者有關。再者，多數研究資料顯示，計畫中輟者比計畫完成者更可能再犯。例如：有一個研究資料顯示，對於在4個不同計畫中接受處遇之840個加害人所做之30個月追蹤結果，計畫中輟者之再犯率是計畫完成者的1.5倍。西雅圖之研究顯示，計畫完成者之再逮捕比率是8%，未完成者是23%，未接受處遇之對照組是62%。一個在匹茲堡所做的小型研究顯示，計畫中輟者被逮捕之可能性是計畫完成者的4倍[50]。

歐洲理事會之2007年分析研究亦認為，各種加害人處遇計畫的中輟率都非常高，縱使是法院命令參加計畫，也只有在對不參加者繼續追究其法律責任才會有效[51]。

（三）不能代替刑事處罰

有研究資料顯示，施暴者縱未接受加害人處遇計畫，法院之介入也有嚇阻施暴之效果，在法院介入後6個月內，82%未有再次向警方報案之紀錄[52]。

加害人處遇計畫究竟是否比傳統之監禁、緩刑付保護管束等處罰方式更能有效減少暴力發生，目前迄無定論，而且，在刑事案件中法院如果強

---

[49] Hagemann-White & Bohn，同註44，28頁。

[50] Adams，同註12，11頁。

[51] Hagemann-White & Bohn，同註44，29頁。

[52] Johnson，同註45，278頁。

制加害人接受處遇，可能讓被害人產生錯誤的期待，希望加害人永久得到復健，而事實上加害人可能只是短期受到嚇阻，或者完全沒有嚇阻效果。因此，有人認為，刑事處罰仍然在減少家庭暴力上扮演重要之角色，以加害人處遇計畫代替刑事處罰並不是一個好的策略[53]。

　　歐洲理事會之2007年分析研究亦認為，如果要將處遇計畫看成是處罰的另一種選擇，結果可能是起不了任何作用，雖然挑戰及降低加害人的暴力行為十分重要，卻面臨很多困難，加害人處遇計畫不能成為保護被害人的替代品[54]。

（四）成效有待提升

　　Duluth模式是最常被採用之加害人處遇計畫，有些心理學等專家認為，該模式易於忽視家庭暴力之下列因素：藥物濫用（substance abuse）、遵從危機感（stake-in-conformity）、加害人人格特質（personality of the batterer）、伴侶互動關係（relational dynamics within the couple）、創傷史（history of trauma）、羞辱感角色扮演（the role of shame）等，加害人處遇計畫如果能夠增加其服務內容，或為特定顧客量身定做處遇方式，而不是嚴格遵從任何一種未經驗證具有更好成效之課程，則更可能增進其服務品質[55]。

　　美國國家司法研究所之2003年研究報告認為，加害人處遇計畫之模式需要改進，以對施暴原因及加害人屬性之研究為基礎之新方法，也許會比一體適用（one-size-fits-all）之方法更有功效。計畫之執行方法也需要改進，計畫之功效可能取決於計畫是否被忠實執行，例如：有些計畫對於中輟者不予處罰，有些則密切監督出席率，而密切監督及要求出席之有效性

---

[53] Hanna, 同註25，1530頁；Casey G. Gwinn, The Path to Effective Intervention: Trends in The Criminal Prosecution of Domestic Violence, The Prosecutor, Nov./Dec. 1993, at 22-23, 35, 53-64; Ellen Pence & Michael Paymar, Education Groups for Men Who Batter: The Duluth Model 3 (1993).

[54] Hagemann-White & Bohn，同註44，29頁。

[55] Shawn Smith, It's Time for Domestic Violence Treatment to Grow Up, November 2006. http://ironshrink.com/2006/11/its-time-for-domestic-violence-treatment-to-grow-up/

也需要加以檢驗。此外,計畫之評估方式也要改進,例如:研究員必須找出更好方法以與加害人及被害人保持聯繫,也必須發展更可靠的方法以驗證加害人及被害人之報告,而不是緊緊依賴關於再逮捕及違反保護管束之官方報告[56]。

世界衛生組織之2003年研究報告則認為,美國之Duluth模式、Emerge模式及其他經常訓練新提供者之加害人處遇計畫,應該與加害人處遇計畫提供者之國際網絡連繫,以發展新穎有效之資料與技巧,適用在美國接受計畫之外國加害人[57]。

關於計畫之時間長短與有效性之關係,上開美國國家司法研究所之研究報告認為:研究結果顯示,接受較長時間處遇的加害人,比接受較短時間處遇者,更少再施暴。這可能表明,提供較長時間的處遇計畫,有助於降低處遇期間及處遇後一段期間的施暴行為[58]。歐洲理事會之2007年分析研究亦認為:有些法院只要求參加短期課程,因而無法產生改變行為的效果[59]。

陸、結語

家庭暴力加害人處遇計畫制度最早起源於美國,現已被許多先進國家所採用,目的在於給加害人適當之治療輔導,改變加害人之施暴習性,防止家庭暴力事件之發生。

我國家庭暴力防治法明定法院於核發通常保護令、緩刑條件或假釋條件時,均可命加害人完成加害人處遇計畫,由地方主管機關安排合格之機關機構或團體施行認知教育輔導、心理輔導、精神治療、戒癮治療等。

---

[56] U. S. Department of Justice,同註42,4-5頁。

[57] Rothman, Butchart & Cerdá,同註43,29頁。

[58] U. S. Department of Justice,同註42,3頁。

[59] Hagemann-White & Bohn,同註44,29頁。

　　然而，家庭暴力防治法施行已逾20年，加害人處遇計畫之實施成效並不理想，其實施困境大致包括「家庭暴力加害人處遇計畫規範」尚未周全、醫療院所參與意願不足、法院核發意願低落、加害人接受意願不高、處遇計畫成效有待加強等。

　　美國於1970年代首創家庭暴力之加害人處遇計畫，現今美國各州及加拿大各省均已採行某種形式的強制加害人處遇計畫，大多數加害人接受處遇計畫是由於被強制而非出於自願。各種加害人處遇計畫之內容並不相同，其中以Duluth模式、Emerge模式、認知行為治療模式等較為顯著。

　　加害人處遇計畫之施行成效因不同研究得出不同結論，目前迄無定論。但大多數研究認為加害人處遇計畫或多或少具有正面效果，可以控制及減少肢體暴力，對某些加害人提供改變行為的希望，且不斷有人提出新的論點及新的計畫，顯示大眾對計畫的期望仍然很深。不過，加害人處遇計畫也面臨不少施行困境，如標準不一、中輟率高、不能代替刑罰、成效有待提升等。

　　加害人處遇計畫並非防治家庭暴力之萬靈丹，但確實有不少加害人在接受處遇後停止其施暴行為。期望有更多人投入加害人處遇計畫的研究及發展行列，讓加害人處遇計畫內容更為豐富及個別化，使家庭暴力之加害人找到施暴原因，改變施暴習性，以保護被害人及其家庭成員。

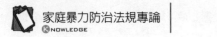

第八章
論家庭暴力防治委員會之
組織與功能

壹、前言

　　家庭暴力是一個錯綜複雜的問題，不僅涉及心理學、社會學、醫療、教育、法律、司法及執法等多種層面，而且若非經由立法、司法、警政、衛生、教育等部門與社會服務團體共同建立綜合防治網絡，則無法提供根本解決途徑。

　　然而，要建立一套政府單位與民間團體共同組成之綜合網絡並非易事，許多先進國家因而設立全國性或地方性之家庭暴力委員會（domestic violence council或family violence council），謀求家庭暴力之徹底防治並提供全方位之社會服務，這些家庭暴力委員會現今多已頗具規模，而且確實發揮極大的功能。

　　我國關於中央政府之委員會，在民國（以下同）96年3月28日家庭暴力防治法修正前，第4條規定「內政部家庭暴力防治委員會」為家庭暴力防治法之中央主管機關，第5條第1項規定內政部應設立家庭暴力防治委員會。96年家庭暴力防治法修正時，於第4條第1項將家庭暴力防治法之中央主管機關改為「內政部」，第5條第2項規定：「中央主管機關辦理前項事項，應遴聘（派）學者專家、民間團體及相關機關代表提供諮詢，其中學者專家、民間團體代表之人數，不得少於總數二分之一；且其女性代表人數不得少於總數二分之一。」102年7月23日「衛生福利部」成立，依102

年7月19日行政院院台規字第1020141353號公告，家暴法第4條所列屬「內政部」之權責事項，自102年7月23日起，改由「衛生福利部」管轄。104年修正第4條第1項，明定中央主管機關為「衛生福利部」。

我國關於地方政府之委員會，在96年家庭暴力防治法修正前，第7條第1項規定各級地方政府「得」設立家庭暴力防治委員會，在96年家庭暴力防治法修正時，第7條規定地方政府「應」設家庭暴力防治委員會。

家庭暴力防治委員會既有各種不同的組織型態，有必要多了解其組織與功能。茲析論外國家庭暴力委員會之宗旨、組織、功能與實際運作之情況，並探討我國家庭暴力防治法之有關規定及實務運作，期能有助於家庭暴力防治網絡之建立。

貳、設立宗旨與職掌範圍

一、外國法制

家庭暴力委員會多明示其設立宗旨。例如：美國模範家庭暴力法（Model Code on Domestic and Family Violence）[1]第501條規定，州家庭暴力諮詢委員會（state advice council on domestic and family violence）之宗旨在於以下列方式增進對於家庭暴力及其影響之認識與了解，並減少家庭暴力事件之發生：

（一）提高服務家庭暴力被害人之公立及私立機構對於家庭暴力之辨識及介入效能。

（二）提供大眾教育。

（三）促進提供家庭暴力被害人保護計畫及加害人介入計畫（interven-

---

[1] 美國模範家庭暴力法，係由全國少年及家事法庭法官會議（National Council of Juvenile and Family Court Judes）自1991年起開始起草，其得Conrad N. Hilton基金會之贊助，由家庭暴力領域居於領導地位之法官、檢察官、律師、醫護人員、執法人員、立法者、教育人員及其他學者專家組成諮詢委員會（advisory committee），歷經3年之熱烈研討後完成立法工作，於1994年1月13至15日經全國少年及家事法庭法官協理之理事會通過，作為美國各州或他國立法之典範。

tion program for perpetrators）之公立及私立機構間之連繫。

（四）提供公立及私立機構發展全州之處理程序及社區教育。

（五）發展關於家庭暴力之廣泛的整體資料蒐集計畫，供法官、檢察官、執法人員、醫護人員及其他政府機關相互參酌，並保密家庭暴力被害人之身分。

（六）促進地方家庭暴力委員會之設立，並扶助已設立之地方家庭暴力委員會[2]。

雖然各種家庭暴力委員會之宗旨不盡相同，但家庭暴力委員會之所以明定其宗旨，無非係為了助其成員確定委員會所欲達成之目標，並向一般民眾宣導委員會之成立及運作理由。因此，加州上訴法院（Superior Court）之法官Leonard P. Edwards認為，家庭暴力委員會之宗旨必須內容廣泛豐富，並陳明其在社區中所應辦之事務，故委員會之宗旨應如加州Santa Clara郡之家庭暴力委員會所明示之宗旨，包括下列幾項：

（一）完成與家庭暴力被害人及虐待事件有關之機關、部門及法院間之協調。

（二）提高以研究及資料蒐集為基礎所發展之預防、介入及治療效能。

（三）增進對於家庭暴力及虐待事件之回應以減少事件之發生。

此外，Edwards法官認為，家庭暴力委員會除明示其宗旨外，如能再列舉其更特定之目標與職責，將大有助益[3]。

---

[2] National Council of Juvenile and Family Court Judges, Appendices to the Model Code on Domestic and Family Violence, 39 (1994).

[3] Leonard P. Edwards, Reducing Family Violence: The Role of the Family Violence Council, Juvenile & Family Court Journal 3, Vol. 43, No. 3, at 3, 13 (1992).

二、我國法制

（一）已裁撤之內政部家庭暴力防治委員會

1. 96年修法前規定

中央政府之家庭暴力防治委員會原屬於內政部，關於內政部家庭暴力防治委員會之職掌範圍，因96年修正前之家暴法第4條規定，該委員會為家庭暴力防治法之中央主管機關，其設立宗旨與職掌範圍自不能過於狹隘。所以96年修正前之家庭暴力防治法第5條第1項對於該委員會之職掌範圍係採廣泛之規定，共有下列八款：

(1)研擬家庭暴力防治法規及政策。

(2)協調、督導及考核有關機關家庭暴力防治事項之執行。

(3)提高家庭暴力防治有關機關之服務效能。

(4)提供大眾家庭暴力防治教育。

(5)協調被害人保護計畫與加害人處遇計畫。

(6)協調公、私立機構建立家庭暴力處理程序及推展家庭暴力防治教育。

(7)統籌家庭暴力之整體資料，供法官、檢察官、警察人員、醫護人員及其他政府機關相互參酌並對被害人之身分予以保密。

(8)協調地方政府推動家庭暴力防治業務並提供輔導及補助。

不過，自從家庭暴力防治法實施後，一方面由於政府不重視家庭暴力防治業務，另一方面由於行政院致力於行政革新，提出政府組織再造方案，其目標在於精簡政府組織，不願再增設新機關，所以雖然法律明定內政部之家庭暴力防治委員會為家庭暴力防治法之主管機關，但自內政部於88年4月23日成立家庭暴力防治委員會時，委員會即屬任務編組性質，並未成為合法機關，內政部於91年7月24日更將依法應為機關之該委員會與依法應任務編組之性侵害防治委員會合併，成為家庭暴力及性侵害防治委員會，所以常遭批評。

2. 96年修法規定

為了遷就現實及避免名實不符，96年修正家庭暴力防治法時，第4條不僅將家庭暴力防治法之主管機關由家庭暴力防治委員會改為內政部，第5條第1項更將家庭暴力防治委員會的名稱刪除，將原屬於家庭暴力防治委員會的職掌範圍改為由內政部辦理，且增列第9款概括規定，並於第5條第2項明定：「中央主管機關辦理前項事項，應遴聘（派）學者專家、民間團體及相關機關代表提供諮詢，其中學者專家、民間團體代表之人數，不得少於總數二分之一；且其女性代表人數不得少於總數二分之一。」

第5條修正理由載明：「為中央行政機關組織基準法第5條第3項規定，作用法或其他法規不得規定機關之組織，酌修第1項序文，原條文第6條之委員會移列第2項，其組織、定位與功能仍予維持，對於業務推動並無影響。」

依此規定，家庭暴力防治委員會不僅從家庭暴力防治法中除名，而且層級大為降低，性質完全改變，為任務編組，僅具有諮詢功能。委員會之職掌範圍共有下列九款：

(1)研擬家庭暴力防治法規及政策。

(2)協調、督導有關機關家庭暴力防治事項之執行。

(3)提高家庭暴力防治有關機構之服務效能。

(4)督導及推展家庭暴力防治教育。

(5)協調被害人保護計畫及加害人處遇計畫。

(6)協助公立、私立機構建立家庭暴力處理程序。

(7)統籌建立、管理家庭暴力電子資料庫，供法官、檢察官、警察、醫師護理人員、心理師、社會工作人員及其他政府機關使用，並對被害人之身分予以保密。

(8)協助地方政府推動家庭暴力防治業務，並提供輔導及補助。

(9)其他家庭暴力防治有關事項。

雖然家暴法明定，內政部應成立家庭暴力防治委員會，但行政院在完成家暴法之修法程序前，卻以公告將內政部家庭暴力防治委員會自102年7月

23日起裁撤。

（二）衛生福利部保護服務司、家庭暴力及性侵害防治推動小組

102年7月23日「衛生福利部」正式成立，家庭暴力防治法有關主管機關及家庭暴力防治委員會等相關規定卻未能在該部成立前配合修法，行政院於102年7月19日行政院院台規字第1020141353號公告明載：家暴法各該規定所列屬「內政部」之權責事項，自102年7月23日起，改由「衛生福利部」管轄。

104年修法將主管機關改為「衛生福利部」。

衛生福利部成立後，並未成立家庭暴力防治委員會，但下設「保護服務司」以辦理家庭暴力、性侵害、性騷擾防治與老人、身心障礙者、兒少保護及兒少性交易防制政策規劃、法規研訂與被害人保護服務方案、教育宣導及研究發展之規劃、推動及督導事項，業務範圍涵蓋原內政部家庭暴力及性侵害防治委員會、社會司及兒童局之保護性業務。

該部於102年9月3日函頒「衛生福利部家庭暴力及性侵害防治推動小組設置要點」，自102年7月23日生效。該要點第2點規定：「本小組任務如下：（一）家庭暴力及性侵害防治政策之研擬、協調、督導、研究、諮詢及推動事項。（二）家庭暴力及性侵害防治業務發展、保護工作之整合規劃事項。（三）其他性別暴力防治相關事項。」該部成立「衛生福利部家庭暴力及性侵害防治推動小組」，第一屆委員任期自102年7月23日至104年7月24日。

嗣後擴展該小組任務範圍，該部於102年10月1日函頒修正該要點第1點及第2點規定，除原訂家庭暴力及性侵害防治外，增訂性騷擾防治、兒童及少年保護、老人保護、身心障礙者保護、兒童及少年性交易防制等任務項目。修正第2點規定：「本小組任務如下：（一）家庭暴力、性侵害、性騷擾防治與兒童及少年、老人、身心障礙者保護及兒童及少年性交易防制政策之研擬、協調、督導、研究、諮詢及推動事項。（二）家庭暴力、性侵害、性騷擾防治與兒童及少年、老人、身心障礙者保護及兒童及少年

性交易防制工作之業務發展、整合規劃事項。（三）其他性別暴力防治及保護性工作相關事項。」

（三）地方政府之家庭暴力防治委員會

1.96年修法前規定

關於各級地方政府家庭暴力防治法之職掌範圍，96年修正前之家庭暴力防治法第7條第1項之規定下列七款：

(1)研擬家庭暴力防治法規及政策。

(2)協調、督導及考核有關機關家庭暴力防治事項之執行。

(3)提高家庭暴力防治有關機關之服務效能。

(4)提供大眾家庭暴力防治教育。

(5)協調被害人保護計畫與加害人處遇計畫。

(6)協調公、私立機構建立家庭暴力處理程序及推展家庭暴力防治教育。

(7)統籌家庭暴力之整體資料，供法官、檢察官、警察人員、醫護人員及其他政府機關相互參酌並對被害人之身分予以保密。

依上開規定，修正前之家庭暴力防治法對於地方家庭暴力防治委員會之職掌範圍亦採廣泛之規定。再者，修正前家庭暴力防治法關於中央及地方之家庭暴力防治委員會職掌範圍之規定，所用文字幾乎完全相同，但一為中央性質之事務，一為地方性質之事務，在實際應用上應不至於產生混淆。事實上，在家庭暴力防治法尚未經立法院三讀通過時，臺北市政府即於87年2月21日制定臺北市家庭暴力防治委員會設置要點草案，其第2點所明定之該委員會職務，因係參酌立法院一讀通過（86年10月20日）之家庭暴力防治法第7條，故與前述家庭暴力防治法第7條第1項所列舉之七款規定，完全相同。

2.96年修法規定

96年修正之家庭暴力防治法，將第7條修正為：「直轄市、縣（市）主管機關為協調、研究、審議、諮詢、督導、考核及推動家庭暴力防治工

作,應設家庭暴力防治委員會;其組織及會議事項,由直轄市、縣(市)主管機關定之。」其修正理由為:「直轄市、縣(市)主管機關所設家庭暴力防治委員會,其性質為諮詢性之任務編組,至於業務之執行則由第8條所定家庭暴力防治中心辦理。」依此規定,地方政府之家庭暴力防治委員會與中央政府之家庭暴力防治委員會相同,性質上均屬任務編組,僅具諮詢功能。

參、內部組織

一、外國法制

　　家庭暴力委員會之設立並無固定之程序,以美國為例,可能經由立法機關通過法律之方式而設立中央或地方委員會,也可能由行政機關頒布行政命令而設立,或由省長、市長、縣長、司法部長、法官、檢察官、社會團體等領導而設立。美國有不少郡在設立委員會之前先成立一個專案小組(task force),以調查設立委員會之必要性,並對於委員會之宗旨、組織及功能提出建議。例如,加州聖地牙哥郡先成立一個家庭暴力專案小組,經過2年調查研究之後,提出最後的報告並建議設立家庭暴力委員會,聖地牙哥市長遂於1991年設立家庭暴力委員會。加州Santa Clara郡亦先成立一個專案小組,經過小組成員之數次開會及廣泛討論後,於1991年2月20日提出報告,建議成立家庭暴力委員會,並對於家庭暴力委員會所應具有之宗旨、組織及功能提出建議,這些建議嗣後多被採納。Santa Clara郡之行政官會議(Board of Supervisors)遂於同年4月23日發布NS-300-475號命令(ordinance),明定家庭暴力委員會之設立、宗旨、組織、開會方式、職責、與其他委員會之關係、年度報告等[4]。

　　關於家庭暴力委員會之內部組織,通常設有委員若干人及主任委員

---

[4]　同前註,4頁。

（chairperson）1人或數人。例如：

（一）州或郡之家庭暴力相關委員會

1.澳洲維多利亞州於2002年成立「全州減少家庭暴力指導委員會」（Statewide Steering Committee to Reduce Family Violence），成員包括司法、警政、社政、醫療、教育等政府機關代表及相關民間團體代表[5]。

2.美國模範家庭暴力法第502條規定，州家庭暴力諮詢委員會置委員若干人，由州長、最高法院院長或其他任命機關於聽取提供家庭暴力被害人計畫之公私立機關、被害人之辯護律師、全州家庭暴力聯盟、對於家庭暴力之被害人及其子女具有服務專長及經驗者之意見後任命之。諮詢委員會之委員應盡可能包括多種相關訓練者，並能真正代表被害人及不同種族之人[6]。

3.美國華盛頓州之「西雅圖市家庭暴力防治委員會」（Seattle Domestic Violence Prevention Council）於1996年設立，由10餘位委員所組成，2014年之委員會設有主任委員4人，由公共服務處處長、市議員、警察局長及檢察官擔任，其委員則係自政府單位及民間團體之代表聘任[7]。

4.加州之「Santa Clara郡家庭暴力委員會」（Santa Clara County Domestic Violence Council）於1991年成立，由22位委員組成，任期3年，連任不得超過3次，委員來自社政機關、警察機關、檢察機關、法院、民間團體等不同背景人士[8]。

在家庭暴力委員會之組織中，法官是一個比較有爭議性的角色。有些

---

[5] Department of Human Services (Vic), Changing Lives-A New Approach to Family Violence in Victoria (2007); Statewide Steering Committee to Reduce Family Violence, Reforming the Family Violence System in Victoria, Report of the Statewide Steering Committee to Reduce Family Violence 45、62 (2005).

[6] National Council of Juvenile and Family Court Judges，同註2，40頁。

[7] Seattle Human Services Department, Domestic Violence Prevention Council. http://www.seattle.gov/humanservices/domesticviolence/preventioncouncil/

[8] County of Santa Clara, Domestic Violence Council, Fiscal Year 2013-2014 Work Plan 2 (2013); Office of Women's Policy, Domestic Violence Council, 7/7/2014 11:53 AM. https://www.sccgov.org/sites/owp/Pages/dv.aspx

法官不願擔任委員，認為委員會太直接介入法院的工作，或者認為至少在表面上看來有些利益衝突。不過，加州上訴法院法官Leonard P. Edwards認為，因為法官控制法庭結構，又在防治家庭暴力上扮演極重要之角色，且常被認為是需要接受訓練以處理家庭暴力問題之一群，因此，家庭暴力委員會非常需要民事、刑事、少年及家事法庭之法官實際參與。事實上，在美國有不少法官擔任家庭暴力委員會之委員，有些少年或家事法庭之法官甚至於擔任家庭暴力委員會之召集人[9]。2005年，上開維多利亞州「全州減少家庭暴力指導委員會」成員中，有一位委員是兒童法院（Children's Court）的法官兼院長[10]。

家庭暴力委員會主任委員之選任，是一件極其重要之事。Edwards法官認為，主任委員應在團體中頗受敬重，並且在法律制度之施行方面具有相當重要之角色，故加州洛杉磯郡及Santa Clara郡之家庭暴力委員會，其第一任之主任委員均係檢察官[11]。2014年，上開「西雅圖市家庭暴力防治委員會」之4位主任委員中，有一位是西雅圖市檢察長（City Attorney）[12]。

（二）檢察機關之家庭暴力相關委員會

有些美國之檢察機關設有家庭暴力相關委員會。例如：美國檢察總長（U.S. Attorney General，又稱司法部長）Janet Reno於1995年設立「全國婦女受暴諮詢委員會」（National Advisory Committee on Violence Against Women），為美國檢察總長、衛生及公共服務部長（Secretary of the U.S. Department of Health and Human Services, HHS），提供關於執行婦女受暴法（Violence Against Women Act）之實務或政策諮詢。因全國諮詢委員會依「聯邦諮詢委員會法」（Federal Advisory Committee Act）規定，如

---

[9] Edwards，同註3、5、9頁，註31。

[10] Statewide Steering Committee to Reduce Family Violence，同註5，62頁。

[11] Edwards，同註3、5、9頁，註30。

[12] Seattle Human Services Department，同註7。

未經更新（renew），自成立起2年後屆期，因此，「全國婦女受暴諮詢委員會」自1995年成立後，已經數次更新。2010年3月3日，檢察總長Eric Holder再次許可成立「全國婦女受暴諮詢委員會」，集合專家、倡議者、研究員及刑事審判人員之能力，為美國檢察總長、衛生及公共服務部長提供實務及政策。委員會由不超過15位委員所組成，委員由司法部之婦女受暴處（Office on Violence Against Women）徵詢衛生及公共服務部之意見後，推薦具有防治家庭暴力專業知識或經驗之人士，經檢察總長同意任命。2012年之委員包括來自各州之法官、警察局長、大學院長、大學教授、律師、民間團體或機構代表等[13]。

（三）法院之家庭暴力相關委員會

　　有些美國法院也設有家庭暴力相關委員會。例如：俄亥俄州最高法院院長Thomas Moyer於1995年組成「俄亥俄州最高法院家庭暴力專案小組」（Supreme Court of Ohio Domestic Violence Task Force），該小組於1996年發表一份報告，名為「加強被害人安全及加重加害人責任」（Increasing Safety for Victims; Increasing Accountability of Offenders），此報告建議最高法院應強制各級法院對於保護令使用統一格式，最高法院因而成立「標準格式委員會」（Standard Forms Committee），該委員會於1977年、1999年分別向最高法院提出家庭暴力民事及刑事保護令格式包（domestic violence civil and criminal protection order form packets）、民事及刑事跟蹤保護令格式包（civil and criminal stalking protection order form packets），均經最高法院採行後，該委員會於2001年將其任務擴充，包括發展及建議關於改善俄亥俄州法院體系回應家庭暴力及跟蹤之最佳實務及程序，並且將其名稱改為「俄亥俄州最高法院家庭暴力諮詢委員會」（Supreme Court of Ohio Domestic Violence Advisory Committee）。委員會由不超過20位委員所組成，委員由最高法院院長任命，涵蓋不同性別、種族、政治、地域之代表，任期3年，連任不得超過3次，主任委員及副主任委員由院長就委

---

[13] National Advisory Committee on Violence Against Women, Final Report 1-2 (2012).

員中指派擔任。2014年之委員名單中，主任委員及大部分委員是法官，其餘委員包括檢察官、公設辯護人、觀護人、警察、律師、民間團體代表等[14]。

二、我國法制

（一）已裁撤之家庭暴力防治委員會

1. 96年修法前規定

關於內政部家庭暴力防治委員會之內部組織，修正前之家庭暴力防治法第6條規定：「家庭暴力防治委員會，以內政部長為主任委員，民間團體代表、學者及專家之比例不得少於委員總數二分之一。家庭暴力防治委員會應配置專人分組處理有關業務，其組織規程由中央主管機關定之。」

依此規定，內政部家庭暴力防治委員會之層級很高，係由內政部長為主任委員，為一決策機關。再者，家庭暴力防治委員會應配置專人分組處理有關業務，其性質上為一常設機關，而非任務編組。關於內政部家庭暴力防治委員會之組織規程，應由中央主管機關（內政部家庭暴力防治委員會）定之。此外，委員會之成員除官方代表外，民間團體、專家學者之比例不得少於委員總數二分之一，因此，民間團體與專家學者一方面可以督促政府機構執行家庭暴力防治事項，另一方面可以貢獻意見參與決策，使委員會成為政府機關與民間團體相互合作之最佳管道，對於整體防治網絡之建立極有助益。

2. 96年修法規定

事實上家庭暴力防治委員會從未成為機關，一直是屬於任務編組性質，而且96年修正家庭暴力防治法已將家庭暴力防治委員會降級為任務編組，但第5條之修正理由載明舊條文第6條所定委員會之組織、定位與功能仍予維持，已如前述。內政部家庭暴力及性侵害防治員會之組織為：委員

---

[14] The Supreme Court of Ohio & The Ohio Judicial System, Advisory Committee on Domestic Violence, http://www.supremecourt.ohio.gov/Boards/ACDV/.

會置主任委員1人，由部長兼任，副主任委員4人，由內政部、法務部、行政院衛生署副首長及司法院派員兼任。委員20人，由主任委員遴聘各有關機關單位主管以上人員、民間團體代表及學者專家兼任，委員任期2年。

（二）衛生福利部保護服務司、家庭暴力及性侵害防治推動小組

如前所述，衛生福利部成立後，雖然家暴法各該規定所列屬「內政部」之權責事項自102年7月23日起，改由「衛生福利部」管轄，但衛生福利部並未成立家庭暴力防治委員會。

衛生福利部下設「保護服務司」，辦理家庭暴力、性侵害、性騷擾防治與老人、身心障礙者、兒少保護及兒少性交易防治政策規劃、法規研訂與被害人保護服務方案、教育宣導及研究發展之規劃、推動及督導事項，業務範圍涵蓋原內政部家庭暴力及性侵害防治委員會、社會司及兒童局之保護性業務。

該部另訂定「衛生福利部家庭暴力及性侵害防治推動小組設置要點」，自102年7月23日生效。該要點第3點及第4點第1項規定：該小組置委員15人至25人，其中一人為召集人，由該部部長兼任；副召集人4人，由該部及與該小組業務密切相關之各目的事業主管機關之副首長及司法院代表兼任；其餘委員由召集人遴聘學者專家、民間團體及相關機關代表，其中任一性別代表人數不得少於三分之一，學者專家、民間團體代表之人數不得少於二分之一。該要點第5點規定：「本小組置執行秘書一人，承召集人之命處理日常事務；並置工作人員若干人，均由召集人就本部人員派兼之。」第10點規定：「本小組委員及工作人員均為無給職。」

依上開規定，已裁撤之內政部家庭暴力及性侵害防治委員會之業務，原則上由衛生福利部下設之專責單位保護服務司接掌。衛生福利部為研擬、協調、督導、研究、諮詢及推動家庭暴力、性侵害、性騷擾防治及各項保護性工作事項，另成立衛生福利部家庭暴力及性侵害防治推動小組，其主任委員由衛生福利部部長兼任，其餘委員由跨院部會之機關代表、民間團體及專家擔任，委員及工作人員均為無給職，性質上係任務編組。

104年修正第4條第1項，明定中央主管機關為「衛生福利部」。另修正第5條第2項，規定中央主管機關應遴聘（派）學者專家、民間團體及相關機關代表提供諮詢，其中學者專家、民間團體代表之人數，不得少於總數二分之一；且任一性別人數不得少於總數三分之一。

（三）地方政府之家庭暴力防治委員會

關於地方政府家庭暴力防治委員會之內部組織，家庭暴力防治法第7條並未加以明定，僅規定：「其組織及會議事項，由直轄市、縣（市）主管機關定之。」此因顧及各級地方政府之財力與人力等資源各有不同，故授權各級地方政府決定委員會之組織及會議事項。

以高雄市政府為例，91年12月31日通過「高雄市家庭暴力及性侵害防治委員會設置要點」，94年12月8日將該要點修正為「高雄市家庭暴力性侵害及性騷擾防治委員會設置要點」。該要點第3點規定委員會之內部組織如下：「本會置委員十五人至二十三人，其中一人為主任委員，由市長兼任；一人為副主任委員，由副市長兼任。其餘委員由主任委員就下列人員聘（派）兼之：（一）本府代表五人，由教育局、社會局、勞工局、警察局、衛生局局長擔任。（二）學者專家代表五人至八人。（三）民間團體代表四人至八人。前項女性委員應占委員總數二分之一以上。委員任期二年，期滿得續聘（派）之。任期內出缺時，由主任委員補聘（派），其任期至原任期屆滿之日止。」

此外，該要點第9點規定：「本會兼職人員均為無給職。」

依上開規定，高雄市家庭暴力及性侵害防治委員會之人員均為無給職兼任，性質上並非常設機關，而係任務編組。然而，委員會之層級亦相當高，由市長兼任主任委員，副市長兼任副主任委員，機關代表由各局人員兼任，民間團體代表與學者專家代表之比例極高，約達委員總數三分之二，由此可以看出高雄市政府相當尊重民間團體與專家學者之意見，其目的在於結合民間團體與專家學者之力量，做好家庭暴力之防治工作。

肆、外部功能

一、外國法制

各國之家庭暴力委員會功能雖不完全相同，但也有不少相同或類似之處。

在澳洲方面，上開維多利亞州「全州減少家庭暴力指導委員會」（現為「家庭暴力全州諮詢委員會」（Family Violence Statewide Advisory Committee））之成立目的在於：協調政府機關與民間團體之家庭暴力回應方式以減少及防治家庭暴力。此委員會做成報少倡議，例如：設立治安法院家庭暴力法庭（Family Violence Division of the Magistrates Court）、檢視家庭暴力相關法規、發展一套整合回應家庭暴力之最佳實務架構等，其在2005年提出一份名為「改革維多利亞家庭暴力服務體系」（Reforming the family violence service system in Victoria）之報告，對於建構一個整合多機關機構之家庭暴力處理方式有相當重大影響[15]。

在美國方面，上開「Santa Clara郡家庭暴力委員會」（Santa Clara County Domestic Violence Council）之成立目的，在於增進與家庭暴力有關之政府機關、民間團體、法院、社區人士、被害人間之協調整合，提供關於政策、計畫、立法之諮詢及建議，提升介入、處遇及防治效能，以確保被害人之安全與修復、加害人究責、教育大眾及防治家庭暴力之發生。此委員會下設下列七個常設委員會（standing committee），許多工作係經由常設委員會而完成：行政（Executive）委員會，加害人介入（Batterer's Intervention）委員會，兒童問題（Children's Issue）委員會，法院體系（Court Systems）委員會，同性戀、雙性戀、跨性別、酷兒及疑

----

[15] Judith Peirce, Statewide Steering Committee to Ruduce Family Violence, Federation of Community Legal Centres Annual Report 2002-2003; Stronger Communities (Respectful Relationships) project 2010-2013, Evaluation report, Final draft, 16 (2013).

性戀（Lesbian, Gay, Bisexual, Transgender, Queer/ Questioning）委員會，醫療（Medical）委員會，警察及被害人辯護（Police/ Victim Advocacy）委員會[16]。

前開「全國婦女受暴諮詢委員會」之成立目的在於為美國檢察總長、衛生及公共服務部長提供下列實務及政策諮詢：（一）改善國家對於婦女受暴之回應：包括家暴、性侵害、跟蹤等，將焦點放在對於目睹暴力兒童或少年之成功介入方案。（二）機關機構在回應婦女受暴問題上共同合作：包括司法機關、警察機關、檢察機關、社會福利機關機構、醫療機關機構、兒童福利機關機構、學校、企業、社區組織以及聯邦、州、地方、部落等政府。回應方式包括辨識及發展下列各項：（一）對於目睹暴力或親身受暴兒童及少年之成功介入方式（intervention）。（二）了解目睹暴力或親身受暴兒童及少年之安全與幸福與其母親之安全與幸福，係密不可分。（三）目睹暴力或親身受暴兒童及少年與全國社區大眾安全的關係[17]。

前開「俄亥俄州最高法院家庭暴力諮詢委員會」並無獨立決策權，其成立目的在於：提供最高法院諮詢，以提升全州法規，及提升在各法院內建立及運作家庭暴力計畫之統一標準；發展及提供各法院關於家庭暴力之服務，包括法官及法院人員之訓練計畫等；審議其他委員會認為必要之議題，以協助最高法院及其人員解決各法院之家庭暴力問題。委員會為完成其工作，如認為必要時，得成立8至12人之次級委員會。委員會1年至少開會2次，所有會議應對外公開，並公布於最高法院網站上。委員會主任委員應於每年1月31日向最高法院做前年度之工作簡報，最高法院院長有自由決定成立或裁撤委員會之權[18]。

----

[16] Office of Women's Policy，同註8。

[17] National Advisory Committee on Violence Against Women，同註13，1-2頁。

[18] The Supreme Court of Ohio & The Ohio Judicial System，同註14。

二、我國法制

（一）中央政府之家庭暴力防治委員會或推動小組

1. 96年修法前規定

　　96年修正前之家庭暴力防治法第7條規定，內政部家庭暴力防治委員會應「配置專人分組處理有關業務」，因此該委員會採分組處理之運作方式，由委員會之委員定期開會，以執行修正前第5條第1項所定之職掌有關事項。此外，依修正前第5條第1項第7款規定，委員會應統籌家庭暴力之整體資料，惟因家庭暴力整體資料可能涉及當事人之隱私權，故修正前第5條第2項規定：「前項第七款資料之建立、管理及使用辦法，由中央主管機關定之。」

　　在舊法時期，內政部家庭暴力及性侵害委員會分為綜合規劃組、保護扶助組、教育輔導組及暴力防治組4組，以辦理其上開執掌之家庭暴力防治及性侵害防治業務。

2. 96年修法規定

　　96年修正條文實施後，因第5條修正理由載明舊條文第6條所定委員會之組織、定位與功能仍予維持，所以其外部功能及分組情況並無改變。

3. 102年改隸「衛生福利部」

　　依「衛生福利部家庭暴力及性侵害防治推動小組設置要點」第1點規定，「家庭暴力及性侵害防治推動小組」之設立目的在於「研擬、協調、督導、研究、諮詢及推動家庭暴力、性侵害、性騷擾防治及各項保護性工作事項」。依第2點規定，該小組之任務包括：家庭暴力、性侵害、性騷擾防治與兒童及少年、老人、身心障礙者保護及兒童及少年性交易防制政策之研擬、協調、督導、研究、諮詢及推動事項；家庭暴力及性侵害、性騷擾防治與兒童及少年、老人、身心障礙者保護及兒童及少年性交易防制工作之業務發展、整合規劃事項；其他性別暴力防治及保護性工作相關事項。第9點規定：「本小組決議事項，應送請相關機關、機構、團體參考或辦理。」

（二）地方政府家庭暴力防治委員會

在因地制宜之考量下，家庭暴力防治法第7條項規定，各級地方政府家庭暴力防治委員會之組織及會議事項由地方政府定之，因此，各級地方政府所成立之家庭暴力防治委員會，其內部組織及外部功能可能各不相同。

以高雄市政府為例，高雄市家庭暴力性侵害及性騷擾防治委員會設置要點第4點規定：「本會每四個月召開會議一次，其經委員二分之一以上連署或主任委員認為必要時，得召開臨時會議。」第6點規定：「本會下設家庭暴力防治組、性侵害及性騷擾防治組。委員得依其專長分組，互推一人為召集人，並得視提案內容個別或共同召開專案會議。」第7點規定：「本會開會時得視需要邀請本會委員以外之專家學者及本府有關機關代表列席。」依此規定，委員會係定期開會，採分家庭暴力、性侵害及性騷擾三組之處理方式。委員得依其專長分組。因此，關於家庭暴力防治之任何決策、執行、督導等問題，均可為委員會之職務，而委員會經由委員之提案與決議，完成設置要點第2點所定之下列任務：

(1)協助推動防治家庭暴力、性侵害及性騷擾政策及法規之擬定事項。

(2)協調及督導有關機關防治家庭暴力、性侵害及性騷擾有關業務之執行。

(3)提供防治家庭暴力、性侵害及性騷擾服務網絡工作人員之專業諮詢服務。

(4)協助推展防治家庭暴力、性侵害及性騷擾有關之教育訓練及宣導事項。

(5)家庭暴力、性侵害及性騷擾防治業務年度工作計畫之審議。

(6)辦理性騷擾爭議案件之調查、調解及移送有關機關事項。

(7)其他有關家庭暴力、性侵害及性騷擾防治之事項。

伍、結語

　　近年來，許多重視家庭暴力問題之先進國家紛紛設立各種不同型態之家庭暴力委員會，一方面檢討現行法律之缺失並提出立法或修法之建議，另一方面仔細評估執法之成效並提出改進之方法，此外，其還蒐集各種有關資料、整合家庭暴力有關之公私立機關團體、推動專業人員及一般大眾之教育及宣導工作、協助被害人與加害人接受多方面之服務、診治與輔導，因此，外國之家庭暴力委員會在家庭暴力問題之防治與解決上已發揮極大之功能，其地位也日趨重要與穩固。

　　我國對於家庭暴力之傳統處理方式，不僅忽略家庭暴力之存在，而且容忍其之發生。為了使國人對於家庭暴力問題有清楚之認識、使司法及執法人員對於家庭暴力案件做認真之處理、使立法機關有正確之立法與修法政策、使社會服務與醫療網絡能完整地建立起來，我們確實需要設立全國性及地方性之家庭暴力防治委員會。我國家庭暴力防治法制定時，已參考美國與澳洲等先進國家之作法，依法在中央及地方政府設立家庭暴力防治委員會，希望能落實家庭暴力防治法之有關規定，以更人性化、更有效力之方式處理家庭暴力問題，進而消弭家庭暴力，增進家庭和諧。然而，102年衛生福利部成立後，並未成立家庭暴力防治委員會，其所成立之「家庭暴力及性侵害防治推動小組」，不僅名稱上讓人有降低層級之印象，其組織及功能均不如內政部家庭暴力防治委員會。

第九章
論受虐婦女殺夫案之刑事案件處理

壹、前言

民國（以下同）82年我國發生鄧如雯殺夫案，該案震驚社會，許多人認為有制定家庭暴力專法之必要，筆者因而在84年起草家庭暴力防治法。在現代婦女基金會及潘維剛等立法委員的推動下，立法院於87年通過家庭暴力防治法，鄧如雯殺夫案在國人心中留下極為深刻之印象。

95年我國又發生趙岩冰殺夫案，雖然影響不若鄧如雯殺夫案深遠，但同樣讓人震驚，令人心痛。

經過這麼多年，我們的司法進步了嗎？對於嚴重遭受家暴而殺夫的被告提供更周全地保護了沒有？這些問題讓人揮之不去。

本章擬論述兩個殺夫案的案情與法院判決，探討美國與加拿大的關於受虐婦女徵候群、專家證人、自我防衛等理論與實務，比較分析我國與外國的案件處理方式，並提出個人淺見，以供參考。

貳、鄧如雯殺夫案

一、案件事實

鄧如雯就讀國中三年級時，遭林阿棋強暴多次，因此受孕育有長子，又因畏怖而與林阿棋同居。林阿棋於同居期間經常毆打鄧如雯，鄧如雯遂

逃回其父家中，林阿棋為威逼鄧如雯回來繼續同居，將未滿1歲之長子甩在9人座之廂型車車頂上，猛開車後再急煞車，鄰居趁其停車時立刻將長子抱下交予鄧如雯之三妹，再由鄧如雯攜子離家至廟宇躲避。林阿棋又至鄧父家中砸毀屋內物品，將鄧父吊起來毒打，經報警後，友人出面調解，鄧如雯為免家人繼續受害而允與林阿棋結婚。

　　林阿棋婚後仍經常酒後毆打其妻與其子，鄧如雯離家多次，林阿棋至鄧父家中毀損物品，並將屋外2桶瓦斯桶安全栓打開，其中1桶置於門縫朝屋內放出瓦斯，另1桶自樓上往樓下投擲，經其友人勸回方才罷手，旋鄧如雯被林阿棋尋獲。79年8月間，林阿棋因經商失利心情欠佳，將其甫滿月之次子倒提雙腳，頭部置於洗衣機水槽內之水流漩渦中，鄧如雯上前阻止卻遭毆打，母子被拘禁半個月之久。嗣林阿棋因參加社運被提報流氓交付管訓處分2年，歸來後仍不斷酒後虐待鄧如雯。82年3月間，林阿棋毆打次子致其頭皮撕裂傷3處，右手撕裂傷1處，鄧如雯憤而離家出走。林阿棋揚言殺害鄧如雯娘家全家、以硫酸潑灑其2位妹妹、並予強姦後賣至妓女戶，且常打電話要求2位妹妹代姐職供其姦淫。同年5月間，林阿棋欲強暴2位妹妹未果，揚言將活埋其弟並以硫酸毀容。同年9月間，林阿棋又至鄧父宅內砸毀全部玻璃，並攜汽油欲放火並活埋鄧如雯之弟，鄧如雯聞訊不得已返家，旋被林阿棋毆打並加以拘禁。

　　同年10月27日下午，鄧如雯接獲其妹之電話得知其妹2人均遭林阿棋騷擾及強暴未果，頓覺憤激。當日下午6時許，林阿棋酒後返家又對鄧如雯冷嘲熱諷，並恫稱要殺害伊與娘家家人，且動手毆打鄧如雯，2人劇烈爭吵後，林阿棋於7時許進入臥房睡覺。鄧如雯取鐵鎚及水果刀各1把，於當日下午9時許趁林阿棋熟睡之際，先持鐵鎚猛擊林阿棋頭部，再持水果刀猛刺其頭部、左肩、背部、左下肢等處，致林阿棋頭部受傷9處、左肩、背部受傷9處、左下肢後大、小腿部受傷6處，並因左胸部受傷心肺大量出血，當場死亡。鄧如雯遂將林阿棋扶正蓋被，洗去雙手血跡，以電話告知林阿棋之妹並央求代為報警自首，林阿棋之兄通知救護人員到場後，

鄧如雯再次對其表示自首之意，經消防隊員向警局報案後，鄧如雯接受審判。

二、主要爭點

（一）被告可主張正當防衛，依刑法第23條規定不罰？

（二）被告行兇當時已陷於心神喪失或精神耗弱狀態，依舊刑法第19條第1項及第2項規定不罰或得減輕期刑？

（三）被告應成立刑法第273條第1項義憤殺人罪而非刑法第273條第1項之普通殺人罪？

（四）被告之犯罪情狀可憫恕，依舊刑法第59條得減輕其刑？

三、法院裁判

（一）歷審判決結果

臺灣板橋地方法院（現為臺灣新北地方法院）83年2月23日82年度重訴字第43號判決認為，鄧如雯成立普通殺人罪，僅符合自首之減刑條件，判處5年6個月有期徒刑。

臺灣高等法院83年8月2日83年度上訴字第1970號殺人案件刑事判決認為，鄧如雯符合自首及精神耗弱2項減刑條件，將原判決撤銷，判處有期徒刑3年。法官並准羈押於臺北看守所之鄧如雯以30萬元交保，因鄧如雯無錢交保，法官特准其律師以書面具保。

鄧如雯提起上訴，最高法院84年3月23日84年度台上字第1342號判決駁回上訴。

（二）確定判決之理由

上開確定判決之主要理由如下：

1.鄧如雯於行兇後委託消防隊員向該管警員自首犯罪並接受審判，依刑法第62條前段之規定應減輕其刑。

189

2.臺灣高等法院將鄧如雯送請三軍總醫院精神醫學部心理衡鑑會診精神狀態結果，認定鄧如雯在案發當時之精神狀態顯然處於短暫而似失智性之低度和偏差化行為，其時精神功能亦必處於某種情緒解離性或障礙性情境之狀態，雖其後尚能清晰陳述案發前後之大部分事宜，並欲自裁同死，亦不能否定案發時之似病態精神情境，鄧如雯於行為當時之精神狀態，確已符合最高法院26年渝上字第237號判例及48年台上字第1486號判例所稱之「精神耗弱」標準，宜依刑法第19條第2項規定減輕其刑，並依法遞減之。

3.刑法第23條規定正當防衛之行為不罰，須以對於現在不法之侵害為條件，鄧如雯自承其係趁林阿棋熟睡之際行兇，與正當防衛之構成要件未符。

4.鄧如雯事發後，對行兇過程仍有明確記憶，且於行兇後，尚能將林阿棋扶正躺平，以棉被妥為覆蓋，將自己雙手血跡洗淨後，再通知林阿棋之妹並表示自首之意，以邀自首減輕其刑之寬典，參以本件經送三軍總醫院精神醫學部心理衡鑑會診結果，及鑑定醫師江漢光之補充說明函件1份觀之，鄧如雯於案發時，辨別是非和外界事物之能力並無障礙，僅為無法依其辨別而控制自己之行為，是不足認其已達心神喪失程度。

5.案發當天下午，鄧如雯雖接獲其妹之電話，得知其妹2人均遭林阿棋騷擾並強暴未果，惟均屬林阿棋為不義行為之過去事實。至同日下午林阿棋返家後，固亦以言詞激怒，並動手毆打鄧如雯，然因鄧如雯行兇時間，係在林阿棋入房睡覺之後，是尚非林阿棋實施不義行為之當場，核與刑法第273條所定「當場激於義憤」之構成要件不符，應無該條適用之餘地。

6.刑法第57條所列各款，為量刑時應行注意之事項並非為減刑之依據，鄧如雯犯罪之動機，法院已依該規定審酌後量刑，自無依同法第59條酌量減輕其刑之餘地，是不得據以減輕其刑。

三、案件之迴響

　　鄧如雯殺夫案自82年案發後即震驚整個社會，受到鄧如雯殺夫效應影響，臺北市社會局康乃馨專線接獲婦女求助電話明顯增加，自82年7月到83年6月，該專線共接到3,650人次。投訴家庭暴力、婚姻迫害事件電話，往年平均每月100、200通電話，但因受美國閹夫案影響，2月份跳升到276人次，復因受鄧如雯殺夫案影響，3到5月平均每月高達400、500人次，明顯增加，國人因而注意國內家庭暴力問題已經非常嚴重[1]。

　　鄧如雯殺夫案之第二審判決引起廣大的注意，各報均大篇幅加以報導。鄧如雯本人稱對於判刑3年已經很滿意，並感謝法官及各界的關心。部分婦女團體對於改判3年一事感到振奮，認為這項結果雖不若其原先主張的無罪定讞，但已是國內司法界開始以人性發展的思考方向來看家庭暴力案的先例，值得高興，也是一大進步，但尚不足以表示女權運動的成功。該案合議庭之審判長指出，鄧如雯若不堪同居虐待應採法律途徑訴請離婚，不能因此拿刀殺人，合議庭不採信情堪憫恕辯解。也有法官認為，法院如認定鄧如雯是情狀可憫恕得減刑，會變相鼓勵受虐婦女可以不循正當的法律途徑尋求救濟，單以殺夫作為解決之道[2]。

　　再者，該案判決對於嗣後作成之一、二審判決亦有某程度之影響，例如：臺灣板橋地方法院（現為臺灣新北地方法院）審理杜如敏被控殺死丈夫閣臺貴案件後，認為杜如敏行兇時處於精神耗弱狀態，犯案後又主動向警員自首，准予兩度減刑後，依殺人罪判處有期徒刑3年[3]；臺灣高等法院審理洪麗鄉殺害前夫案件後，認為洪麗鄉在行兇時處於精神耗弱狀態，將臺灣板橋地方法院判處有期徒刑14年之判決撤銷，依殺人罪名改判有期徒刑9年[4]等。

----

[1]　中國時報，83年8月9日，第16版；自立晚報，83年8月3日，第9版。

[2]　自由時報，83年8月3日，第5版。

[3]　聯合報，83年8月18日，第7版。

[4]　中國時報，83年8月17日，第7版。

參、趙岩冰殺夫案

一、案件事實

　　趙岩冰出生於中國大陸，具有化工碩士學歷，曾擔任中國科學研究院河南分院辦公室主任多年，與第一任丈夫育有1名女兒。其丈夫於民國（以下同）86年去世，其於92年5月7日與年齡相差23歲之賈新民在河南省結婚後，申請來臺定居。婚後賈新民時常以「不要臉」、「蕩婦」等語辱罵趙岩冰，且不准趙岩冰外出工作及與他人交往。93年4月3日因賈新民以棍棒、椅子毆打趙岩冰，經法院核發通常保護令後，賈新民以不給生活費方式，企圖控制趙岩冰，趙岩冰只好不時向鄰居借貸。趙岩冰於93年底經診斷罹患子宮頸癌住院開刀，住院二月餘，賈新民不曾前往看護照顧。出院後趙岩冰時常因所裝置之導尿管滑落位移而數度進出醫院，住院期間曾因精神問題而會診精神科。賈新民再因94年10月30日持抓癢棒毆打趙岩冰，經法院核發民事通常保護令，並經檢察官聲請簡易判決處刑，在通常保護令審理及傷害犯行調查期間，趙岩冰因前述疾病、家庭壓力等多重因素，於94年11月28日經社工人員安排入住臺北市立聯合醫院松德院區（下稱松德院區）治療，經診斷為：重鬱症、單純發作、重度伴有精神症狀。94年12月9日出院後，仍數度前往松德院區門診治療。賈新民為達逼使趙岩冰離開臺灣之目的，於95年1月5日具狀向臺北市政府市長室陳情，謊稱趙岩冰之居留證不知從何而來，且趙岩冰為情報工作人員，趙岩冰受此類問題之牽延羈絆，原向醫院預約門診均因故未曾前往。95年2月1日上午7時30分許，正逢春節期間，趙岩冰已有多日未曾進食，且子宮頸癌開刀所裝置之導尿管又生問題，以致疼痛難當，遂前往賈新民住處，請求賈新民送其前往醫院就診，賈新民告以有能力下樓就自行前往就診，趙岩冰再央求賈新民提供一些醫療費用時，賈新民即持茶几上之菜刀一把，稱趙岩冰如再談錢之事，便欲將趙岩冰「腦袋剁掉」。因賈新民前已有多次揚言

將其殺害之意，且非第一次持刀欲殺害趙岩冰，趙岩冰隨手拿取身旁房間鏡臺上所放置之榔頭一支，持以用力敲擊賈新民頭部數下，致賈新民受有左顳部頭皮下血腫、左前額部瘀傷及後頂、右後枕、後枕中及左後枕等部位裂傷。賈新民經重擊後昏迷倒地無法站立，趙岩冰取下賈新民所持之菜刀一把，接續砍刺賈新民面部與頸部，導致賈新民受有右臉頰、右鼻、人中、右下頜、右人中、左臉頰、右下頜及左下頜等部位刀割傷，並受有前頸部刀砍傷，因氣管與食道被完全切斷，且左側頸動脈被切斷，導致大量出血休克，而當場死亡。趙岩冰見賈新民死亡，於是持該把菜刀前往房間隔壁廚房之流理臺清洗後，自行前往臺北市政府警察局大安分局臥龍街派出所自首其殺人犯行，自願接受裁判。

二、主要爭點

（一）被告應成立義憤殺人罪或普通殺人罪？

（二）被告有正當防衛阻卻違法事由，依刑法第23條規定不罰？

（三）被告行兇當時已陷於心神喪失或精神耗弱狀態，依舊刑法第19條第1項及第2項規定不罰或得減輕期刑？

（四）被告之犯罪情狀可憫恕，依舊刑法第59條得減輕其刑？

三、法院裁判

（一）歷審判決結果

臺灣臺北地方法院96年9月27日95年度重訴字第38號判決認為，被告成立普通殺人罪，符合自首及防衛過當2項減刑規定，並得依減刑條例第6條規定減刑，故判處有期徒刑3年，減為有期徒刑1年6月。

臺灣臺北地方法院檢察署（現為臺灣臺北地方檢察署）檢察官及被告均提起上訴，臺灣高等法院97年6月24日96年度上訴字第4489號判決認為上訴均無理由，駁回上訴。

被告提起上訴，最高法院於99年9月9日99年度台上字第5562號判決認

為上訴有理由，將原判決撤銷發回原審法院更為審判。

臺灣高等法院100年1月20日99年度重上更（一）字第268號刑事判決認為，被告成立普通殺人罪，不成立正當防衛，符合自首及犯罪情狀顯可憫恕2項減刑規定，並得依減刑條例第6條規定減刑，被告上訴主張其行為成立正當防衛、義憤殺人及有心神喪失、精神耗弱等為無理由，檢察官上訴有理由，故將原判決撤銷，改判有期徒刑3年，減為有期徒刑1年6月。

被告提起上訴，最高法院100年5月5日100年度台上字第2341號判決駁回上訴。

（二）確定判決之理由

確定判決之主要理由如下：

1. 應成立普通殺人而非義憤殺人

賈新民拿菜刀一把，恫稱再談錢之事將一刀把被告之「腦袋剁掉」，被告持榔頭朝賈新民頭部敲擊致其意識昏迷無法站立而排除侵害後，仍基於先前殺人之犯意，接續持菜刀朝賈新民面頸部猛刺，致賈新民死亡，被告在主觀上即非基於道義之理由而生憤慨始殺害賈新民，在客觀上依一般人之通常觀念，賈新民之行為尚不足以引起公憤而認為確為無可容忍者，故被告之行為不該當於義憤殺人之犯罪構成要件，係犯刑法第271條第1項之普通殺人罪。

2. 不合正當防衛要件

賈新民時常辱罵及毆打被告，並威脅要殺掉被告，被告因永久居留身分未確定，不具有合法工作權利，一旦離開賈新民，就會面臨強迫遣返命運，故不願因家暴事件而離婚。案發當時被告已有4天沒進食，導尿管位移又疼痛難當，忍痛找賈新民要求提供醫藥費，賈新民卻不斷辱罵被告，其後更自茶几上取菜刀一把，揚言欲將被告「腦袋剁掉」，依一般社會人士合理通念，足認賈新民對被告已具有強烈殺意，且案發現場之臥室空間狹小，被告生命顯係處於被害人控制範圍之內，堪認被告於案發時其生命係處於賈新民之威脅狀態，被害人賈新民對其生命之危害已迫在眉睫，依

一般客觀社會合理通念，足認被告確面臨賈新民之現時不法侵害，被告因而基於殺人及防衛自己生命法益之意思，於該時以逾越必要程度之防衛手段，持榔頭朝賈新民頭部敲擊，固應評價為對現在不法侵害所為之防衛過當行為。

惟賈新民頭部受重擊後，倒下昏迷，自無對被告施暴之行為及有繼續施暴之可能性，此時客觀上對被告外部之侵害狀態即已經其防衛行為排除而不存在，詎被告仍拿取賈新民手中之菜刀並猛刺其臉部、頸部共6刀，而導致賈新民死亡，被告此部分行為因現時已無外部之不法侵害，難認受其先前以榔頭擊打賈新民頭部之防衛行為效力所及而阻卻其行為之違法性，是被告持菜刀猛刺賈新民臉頸部之行為，並不符合刑法第23條正當防衛之構成要件。

被告在賈新民持菜刀欲對其為殺害行為時，基於防衛自己生命法益之意思，持榔頭敲擊賈新民頭部之殺人行為，雖屬正當防衛之過當行為，惟被其後之持菜刀砍刺賈新民臉頸部之殺人行為所吸收，不另論斷。

3. 辨識其行為違法或依其辨識而為行為之能力並無不能、欠缺或顯著減低情況（未達心神喪失或精神耗弱之程度）

舊刑法第19條第1項規定：「心神喪失人之行為，不罰。精神耗弱人之行為，得減輕其刑。」94年2月2日修正公布自95年7月1日施行之刑法第19條第1項及第2項規定：「行為時因精神障礙或其他心智缺陷，致不能辨識其行為違法或欠缺依其辨識而行為之能力者，不罰（第1項）。行為時因前項之原因，致其辨識行為違法或依其辨識而行為之能力，顯著減低者，得減輕其刑（第2項）。」

原審依被告聲請送國立臺灣大學醫學院附設醫院（下稱臺大醫院）鑑定結果認為：「趙女之精神科臨床診斷為重鬱症伴隨精神症狀，經住院治療後情緒及精神症狀均有改善，案發當時可能仍有部分憂鬱症狀，但被告可清楚描述當時找賈某之目的、互動之過程、主觀情緒之感受及行為之原因，顯示其意識、認知及現實感無明顯受損，其行為非受精神症狀之影響，而是案發當時與賈某之互動使其心生恐懼所導致。故被告案發當時之

情緒有部分憂鬱症狀，但未達心神喪失或精神耗弱之程度。」原審依職權送請松德院區做精神鑑定結果認為：「趙女確實遭受長期之婚姻暴力，之後罹患『重度憂鬱症』，且長期接受精神科治療，而案發前趙女因多日未服用長期處方之精神藥物而呈現部分憂鬱症狀，然鑑定評估認為其精神狀態並未達重度憂鬱期之臨床狀態。而趙女於涉案行為前，並非處於明顯之精神疾病狀或是嚴重憂鬱狀或明顯躁症干擾之情形，其涉案行為，亦非受到精神疾病症狀、嚴重憂鬱症狀、明顯躁症症狀或其他相類似之精神障礙影響而行為；再者，趙女對其當日賈新民之原因、目的、兩人之互動相處等過程亦可說明、描述，亦可見其行為時之知覺、理會及判斷作用未有明顯之障礙。綜上所述，本次鑑定認為，趙女犯行當時並無不能辨識其行為違法或欠缺依其辨識而行為能力，亦無其辨識行為違法或依其辨識而行為之能力顯著減低之情形。」

因此，被告行為當時辨識其行為違法，或依其辨識而為行為之能力，並無不能、欠缺或顯著減低之情況。原審已為上開鑑定，並傳喚實際負責鑑定之臺大醫師謝明憲到庭具結作證，自無再送書田診所江漢光醫師鑑定之必要，被告請求傳喚未曾對被告做心理測驗與面談之江漢光、李光輝等醫師就上開鑑定報告提出專家意見或到庭進行專家證人詰問，亦無必要。

4. 合於自首減刑要件

被告於殺害賈新民後，在有偵查犯罪權限之機關或個人知悉其犯行前，自行前往臺北市政府警察局大安分局臥龍街派出所向警員坦承其為行為人，並接受裁判，合於自首之規定，應依修正前刑法第62條前段之規定減輕其刑。

5. 符合犯罪情狀可憫恕減刑要件

被告原來在學識與經歷上，均高於華人社會同年齡之一般婦女，只是後來歷經家庭暴力、子宮頸癌等各種壓力，甚至罹患重度憂鬱症後，依照國立臺大醫院所做心理測驗結果，被告之智力已淪為邊緣程度（總智商76），其認知運作效能已鈍化下降。賈新民遂嚴格控制被告之交友與行動自由、對被告多次實施家庭暴力行為、拒絕給付家庭生活費用、干涉他人

借款給被告，並以羞辱、政治意識型態對抗強烈之字眼辱罵被告，甚至謊稱狀告被告為匪諜，希冀達到控制或遣返被告出境之目的，使被告處於嚴重被孤立、人性尊嚴之基本生活條件均無法維持之生活狀況。被告係因處於急迫危險之情狀而持榔頭用力敲擊賈新民頭部，並於賈新民昏迷倒地後取下賈新民手部所持有之菜刀接續砍刺賈新民面部與頸部，其犯罪時所受之刺激足以引起一般人之同情，被告於審理時已表示對於本案之發生表示懊悔，客觀上以一般國民生活經驗法則為之檢驗，可認被告之犯罪情節頗值憫恕，縱宣告本件犯殺人罪最低之刑度有期徒刑10年猶嫌過重，爰依舊刑法第59條之規定酌減其刑。

6. 依罪犯減刑條例減刑

被告於96年罪犯減刑條例施行前自首而受裁判，依該條例第6條之規定，應依該條例第2條第1項第3款、第7條之減刑規定，應減宣告刑二分之一。

肆、美國與加拿大之實務簡介

關於受虐婦女殺夫案，在歐美先進國家中，被告最常主張的是自我防衛（self-defense），被告是否可以主張自我防衛而獲得無罪或免刑判決？是否可請求專家證人在法庭上證明其有受虐婦女徵候群？這些問題雖然在國內尚未引起重視，也很少討論，但在美國、英國、澳洲、紐西蘭等先進國家早已獲得廣泛地重視，並在許多實際案例及學說論文中做過深入的爭辯與論述。茲僅將美國及加拿大之實務簡述如下。

一、美國之實務

（一）自我防衛之性質

我國之正當防衛是一種阻卻違法事由，美國刑法也與此相當之「自我防衛」。一般而言，自我防衛之成立要件通常包括「合理性」

（reasonableness）、「急迫危險」（imminent danger）及「平等武力」
（equal force）三者[5]。亦即，一個人如合理地相信其本人、財產或家人有
受不法侵害之急迫危險，而且有必要以武力避開危險時，得對於侵害者實
施合理程度之武力（a reasonable amount of force）[6]。

　　在傳統的美國法律中，受虐婦女的攻擊行為無法被認為係合理的行
為，因此不能構成自我防衛，受虐婦女遂多主張精神錯亂（insanity）、憤
激（heat of passion）、情緒極度混亂（extreme emotional disturbance）等。
不過，雖然在美國法律對於「正當事由」（justification）與「免責事由」
（excuse）有時不是區分得很清楚，但一般而言，自我防衛被認為是一種
正當事由，重點在於行為本身，認定該行為在其所處環境中係一種正當行
為；而精神錯亂、憤激等均被認為係一種免責事由，重點在於行為人，
認定該行為雖係錯誤之行為，但因行為人之特質（characteristics）或心境
（state of mind）應可容許之。是故，大約自西元（以下同）1980年代開
始，美國許多關心受虐婦女辯護工作之人，開始探討自我防衛之傳統定義
具有性別偏見等問題，並致力於重新界定正當事由與免責事由之範圍，去
除陳舊思想，使法官、律師及陪審員能明瞭受虐婦女所為行為的情境，因
而認定該行為具有合理性[7]。

（二）自我防衛之認定標準

　　根據傳統的美國實務見解與學說，自我防衛有主觀與客觀兩種標準，
所謂客觀標準係指從假想之理性人觀點（the perspective of the hypothetical
reasonable man）具有合理性（reasonableness）而言，所謂主觀標準則係指
從個人之自我觀點（the individual's own perspective）具有合理性而言，行
為人之行為必須符合此兩種標準，始能構成自我防衛[8]。

- - - - - - - - - -

[5]　Elizabeth M. Schneider, Describing and Changing: Women's Self-Defence Work and the
　　Problem of Expert Testimony on Battering, 9 Women's Rights Law Reporter 201 (1986).

[6]　Black's Law Dictionary, Fifth Edition at 1219-1220.

[7]　Schneider，同註5，215頁。

[8]　Elizabeth M. Schneider & Susan B. Jordan, Representation of Women Who Defend

客觀標準招致許多批評，例如忽視社會現實之複雜性、包含嚴格之個人責任觀點、導致性別偏見等，女性主義者普遍批評上開客觀標準在本質上包含男性價值觀。事實上，吾人對於「客觀」之認定大部分係基於男性之經驗，對男性之刻板印象是客觀與擅長分析，女性之刻板印象則是主觀與情緒化[9]。

（三）專家證人（expert witness）之功能

受虐婦女之殺夫行為因違反婦女之正當行為規範故被認為係一種不合理之行為，而為了克服一般人對於受虐婦女之迷思與誤解，受虐婦女在法庭上必須解釋其為何不脫離關係離家出走、為何不先報警處理或尋求其他援助、為何其在實施殺夫行為當時相信自己的生命有急迫之危險等。因此，許多受虐婦女請心理學家等專家證人出庭作證，幫助法官及陪審員明白一般受虐婦女有何共同的經歷、個別之受虐婦女為何採取殺害行為、被告之辯解是否可信等。

（四）受虐婦女徵候群（battered woman syndrome）之運用

許多心理學家提出關於受虐婦女徵候群之證詞，陳述婦女受其配偶嚴重之心理或生理虐待模式，說明受虐婦女共同心理與社會性格，化解關於婦女招惹或受暴力之迷思，指出受虐婦女是真正的受害人。現今有些人認為受虐婦女徵候群應該是屬於「創傷後壓力症候群」（post-traumatic stress disorder）的一個類型。

著名的心理學家Lenore Walker博士於其1979年出版的「受虐婦女」（*The Battered Women*）一書中，提出「暴力週期理論」（cycle theory of violence）及「學得無助感理論」（learned helplessness theory），將暴力週期分為三個階段：壓力增加階段（the tension building phase）、劇烈虐待事件（the acute battering incident）及溫情懺悔之親愛行為（loving kind and

---

Themselves in Response to Physical or Sexual Assault, 4 Women's Rights Law Rep.30 (1987).

[9] Schneider，同註5，219頁。

contrite behavior）。受虐婦女經常經歷暴力週期，害怕自己無論做什麼事情都會招致虐待，有一種無法預期及控制自己生活之學得無助感，縱使有機會逃離，也無力為之，也可能因極度自卑以及自認或確實無路可走，而無法脫離虐待關係[10]。

在法院審理程序中，專家證人通常先解釋虐待關係與受虐婦女徵候群及其對婦女之心境所造成之影響，再指出受虐婦女徵候群之模式與被告之案情有何類似之處，最後再陳述關於被告是否為受虐婦女徵候群之受害人之意見，陳明被告為何置身於被殺害之恐懼中。

關於受虐婦女之專家證言在美國刑事審判案件中產生重大影響，一般而言，司法機關已普遍承認在審理受虐婦女主張正當防衛程序中，性別刻板思想之嚴重性，並認定專家證言能在受虐婦女之辯護中扮演重要的角色，事實上，專家證言在許多案件中被認定具有容許性（admissibility），而且不僅是在自我防衛之主張中被提出，在諸如大陪審團、聲請駁回或不受理、處刑等刑事訴訟程序中也由被告方面提出[11]。

在自我防衛方面，由於美國法院對於自我防衛之認定標準並不一致，有些採客觀標準[12]，有些採主觀標準[13]，有些則未說明其係採取何種標準[14]。因此，受虐婦女請專家證人為其作證，說明受虐婦女群眾所具有之特性，證明自己屬於其中一員，故其行為從自己個人以及該群體一員之觀點看來均具有合理性。而專家證人關於受虐婦女共同特性之觀念即包含主觀（個人）因素及客觀（群體）因素在內，其所為關於受虐婦女經驗之證詞內容在某種意義上可以被認為具有客觀性，事實上，美國法院不管採取何種標準，多認為專家證言具有關聯性（relevance）。

Lenore Walker博士曾於1986年撰文表示，在96個受虐婦女殺夫並幾乎

---

[10] Lenore E. Walker, The Battered Woman 55-70 (1979).

[11] Schneider，同註5，202-206頁。

[12] 例如State v. Kelley, 97 N.J. 178, 478 A.2d 364 (1984).

[13] 例如State v. Allery, 101 Wash. 591, 682 P.2d 312 (1984).

[14] 例如State v. Anays, 438 A.2d 892 (Me. 1981).

全部主張自我防衛之案件中，Walker博士藉由專家證言引進成功地提出受虐婦女徵候群證據者在審理程序中有33件，在處刑程序中有32件，有4件檢察官聽取Walker博士等專家證人之評價後已撤回起訴，只有4件不容許專家證言，其餘案件有些尚未進入審判程序，有些則未曾受惠於專家證言。受虐婦女幾乎全部（96%）被控一級謀殺罪，但只有4件被定此罪；有25%被判無罪，40%被判較輕之罪名並宣告緩刑，因此，有三分之二婦女不必受牢獄之災；另10%被判處2年以下徒刑，14%被判處3年至15年徒刑，這些判刑中有許多業已減刑；有5位婦女被處20年以上徒刑，在這些案件中有2件不容許專家證言。此種情況與10年前受虐婦女殺夫時幾乎無法獲得任何辯護之情形已有極大差異，當時在美國各州多數婦女雖然對於謀殺控訴為認罪，仍然被判處15年以上有期徒刑或無期徒刑。就此意義而言，經由專家證言使某些婦女經驗得以陳明並得到支持，確實對於存在性別偏見之審判制度造成衝擊[15]。

（五）各州容許受虐婦女徵候群之專家證言

近年來，受虐婦女徵候群遭受一些批評，例如：受虐婦女並無單一形象、受虐婦女徵候群定義模糊、受虐婦女徵候群創造一個病理學的圖像、與刑事案件爭點可能無關聯性、欠缺標準定義及科學有效證據、未適當結合與現今研究、可能讓受虐婦女污名化等[16]。

然而，現今美國各州均已容許受虐婦女徵候群之專家證言以支持自我防衛抗辯，有一些州甚至在成文法中明定，幾個重要判決及法規如下。

1. 紐澤西州之最高法院判決

在著名的State v. Kelly一案中，被告在其7年婚姻中經常受其夫虐待，於某日受其夫以棍棒毆打時，用剪刀殺死其夫，並於審判中抗辯其係出於

---

[15] Lenore E. Walker, A Response to Elizabeth M. Schneider's Describing and Changing: Women's Self-Defense Work and the Problem of Expert Testimony on Battering, 9 Women's Rights Law Reporter 224 (1986).

[16] Mary Ann Dutton, Update of the "Battered Woman Syndrome" Critique, Applied Research Forum, National Online Resource Center on Violence Against Women 5-9 (2009).

自我防衛。被告之辯護律師試圖在審判中引進一位臨床心理醫師之專家證言，陳明被告係一名受虐婦女，並且合理地相信自身處於遭受死亡或嚴重傷害之急迫危險中，必須做自我防衛。紐澤西州初審法院及上訴法院均認為專家證言依紐澤西州之自我防衛標準並不具有關聯性，但紐澤西州最高法院1984年7月24日判決則採取不同之見解。

最高法院首先論述受虐婦女問題之嚴重性以及受虐婦女刻板思想與迷思之普遍性，並解析Walker博士之暴力週期理論，且將紐澤西州之自我防衛標準定義為客觀標準，認為專家證言能表明被告之經驗是否係一般受虐婦女之共同經驗，對於被告是否合理地相信自己處於致命之急迫危險此一問題極具重要性，能幫助陪審員認定是否一個理性人（a reasonable person）會相信被告處於急迫之死亡危險中。因此，紐澤西最高法院認為專家證言依紐澤西之自我防衛標準具有關聯性，受虐婦女徵候群之專家證言應可容許，故將案件發回更審[17]。

紐澤西州最高法院此項認定已經承認婦女以及受虐婦女之經驗與認知具有客觀的合理性，因此賦予婦女的經驗一種群體的「公眾」性質，而不僅僅是一種個別的「私人」主觀產物[18]。

2. 加州之成文法及最高法院判決

(1)證據法（Evidence Code）之規定

加州於1992年修正證據法第1107條，此條第1項規定：在刑事案件中，檢察官或被告均容許提出關於親密伴侶施暴及其效果（intimate partner battering and its effects）之專家證言，包括身體及精神虐待之本質及其對家庭暴力被害人之信念、認知或行為所產生之效果，但不能用以對抗刑案被告，證明據以起訴之施暴行為[19]。所謂「親密伴侶施暴及其效果」，是

---

[17] State v. Kelley, 97 N.J. 178, 478 A.2d 364 (1984); Schneider，同註5，208-209頁。現今美國法院多已將「理性人」以「a reasonable person」一詞代替「a reasonable man」之用語，以去除性別偏見及包含男性價值觀之疑慮。

[18] Schneider，同前註，218-220頁。

[19] California Evidence Code, §1107.

指受虐婦女徵候群而言。

(2)最高法院之判決

1996年8月29日，加州最高法院在People v. Humphrey一案判決中認為，被告在本案中提出受虐婦女徵候群之專家證言以證明其正當防衛之主張，事實審法院指示陪審團，關於專家證言之證據僅可在認定被告是否相信有必要殺以自我防衛時審酌，不能在認定此種相信是否合理時審酌，此為錯誤之指示，因為受虐婦女徵候群之證據可幫助陪審團了解被告發現自己在殺人時所處情境，此與被告相信之合理性有關聯（relevant），再者，因被告證稱此證據與其可信度（credibility）有關聯，故事實審法院本應讓陪審員審酌此證據以認定被告是否確實相信殺人有其必要及其合理性[20]。

(3)刑法（Penal Code）之規定

上開加州證據法第1107條規定並無溯及既往之效力，僅適用於1992年後受審判之受虐婦女。為保護1992年前受審判之受虐婦女，加州開美國各州之先例，於2002年修正加州刑法第1473.5條，規定在1992年以前被判決成立謀殺罪而監禁之家庭暴力被害人，如未於刑事審判中提出關於親密伴侶施暴及其效果之專家證言，而且如果提出可能會影響定罪判決者，得聲請人身保護令（a writ of habeas corpus），請求案件重審、減刑或其他救濟。

2005年1月，加州將此法律擴大適用所有暴力重罪（violent felonies），而且擴大適用時間，允許在1996年8月29日加州最高法院People v. Humphrey案件判決以前犯罪，未於刑事審判中提出關於親密伴侶施暴及其效果之專家證言，而被判成立暴力重罪加以監禁之家庭暴力被害人，也可以聲請人身保護令[21]。許多被監禁受虐婦女依此條規定而得到釋

---

[20] People v. Humphrey, 13 Cal. 4th 1073, 921 P.2d 1, 56 Cal. Rptr. 2d 142 (1996).

[21] California passed Penal Code, §1473.5.

放[22]。

3. 馬里蘭州之成文法

馬里蘭州法典之「法院及司法程序」（Courts and Judicial Proceedings）第10-916條第2項明定：被告如提出爭點，主張在被訴之行為當時，其因被害人的過去行為而有受虐婦女徵候群時，法院得容許關於被告受被害人重複虐待之證據以及受虐婦女徵候群專家證言，以解釋被告為被訴行為時之動機或心態[23]。因受虐婦女徵候群在司法體系中越來越被接受採用，檢察官也被容許在家庭暴力案件中使用專家證言。不過，受虐婦女徵候群之專家證言必須符合聯邦證據法第702條及其他相關規定[24]。

4. 聯邦上訴法院之判決

在Paine v. Massie案件中，Teresa Vilene Paine是一位受虐長達12年之婦女，因殺夫而被奧克拉荷馬州法院判處無期徒刑。其向美國聯邦法院提起上訴，主張其辯護律師在審判中未提出受虐婦女徵候群之專家證言，辯護行為有重大瑕疵並造成損害，使其未能享有美國聯邦憲法第6條增修條文之辯護律師有效協助權（Sixth Amendment right to effective assistance of counsel）。美國聯邦地方法院雖駁回上訴，但美國聯邦第十巡迴上訴法院則准許上訴。

上訴法院於2003年8月11日判決認為：陪審團對於受虐婦女徵候群可能會有誤解，辯護律師卻對於地方法院認為有效之自我防衛抗辯所需要件未有積極作為，雖然專家證人對於終局事實（ultimate fact）不能作證，但為使陪審團能妥適評估上訴人的恐懼是否合理，受虐婦女徵候群之專家證言有其必要，故本案應發回更審，使Paine可以提出關於其罹患受虐婦女徵候群以及該症狀如何在殺夫時影響其思想之專家證言。

----

[22] Carrie Hempel, Battered and Convicted: One State's Efforts to Provide Effective Relief, 25 Criminal Justice, Number 4, at 24 (Winter 2011).

[23] Maryland Code, Courts and Judicial Proceedings, §10-916(b).

[24] Jessica Savage, Criminal Law Chapter: Battered Woman Syndrome, 7 The Georgetown Journal of Gender and the Law 761 (2006).

　　上訴法院又指明，如果上訴人在更審中符合要件，聯邦地方法院應該核發附條件人身保護令（a conditional writ of habeas corpus），該保護令於奧克拉荷馬州拒絕在合理時間內重審Paine時，始生效力[25]。

二、加拿大之實務

　　加拿大刑法與美國刑法相似，也有「自我防衛」正當事由。關於受虐婦女徵候群之專家證言容許性問題，加拿大最高法院已經作成幾個判例，茲將最先作成及最近作成之兩個判例分述如下。

（一）R. v. Lavallee案

　　加拿大最高法院在1990年之R. v. Lavallee案件中，首度在法律上承認受虐婦女徵候群。

　　Angelique Lavallee為受虐婦女，在一次劇烈爭吵中，其普通法伴侶Kevin Rust毆打Lavallee，並恫嚇稱：「不是我殺你，就是你殺我」，且遞給Lavallee一把槍。Lavallee起初想舉槍自殺，但當Rust轉身想離開房間時，Lavallee開槍射中Rust後頭部將其殺死。在審判中，Lavallee提出正當防衛抗辯，並請一位精神科醫生作證，該醫生解釋Lavallee所處環境對其心理狀態造成影響，使Lavallee認為其將遭受殺害，別無選擇只好開槍射射殺Rust。

　　陪審團雖做出無罪之裁決，但該裁決在上訴審中被撤銷。Lavallee提起上訴。本案之爭點在於，專家證人之受虐婦女徵候群證詞是否可被容許。

　　加拿大最高法院判決認為，當外行人之論理存有刻板印象及迷思時，通常需要專家證言，特別是在本案中，受虐婦女的經驗，與自我防衛所要求之合理人標準（the reasonable person's standard）間，具有關聯性。本案事實審法官對於專家證言之容許及對於陪審員之指示，均為正當妥適，本

---

[25]　Paine v. Massie, 339 F.3d 1194 (10th Cir. 2003).

件上訴應予准許[26]。

（二）R. v. Ryan案

加拿大最高法院在2013年之R. v. Ryan案件中，認為受虐婦女應抗辯自我防衛，而非脅迫（duress）。

Nicole Doucet Ryan是一位受虐婦女，其夫Michael Ryan經常威脅她，恐嚇要「毀滅她」，並將要埋葬她的地點指給她看。因此，Ryan自2007年9月開始計畫謀殺其夫，先後找過2個人殺夫均無法成交，當她想找第3位時，有位臥底警察冒充槍手在2008年3月27日與她見面，Ryan同意付25,000元，於當日先給付2,000元及一張其夫之照片，殺夫日期定於下個周末。Ryan不久即遭逮捕，被控教唆犯罪。

Ryan主張其有普通法之「脅迫」抗辯事由，事實審接受其主張，認為其所為犯行係因受脅迫所致，判決無罪。檢察官在事實審中並未主張脅迫在法律上不適用於Ryan，直到上訴時才主張。抗辯上訴法院（Nova Scotia Court of Appeal）維持該判決。

加拿大最高法院於2013年1月18日判決認為，Ryan所受之恐嚇或威脅（threat），並無強迫或強制（compulsion），所以不成立脅迫，Ryan只能抗辯自我防衛。一般而言，自我防衛是一種合法使用武力的「正當事由」，脅迫是一種不正當但法律免除其責任之「免責事由」，自我防衛比脅迫更容易成立。如果被告不能成立自我防衛正當事由，卻能成立更嚴格的脅迫免責事由，將會是一件奇怪的事。本案雖然應准許上訴，但是如果讓Ryan再接受另一個審判顯不公平，Ryan所受的虐待及漫長的訴訟程序已經對其造成巨大傷害，本案為一特例，應中止訴訟程序（the proceedings should be stayed）[27]。

---

[26] R. v. Lavallee, [1990] 1 S.C.R. 852.

[27] R. v. Ryan, [2013] 3 SCC.

伍、兩件殺夫案之確定判決評論

一、判決之異同

上開臺灣發生兩件殺夫案，鄧如雯殺夫案發生於民國（以下同）82年10月27日，臺灣高等法院於83年8月2日作成83年度上訴字第1970號判決，最高法院於84年3月3日駁回上訴。趙岩冰殺夫案則發生於95年2月1日，臺灣高等法院於100年1月20日作成99年度重上更（一）字第268號確定判決，最高法院於100年5月5日駁回上訴。兩案發生時間相隔12餘年，確定判決時間相隔16餘年。

兩個案件之被告均係長期遭受嚴重家庭暴力之被害人，其殺夫行為均合於自首減刑條件，案件之主要爭點均為：被告應成立義憤殺人罪或普通殺人罪？被告有無正當防衛阻卻違法事由？被告是否符合心神喪失或精神耗弱之減刑要件？被告是否合於犯罪情狀可憫恕之減刑要件？法院均曾將被告送醫院做精神鑑定。

醫院對於兩個案件之鑑定結果並不相同，法院之確定判決結果也不相同。鄧如雯有舊刑法所定之自首絕對減輕刑罰事由及精神耗弱相對減輕刑罰事由，判處有期徒刑3年確定；趙岩冰有舊刑法所定之自首絕對減輕刑罰事由及犯罪情狀可憫恕之裁判上減輕刑罰事由，判處有期徒刑3年，再依96年罪犯減刑條例減為有期徒刑1年6月確定。

二、義憤殺人罪之認定過於嚴格

刑法第283條之義憤殺人罪與刑法第271條之普通殺人罪之區別，主要在於義憤殺人罪有其特別之殺人動機，亦即，義憤殺人罪係以「當場激於義憤」之殺人動機為犯罪之成立要件，此外，義憤殺人罪之可罰性較普通殺人罪之可罰性為輕。

最高法院24年上字第2246號判例明載：「刑法上所謂當場激於義憤

而傷害人，係指被害人之行為違反正義，在客觀上足以激起一般人無可容忍之憤怒，而當場實施傷害者而言。」該院33年上字第1732號判例亦載：「刑法第273條之規定，祇須義憤激起於當場而立時殺人者，即有其適用，不以所殺之人尚未離去現場為限。被告撞見某甲與其妻某氏行姦，激起憤怒，因姦夫姦婦逃走，追至丈外始行將其槍殺，亦不得謂非當場激於義憤而殺人。」

　　趙岩冰雖具有化工碩士學歷，原本在學識與經歷上均高於華人社會同年齡之一般婦女，卻因長期遭受家庭暴力，身心受創甚深，智力淪為邊緣程度（總智商76），案發當天已有4天沒進食，導尿管位移又疼痛難當，忍痛找賈新民要求提供醫藥費，賈新民卻不斷辱罵被告，其後更自茶几上取菜刀一把，揚言欲將被告「腦袋剁掉」，趙岩冰忍無可忍將其殺害，此種情況與撞見配偶與人行淫憤而殺人之情形相比，依現代一般人之通常觀念，似乎更符合上開判例所稱之「被害人之行為違反正義，在客觀上一般人無可容忍之憤怒」。

　　再者，依上開判例，姦夫姦婦已逃離現場，被告追至丈外，將姦夫姦婦槍殺，仍可構成義憤殺人。趙岩冰對其丈夫手持菜刀欲殺人之不義行為當場反擊，並在不義行為發生之現場加以殺害，上開確定判決卻以「殺害行為係在賈新民意識昏迷無法站立已排除侵害之後」為由，認為趙岩冰之行為在主觀及客觀上均非基於義憤，卻未詳細論述為何在侵害排除後殺人就可以認為主觀及客觀上均非基於義憤。確定判決對於義憤殺人採取嚴格解釋，其認定理由過於簡陋，難以保護受到極不公平對待之受虐婦女。

三、正當防衛之認定過於保守

（一）臺灣法律規定與實務見解

　　刑法第23條規定：「對於現在不法之侵害，而出於防衛自己或他人權利之行為，不罰。但防衛行為過當者，得減輕或免除其刑。」此條前段之規定，學說上稱之為正當防衛或緊急防衛，通說認為係一種阻卻違法事

由[28]；此條後段之規定，學說上稱之為過當防衛或防衛過當，不得阻卻違法，係一種相對減輕刑罰事由。正當防衛通說認為是一種權利行為，亦即，被害人對於現在不法之侵害，在公權力無法保護之急迫情況下，允許被害人基於自衛之本能，向加害人實施反擊以排除該侵害[29]。因此，有學者認為，具有阻卻違法事由之行為即不成立犯罪，故此條規定為「不罰」顯有不當之處，應與其他刑法所定之阻卻違法事由均規定為「不為罪」或「不違法」，始能與欠缺責任能力行為之規定，有所區別[30]。

　　所謂現在不法之侵害，依學者之見解，係指現正繼續進行尚未終了之侵害而言，尚未開始之侵害及已成過去之侵害，均無正當防衛可言[31]；而依最高法院判例，加害與否僅在顧慮之中，既非對於現在不法之侵害加以防衛[32]。不過學說對於「現在之侵害」見解並不一致，大致而言，有下列三說：1.侵害行為正進行中尚未終了，始得認為現在之侵害。2.侵害之事實在繼續中，不論侵害之事實已否完成，即屬現在之侵害。3.加害人未離開現場即屬現在之侵害。此三說以第二說之適用範圍最廣，第一說之適用範圍最狹[33]。

（二）確定判決理由

1. 鄧如雯案

　　確定判決對於被告之正當防衛抗辯，僅以簡單數句認定：「本件上訴人鄧如雯自承其係趁林阿棋熟睡之際行兇，核與正當防衛之構成要件尚有

---

[28] 韓忠謨，刑法原理，民國71年4月版，166頁，註19。「刑法所定若干不罰之事由，究係阻卻違法，抑僅阻卻責任，有時區別匪易，尤以正當防衛、緊急避難及依上級長官命令之行為等事由，其不罰之理由是否相同，頗多爭議。德國學者有主張皆係阻卻違法而不罰者，是為統一說Einheitstheorie。另一派學者則以為正當防衛應屬阻卻違法，而緊急避難及依上級長官命令之行為則僅係阻卻責任，是為區別說Differenzierungstheorie。」

[29] 韓忠謨，同前註，141-142頁；林山田，刑法通論，民國73年2月版，140-141頁。

[30] 林山田，同前註，140頁。

[31] 韓忠謨，同註28，143頁；林山田，同前註，142-143頁。

[32] 最高法院28年上字第2363號判例、38年臺上字第29號判例。

[33] 韓忠謨，同註28，143頁。

未符，是無阻卻責任事由可言。」其將正當防衛認係阻卻責任事由而非阻
卻違法事由，對於何謂現在之侵害以及為何趁人熟睡之際行兇即不能成立
正當防衛等理由，均未在判決中詳加論述。鄧如雯之辯護律師亦將正當防
衛書為「不可非難之正當防衛阻卻責任事由」，嗣後亦未對於此項認定提
起上訴。

2. 趙岩冰案

確定判決認為，賈新民不斷辱罵被告，取菜刀一把揚言欲將被告腦
袋剁掉，案發現場之臥室空間狹小，依一般社會人士合理通念，賈新民對
被告已具有強烈之殺意，對被告生命之危害已迫在眉睫，被告面臨現時不
法侵害，基於殺人及防衛自己生命法益之意思，以逾越必要程度之防衛手
段，持榔頭朝賈新民頭部敲擊，應評價為對現在不法侵害所為之防衛過當
行為。

賈新民頭部受重擊後倒下昏迷，無對被告繼續施暴之可能性，客觀上
對被告之侵害狀態已經排除而不存在，被告仍拿取菜刀猛刺其臉部、頸部
致其死亡，被告持菜刀猛刺賈新民臉頸部之行為，因現時已無外部之不法
侵害，不為先前防衛行為之效力所及，不能阻卻其行為之違法性，故不符
合正當防衛之構成要件。

（三）確定判決固守傳統認定標準對受虐婦女過於嚴苛

如前所述，美國、加拿大刑法均有自我防衛正當事由，自我防衛之
成立要件通常包括「急迫之危險」。美國各州法院對於自我防衛「急迫之
危險」之認定標準，究竟採客觀說或主觀說，採「客觀說」見解時究竟
採「通常一般人」之標準（a reasonable person standard）或「一般受暴婦
女」（a reasonable battered woman standard）之標準，並不一致，但美國各
州法院不管採取何種標準，多認為專家證言具有關聯性，各州均已容許受
虐婦女徵候群之專家證言以支持自我防衛抗辯。當受虐婦女在被害人睡覺
或轉身時將其殺害，看起來似乎不符合急迫危險要件。然而，許多受暴婦
女在法庭上陳述，自己在受暴一段期間後，已經相信自己實際上無法逃離

施虐者的掌控。專家證人也在法庭上解釋虐待關係與受虐婦女徵候群及其對婦女之心境所造成之影響，指出受虐婦女徵候群之模式與被告之案情有何類似之處，提出關於被告是否為受虐婦女徵候群之受害人之意見，陳明被告為何置身於被殺害之恐懼中，其相信自己無法逃離施虐者掌控之想法具有真實性。經由專家證言，不少受虐婦女被認為構成正當防衛[34]。1990年之加拿大最高法院判例已在法律上承認受虐婦女徵候群，認為受虐婦女的經驗與自我防衛所要求之「合理人標準」間具有關聯性，專家證人關於受虐婦女徵候群之證詞應予容許。事實上，美國及加拿大不少法院判決受虐婦女構成自我防衛，受虐婦女因而得到無罪、緩刑或減刑判決。

　　然而，在我國之家庭暴力事件中，檢察官通常不會聲請鑑定或請求傳訊鑑定證人以證明被告曾經實施家庭暴力行為。在家庭暴力之被害人殺夫之案件中，被告如提出正當防衛之抗辯時，法院通常不會依當事人之聲請或依職權鑑定被告是否有受虐婦女徵候群、被告害怕急迫危險是否合理、被告是否因受虐婦女徵候群之驅使而殺夫等事實。

　　鄧如雯及趙岩冰等受虐婦女在上開案件中所抗辯之正當防衛均不被法院採納，確定判決對於「正當防衛」之「現在不法侵害」要件採「客觀說」見解及「通常一般人」之標準，幾乎完全忽視被告及其他受虐婦女之心理創傷與「現在不法侵害」之關聯性，也未請鑑定機關或鑑定證人對於被害人之心理創傷及心理害怕之合理性問題表示意見。確定判決不僅認定鄧如雯趁林阿棋熟睡之際行兇不符正當防衛之構成要件，連趙岩冰面臨現時不法侵害，基於殺人及防衛自己生命法益之意思，先持榔頭敲擊賈新民頭部後，再以菜刀刺死賈新民，確定判決也認定持榔頭敲擊頭部行為僅構成防衛過當行為，而將人擊倒昏迷，客觀上對被告之侵害狀態已經排除而不存在，所以持刀殺人行為不符合正當防衛之構成要件。確定判決固守傳統嚴格的認定標準，與美加等歐美先進國家之實務相比較，過於保守，對於受虐婦女未盡公平。

- - - - - - - - - - - - - - - - - -

[34] Tony Francis, Battered Woman Defense: The Verdict Is In - Connect - Medscape (Feb. 25, 2013). http://boards.medscape.com/forums?128@1.DTAiabKufWs@.2a54d936!comment=1

（四）精神狀態之認定更趨嚴苛

1. 法律規定與實務見解

舊刑法第19條第1項規定：「心神喪失人之行為，不罰。」此為無責任能力人；同條第2項規定：「精神耗弱人之行為，得減輕其刑。」此為限制責任能力人。心神喪失與精神耗弱均係屬精神障礙，應以行為當時之精神狀態而為判斷，不須永久存續而無間斷[35]。但因二者輕重有別，關於心神喪失與精神耗弱如何區分與認定問題，最高法院判例認為，應依行為時精神障礙程度之強弱而定，如行為時之精神，對於外界事務全然缺乏知覺理會及判斷作用，而無自由決定意思之能力者，為心神喪失，如此項能力並非完全喪失，僅較普通人之平均程度顯然減退者，則為精神耗弱[36]；而且，精神是否耗弱，乃屬醫學上精神病科之專門學問，非有專門精神病醫學研究之人予以診察鑑定，不足以資斷定[37]。

94年2月2日修正之刑法第19條第1項規定：「行為時因精神障礙或其他心智缺陷，致不能辨識其行為違法或欠缺依其辨識而行為之能力者，不罰。」第2項規定：「行為時因前項之原因，致其辨識行為違法或依其辨識而行為之能力，顯著減低者，得減輕其刑。」此條之重要修正理由包括：(1)「心神喪失」與「精神耗弱」之語意極不明確，其判斷標準更難有共識。實務上欲判斷行為人於行為時之精神狀態，常須藉助醫學專家之鑑定意見；惟心神喪失與精神耗弱概念，並非醫學上之用語，醫學專家鑑定之結果，實務上往往不知如何採用，造成不同法官間認定不一致之情形。(2)關於責任能力之內涵，依當前刑法理論，咸認包含行為人辨識其行為違法之能力，以及依其辨識而行為之能力。至責任能力有無之判斷標準，多認以生理學及心理學之混合立法體例為優。易言之，區分其生理原因與心理結果二者，則就生理原因部分，實務即可依醫學專家之鑑定結果為據，

---

[35] 韓忠謀，同註28，190頁；林山田，同註29，174-175頁；最高法院24年上字第2844號判例。

[36] 最高法院26年渝上字第237號判例。

[37] 最高法院47年臺上字第1253號判例。

而由法官就心理結果部分，判斷行為人於行為時，究屬無責任能力或限制責任能力與否。在生理原因部分，以有無精神障礙或其他心智缺陷為準；在心理結果部分，則以行為人之辨識其行為違法，或依其辨識而行為之能力，是否屬不能、欠缺或顯著減低為斷。行為人不能辨識其行為違法之能力或辨識之能力顯著減低之情形，例如：重度智障者，對於殺人行為完全無法明瞭或難以明瞭其係法所禁止；行為人依其辨識違法而行為之能力欠缺或顯著減低之情形，例如：患有被害妄想症之行為人，雖知殺人為法所不許，但因被害妄想，而無法控制或難以控制而殺害被害人。

　　依最高法院判決，在學理上，「辨識其行為違法之能力」稱為「辨識能力」，「依其辨識而行為之能力」稱為「控制能力」。欠缺辨識能力或控制能力者，為無責任能力人，辨識能力或控制能力顯著減低者，得減輕其刑[38]。「精神障礙或其他心智缺陷」之生理原因要件，涉及醫學上精神病科之專門學識，應由專門精神疾病醫學研究之人員或機構予以診察鑑定，經鑑定結果，行為人行為時如確有精神障礙或其他心智缺陷，則此等生理因素是否導致其違法行為之辨識能力或控制能力產生不能、欠缺或顯著減低之心理結果，亦即二者有無因果關係存在，得否阻卻或減輕刑事責任，係依犯罪行為時狀態定之，故應由法院依調查證據之結果，本於職權判斷評價之[39]。

---

[38] 最高法院100年臺上字第2963號判決、96年臺上字第6368號判決、96年臺上字第5297號判決參照。

[39] 最高法院96年臺上字第5297號判決認為：「其中『精神障礙或其他心智缺陷』之生理原因要件，事涉醫學上精神病科之專門學識，非由專門精神疾病醫學研究之人員或機構予以診察鑑定，不足以資判斷，自有選任具該專門知識經驗者或囑託專業醫療機構加以鑑定之要；倘經鑑定結果，行為人行為時確有精神障礙或其他心智缺陷，則是否此等生理因素，導致其違法行為之辨識能力或控制違法行為之能力，因而產生不能、欠缺或顯著減低之心理結果，亦即二者有無因果關係存在，得否阻卻或減輕刑事責任，應由法院本於職權判斷評價之。」最高法院96年臺上字第6368號判決認為：「行為人是否有足以影響意識能力與控制能力之精神障礙或其他心理缺陷等生理原，因事涉醫學專業，固應委諸於醫學專家之鑑定，然該等生理原因之存在，是否致使行為人意識能力與控制能力欠缺或顯著減低之心理結果，係依犯罪行為時狀態定之，故應由法院依調查證據之結果，加以判斷。」

2. 確定判決理由

(1)鄧如雯案

臺灣高等法院將鄧如雯送請三軍總醫院精神醫學部心理衡鑑會診精神狀態結果，認定鄧如雯在案發當時之精神狀態顯然處於短暫而似失智性之低度和偏差化行為，其時精神功能亦必處於某種情緒解離性或障礙性情境之狀態，雖其後尚能清晰陳述案發前後之大部分事宜，並欲自裁同死，亦概無可否定案發時之似病態精神情境，鄧如雯於行為當時之精神狀態，確已符合「精神耗弱」標準。

(2)趙岩冰案

臺灣臺北地方法院依被告聲請送臺大醫院鑑定結果認為：被告之精神科臨床診斷為重鬱症伴隨精神症狀，經住院治療後情緒及精神症狀均有改善，案發當時可能仍有部分憂鬱症狀，但被告可清楚描述當時找被害人之目的、互動之過程、主觀情緒之感受及行為之原因，顯示其意識、認知及現實感無明顯受損，其行為非受精神症狀之影響，而是案發當時與被害人之互動使其心生恐懼所導致，故被告案發當時之情緒有部分憂鬱症狀，但未達心神喪失或精神耗弱之程度。

該院依職權送請松德院區做精神鑑定結果認為：被告確實遭受長期之婚姻暴力，之後罹患重度憂鬱症，且長期接受精神科治療，而案發前被告因多日未服用長期處方之精神藥物而呈現部分憂鬱症狀，然鑑定評估認為其精神狀態並未達重度憂鬱期之臨床狀態，其涉案行為前並非處於明顯之精神疾病狀或是嚴重憂鬱狀或明顯躁症干擾之情形，其涉案行為亦非受到精神疾病症狀、嚴重憂鬱症狀、明顯躁症症狀或其他相類似之精神障礙影響而行為；再者，被告對其當日找賈新民之原因、目的、兩人之互動相處等過程亦可說明、描述，亦可見其行為時之知覺、理會及判斷作用未有明顯之障礙。被告犯行當時並無不能辨識其行為違法或欠缺依其辨識而行為之能力，亦無其辨識行為違法或依其辨識而行為之能力顯著減低之情形。

因此，被告行為當時辨識其行為違法，或依其辨識而為行為之能力，並無不能、欠缺或顯著減低之情況。原審已為上開鑑定，並傳喚實際負責

第九章　論受虐婦女殺夫案之刑事案件處理

鑑定之臺大醫師謝明憲到庭具結作證，自無再送書田診所江漢光醫師鑑定之必要，被告請求傳喚未曾對被告做心理測驗與面談之江漢光、李光輝醫師就上開鑑定報告提出專家意見或到庭進行專家證人詰問，亦無必要。

3. 趙岩冰案之判決問題

(1)心理結果之認定程序有瑕疵

如前所述，刑法第19條之立法理由明載：責任能力有無之判斷標準，區分其生理原因與心理結果二者，就生理原因部分，實務可依醫學專家之鑑定結果為據，心理結果部分，應由法官判斷行為人於行為時有無責任能力或限制責任能力。最高法院判決認為：「精神障礙或其他心智缺陷」之生理原因，應由專門精神疾病醫學研究之人員或機構予以診察鑑定。經鑑定結果如有該生理原因，則應由法院判斷此原因是否導致辨識能力或控制能力欠缺或顯著減低之心理結果，得否阻卻或減輕刑事責任。因此，鑑定醫院依法只可鑑定有無「精神障礙或其他心智缺陷」之生理原因，不應鑑定「辨識或控制能力有無欠缺或顯著減低」之心理結果，心理結果係依犯罪行為時之狀態而定，應由法院依調查證據之結果加以判斷。

然而，在趙岩冰案中，上開兩個醫院雖然分別作成被告案發時「未達心神喪失或精神耗弱之程度」、「並無不能辨識其行為違法或欠缺依其辨識而行為能力，亦無其辨識行為違法或依其辨識而行為之能力顯著減低之情形」之鑑定結論，但此鑑定結論係屬於心理結果，依法不屬於醫院之鑑定範圍，應由法院依職權調查加以評價。再者，辯護人所提臺北市大安婦女服務中心個案研討會紀錄顯示，國軍北投醫院精神科李光輝主任曾認定：「可以初步認定為精神耗弱，但是還需要參酌心理測驗結果與跟案主面談時的專業判斷」，此紀錄既然與鑑定結果不同，法院本應調查鑑定結果之真實性，對有無心理結果進行更深入之調查，卻駁回被告傳喚專家證人或進行專家證人詰問之請求，僅傳訊鑑定人謝明憲關於本案鑑定過程及結論，即以上開鑑定結果作為認定被告有完全責任能力之證據，其認定程序亦有瑕疵。

215

(2)對受虐婦女更為不利

鄧如雯案之鑑定報告雖然沒有認定鄧如雯為憂鬱症或其他精神病患，卻仍然認為其案發時之精神狀態顯然處於短暫而似失智性之低度和偏差化行為，精神功能亦必處於某種情緒解離性或障礙性情境之狀態，已符合「精神耗弱」標準，可依刑法第19條規定減輕其刑。並認為雖然鄧如雯案發後尚能清晰陳述案發前後之大部分事宜，並欲自裁同死，但不能據此否定案發時之似病態精神情境。

確定判決認定趙岩冰原來在學識與經歷上，均高於華人社會同年齡之一般婦女，因歷經家庭暴力、子宮頸癌等壓力，罹患重度憂鬱症後，依臺大醫院所做心理測驗結果，其智力已淪為邊緣程度（總智商76），其認知運作效能已鈍化下降。趙岩冰案之兩個鑑定報告亦均認定其曾罹患重度憂鬱症，案發時可能仍有部分憂鬱症狀。然而，鑑定報告及確定判決卻以被告案發後可清楚描述案發前後事宜為由，認為被告案發時之辨識能力及控制能力並無欠缺或顯著減低情形（並無心神喪失或精神耗弱），不能依刑法第19條規定減輕其刑。

比較而言，鄧如雯及趙岩冰均為長期遭受嚴重家庭暴力之受虐婦女，鄧如雯沒有被認定為憂鬱症或其他精神病患，趙岩冰被認定曾罹患重度憂鬱症，智力已淪為邊緣程度，認知運作效能已鈍化下降，案發時可能仍有部分憂鬱症狀。兩人在案後均能清晰陳述案發前後之大部分事宜，鄧如雯被認為是精神耗弱，可以依刑法第19條減輕其刑，趙岩冰卻因在案後能清晰陳述案發前與被害人互動過程而被認為辨識或控制能力並無欠缺或顯著降低，不得依刑法第19條規定減輕其刑。趙岩冰案判決對於刑法第19條責任能力之認定，顯然比鄧如雯案更為嚴苛，不論是因法律修正之故，還是由於司法實務運作的原因，對於受虐婦女的保護，似乎又往後退了一大步。

陸、結語

　　鄧如雯及趙岩冰均為長期遭受嚴重家庭暴力之受虐婦女，兩人均以殺夫方式終結家庭暴力，兩案發生時間相隔13年，卻同樣讓人深感同情與無奈。

　　鄧如雯殺夫案不僅引起社會大眾重視家暴問題，對於家庭暴力防治法之立法也有不少助力，臺灣高等法院將被告送醫院鑑定其精神狀況後，於84年以自首及精神耗弱為由減刑後判處有期徒刑3年三審定讞，開司法界以人性發展的思考方向來看家庭暴力案的先例，嗣後發生之殺夫案也多比照辦理。16年後，我國法院對於趙岩冰殺夫案，於100年以自首及犯罪情狀可憫恕為由減刑，判處有期徒刑3年，再依罪犯減刑條例減為有期徒刑1年6月，三審判決確定。

　　綜觀兩件殺夫案之確定判決，臺灣司法界不僅對於義憤殺人罪認定採取十分嚴格的立場，對於正當防衛之認定固守傳統見解，幾乎完全忽視被告及其他受虐婦女之心理創傷與「現在不法侵害」之關聯性，也未請鑑定機關或鑑定證人對於被害人之心理創傷及心理害怕之合理性問題表示意見，不僅認定鄧如雯趁人熟睡時行兇不構成正當防衛，連趙岩冰面臨現時不法侵害，先持榔頭敲擊賈新民頭部後致其昏迷後，再以菜刀刺死賈新民，也認定持榔頭敲擊頭部行為僅構成防衛過當，持刀殺人行為不符合正當防衛之構成要件。確定判決固守傳統嚴格的認定標準，與美加等歐美先進國家之實務相比較，過於保守，對於受虐婦女未盡公平。

　　再者，確定判決對於精神狀態之認定竟然有越來越嚴格之趨勢。判決書並未記載鄧如雯有罹患精神病史，經鑑定後可依精神耗弱規定減刑，然而，判決書記載趙岩冰因長期遭受家庭暴力，身心受創甚深，智力淪為邊緣程度（總智商76），罹患重度憂鬱症，長期接受精神科治療，案發前因多日未服用長期處方之精神藥物而呈現部分憂鬱症狀，經鑑定後卻不能依精神耗弱、辨識能力降低規定減刑。

甚至於連被告請求醫師就鑑定報告提出專家意見或到庭進行專家證人詰問，亦不准許。趙岩冰殺夫案之認定顯然比鄧如雯案更為嚴苛，對於受虐婦女的保護，後退許多。

美國法院對於自我防衛之認定標準雖然並不一致，但多認為專家證言具有關聯性及容許性，普遍承認性別刻板思想之嚴重性，認定專家證言能在受虐婦女之辯護中扮演重要的角色，受虐婦女徵候群雖然遭受一些批評，但美國各州均已容許受虐婦女徵候群之專家證言以支持自我防衛抗辯，有一些州甚至在成文法中明定。

加拿大最高法院在1990年之R. v. Lavallee案件中首度在法律上承認受虐婦女徵候群，認為當外行人之論理存有刻板印象及迷思時，通常需要專家證言，受虐婦女的經驗與自我防衛所要求之合理人標準之間，具有關聯性。加拿大最高法院在2013年之R. v. Ryan案件中認為，自我防衛正當事由比脅迫免責事由更容易成立。受虐婦女應抗辯自我防衛而非脅迫。

美國、加拿大等先進國家對於受虐婦女殺夫案均已採取更為人性及符合現實之方式，經由專家證人提出受虐婦女徵候群證言方式，許多法院依自我防衛或其他減免刑責事由而給予受虐婦女無罪、緩刑或減免其刑等判決。

專家證人在我國家庭暴力事件之刑事審判制度中應用不廣，我國法院在認定被告是否構成義憤殺人、正當防衛、辨識或控制能力有無時，顯然未能充分審酌受虐婦女之心理創傷。期盼將來能多參考外國先進國家之新實務見解，使受虐婦女受到更人性之對待，得到更充分之保護。

第十章
論警察人員在家庭暴力
事件之角色扮演

壹、前言

　　近年來，家庭暴力問題之嚴重性已獲得世界各國之普遍關切，許多先進國家紛紛制定相關防治法規及建立多種救援體系以為因應，其中以美國、紐西蘭、澳洲等國所建立的整體防治網絡最受國人推崇。我國對於家庭暴力防治問題之重視起步雖晚，但近幾年來可以說是漸入佳境，在家庭暴力防治法尚未完成立法程序時，即由政府機構委託民間團體或學者專家作專題研究或辦大型研討會[1]，臺北市政府警察局亦於民國85年11月編印「臺北市政府警察局處理家庭暴力手冊」，臺北市婦女權益促進委員會[2]於民國（以下同）85年12月6日第一屆第四次委員會議中則決議成立「臺北市家庭暴力防治工作推動小組」而為「家庭暴力防治委員會」催生[3]。最重要的是，由現代婦女基金會所推動之「家庭暴力防治法」於87年5月

---

[1]　例如：內政部社會司於民國83年12月至民國84年6月間，委託財團法人婦女新知基金會作「防治婦女婚姻暴力研究報告」；臺北市社會局於民國85年11月19日託臺北市現代婦女基金會舉辦「婚姻暴力防治網絡會議」等。

[2]　臺北市婦女權益促進委員會係依據臺北市政府84年12月28日十四府人一字第84051617號函而設立，其設置要點明載該會之設立宗旨在於「維護婦女之人格尊嚴，保障婦女之人身安全，消除性別歧視，促進兩性地位之實質平等，並提供婦女服務諮詢指導工作」。

[3]　臺北市家庭暴力防治工作推動小組之性質係臺北市政府臨時性任務編組，其目的為：(1)促進提供家庭暴力服務相關單位間的協調聯繫，以提高對於家庭暴力之回應能力及服務效能；並發展家庭暴力防治及處理之程序與網絡。(2)籌劃及推動「臺北市家庭暴力防治委員會」之設立。

28日經立法院三讀通過，於87年6月24日公布施行，使家庭暴力防治法之立法運動開始踏上成功之路。96年修正之家庭暴力防治法更擴大警察人員之逕行拘提權限，讓警察人員更有保護被害人之權能。

事實上，在推動建立家庭暴力防治網絡之過程中，許多人深深體認警察人員在其中扮演著攸關成敗之關鍵角色。當家庭暴力事件發生時，警察人員常是被害人向外求助時之第一個聯絡對象，此時警察如能以正確之態度加以處理，方可防治暴力再度發生並提供被害人確實之保護，否則，暴力週期將循環不止，最終可能導致命案發生。再者，家庭暴力防治法之制定固然十分重要，但徒法不足以自行，而在新的家庭暴力防治法中，警察人員則須扮演更為重要之執法角色。然而，警察人員在家庭暴力事件中究應扮演何種角色此一問題並非毫無爭議，本文擬探討警察人員從傳統到現代之角色演變，且析論中美兩國警察之辦案方式與處理態度，並簡介我國警察在家庭暴力防治法之職責與功能。

貳、警察人員之角色變遷

一、傳統之角色

自古以來，丈夫即享有懲戒妻子之權利，中外皆然。例如，在英美法國家中，丈夫可以依據普通法之「拇指法則」鞭打妻子，在古老中國社會中，丈夫不但可以用暴力教訓妻子，還可以依據「七出」而隨意休妻。即使到了19、20世紀人權高漲之時，丈夫懲戒妻子之法則已遭廢除，但關於家庭暴力之許多迷思卻深植人心，久久不散。這些迷思包括：家庭暴力只是不美滿婚姻及不正常家庭之產物，縱使施虐者實施暴力係不正當之行為，但受虐者應該多少也有些招惹行為才會導致暴力之發生，而且夫妻吵架通常係床頭吵床尾和，家庭暴力既然是家務事，不應被看成是一種犯罪行為，況且法不入家門，公權力最好不要介入等。因此，受虐配偶常感自責或羞於啟齒，不敢向外界求援；即使向外求援，人們大多勸和不勸離；

警察對於家庭暴力案件也多抱持不願回應之消極處理態度，即使在不得不回應之場合，通常都不願認真執法，更不願逮捕加害人以保護被害人，認為行使逮捕權是最後的手段（last resort），警察寧願扮演輔導者或勸和者的角色。

　　關於警察人員之消極回應與不願逮捕之傳統處理方式，從美國直至1970年代還頗為盛行之「不逮捕政策」（non-arrest policy）可見一斑。例如：奧克蘭警察局（Oakland Police Department）1975年之「紛爭處理技巧訓練公告」（Training Bulletin on Techniques of Dispute Intervention）明載：「警察在紛爭事件中所扮演之角色，通常是調解人及和事佬，而非執法者……有可能……逮捕只會使紛爭更為惡化，或使進行逮捕之警察因可能奮力拒捕而置身重大危險中……這種可能性當丈夫或父親在其家中被捕時為最大……在正常情況下，警察應遵守避免逮捕之政策……但當事人之一方如要求進行逮捕時，警察應盡力解說此種行為之後果（如薪資損失、交保程序、出庭應訊等）並鼓勵當事人彼此論理。」[4]而在密西根州中，警察訓練學校（Police Training Academy）則教導警察人員下列事項：

　　（一）盡可能避免逮捕，訴諸告訴人的虛空無益。

　　（二）解說獲取拘捕令之程序：1.告訴人必須以簽署告訴。2.必須出庭應訊。3.時間的損失應予考慮。4.訴訟費用。

　　（三）宣稱你只對於防止破壞和平感興趣。

　　（四）說明態度常常會因開庭時間而改變。

　　（五）建議延緩：1.法院不開庭。2.法官沒有空。

　　（六）不可太嚴厲或吹毛求疵[5]。

---

[4]　Del Martin, Battered Wives 93-94 (1981); Joan Zorza, The Criminal Law of Misdemeanor Domestic Violence, 1970-1990, Journal of Criminal Law and Criminology Vol. 83, No. 1, 48 (1992).

[5]　Martin，同前註，93頁；Zorza，同前註，49頁。

二、角色之變遷

從1970年代開始，美國人漸漸知道有千百萬婦女正遭受其丈夫無情的虐待。剛開始是一些婦女共同關懷受虐婦女，有些人開放自己的家來接待被害人，有些人致力於建立庇護所，有些人則致力於法律的修訂，美國各州因而先後開始展開家庭暴力有關法規之修正與制定工作。然而，由於警察不願認真執法，受虐婦女的救援效果變得非常有限，一些女性主義者及受虐婦女救援團體便開始致力於促使警察確實執行法律[6]，她們常常批評警察，有時還對警察或警察局採取法律行動，控訴其對於家庭暴力漠不關心或採取不適當之處理方式。到了1980年代中葉，家庭暴力問題不僅已經得到美國人的普遍關注，全美警察局開始迅速及廣泛地對於家庭暴力事件揚棄傳統之不逮捕政策，改採「強制逮捕政策」（mandatory arrest policy）或「推定逮捕政策」（presumptive arrest policy）[7]。到了1980年代末葉，全美各州幾乎都已修訂法律，授權警察在其有正當理由認定某人犯家庭暴力罪時，縱非現行犯，亦得逕行逮捕之（無令狀逮捕）。有些州還採取優先逮捕（preferred arrest）政策，有些州甚至於剝奪警察之自由裁量權，要求警察應予逮捕（強制逮捕）。根據一項對於大城市警察機關所做的調查資料顯示，到了1989年，有84%採取優先逮捕政策，16%採取強制逮捕政策[8]。

綜觀美國警察對於家庭暴力逮捕政策之巨大改變，根據Richard J. Gelles教授之分析，可以歸因於下列幾個重要因素：

---

[6] Susan Schechter, Woman and Male Violence: The Visions and Struggles of the Battered Women's Movement 159 (1982); Zorza，同前註，55頁。

[7] Richard J. Gelles, Constraints Against Family Violence, How Well Do They Work? American Behavioral Scientist, Vol. 36, No. 5, 575 (May 1993).

[8] Lawrence W. Sherman, Introduction, The Influence of Criminology on Criminal Law: Evaluating Arrests for Misdemeanor Domestic Violence, 83 Journal of Criminal Law and Criminology 23-24 (1992).

（一）明尼亞波利斯警察實驗（Minneapolis Police Experiment）

自1980年代起，美國聯邦政府開始贊助關於警察處理家庭暴力有效方法之研究。警察基金會（Police Foundation）與明尼蘇達州之明尼亞波利斯警察局在國家司法研究所（National Institute or Justice）之贊助下，共同從事一項對照實驗，對於觸犯家庭暴力輕罪（misdemeanor）依法得加以逮捕之所有犯罪嫌疑人，共計314個案件，以抽籤方式分為三組，分別接受下列三種處理方式：1.逮捕（至少監禁一夜）。2.使犯罪嫌疑人離開犯罪場所8小時（或抗命則逮捕之）。3.給雙方當事人某種勸導，可依某位警察之自由裁量而加以調解。上開三種處理方式相對成效之比較標準為：6個月內再犯家庭暴力罪之次數與嚴重性。經過持續6個月之追蹤研究結果，依據警察所做之再犯紀錄顯示，被逮捕組之再犯率為10%，受輔導組為19%，被分離組為24%。又依被害人之訪談報告資料顯示：被逮捕組之再犯率為19%，被分離組為33%，受勸導組為37%。因此，不論是依據警察之紀錄或被害之訪談，逮捕在三種處理方式中效果最好，再犯率最低[9]。國家司法研究所遂於1984年5月17日公布此項研究結果，研究報告之作者Lawrence W. Sherman及Richard A. Berk建議，各州對於家庭暴力輕罪案件之禁止逮捕法規應修訂為無令狀逮捕（warrantless arrest）法規，建議警察「辦理此類案件應將逮捕視為較好之政策，但顯有應為其他處理之理由者不在此限」，但對於強制逮捕則採取較為謹慎之態度，認為應再更深入之研究[10]。

明尼亞波利斯警察實驗在美國引起廣大的注意，其研究結果及建議被廣為引用與接納，並造成巨大的影響，不僅促成某些法律的修正，且促使許多警察局改變逮捕政策，到了1987年1月，全美已有176個警察局採用某種形式之逮捕政策[11]。

- - - - - - - - - - - - -

[9] 同前註，16-19頁。

[10] Lawrence W. Sherman & Richard A. Berk, The Minneapolis Domestic Violence Experiment, 1 Police Foundation Rep. 7 (1984).

[11] Gelles，同註7，575-577頁。

（二）女性主義者與婦女運動

許多女性主義者及婦女救援者極力抨擊刑事審判制度對於家庭暴力漠不關心，認為整個刑事審判制度，特別是警察人員，將家庭暴力與其他暴力做不同之處理。他們批評警察將家庭暴力事件之處理排在末位，對於這類案件的呼救常不回應或遲延回應，又常避免逮捕，或應用其他方法只想維持秩序或使加害人保持冷靜。在1970年代有不少受虐婦女對於警察局、檢察官等提起集體訴訟，以迫使其將家庭暴力事件與其他暴力事件做相同之處理。

（三）1984年美國檢察總長家庭暴力專案小組（U.S. Attorney General's Task Force on Family Violence）報告

美國檢察總長於1980年代中葉成立一個家庭暴力專案小組，於1984年發表報告，此報告深受明尼亞波利斯警察實驗之影響，認為家庭暴力問題「長久以來被視為家務事，最好由當事人自行解決，不要動用法律制度。現今，因著大眾對於家庭暴力之嚴重性及普遍性日漸覺醒，人民對於政府機關（特別是刑事審判制度）有效回應之要求與日俱增。暴力行為是一種犯罪行為，不管當事人間之關係如何。一個人在家中被毆打，其被害程度與其在門前路旁受毆並無不同，法律不應在家門口止步。[12]」此報告建議將逮捕視為家庭暴力案件較好之處理方法。

（四）Thurman v. City of Torrington, Conn.案件

Tracy Thurman是一個受其夫虐待之婦女，常在受虐後向康乃狄克州Torrington市之警察求救。1983年1月間，Thurman被嚴重毆打並造成永久傷害，嗣後向法院對於Torrington市及29位警員提起民事訴訟要求賠償損害。陪審員認為警察未能保護其免受丈夫侵害實有過失，裁決Thurman及其子共可獲得美金230萬元之賠償，後來兩造在訴訟外達成190萬元賠償之

---

[12] U.S. Attorney General's Task Force on Family Violence, Final Report (1984), at 11.

和解[13]。此件訴訟經媒體及學術刊物廣為報導，許多警察局深感警惕，紛紛改變家庭暴力之逮捕政策。

（五）「控制」刑事審判之社會風氣

近十年來，美國漸漸興起普遍「控制」（control）刑事審判之風氣，在雷根時代更是如此。人們要求對於包括家庭暴力在內之所有暴力犯罪均應嚴加控制，警察局受此影響，因而對於家庭暴力採取更多控制介入手段[14]。

關於警察處理家庭暴力之處理態度與扮演角色之改變，除了美國以外，其他國家亦或多或少，或快或慢，也都朝向更積極主動之方向邁進，尤其是像澳洲與紐西蘭等英美法系國家，其發展之快速，令人刮目相看。

三、逮捕之爭議

正當美國警察局紛紛改變其逮捕政策之際，仍有人對於逮捕是否具有阻嚇犯罪之效果存疑，認為明尼亞波利斯警察實驗之正確性有待進一步證實。因此，國家司法研究所又贊助了6個對於明尼亞波利斯警察實驗之複製實驗（replication），亦即，自1986年及1987年初開始，分別在內布拉斯加州（Omaha）、威斯康辛州（Milwaukee）、北卡羅萊納州（Charlotte）、佛羅里達州邁阿密市（Metro-Dade）、科羅他多州（Colorado Springs）、喬治亞州（Atlanta）等地進行對照實驗。

除了喬治亞州外，其餘5個實驗均對外公布其結果，然而，這5個實驗之結果卻不一致。亦即，科羅他多州及佛羅里達州邁阿密市2個實驗結果可以某程度支持明尼亞波利斯之實驗結果：逮捕具有嚇阻再犯之效果，但內布拉斯加州、威斯康辛州及北卡羅萊納州3個實驗卻得出相反結果：逮捕會增加再犯率。

----

[13] Thurman v. City of Torrington, Conn., 595 F. Supp. 1521 (Dist. Conn. 1984).

[14] Gelles，同註7，577-578頁。

依據馬里蘭大學犯罪學者Lawrence W. Sherman之分析，這些實驗結果可以歸納出下列兩個要點：

（一）逮捕在不同城市有不同之效果：在三個城市（包括明尼亞波利斯市）中證實具有嚇阻效果，在三個城市中證實普遍增強暴力。

（二）逮捕之嚇阻效果因人而異：對於就業者及已婚者較具有嚇阻效果，對於失業者及未婚者較會增強暴力[15]。

Sherman認為，上開實驗結果關於互動效果（interaction effects）始終支持社會連結假說（social bonding hypothesis），好消息是：逮捕始終對於就業嫌犯比失業嫌犯更具降低犯罪效果，壞消息是：嫌犯的社會連結越弱，逮捕越可能導致增加暴力的不利後果（backfire）[16]。但有不少人提出與Sherman不同之看法。例如：Gelles認為，逮捕本身看來似乎不若明尼亞波利斯實驗所得之嚇阻效果，但如果與其他刑事審判制裁（如起訴、判決、強制治療等）相結合，再配合加害人之個人特質，逮捕就可能具有嚇阻效果；而且，逮捕縱使不能使已經犯過罪之人減少暴力，也可能具有此種一般嚇阻效果：未曾犯罪者會因懼怕被捕而減少開始犯罪之可能性[17]。紐約州家庭暴力防治處之刑事審判與公共政策計畫主任（Director of Public Policy and Criminal Justice Programs, New York Office for the Prevention of Domestic Violence）Lisa A. Frisch則批評Sherman之見解，認為Sherman提出逮捕會使某些失業者增強暴力之看法，實在是對於家庭暴力之動力論毫無所知，家庭暴力之行為模式是隨著時間的經過而越發劇烈，有些人之所以在被捕後又實施暴力行為，只能看成是逮捕無法中斷暴力之加劇，而不能認為逮捕引發暴力行為。更重要的是，逮捕加害人可以使被害人得到立即保護，為其開啟尋求安全與救援的機會。再者，此種理論之最大問題在於不斷地把焦點放在警察之回應上，完全忽視檢察官、法官及其他社區人

---

[15] Sherman，同註8，25、35頁。

[16] 同前註，32頁。

[17] Gelles，同註7，583-584頁。

士在逮捕後沒有做後續救援。逮捕不能被視為一種目的，而應被看為一個重要的入口，使被害人得以進入一個各單位互相協調以增進安全之制度中[18]。

四、現代之角色

因為複製實驗之結果十分分歧，其影響效果自不如明尼亞波利斯實驗，關於警察之逮捕效果及逮捕政策雖有爭論，但美國警察所應扮演角色之轉變方向仍然不受上開實驗之影響。從傳統之消極處理態度及頂多扮演調解者，迅速地轉變為現代之積極處理態度及盡力扮演執法者角色，雖有逮捕爭議，卻未見有任何走回頭路之跡象。1994年，美國國會通過「婦女受暴法」（Violence Against Women Act），對於就家庭暴力事件採取鼓勵或強制逮捕政策之地方政府提供經費補助。到了2000年，美國已有22個州及哥倫比亞特區採取強制逮捕法律，6個州採取支持逮捕法律（pro-arrest law），其餘22個州法律讓警察有是否逮捕之自由裁量權[19]。

事實上，由於各種國際會議之召開及傳播資訊之發達，世界各國已經常交換家庭暴力之處理經驗及相關資料，世人對於家庭暴力之本質與嚴重性越來越了解，警察主動積極地介入家庭暴力事件已經蔚為世界潮流。我國對於家庭暴力的重視雖然起步較晚，但近年來也有快速的進展，警察在家庭暴力事件所扮演之角色，將越來越為重要。

參、現今美國警察之案件處理概況

美國是一個聯邦制國家，各州警察對於家庭暴力事件之處理狀況自然不盡相同，但現今美國警察關於家庭暴力事件重要處理方法列舉如下：

---

[18] Lisa A. Frisch, Research That Succeeds, Policies That Fail, 83 Journal of Criminal Law and Criminology 213-214 (1992).

[19] Stacy L. Mallicoat & Christine L. Gardiner, Editors, Criminal Justice Policy 106 (2014).

一、制定手冊

有些警察局採用警察處理家庭暴力手冊（protocol），記載家庭暴力事件之處理程序與準則，使警察更清楚家庭暴力事件之案件特質，正確地進行調查、蒐證、逮捕、移送等程序，確實執行保護令等有關法律，以制止或減少暴力，保護被害人之安全。例如：加州Santa Clara郡家庭暴力委員會（Santa Clara County Domestic Violence Council）之警察與被害人關係小組（Police-Victim Relations Committee）提出制定手冊之要求，Santa Clara郡警察局長協會（Police Chiefs' Association of Santa Clara County）遂於1993年成立小組以展開制定工作，自1994年2月17日起，「執法人員處理家庭暴力手冊」（Domestic Violence Protocol for Law Enforcement）開始被全郡各警察局所採用，2011年修正之「執法人員家庭暴力手冊」內容包括：定義、一般起訴罪名、常用電話、911接線員及調派員（dispatcher）之回應、巡邏員之回應與調查、追蹤調查、取得與執行限制令（restraining orders）、被害人之協助、軍事犯罪嫌疑人、執法人員犯罪嫌疑人、少年犯罪嫌疑人、訓練、家庭暴力法規、主要攻擊者「決策樹」（dominant aggressor "decision tree"）、家庭暴力流程圖、限制令警告等[20]。

二、明定政策

許多警察局都有其家庭暴力之政策（policy），這些政策通常見諸法規或命令中，以作為警察處理家庭暴力之指導原則。例如：舊金山警察局於2003年3月3日修正之「一般命令」（general order）6.09號明定其政策為：（一）舊金山警察局政策是警察應將一切家庭暴力當作犯罪行為來處理，如符合犯罪要件時，警察應進行逮捕，而不要採用調解紛爭或其他警察介入方法。（二）在所有案件中，縱使未進行逮捕，警察應給被害人一張「家庭暴力轉介卡」（domestic violence referral card）。（三）警察不

---

[20] Police Chiefs' Association of Santa Clara County, Domestic Violence Protocol for Law Enforcement 2011, at 5.

應使下列因素影響其家庭暴力事件之訴因：1.嫌犯與被害人之婚姻關係。2.嫌犯是否與被害人同居。3.限制令或或隔離令（stay away order）之存在與否。4.逮捕可能產生之經濟後果。5.被害人以前之告訴紀錄。6.當事人之暴力將會停止之口頭保證。7.被害人之情緒狀態。8.傷害是否肉眼可見。9.事件發生地點（私人或公共場所）。10.推測當事人可能不配合偵查或逮捕後可能不定罪。11.被害人一開始就不願由警察進行逮捕。12.被害人與嫌犯係同一性別之事實[21]。

三、建立資料

有些警察局建立家庭暴力事件之處理資料檔案，以追查家庭暴力事件並採取應對措施。例如，紐約市警察局建立家庭事件報告（domestic incident report）以記錄一切警察對於家庭事件之求救回應，並運用此報告與及線上告訴制度（on-line complaint system）來追蹤及監視一切家庭暴力案例，且建立保護令電腦資料庫以供所有管區警員參考[22]；加州刑法第13730條第1項及第3項規定：所有家庭暴力有關之求助事件均應作成書面之事件報告，舊金山警察局因而要求警察對於一切與家庭暴力有關之犯罪均應調查並作成事件報告，並將案號及後續調查告知被害人[23]。

四、設置專人

有些警察局指定專人辦理家庭暴力事件，以提高績效。例如，紐約市警察局在每一個警察管區均設置一位家庭暴力防治警員（domestic violence prevention officer），其職責為：收集並儲存家庭事件報告、更新被害人之身分資料、積極執法以對抗暴力、逮捕嫌犯、協助被害人取得保護令、傳送資訊給相關之管區人員等。再者，每一個管區偵探小組

---

[21]　San Francisco Police Department, General Order 6.09, Rev. 03/03/03, at 1.

[22]　Police Strategy No. 4: Breaking the Cycle of Domestic Violence (1994), at 11.

[23]　San Francisco Police Department，同註21，3頁。

（precinct detective squad）均設置一位家庭暴力調查員（domestic violence investigator），其職責為：與其他小組探員協調有關家庭暴力事件之調查事宜、與家庭暴力防治警員協調有關暴力型態之辨識及電腦報告資料之應用事宜以協助家庭暴力之起訴、與特別被害人小組（special victims squad）建立聯絡管道以辨識孩童虐待及性侵害案件之暴力型態、與地檢署及社會服務機構合作以共同努力協助被害人及起訴加害人等[24]。

五、調查蒐證

美國警察對於家庭暴力事件之調查蒐證大都採取積極的態度，並力求完備。例如，依據Santa Clara郡2011年「執法人員處理家庭暴力手冊」之規定，911專線之調派員接獲報案後，應調派警察處理，必要時應比照其他危及生命報案之優先辦理順序，盡可能派至少2位警察到現場；調派員或911接線員與家庭暴力被害人說話時，不應詢問其是否想要起訴或提出告訴，任何要將執法責任加在被害人身上之言詞均屬不當；警察到達現場後，應確認被害人、嫌疑人、小孩與寵物之情況與位置，對於受傷之當事人給予適當之協助，將被害人、嫌疑人、小孩及其他證人做隔離訊問，蒐集關於兩造之大小關係、兩造之衣物毀損及受傷情況、嫌犯或被害人受酒精、毒品或藥物影響之症狀、屋內凌亂狀況等證據，依法扣押兇器及其他物證，於進行徹底調查蒐證後，應提出處理報告[25]。

六、逮捕嫌犯

絕大多數警察均依州法律規定，在有正當理由足認犯家庭暴力罪時，雖非現行犯，亦得進行無拘捕令之逮捕。例如，舊金山警察局之「一般命令」規定，警察如有正當理由足認已犯重罪，或為犯輕罪之現行犯時，「應」逕行逮捕嫌犯；對於犯輕罪之非現行犯，警察應告知被害人其有權

------

[24] Police Strategy，同註22，12頁。

[25] Police Chiefs' Association of Santa Clara County，同註20，12、16-18頁。

進行私人逮捕（private person's arrest）；警察如有正當理由認違反保護令且嫌犯知悉保護令之存在時，不管是否現行犯，「應」進行無令狀逮捕。逮捕之後，應審酌嫌犯之暴力前科、被害人害怕報復及違反保護令等情狀，以評估再犯之可能性，決定對於嫌犯拘押（book）或傳喚（cite）[26]。

七、執行保護令

　　警察依法多有協助被害人執行保護令及執行保護令之權。例如，依據Santa Clara郡之2011年「執法人員處理家庭暴力手冊」之規定，警察有執行保護令之權。各警察機關依加州刑法第13710條規定均應有一套完整的家庭暴力事件保護令紀錄，故意違反保護令者依加州刑法第273.6條第1項規定構成輕罪，依此項規定，定罪後7年內以強暴脅迫手段再犯者，依同法第4項規定構成重罪。警察抵達報案現場後，應確認嫌犯是否受有限制令，如被害人對嫌犯有限制令，警察應取得該限制令影本及有效的送達證書；如無影本，應聯繫有關機關確認有無限制令存在，如無，應告知被害人如何取得限制令；被害人如有限制令但未送達嫌犯處，警察應將影本送達嫌犯處，如無影本，應將限制令之內容及存續期間口頭告知嫌犯。警察如認為已構成違反保護令之罪，應依法逮捕之；如因嫌犯不在場而無法進行逮捕時，應提出違反保護令之犯罪報告。警察如認被害人有急迫與現在之危險時，不論嫌犯是否已被逮捕，縱使被害人不願意，亦應為其聲請緊急保護令。為聲請緊急保護令，警察應完成聲請手續後，於上班時間打電話給家事法庭之法官，於下班時間則應打電話給值班法官以評估並核發緊急保護令。核發緊急保護令後，警察應依法將緊急保護令送達受保護令拘束之人，並將送達文件置於警察報告中。核發緊急保護令後，警察機關負有將緊急保護令提出於法院之義務[27]。

------

[26] San Francisco Police Department，同註21，2-3頁。
[27] Police Chiefs' Association of Santa Clara County，同註20，18-19, 30-34頁。

八、協助被害人

　　許多警察局都提供被害人各種必要之協助與服務。例如，2012年修訂之「北達科他州模範執法人員家庭暴力政策」（North Dakota Model Law Enforcement Domestic Violence Policy）規定：警察提供被害人之協助包括：依被害人請求給予家庭暴力有關事件報告之影本、告知保存證據的重要性、告知如何取得保護令、陪同被害人取得離家之必需物品、接送至警局或安全處所、告知鄰近警局或庇護所之電話號碼、將被害人轉介至庇護所等適當社區資源、提供被害人監所人員之聯絡資訊，以及監所人員在嫌犯釋放前應先告知被害人；嫌犯遭逮捕時，告知被害人，縱使其嗣後不願興訟，嫌犯仍可能被起訴，告知當地家暴倡導中心（domestic violence advocacy center）以便將司法程序及相關服務訊息轉知被害人；嫌犯未遭逮捕時，告知被害人有關警察之緊急協助及保護安全措施[28]。除了醫療協助外，Santa Clara郡之警察還提供下列協助：依被害人之要求，陪同其取回合理數量之個人動產；因被害人表明有安全顧慮或警察認為必要時，協助安排接送被害人至庇護所；向被害人解說其可選擇之方式，如私人逮捕之程序、保護令、換鎖、逮捕後之調查與訴訟程序等；告知被害人其可利用之社區資源及「被害人補償及政府求償委員會」（Victims' Compensation and Government Claims Board）；依加州刑法第13701條規定給被害人一張「家庭暴力資源卡」（domestic violence resource card）；確認及執行法院所核發之保護令；對於警員及被害人之安全提供合理之關照；依請求而提供家庭暴力有關報告之影本給被害人或其代理人；被害人對於被羈押之嫌犯可請求矯治機構保密其電話或禁止嫌犯與其接觸[29]。

---

[28] North Dakota Model Law Enforcement Domestic Violence Policy (June 2012), at 22-23.

[29] Police Chiefs' Association of Santa Clara County，同註20，36-37頁。

九、教育與訓練

　　為了改變警察對於家庭暴力之處理方式與執法態度，許多警察局均對於新進警察或在職警察提供繼續性之教育與訓練。例如：紐約市警察訓練委員會（Municipal Police Training Council）於2011年修正「家庭暴力訓練課程」（domestic violence training curriculum），新進員警之14小時家庭暴力訓練課程包括：員警對於家庭暴力之回應概述、家暴事件之回應與記錄程序、辨識及調查之用具與資源、使加害人承擔責任及提升被害人安全之資源等[30]。而依據2011年Santa Clara郡「執法人員處理家庭暴力手冊」之規定：警察機關應為其所屬員警訂定家庭暴力定期訓練計畫，訓練之目的在於告知警察有關被害人權利、了解被害人與加害人、了解家庭暴力對小孩之影響、殺傷力評估、死亡檢視、適當之調查技巧、文化及語言之敏感度、保護令、槍械法律、被害人倡導團體及其資源、檢察官及法院之政策及程序等事項，警察局長或其指定人應每年審查該局之訓練政策並於必要時加以修正[31]。

肆、我國警察之傳統處理案件概況

一、傳統消極處理方式

　　我國警察對於家庭暴力案件之處理，傳統上是採取消極不介入之態度。由於我國刑法對於傷害、毀損、妨害自由、妨害名譽、妨害性自主等罪多明定須告訴乃論，實務上對於婚姻強暴又採取不構成犯罪之見解，因此，警察在處理家庭暴力事件時，都會先問當事人是否要提出告訴，如果不願提出告訴，通常即報結案，有些僅註記於員警工作簿上備案，有些在

---

[30] New York State Office for the Prevention of Domestic Violence, Updated Model Domestic Incident Policy and Domestic Violence Training Curriculum for Law Enforcement, OPDV Bulletin/Spring 2011, at 4.

[31] Police Chiefs' Association of Santa Clara County，同註20，40頁。

少數需要緊急保護之場合，提供留宿或轉介之服務。如果當事人要提出告訴時，警察才會採取蒐集證物、製作筆錄、移送地檢署等措施，在需要緊急保護之情形，亦提供留宿或轉介服務[32]。整體而言，警察之傳統處理態度十分消極被動，如果不告訴則不蒐證，即使提出告訴，其所採取之蒐證方法，主要是請被害人至醫院或診所取得驗傷單，其所製作之筆錄，並未有特定之格式，通常十分簡單。

二、臺北市政府警察局之積極處理方式

警察之被動與消極處理態度，常使家庭暴力之被害人感到挫折與無助，也是關懷家庭暴力人士所極力批評與致力改善之目標。在家庭暴力防治法尚未公布施行時，由於臺北市婦女權益促進委員會第一小組委員之共同努力，臺北市政府警察局遂於民國85年11月編印「臺北市政府警察局處理家庭暴力手冊」，並要求臺北市之警察以更積極主動之態度處理家庭暴力事件。關於手冊內容，茲歸納重點如下：

（一）明定政策

手冊在第壹大點中即開宗明義，標列五點「共識」：

1.警察反應最能有效制止家庭暴力之發生。

2.家庭暴力係暴力行為，也是犯罪行為。

3.員警處理家庭暴力案件應依法行政，主動積極處理。

4.必要時逮捕或拘提家庭暴力的施虐者。

5.保護被害者，應積極協助轉介相關諮詢機構提供必要協助[33]。

（二）制定流程圖與格式

手冊第肆大點為處理流程圖，製作「臺北市政府警察局處理家庭暴

---

[32] 參閱黃富源、許福生，警察系統回應婚姻暴力的理論與實務，防治婦女婚姻暴力之研究報告，委託單位內政部社會司，執行單位財團法人婦女新知基金會，執行時間83年12月至84年6月，20-22頁。

[33] 臺北市政府警察局，臺北市政府警察局處理家庭暴力手冊，民國85年11月，1頁。

流程圖」（一）、（二）、（三），第一圖關於電話報案，第二圖關於口頭報案，第三圖關於他類（由醫療體系或社福單位發現轉報）報案，使員警在處理家庭暴力事件時，切實遵照辦理。在手冊第伍大點附錄中，又為各分局製作「處理家庭暴力案件調查紀錄表」及「處理家庭暴力案件現場報告表」格式，調查紀錄表中詳列對於被害人之詢問事項，現場報告表中應填載現場物件損害情形（如採證照片）、人員受傷情形、暴力原因（詢問加害人及被害人）。而依手冊第參大點第五小點督導考核之規定，對於故意不依規定詳實填寫「處理家庭暴力案件調查紀錄表」之員警，應依照「警察人員獎懲標準表」規定予以獎懲[34]。

（三）積極調查蒐證

　　手冊在第參大點第三小點處理程序中明定，警員受理報案時，應詢問受害情狀、地點，並轉報（通報）轄區派出所、女警隊派員前往處理，在口頭及他類報案之場合，均應將全案之「人、事、時、地、物」詳實填載「處理家庭暴力案件記錄表」（第一聯交當事人收執，第二聯移交女子警察隊處理，第三聯報由分局列管，第四聯自行存查）。警察抵達現場後，應視狀況適當隔離雙方當事人，並嚴予監控加害者。加害人如手持兇器且致被受害者重傷時，應即逮捕加害人，製作兩造當事人筆錄，移送地檢署偵辦。不管當事人是否提出告訴，均應製作「處理家庭暴力案件現場報告表」（第一聯移交女子警察隊處理，第二聯報由分局列管，第三聯受理單位存查）及「處理家庭暴力案件調查紀錄表」，處理情形詳實填載於員警工作紀錄簿備查。受害者如不提出告訴，即予結案，並註記於員警工作紀錄簿上備查，且告知傷害罪刑事告訴期間為6個月，應先前往公立醫院開具驗傷單以保全證據。在當事人事後報案之情形，應製作「處理家庭暴力案件調查紀錄表」，受害者如欲提出刑事告訴，予以製作筆錄，告知當事人檢具公立醫院驗傷單，並進行偵查蒐證，傳訊加害者到案說明後，移送

---

[34] 同前註，11-17頁。

地檢署偵辦[35]。

（四）協助被害人

依手冊規定，警察人員對於被害人所提供之協助大致如下：1.醫療協助：警察至現場時，被害人如已成傷，應即呼叫救護車送醫，並做適當之急救處理；必要時並通報119醫療單位協助處理。2.夜間保護：被害人於夜間如需緊急安置或有強烈離開現場意願，可將其護送至女子警察隊接受保護，次日即由該隊聯繫社會局辦理安置。3.家戶訪問：勤區警察應落實家戶訪問工作，發現家庭暴力問題，加以有效疏處。4.轉介服務：被害人如需緊急安置或有強烈離開現場意願，應協助轉介社會局辦理安置；被害人如欲請求離婚，應告知其循民事訴訟程序至法院辦理或由受理單位轉介至調解委員會申請調解；依個案需要，轉介協談機構、行為偏差青少年輔導機構、法律諮詢服務機構、就業職訓機構、醫療服務機構等適當諮商輔導服務機構；受理員警應適時將被害人轉介社會局追蹤輔導，以提供其醫療、輔導諮詢、法律服務、就業職訓等服務[36]。

（五）宣導與教育

關於宣導方面，手冊規定：加強宣導左鄰右舍守望相助之精神，發現有疑似家庭暴力傾向者，及時主動與警方聯繫請求救援；積極宣導民眾使用110報案系統，以利緊急狀況時溯查發話人地址；受理報案單位如有特殊案例，應主動提供公關室發布新聞，但應在保障當事人隱私權及尊重其意願之前提下，審慎處理。關於教育方面，手冊規定：加強員警訓練，以增進其研判家庭暴力情狀能力及現場處理技巧，並督促其嫻熟相關法令，培養處理是類案件之專業素養及知能[37]。

綜上所述，依手冊規定，臺北市政府警察局對於家庭暴力案件之處理，不應再採取消極被動、不告不理之態度，而應在現行法律允許之範圍

---

[35] 同前註，5-6、8-9頁。

[36] 同前註，7-10頁。

[37] 同前註，10頁。

內，盡量協助被害人免受暴力之迫害。就此意義而言，臺北市政府警察局可以說是跨出難能可貴之第一步，堪為我國其他警察局之表率。不過，該手冊之實施成效如何，則有待進一步之研究與評估。事實上，臺北市政府於85年11月30日曾辦理「員警處理家庭暴力任務講習」，其對象為各分局第三組業務承辦員、女性警員、各派出所副主管、刑警大隊相關業務承辦人員、女子警察隊全體員警等共計260員，參訓人員一律自行攜帶上開手冊參訓，期使員警對於家庭暴力之理論與實務、處理流程有更深入之了解[38]。

伍、我國警察依家庭暴力防治法之案件處理權責

誠如上開臺北市政府警察局處理家庭暴力手冊第貳大點第二小點所載，家庭暴力防治法制定前，員警處理家庭暴力之困境包括：除兒童、少年可依據法令予以緊急安置外，面對其他受害者，警察並無法令依據，可予以必要性之暫時隔離；受害者多不願警察逮捕加害者，警察介入時亦恐不慎觸法，致使員警處理時，徒增危險及無力感；警方鑑於「不告不理」之原則，在受害者報案卻不願提出告訴時，僅能聽任其訴苦、發牢騷、抒發情緒，無法給予實際之幫助[39]。換言之，警察依傳統法律，缺乏足夠之法律授權以積極介入家庭暴力事件，即使願意協助被害人或制止暴力之發生，亦常有力不從心之感。

因此，家庭暴力防治法擴大警察處理家庭暴力事件之權力與義務，使警察能確實扮演執法者之角色，有效制止暴力之發生。茲將該法所規定之警察處理權責，擇要分述如下：

---

[38] 臺北市政府警察局85年11月27日（85）北警女字第95822號函。

[39] 臺北市政府警察局，同註32，4頁。

一、聲請及執行保護令

依家庭暴力防治法第10條第2項規定，警察機關得為被害人向法院聲請保護令。再者，依同法第21條第1項規定：「保護令核發後，當事人及相關機關應確實遵守，並依下列規定辦理：一、不動產之禁止使用、收益或處分行為及金錢給付之保護令，得為強制執行名義，由被害人依強制執行法聲請法院強制執行，並暫免徵收執行費。二、於直轄市、縣（市）主管機關所設處所為未成年子女會面交往，及由直轄市、縣（市）主管機關或其所屬人員監督未成年子女會面交往之保護令，由相對人向直轄市、縣（市）主管機關申請執行。三、完成加害人處遇計畫之保護令，由直轄市、縣（市）主管機關執行之。四、禁止查閱相關資訊之保護令，由被害人向相關機關申請執行。五、其他保護令之執行，由警察機關為之。」該條第2項規定：「前項第二款及第三款之執行，必要時得請求警察機關協助之。」因此，保護令之執行，原則上由警察機關為之，但關於不動產之禁止行為及金錢給付由法院執行，在會面交往處所之會面交往、監督會面交往、加害人處遇計畫等由地方主管機關執行，禁止查閱資訊由相關機關執行。

二、保護被害人

依家庭暴力防治法第48條第1項規定：「警察人員處理家庭暴力事件時，必要時應採取下列方法保護被害人及防止家庭暴力之發生：一、於法院核發緊急保護令前，在被害人住居所守護或採取其他保護被害人及其家庭成員之必要安全措施。二、保護被害人及其子女至庇護所或醫療處所。三、告知被害人其得行使之權利、救濟途徑及服務措施。四、查訪並告誡相對人。五、訪查被害人及其家庭成員，並提供必要之安全措施。」

再者，同法第22條第1項規定，「警察機關應依保護令，保護被害人至被害人或相對人之住居所，確保其安全占有保護令所定個人生活上、職業上或教育上之必需品。」

此外，依同法第48條第2項規定：「警察人員處理家庭暴力案件，應製作書面紀錄；其格式，由中央警政主管機關訂之。」

三、逮捕加害人

依家庭暴力防治法第29條第1項規定：「警察人員發現家庭暴力罪或違反保護令罪之現行犯時，應逕行逮補之，並依刑事訴訟法第九十二條規定處理。」

同條第2、3項規定：「檢察官、司法警察官或司法警察偵查犯罪認被告或犯罪嫌疑人犯家庭暴力罪或違反保護令罪嫌疑重大，且有繼續侵害家庭成員生命、身體或自由之危險，而情況急迫者，得逕行拘提之。前項拘提，由檢察官親自執行時，得不用拘票；由司法警察官或司法警察執行時，以其急迫情形不及報請檢察官者為限，於執行後，應即報請檢察官簽發拘票。如檢察官不簽發拘票時，應即將被拘提人釋放。」

依同法第35條規定，警察人員發現被告違反檢察官或法院依同法第31條第1項或第33條第1項定所附之釋放條件時，應即報告檢察官或法院，如符合同法第29條所定之要件，得將被告逕行逮捕或拘提之。

四、通報及協助義務

依家庭暴力防治法第50條第1項規定：「警察人員在執行職務時知有疑似家庭暴力之犯罪嫌疑者，應立即通報當地主管機關，至遲不得逾二十四小時。」

依同條第4項規定，主管機關或受其委託之機關、機構或團體進行訪視、調查時，得請求警察機關協助，被請求之機關應予配合。

五、在職教育

依家庭暴力防治法第59條第2項規定：「警政主管機關應辦理警察人員防治家庭暴力之在職教育。」

綜上所述，家庭暴力防治法一方面擴大警察處理家庭暴力事件之權力，使警察可以為被害人聲請及執行保護令，也可以協助取得緊急保護令，而且，對於現行犯或符合逕行拘提要件之案件，則負有逮捕或逕行拘提加害人之義務，並負有依法保護被害人之責任。如其怠於執行這些法律因而至被害人受傷或死亡，則除了必須負起行政責任外，可能在刑事上必須擔負過失傷害或過失致人於死之罪責，在民事上也可能必須負擔侵權行為損害賠償或國家賠償責任。

陸、結語

警察對於家庭暴力之案件處理與角色扮演，自1980年代起經歷了極大的變革，其中尤以美國、紐西蘭、澳洲等英美法系國家之演變最受矚目。現今世界各國多已體認警察對於家庭暴力事件之處理態度，對於家庭暴力之防治實居於關鍵地位，故大都已要求警察應更積極、主動地扮演執法者之角色，而非僅消極地勸和或輔導。

我國亦不例外，儘管傳統法律並未制定專法或專章以處理家庭暴力事件，但許多學者專家及機關團體對於警察應積極處理家庭暴力事件之呼聲不斷，臺北市政府警察局在家庭暴力防治法尚未公布施行時，即率先制定家庭暴力處理手冊，期使警察改變傳統之辦案態度，以符合世界潮流。

事實上，在家庭暴力防治法通過前，我國警察對於家庭暴力之處理，除了臺北市政府警察局已有心改進外，其他縣市之警察局大都還採取傳統之消極處理方式，令家庭暴力之被害人難以擺脫暴力陰影。臺北市政府警察局所制定之手冊係依據行政命令而發布，其內容仍受限於傳統法律之有關規定，自無法如美國等先進國家一般，使警察人員在法律之充分授權下，提供被害人更完善之保護與服務。因此，唯有落實家庭暴力防治法，才能使警察人員在處理家庭暴力事件時，擁有更大的權力並負有更大的義務以保護被害人及防止暴力之發生。事實上，目前我國警察人員在家庭暴

力事件所扮演之角色，隨著法律思潮之演進及家庭暴力防治法之實施，已經發揮許多站在第一線保護被害人的功能。

第十一章
論司法人員對於
家庭暴力之案件處理

壹、前言

　　司法部門在家庭暴力救援體系中，向來被寄予極高的期望，人們普遍認為司法如能與醫療、警政、社政、教育等部門共同結合成一綜合救援網絡，才能徹底有效解決家庭暴力問題。然而，人們對於目前司法部門對於家庭暴力救援服務之回應，評價並不高，其原因除歸咎於現行法規存有許多不足與缺失外，另一個重要的原因在於法官與檢察官等司法人員未能積極主動地提供被害人各種協助與保護，致使司法部門在各種救援服務網絡中，成為讓不少人感到灰心失望的一環。

　　事實上，人們對於司法部門之批評與詬病，有些確係出於誤解，有些則並非空穴來風。筆者身為一名法官，深感司法人員對於家庭暴力事件之處理方式，實有讓民眾更多了解之必要，如有任何處理上之缺失，也應勇於接受批評，確實加以改進。因此，本章擬探討司法人員處理家庭暴力案件之若干迷思，再析論中美兩國司法人員對於家庭暴力案件之處理現況，並對於我國家庭暴力防治法所賦予司法人員之權責做一論述，期能就教於高明。

貳、司法人員對於家庭暴力事件之迷思與偏見

　　司法人員和一般人一樣，對於家庭暴力問題也存有諸多迷思，這些迷思反應在案件處理上，即會造成辦案偏差，此種情形中外皆然。我國很少針對司法人員做關於家庭暴力事件迷思與偏見之調查，美國方面則已做過較完整之調查研究，茲概略分述如下。

一、美國司法人員處理案件之迷思與偏見

（一）妨礙美國檢察官處理案件之迷思

　　依據關島檢察長辦公室（Office of the Attorney General）制定之家庭暴力組手冊（Domestic Violence Unit Protocol）所載，檢察官對於家庭暴力事件所存有之迷思而足以妨礙其有效處理者，主要如下：

1. 家庭暴力是私人「家務事」

　　此種迷思認為親密關係人間之暴力行為多少「不同」於陌生人間之暴力行為，將婚姻關係及家庭制度之隱私權置於現行法禁止暴力之上。然而，對於家人或在家庭內實施暴力行為依關島法律是一種犯罪行為，正如檢察總長家庭暴力專案小組最終報告（Attorney General's Task Force on Family Violence Final Report）所載：「對於家庭暴力之回應必須以暴力行為之性質而非被害人與加害人之關係為主要依據。」

2. 家庭暴力通常係由被害人所招惹

　　此種迷思源於男人有權管教其配偶不順心行為之思想。然而，大多數研究均指出，相互爭鬥或招惹並非家庭暴力之原因。事實上，不管言語上之「招惹」有多嚴重，絕對不能作為實施暴力之藉口。縱使施虐者未對其暴力行為負責以及被害人有自責之傾向，這些都不應使世人作出此種錯誤的結論。

3. 受虐婦女是受虐狂

此種迷思認為，如果被害人真受虐待早就離開了，如果被害人真想終結虐待，只要尋求外援並脫離關係即可。此種觀點反映出對於虐待關係之動力學毫無所知，受虐婦女通常處於關係中相當長時間，並已有極強之心理與情感連結。如果受虐婦女要離開受虐關係並將子女帶走，通常必須解決子女扶養問題。受虐婦女面對極大的情感壓力而留在受虐關係中，這些壓力包括經濟獨立、缺乏親友的扶助、採取對抗行動將遭受更大暴力之脅迫等，而被害人之自卑感則更加深了難以離開受虐關係之問題。

4. 施虐者通常是酗酒或吸毒者

許多人認為，虐待妻子的男人，主要是那些濫用物資的勞工階級。然而，專家已經認定，家庭暴力跨越每一個社經團體，而且不是因濫用物資而發生。最近的研究發現，酒精與毒品可能增加暴力的強度，但不是暴力的「原因」。施虐者通常在食用控制物資之前已決定使用暴力，但施虐者會將其施暴原因歸咎於食用物資，酒精與毒品變成其施暴之最方便的藉口。

5. 受虐婦女必須向檢察署提起告訴才能採取行動

傳統上，有些檢察官要求被害人提起告訴甚至於在輕罪家庭暴力案件中簽署告訴狀，依此種政策，如果被害人未能提出告訴或出庭作證，將導致輕罪或重罪之家庭暴力案件均不受理。然而，執法人員已經認知，家庭暴力是一種不僅是對於個人也是對於社會之犯罪。再者，人們已經了解，家庭暴力動力學產生許多「不合作」的被害人，這些被害人仍然需要執法人對於虐待情況積極回應以提供保護[1]。

（二）影響美國法官處理案件之性別偏見

1994年3月29日，Norma J. Wikler博士在義大利羅馬所舉行之國際女法官協會雙年會中，發表「法院性別偏見對於家庭暴力被害人所受待遇之

---

[1] Office of the Attorney General, Prosecution Dision, Agana, Guam, Domestic Violence Unit Protocol 4-6 (1994).

影響」（The Impact of Gender Bias of the Court on the Treatment of Domestic Violence Victims）一文指出，自1982年起，美國有42個州已經著手調查性別偏見對於各法律領域之作用，關於性別偏見對於家庭暴力被害人之影響方面，一般調查結果包括下列幾點：1.美國15年來之法律改革已經導致法律明文保護及除去家庭暴力之隱私布幕。2.司法執行上開保護時常受文化窠臼及普通法推定之影響，將妻視為夫之財產、允許毆妻、認為婦女招惹攻擊並享受痛苦。3.法院時常將焦點集中於被害人之性格而非施虐者的犯行。4.被害人並未獲得法律所欲賦予之民事或刑事救濟。

關於影響家庭暴力被害人之性別偏見型態，Wikler博士歸納為下列幾種：

1.兩性適當角色及「真實天性」之性別窠臼，認為男人是一家之主，暴力是維持權威之適當手段。苛責被害人：例如，在科羅拉多州有名男子用槍射擊其妻之臉部及上半身5次，法官只判處2年工作釋放刑（two years on work release）[2]，較法定刑為低。法官為特殊減刑的理由是：「妻子做出極度招惹行為，離開丈夫卻不預先告知，直至早上離家之前還是忠誠與關愛模樣，雖然對丈夫聲請發保護令並提起分居訴訟，卻不告訴他自己身在何處。」

2.關於兩性相對價值之文化假設：削弱女人的可信性。一位證人於1989年在馬里蘭案件審理中指出，有位法官如是說：「我不相信的理由是，我認為這些事不可能發生在我身上。如果我是你，而有人用槍威脅我，我絕對不會繼續跟他住在一起。……因為我不會讓這事發生在我身上，我就不相信它會發生在你身上。」專案小組一再查出，被害人會被認為，似乎其控訴都是微不足道、誇大其詞、與有過失。

3.關於兩性所面對社經現實之迷思與誤解：專案小組發現法官缺乏家庭暴力動力學知識，對於經濟不獨立、失去自尊、恐懼、相信施虐者會改變等並不了解，將撤回訴訟解釋為投機取巧（當進行離婚等訴訟時）或被

---

[2] 工作釋放刑係一種相當輕微的刑罰，各州規定不盡相同，通常意指受刑人在上班時間可以至其服刑前之工作場所上班，下班後再回監所或中途之家。

害人喜歡受虐的跡象。

關於法官反映性別偏見之行為，Wikler博士認為有下列幾種：

1.未將家庭暴力視為嚴重的犯罪行為。

2.駁回民事保護令之聲請。

3.不執行保護令。

4.不准許扶養費、監護權、監督探視權。

5.拒絕行使公權力命施虐者離家、監禁違反保護令者。

6.在開庭時歸責被害人；僅責罵但不懲罰加害人；將控訴看成誇大其詞與芝麻小事。

7.當事人未提反訴卻發相互保護令。

8.在家庭暴力案件中判處較其他嚴重犯罪為低的刑罰。

9.嚴苛對待貧窮被害人、非白人婦女、移民婦女，這些人更難向法院尋求救濟，被認為可信度較低，有語言障礙，有些法官認為此種暴力是「可接受的」，因為那是特別次文化的特徵[3]。

二、我國司法人員處理案件之迷思與偏見

如眾所周知，美國是最早致力於揭開家庭暴力事件神祕面紗之國家，其對於家庭暴力之宣導與防治所得之成效，堪為世界各國之典範。雖然如此，上開美國調查研究資料顯示，現今許多美國司法人員對於家庭暴力事件仍然存有不少迷思與偏見，那麼，包括我國在內之其他較不重視家庭暴力防治之國家，其司法人員對於家庭暴力事件之迷思與偏見，在類型上可以說與上開資料相似，在程度上恐怕只有更為嚴重。

我國政府有關單位就此問題並未做深入而完整之調查與統計，但在家庭暴力防治法通過前，由東吳大學周月清教授擔任主持人、筆者擔任協同主持人之臺北市政府專題委託研究計畫「臺北市婚姻暴力防治體系之研究

---

[3]　Norma J. Wikler, Unpublished Outline of "The Impact of Gender Bias in the Court on the Treatment of Domestic Violence Victims", International Conference on Domestic Violence: The Hidden Problem Exposed 1-3 (1994).

——現況及需求之評估」，則曾於民國86年初針對臺灣臺北地方法院及臺灣士林地方法院共計137名法官、臺灣臺北地方法院檢察署（現為臺灣臺北地方檢察署）及臺灣士林地方法院檢察署（現為臺灣士林地方檢察署）共計118名檢察官做婚姻暴力之問卷調查，可能由於案件繁忙，也可能因為對此問題漠不關心，只有39名法官、23名檢察官寄回有效問卷，回收率分別只有28.5%、28%[4]。普遍而言，這些願意填寫並寄回問卷之司法人員應比未回應之司法人員對於婚姻暴力問題有更深入之關注與更正確之認識，但仍有不少迷思與偏見，可見我國司法人員對於家庭暴力或婚姻暴力之迷思與偏見確實相當嚴重。茲僅將上開研究計畫對於司法人員回收有效問卷之迷思與偏見概述如下：

（一）妨礙我國檢察官處理案件之迷思與偏見

根據受訪檢察官對婚姻暴力事件的看法（婚姻暴力迷思）分析：超過半數（56.5%）同意（包括非常同意與同意，以下同）夫妻床頭吵床尾和，逾4成（43.5%）同意家醜不要外揚，逾4成（43.5%）同意婚姻暴力只會發生在少數婦女身上，逾3成（30.4%）同意夫妻吵架只是我們社會中的小事，逾3成（34.8%）同意男人會毆打其配偶只是一時衝動，逾3成（31.8%）同意只有沒有知識的人才會打老婆，26%同意夫妻之間的事外人不要管，22.7%同意小孩有個會打母親的父親總比沒有好，17.4%同意暴力經過一段時間會自然停止；不同意（包括非常不同意與不同意，以下同）「男生或女生都沒有使用暴力的權利」者竟高達100%，不同意「只要打人就是犯罪行為」的高達82.6%，不同意「婚姻暴力原本就存在我們的社會」高達90.9%[5]。

根據受訪檢察官對會發生婚姻暴力原因的認知分析：不同意「公權力不介入家庭」為暴力發生原因者超過半數（60.8%），不同意「社會系統

---

[4] 臺北市政府專題委託研究計畫成果報告，臺北市婚姻暴力防治體系之研究——現況及需求之評估，研究主持人周月清，協同主持人高鳳仙，執行期間85年9月1日起至86年6月30日止，33頁，86年7月30日印行。

[5] 同前註，105-106頁。

不介入，視為家務事」為暴力發生原因者約4成（40.9%），有17.4%受訪者不同意「施虐者生長於暴力家庭」是暴力發生原因，不同意「受虐者沉默助長施虐者施虐行為」為暴力發生原因者占17.3%；同意「受虐者有不良嗜好」為暴力發生原因者逾3成（34.8%）[6]。根據受訪檢察官認為婦女不提出離婚或離不開的原因分析（可複選）：100%受訪者認為是為了孩子，69.6%認為是經濟不獨立，65.2%認為是對施虐者還抱著希望，30.4%認為是宿命；認為是「無法離婚」及「無處可去」者各僅有13%，認為是「害怕施虐者打得更嚴重」者只有4.3%[7]。

（二）影響我國法官處理案件之迷思與偏見

根據受訪法官對婚姻暴力事件的看法（婚姻暴力迷思）分析：近半數（43.8%）同意夫妻床頭吵床尾和，逾4成（41%）同意夫妻吵架只是我們社會中的小事，逾4成（42.1%）同意婚姻暴力只會發生在少數婦女身上，逾3成（30.8%）同意家醜不要外揚，18%同意小孩有個會打母親的父親總比沒有好，10.5%同意男人會毆打其配偶只是一時衝動，13.1%同意夫妻之間的事外人不要管，10.3%非常同意只有沒有知識的人才會打老婆；不同意「男生或女生都沒有使用暴力的權利」者高達92.3%，不同意「婚姻暴力原本就存在我們的社會」者高達82.1%，不同意「只要打人就是犯罪行為」者高達66.7%[8]。

根據受訪法官對會發生婚姻暴力原因的認知分析：不同意「公權力不介入家庭」為暴力發生原因者近半數（48.8%），不同意「社會系統不介入，視為家務事」為暴力發生原因者約3成（28.2%），有33.4%受訪者不同意「施虐者生長於暴力家庭」是暴力發生原因，不同意「受虐者沉默助長施虐者施虐行為」為暴力發生原因者占15.4%；同意「受虐者有不良

---

[6]　同前註，109頁。

[7]　同前註，110-111頁。

[8]　同前註，104-105頁。

嗜好」為暴力發生原因者逾2成（21.1%）[9]。根據受訪法官認為婦女不提出離婚或離不開的原因分析（可複選）：97.4%受訪者認為是為了孩子，74.4%認為是經濟不獨立，46.2%認為是對施虐者還抱著希望，23.1%認為是宿命；認為是無法離婚者僅有20.5%，認為是無處可去者僅有17.9%，認為是「害怕施虐者打得更嚴重」者只有15.4%[10]。

參、美國司法人員對於家庭暴力事件之傳統處理方式

在傳統上，由於美國司法人員對於家庭暴力事件存有許多偏見與迷思，其對於家庭暴力案件之處理，多不認為家庭暴力是「真正的」犯罪行為，而是家庭紛爭，因為刑事審判制度之資源有限，不必浪費時間在這類不重要的案件上，故採取盡量不回應的態度。

事實上，還有其他原因促使司法人員不願積極處理家庭暴力案件。例如：(1)舉證困難：這類案件舉證相當不易，經常只有被害人之片面指訴，有時雖有小孩作證，卻因為太幼小或太害怕而無法提供對被告不利之證詞。在物證方面，通常欠缺報案記錄或醫療記錄，無法證明過去曾發生家庭暴力事件。(2)被害人控告意願不堅：被害人常常對於是否提出控告猶豫不決，向法院起訴後常不敢或不願出庭作證，對於是否要被告接受刑罰也常態度曖昧不明，使司法人員對於被害人感到棘手與浪費時間[11]。

1980中葉，美國檢察總長（United States Attorney General）成立家庭暴力專案小組（Task Force on Family Violence），其所提出之最後報告指出：「刑事審判制度對於暴力行為之回應並不一致。陌生人所實施之暴力被歸類為暴行，如果一個人毆打另一個陌生人後被捉拿時，其結果通常是因毆打暴行而被逮捕及起訴。然而，一個家人如果毆打另一個家人時，通

---

[9] 同前註，107-108頁。

[10] 同前註，110頁。

[11] Mary C. Morgan, the American University, Washington College of Law, Unpublished Paper "Criminal Justice Response to Domestic Violence in the U.S." 8-9 (1984).

常被視為家庭紛爭，尚未構成真正的犯罪。」[12]

　　基於上述理由，司法人員經常將家庭暴力案件擺在最後處理順位上。在檢察官方面，檢察署的政策是增加受虐婦女告訴上之不便，經常要求受虐婦女親自在告訴狀上簽名才能起訴；如果沒有先前暴力事件之書證或獨立證人等確證，則不予起訴；不與受虐婦女保持聯繫，亦不鼓勵其參與起訴程序；在起訴過程中，極少關心受虐婦女之安全與保護；如果受虐婦女不出庭應訊或對於提出告訴有任何矛盾情感時，則案件不予受理。在法官方面，法官通常也不喜歡辦理家庭暴力案件，認為這些案件既不重要又浪費時間。法官多不明白被害人之起訴意願何以常常曖昧不明，他們常在法庭上問被害人關於一般人常問的問題，如：為何不脫離關係？為什麼不由家庭顧問在法庭外解決問題？為何報警及上法院後，又像沒發生事情一樣要求法官釋放加害人？[13]事實上，法官在處理家庭暴力事件時，通常將家庭暴力案件降低其嚴重性，將一些原本涉及重罪之家庭暴力案件以輕罪處理，且常裁判不受理，即使判決有罪，也常對加害人寬大為懷，輕判了事。依據一項俄亥俄州之研究資料顯示，該州1980年之家庭暴力輕罪起訴案件1,408件中，有1,142件（81%）不受理，只有166件被判有罪。有罪判決中只有60個人（36%）應入監執行，其中應受監禁日數未逾30日者即占了三分之二。被判罰金者，僅有12%逾100美元。其餘約三分之二有罪案件，則以保護管束取代徒刑與罰金[14]。

　　被害人對於起訴及出庭之猶豫態度常影響司法人員對於家庭暴力案件之積極處理，而司法人員對於家庭暴力案件之消極處理也常影響被害人之起訴與出庭意願，可以說是惡性循環。事實上，由於家庭暴力案件之起訴率與定罪率均極低，使不少被害人更不敢尋求司法救濟，許多被害人因無法在法庭上所能得到確實的救濟及保護，只有被迫繼續留在虐待關係中。

- - - - - - - - - - - - - - -

[12] U.S. Attorney General's Task Force on Family Violence, final report 11 (September 1984).

[13] Morgan, 同註11，9、12頁。

[14] Eve S. Buzawa & Carl G. Buzawa, Domestic Violence, The Criminal Justice Response 96 (1996).

肆、美國司法人員對於家庭暴力事件之現代處理方式

自1970年代開始，在美國有許多關心受虐婦女之專家學者與公私立團體共同努力，不僅揭開家庭暴力之面紗，使受虐婦女之苦情得以向大眾陳明，而且透過各種修法與立法運動，使越來越多美國司法人員開始正視家庭暴力問題之嚴重性，而改採積極的執法態度。比較而言，關於家庭暴力事件之處理問題，司法人員所引起之注意程度並不如警察人員，對於司法人員所做之調查研究也不如警察人員普遍與深入。整體而言，雖然美國各州幾乎都已通過家庭暴力法規，但司法人員對於家庭暴力之回應並不如警察人員那樣廣泛而先進，而且因為司法人員在執法時享有相當大的自由裁量權，故其對於家庭暴力之處理方式也較警察人員更為分歧不一致[15]。然而，司法人員確實近年來也已做了一些重要的回應，茲擇要分述如下。

一、檢察官方面

關於檢察官對於家庭暴力案件之現代處理方式，比較重要者包括：

（一）制定手冊或準則

美國有許多關於檢察官之家庭暴力手冊（protocol）或準則（guidelines），明定家庭暴力案件之處理程序與準則，使檢察官明瞭家庭暴力案件之特質、正確的蒐證程序、減少暴力並保護被害人之偵查技巧等。例如：

1.1993年，伊利諾州之立法機關為了發展警察人員、檢察官及法官之模範手冊及訓練課程，創立「家庭暴力訓練及課程專案小組」（Domestic Violence Training and Curriculum Task Force），1996年「伊利諾州警察人員、檢察官及司法人員之模範家庭暴力手冊」（Illinois Model Domestic

---

[15] 同前註，171-173頁。

Violence Protocol for Law Enforcement, Prosecution, and Judiciary）正式出版。2004年，該小組開始對該手冊進行修正工作，修正版本於2007年出版。此手冊之目的在於為鄉鎮市等地方政府提供最佳實務之堅實基礎，協助其制定適合地方需求、資源及體制之地方手冊。模範手冊共分四章，依序為導論、警察人員部分、檢察官部分及司法人員部分。為提供準則及資訊以協助伊利諾州各地檢察官更新現有手冊或發展新手冊，使檢察官有效起訴案件以保護被害人，此手冊第三章「檢察官部分」（state's attorney component）之內容包括：導論、有效起訴之結構及策略、案件來源及起訴注意事項、情境評估及加害人辨識、法定保釋條款及危險評估、蒐集證據、傳喚、認罪協商、不受理及延期、判決、保護令、保護令之救濟方法、違反保護令、被害人權益及家庭暴力辯護人角色、特殊需求及考量之被害人及特別注意事項[16]。

　　2.「內華達州檢察官諮詢委員會」（State of Nevada Advisory Council for Prosecuting Attorneys）2006年採行「內華達州家庭暴力最佳實務準則」（State of Nevada Domestic Violence Prosecution Best Practice Guidelines），內容包括：導論、核心策略、起訴、程序、案件準備、審前爭點、保護被害人、被害人之權利、被害人與檢察官之聯繫、處分、資料蒐集與評估等[17]。

（二）明定政策

　　許多檢察署明定政策（policy），以作為檢察官處理家庭暴力事件之指導原則，有些州法律甚至明定地檢署有明定政策之義務。例如：威斯康辛州之刑事訴訟法規定：各地檢署應發展、採用及執行鼓勵起訴家庭暴力犯罪之書面政策，書面政策應包括但不限於下列事項：1.明載檢察官之

---

[16] Domestic Violence Training and Curriculum Task Force & Illinois Criminal Justice and Information Authority, Model Domestic Violence Protocol for Law Enforcement, Prosecution, and the Judiciary, 9-11, 13-14, 141, 142 (2007).

[17] State of Nevada Domestic Violence Prosecution Best Practice Guidelines, adopted by the State of Nevada Advisory Council for Prosecuting Attorneys pursuant to NRS 241A.070 on May 4, 2006.

不起訴處分不能單單以無肉眼可見的受傷或損害跡象為基礎,且不能以被害人同意隨後起訴其他涉案人為基礎,亦不能以涉案人間之關係為基礎。

2.明載地檢署接獲家庭暴力事件之通報後,如無特殊情況,檢察官之起訴處分應於接受事件通報後2星期內為之[18]。

(三)設置被害人與證人專責單位

許多檢察機關設有被害人與證人辯護組(advocacy unit)或協助組(assistance unit)等專責單位,以協助被害人與證人,及提高家庭暴力事件之起訴成效。例如,俄亥俄州之富蘭克林郡(Franklin County)檢察署於1975年設置「被害人證人協助組」(Victim Witness Assistance Unit),組內置有協助人員,通常稱為辯護人或倡議者(advocate),對被害人及證人提供關於刑事審判制度的實務及程序訊息。該組對於被害人及證人之協助責任包括:支持被害人、陪同被害人出庭、作為被害人及助理檢察官之聯繫橋樑、向被害人告知審判制度及其權益等資訊、轉介至社會服務機構、告知審判期日等法庭資訊、告知及協助被害人申請犯罪被害人補償、取得家庭暴力及跟蹤案件之暫時保護令、取得病歷及死亡證明書等資料、提供被害人關於加害人假釋及釋放等訊息、協助幫派案件之證人遷徙(relocation)等[19]。

(四)設立家庭暴力專責單位

許多美國檢察署設置家庭暴力組(unit或division)等專責單位,以辦理家庭暴力事件。例如:

1.舊金山檢察署設置家庭暴力組(Domestic Violence Unit),配置多名訓練有素之檢察官、調查官及被害人辯護人(victim advocate),檢察官對於所有家庭暴力案件採取垂直(vertical)辦案方式,從提審到審判階

---

[18] Wis. Stat. § 968.075(7).

[19] Franklin County Prosecuting Attorney, Victim Witness Assistance Unit. 參閱Franklin County Prosecuting Attorney網站,Home >Divisions > Victim Witness Assistance Unit. http://prosecutor.franklincountyohio.gov/divisions/criminal/victim-witness.cfm

段都由其辦理，檢察官、調查官及辯護人共同合作，將加害人繩之以法，保護被害人及其家人，並使傷害獲得修復[20]。

2.內華達州之2005年「家庭暴力最佳實務準則」明載：專業化造成較高的家庭暴力加害人定罪率，因此，較大的檢察署應成立家庭暴力組，較小的檢察署應配置專人，才能垂直起訴（vertical prosecution）及加強家庭暴力案件之專門知識[21]。所謂垂直起訴，係指從案件受理開始到案件結束為止，均由一名指定之檢察官辦理，此種方式使被害人得到持續支持，辦案有連續性，能減少被害人之創傷，且能提高起訴及定罪成功率，使判決更為一致及妥適[22]。

（五）在職教育

當檢察官深入了解受虐婦女常常難以脫離虐待關係之原因後，才能說服法官與陪審團，使其不會因被害人不離開虐待關係而懷疑其所為陳述或證詞之可信度。檢察官若能明瞭當受虐婦女試圖尋求法律救濟或脫離虐待關係時最常遇害，則可要求高額保釋金以使施虐者在審判中繼續被羈押，或要求嚴格的釋放條件（conditions of release）以使施虐者遠離被害人。檢察官如知悉受虐婦女求助於刑事審判制度會使其置身更大的危險中，則可以得到至少一個解釋受虐婦女何以對於審判與嚴刑充滿矛盾之理由。許多檢察官實在不知道，家庭暴力所隱含之高度危險性，以及被害人多麼需要刑事審判制度之救援，才能使自身及其子女脫離暴力的蹂躪[23]。

美國許多檢察署要求所有檢察官都要接受家庭暴力事件之有關教育，有些州甚至以法律明文規定檢察官應受家庭暴力相關訓練，例如，阿拉斯加州法律明定：法律部（department of law）及其他檢察機關應與家庭暴力

---

[20] Office of San Francisco District Attorney George Gascón, 2012 Annual Report, at 4-5.

[21] State of Nevada Advisory Council for Prosecuting Attorneys, Domestic Violence Prosecution Best Practice Guidelines, 4 (2005).

[22] Cal. EMA, Violence Against Women Vertical Prosecution Program, 3 (Fiscal Year 2011/2012).

[23] Mary C. Morgan，同註11，9-10頁。

及性侵害委員會（council on domestic violence and sexual assault）研議，為檢察官及其他家庭暴力相關員工提供家庭暴力持續教育[24]。

（六）禁止撤回起訴（no drop prosecution）

在傳統處理模式中，檢察官常為確保家庭之隱私權及完整性而決定不起訴，並要求被害人在告訴狀上簽署才能起訴，而且被害人可以視情況而撤回告訴。由於此種處理模式讓被害人成為整個案件之掌控者與負責者，也因而使被害人陷入更大的脅迫危險中。因此，美國許多檢察署自1980年代開始，逐漸採行禁止撤回起訴政策，檢察官不必顧及當事人之意願而依證據決定案件是否起訴，使案件之控制者變成政府而非被害人，由檢察官決定在被害人不願意時是否將案件起訴或撤回起訴。如此一來，家庭暴力之加害人必須為自己之犯行向國家負擔刑責，而加害人對於被害人之恐嚇脅迫也為法所不容。

禁止撤回起訴可分為硬的（hard）及軟的（soft）兩種，硬的禁止撤回起訴是，檢察官使用一切手段將案件起訴，例如：鄰居或警員之證詞、將被害人傳喚或拘提到庭作證等。軟的禁止撤回起訴又可稱為非脅迫性（non-coercive）禁止撤回起訴，讓被害人決定是否參與起訴，但最終仍由檢察官決定是否起訴[25]。以紐約州布魯克林（Brooklyn）區為例，被害人縱使不願起訴，並簽署放棄起訴書，檢察官仍可起訴。然而，在起訴後，檢察官雖會盡力說服當事人支持起訴，但如果被害人一直不願起訴或找不到人，檢察官如無被害人之合作則無足夠證據成案時，可撤回起訴。因此，布魯克林區所採取的並非硬的禁止撤回政策[26]。

---

[24] Alask Stat. §18.66.310(c)

[25] Chris S. O'Sullivan, Robert C. Davis, Donald J. Farole, Jr. & Michael Rempel, A Comparison of Two Prosecution Policies in Cases of Intimate Partner Violence, Mandatory Case Filing vs. Following the Victim's Lead, Final Report Submitted to the National Institute of Justice by Safe Horizon, 4 (September 2007); Amy Beck, Domestic Violence: The Use of Pro-Arrest Policies and Mandatory Prosecutions, 20-21 (2011).

[26] O'Sullivan, Davis, Farole, Jr. & Rempel，同前註，7-8頁。

二、法官方面

關於法官對於家庭暴力案件之現代處理方式，較為重要者大致如下：

（一）設立專庭

近年來美國各州紛紛成立家庭暴力法庭（domestic violence courts），這些法庭有些屬於民事庭，有些則屬於刑事庭，紐約及佛羅里達等少數州則採行「一個家庭一個法官」（one family, one judge）模式，成立一種具有民事及刑事功能之「綜合家庭暴力法庭」（integrated domestic violence courts），但不論其屬於何種性質之法庭，均由受過特別訓練之法官審理案件。2000年全美共有42個家庭暴力法庭，到了2009年，有32個州總共成立208個家庭暴力法庭，這些法庭有46%在加州及紐約州中[27]。

有些州以法律明定家庭暴力法庭或法院，例如：

1.愛達荷州法律規定：家庭暴力是一個對於被害人、子女及社區造成重大損害（substantial damage）的嚴重犯罪，經歷家庭暴力的家庭常牽涉一個以上的審判程序，包括離婚及子女監護案件，以及與家庭暴力、藥物濫用及子女保護有關之民事及刑事訴訟程序。每年應有監禁、監督及處遇加害人之巨大的州或郡資源。家庭暴力法庭追究加害人之責任，增進被害人之安全，提供更多司法監督及協調資訊以供應法院、司法體系人員及社區機構間之有效互動及使用資源。有效的案件管理及協調確保一個案件的裁判不會與其他民刑事案件之裁定衝突，並提供保護被害人及家人的必要資訊。家庭暴力法庭對於降低再犯率及增進被害人安全業經證實為有效，擴充家庭暴力法庭至每一個司法地區（judicial district）符合本州居民之最佳利益[28]。

2.西維吉尼亞州法律規定：最高上訴法院（supreme court of appeals）

---

[27] Melissa Labriola, Sarah Bradley, Chris S. O'Sullivan, Michael Rempel & Samantha Moore, A National Portrait of Domestic Violence Courts, Report Submitted to the National Institute of Justice, iv, ix, 6 (December 2009).

[28] Idaho Stat. §32-1408.

有權為其所選擇法院之試辦家庭暴力法庭調派一個適當司法人員（judicial officer），此司法人員有權依法審理特定家庭暴力輕罪刑事案件、違反保護令之民刑事案件等案件。為試辦家庭暴力法庭所調派之司法人員可能是現任或優遇（senior status）巡迴法院法官、家事法庭法官、暫時家事法庭法官（temporary family court judge）或治安法官（magistrate）。最高上訴法院應維護統計資料以判定試辦家庭暴力法庭之可行性及有效性。此計畫於2016年12月31日終止，最高上訴法院應在2015年及2016年立法機關例會前向參議院及眾議院議長提出關於計畫有效性之報告[29]。

（二）在職教育

大約從1990年代開始，法官對於家庭暴力事件之處理方式漸漸受到重視，許多人致力於法官之在職教育，使其明白家庭暴力之發生原因及正確處理方式。其中舊金山「家庭暴力防治基金會」（Family Violence Prevention Fund，嗣改名為「將來無暴力」（Futures Without Violence））堪稱提出法官革新教育方案之先鋒，而「全國少年及家事法庭法官會議」（National Council of Juvenile and Family Court Judges）則努力發展一些對於法官處理家庭暴力案件之改進建議[30]，並廣泛蒐集及傳播法官對於家庭暴力事件之最先進處理方式有關資訊。

有些州以法律明定法官應接受家庭暴力訓練課程。例如：

1.紐澤西州法律規定：法院行政處（administrative office of the courts）應發展及認可關於家庭暴力事件之處理、調查及回應程序之訓練課程，該處處長（director）應確保所有法官及司法人員於任命90日內參加新進人員訓練及參加每年在職訓練，該處及刑事審判處（division of criminal justice）應規定所有訓練應包含家庭暴力對社會的影響、家庭暴力動力學、家庭暴力法規判例、保護令的要件、檢察總長及最高法院所頒布之政

---

[29] West Virginia Code §48-27-301(b).

[30] National Council of Juvenile and Family Court Judges' Family Violence Project, Family Violence: Improving Court Practice (1990).

策及程序、社區資源及懲處或處遇方式之應用等資訊[31]。

　　2.肯達基州法律規定：最高法院應為巡迴法官、地區法官（district judges）、家庭關係及審判委員（domestic relations and trial commissioners）提供至少每2年1次在職訓練課程。課程內容包括：(1)兒童發展、身體及性虐待動力學、暴力對兒童發展之效果、加害人處遇及相關議題。(2)家庭暴力動力學、家庭暴力對被害人的影響、保護的法律救濟、傷害及危險評估、家庭暴力模範手冊、社區資源、被害人服務及通報義務。(3)對老人犯罪（包括但不限於老人虐待、疏忽及剝削）之動力學、對老人犯罪之效力、老人及其家人可居住之機構、保護的法律救濟、傷害及危險評估、對老人犯罪之模範手冊、社區資源、被害人服務及通報義務。巡迴法官、地方法官、家庭關係及審判委員應成功完成最高法院依法所定之課程[32]。

（三）制定手冊或準則

　　美國有不少關於法官及司法人員之家庭暴力手冊或準則，明定家庭暴力案件之處理程序與準則，使法官明瞭家庭暴力案件之特質及正確的案件處理程序，以保護被害人。例如：

　　1.為提供準則及資訊以協助伊利諾州各地法官強化更新現有手冊及發展新手冊，使法官做好執法工作，伊利諾州之「家庭暴力訓練及課程專案小組」制定「伊利諾州警察人員、檢察官及司法人員之模範家庭暴力手冊」，其第四章「司法人員部分」（Judicial Component）之內容包括：導論、有效的家庭暴力法庭（courtrooms）、法定保釋規定、判決、保護令、保護令之救濟方法（remedies）、違反保護令、律師費等[33]。

　　2.北卡羅萊納州法院行政處（North Carolina Administrative Office of

----

[31] N.J. Stat. §2C: 25-20(b).

[32] KY Rev. Stat. §21A.170.

[33] Domestic Violence Training and Curriculum Task Force & Illinois Criminal Justice and Information Authority，同註16，215、217頁。

the Courts）制定「北卡羅萊納州地方法院法官家庭暴力最佳實務指南」（North Carolina Domestic Violence Best Practices Guide for District Court Judges），其內容包括：導論、家庭暴力諮詢委員會委員、第一篇：最佳實務、第二篇：實施策略及建議法庭程序。此實務指南為該州各地方法院承辦家庭暴力案件之民刑事法官提供有用的實務準則，也為各地方法院院長提供行政決定之最佳指南，以提升家庭暴力案件之被害人安全、加害人究責及法庭效率，並確保所有當事人之正當程序權益[34]。

（四）領導整合

美國法官不僅在法院處理案件時扮演重要之角色，而刑庭法官對於整個刑事審判制度都是重要的領導者，其可居於獨特之地位，領導整合刑事審判制度以提供受虐婦女法律及其他服務。許多社區已設立家庭暴力協調會議（domestic violence coordinating council），其成員不僅包含刑事審判制度之官員，還包括庇護所及其他服務機構、醫療機構、政府官員、教師及一般民眾，以發展家庭暴力之整體防治方法。有些法官還運用其在社區之重要地位來教育大眾：家庭暴力是犯罪行為，已為社會所不容[35]。

有些州以法律明定家庭暴力協調會議，例如達拉威州法律明定：州議會（general assembly）特創設一個常設的家庭暴力協調會議（domestic violence coordinating council）。會議成員應包括家事法院院長、上訴法院庭長、公設辯護人、眾議院院長及眾議院指派之代表、政府相關局處首長以及依法選派或指派之執法團體、家庭暴力被害人、性侵害被害人、醫療界及倡議團體等代表。會議之成立宗旨及權責包括：1.持續研究家庭暴力有關之法院服務及程序、執法程序及手冊、刑事審判資料蒐集分析。2.有效協調機關、機構、法院及家庭暴力之被害人。3.提升基於研究及資料蒐集之防治、介入及處遇方式等成效。4.向矯正局等州政府相關局處建議家

---

[34] North Carolina Administrative Office of the Courts, North Carolina Domestic Violence Best Practices Guide for District Court Judges 1-4 (2012).

[35] Morgan，同註11，13-14頁。

庭暴力加害人處遇計畫之標準。5.依州議會議員之要求或主動對於進入州議會之家庭暴力相關法案進行審查及評論。6.增進家庭暴力之回應以減少其事件之發生[36]。

伍、我國司法人員對於家庭暴力事件之傳統處理方式

　　如前所述，我國司法人員對於家庭暴力事件存有許多偏見與迷思，關於家庭暴力之各種教育與訓練幾乎完全沒有，再加上每位司法人員案件負荷量十分繁重，因此，在家庭暴力防治法通過前，我國司法人員對於家庭暴力事件之處理方式與前述美國司法人員之傳統處理方式並無多大差異。亦即，我國司法人員對於家庭暴力事件之處理大都採取消極被動方式，很少正視問題之嚴重性而積極辦理，不少人仍存有勸和不勸離之心態，再加上傳統法律未提供家庭暴力被害人特別保護，法院與檢察署復欠缺家庭暴力被害人之特別扶助與安全措施，被害人所能得到的救濟及保護可以說十分有限。

　　在家庭暴力防治法通過前，所有家庭暴力問題僅能依傳統法律加以規範，被害人所能尋求之法律救濟途徑計有：拒絕履行同居義務、請求離婚、子女監護、置監護人、子女扶養費、分配財產、終止收養關係、損害賠償、為刑事告訴、提起自訴、請求逮捕加害人等，但這些都只是暴力事件發生後之補救方法，欠缺防範措施，而且執法成效不彰。

　　事實上，在家庭暴力防治法通過前，家庭暴力之被害人最常尋求之救濟途徑應屬離婚與提起傷害告訴兩種，目前我國各級法院並未特別針對家庭暴力之案件處理情形做統計分析，依據臺北地方法院、士林地方法院、臺北地方法院檢察署（現為臺北地方檢察署）、士林地方法院檢察署（現為士林地方檢察署）之85年1月至12月之傷害案件及離婚案件之統計資料顯示：(1)在所有離婚案件中，雖然法院判准離婚之比例約為60%，但其中

- - - - - - - - - - - -
[36] Del. Code § 2101, § 2102, § 2103.

以惡意遺棄離婚原因而終結案件者,超過離婚總件數的50%,以不堪受對方虐待為由准許離婚者,不超過15%。由於法院對於受對方虐待之離婚原因向來維持較嚴格之標準,事實上有許多受虐者轉而以其他離婚原因獲准離婚,或因其離家出走而反被施虐者以惡意遺棄為由訴請離婚。再者,女性主動離婚者超過60%,較男性主動離婚者為多。而就離婚者已婚年數而言,逾9年者超過60%。因此,從上開資料可以作此推論:臺北地方法院及士林地方法院85年度所終結之離婚事件,以惡意遺棄離婚原因占絕大多數,其中又以女方主動離婚者為多數,而且離婚者已婚年數多超過9年。還有,撤回件數亦超過20%,其中是否有許多係因受虐配偶在施虐配偶之施壓與控制下始撤回訴訟,則不得而知,尚待深入調查研究。(2)傷害罪之被害人如向檢察官提起告訴,加害人被起訴之機率約50%,起訴後被科刑之機率也約50%,亦即,被害人如循公訴程序,加害人被判刑機率約僅25%,其餘加害人不是獲不起訴處分,即是獲判免刑、無罪、免訴、不受理。被害人如提起自訴,加害人被科刑之機率也僅約3成。其次,受科刑之加害人,須服勞役或入監執行者約為10%,其餘僅須繳交罰金或獲判緩刑。再者,須入監執行之加害人,其刑期多未超過1年,判刑極輕。這些資料係關於所有傷害罪所作之統計,並未針對家庭暴力之傷害案件做總計分析。因為家庭暴力之被害人與加害人通常具有親密或親屬關係,司法人員在傳統勸和之心態下,此類案件之起訴與科刑機率恐怕只有更低,判刑也可能更輕微,甚至於有些加害人之罰金還必須由被害人去繳納,實在難於達到嚇阻犯罪及懲罰罪犯之效果[37]。

為進一步分析目前我國司法人員對於家庭暴力案件之處理方式,茲僅將臺北市政府專題委託研究計畫「臺北市婚姻暴力防治體系之研究——現況及需求之評估」對於司法人員回收有效問卷之處理現況概述如下:

---

[37] 臺北市政府專題委託研究計畫成果報告,同註4,119-124頁。

一、我國檢察官之案件處理方式

根據受訪檢察官對介入婚姻暴力個案之處理分析：受訪檢察官曾經辦理婚姻暴力事件者占81.8%；認為檢察官辦理婚姻暴力事件之辦案態度應「更積極偵辦以保護被害人」者未逾半數（47.8%），認為應「依法處理與其他案件無異」者占26.1%，認為應「盡量勸和解」者近2成（17.4%）[38]。

根據受訪檢察官認為其在婚姻暴力當扮演的角色或功能分析（可複選）：認為「視為一般個案即可，不需以特別議題處理」者高達95.7%，認為應「主動偵辦者」僅占8.7%，認為「重點在於受虐者及關係人的保護，非檢察官所能置喙」者，也有4.3%[39]。根據受訪檢察官認為其在處理婚姻暴力個案之困難分析（可複選）：逾半數（52.2%）認為「個案量太大」，認為「求助者錯誤期待」、「求助者不願提出告訴」者各約4成（39.1%），認為「沒有法律依據」者占34.8%，認為「檢察官缺乏轉介資源的資訊」、「檢察官怕帶來額外負擔」者各約占3成（30.4%），認為「檢察官缺乏在職訓練」、「男女兩性不平權的社會價值觀」者各占26.1%，認為「檢察官的態度和認知」、「檢察官體系自我封閉，少與其他相關體系互動」者各占21.7%，認為「單位主管不重視」、「缺乏相關經費」者各占17.4%，認為「檢察官缺乏學校教育養成訓練」、「沒有針對婚姻暴力的偵辦規定或流程」者各占13%[40]。

再者，臺北市政府專題委託研究計畫「臺北市婚姻暴力防治體系之研究——現況及需求之評估」亦針對臺北市轄區內有提供接案直接服務的社服單位（包括臺北市政府社會局北區婦女服務中心、現代婦女基金會、善牧基金會）之個案進行問卷調查，41名受虐婦女共寄回28份有效問卷，回

---

[38] 同前註，114頁。

[39] 同前註，115頁。

[40] 同前註，116-117頁。

收率68.3%[41]。

　　根據受訪受虐婦女向各個專業系統求助時，其認為專業人員的處理態度分析：近6成受訪者（58.8%）未曾接觸檢察官；有接觸之受訪者中，認為檢察官「態度積極」者占57.1%，認為「盡力勸和」者近3成（28.6%），認為「態度冷漠」者占14.3%[42]。

二、我國法官之案件處理方式

　　根據受訪法官對介入婚姻暴力個案之處理分析：受訪法官曾經辦理婚姻暴力之離婚案件者占67.6%，曾經辦理婚姻暴力之刑事案件者占89.5%。[43]

　　根據受訪法官辦理婚姻暴力之離婚案件之態度分析：認為應「積極辦理以保護被害人」者占55.3%，認為應「依法處理與其他案件無異」者占34.2%，認為應「盡量勸和」者近2成（18.4%）[44]。

　　根據受訪法官認為其在婚姻暴力當扮演的角色或功能分析（可複選）：認為「維護受害人權益」者占65.8%，認為「讓加害人得到應有之懲罰」者占60.5%，認為「視為一般案件處理」者占23.7%，認為應「盡量勸和」者占10.5%[45]。

　　根據受訪法官認為其在處理婚姻暴力個案之困難分析（可複選）：認為「個案量太大」、「求助者錯誤期待」者各占63.2%，認為「法官缺乏在職訓練」者占36.8%，認為「法官的態度和認知」、「求助者驗傷單張數不足」者各占31.6%，認為「醫生拒絕出庭作證」者占28.9%，認為「警察不配合，如不先做筆錄」、「男女兩性不平權的社會價值觀」者各占

----

[41] 同前註，33頁。

[42] 同前註，57頁。

[43] 同前註，111-112頁。

[44] 同前註，113頁。

[45] 同前註，115頁。

26.3%，認為「法官的人格特質」者占23.7%，認為「單位主管不重視」、「法官缺乏學校教育養成訓練」者各占13.2%[46]。

　　根據受訪受虐婦女向各個專業系統求助時，其認為專業人員的處理態度分析：約5成受訪者（52.6%）未曾接觸法官；有接觸之受訪者中，認為法官「態度積極」者只有33.3%，認為「盡力勸和」者高達44.4%，認為「態度冷漠」、「態度惡劣」者各占11.1%[47]。

陸、家庭暴力防治法賦予我國司法人員之權責

　　家庭暴力防治法之最終目標在於建立整體防治網絡以根本解決家庭暴力問題，對於司法部門救援體系之建立自然十分重視，因而賦予司法人員不少權力與職責。茲將家庭暴力防治法有關司法人員權責之重點規定分述如下：

一、核發與執行民事保護令

　　家庭暴力防治法第二章係民事保護令專章。此法第9條規定，民事保護令之種類有三：通常保護令、暫時保護令及緊急保護令。保護令之核發機關為法院，依第12條規定，保護令事件之審理程序不公開，法院得依職權調查證據，必要時得隔別訊問。

　　保護令之內容具有多樣化，第14條第1項所規定之通常保護令，其內容又較第16條第3項所規定暫時及緊急保護令之內容更為廣泛，當事人可依其需要提出聲請，法院則可依職權決定是否核發。應注意者，傷害罪雖依法為告訴乃論，但法院如核發禁止為傷害行為之保護令，則加害人再實施傷害行為即構成違反保護令罪，此為公訴罪，故即使被害人不願提出告訴，檢察官仍得加以起訴，法官亦得依法判處罪刑。

------

[46] 同前註，116頁。

[47] 同前註，57頁。

關於保護令之執行，第21條第1項及第24規定，原則上由警察為之，但關於金錢給付、禁止處分、交付子女之保護令得為執行名義，當事人可向法院聲請強制執行。再者，依同法第27條第2項規定，當事人或利害關係人對於執行保護令之方法、應遵行之程序或其他侵害利益之情事向執行機關聲明異議，執行機關認聲明異議無理由時，應於10日內加具意見送原核發保護令之法院裁定之。

依第61條規定，違反民事保護令之特定內容，如禁止實施家庭暴力行為、禁止聯絡、命遷出住居所、命遠離特定場所、命完成處遇計畫或接受治療等，應負刑事責任，檢察官得依法加以拘捕、偵訊、起訴，法官得依法判處三年以下有期徒刑、拘役或科或併科新臺幣10萬元以下罰金。

二、定釋放條件、緩刑條件或假釋條件

依第31條規定及第33條規定，法官或檢察官對於犯家庭暴力罪或違反保護令罪之被告，認為並無羈押之必要或應停止羈押，而命具保、責付、限制住居或釋放時，得依法定類似保護令內容之釋放條件以保護被害人，違反該條件者，得依法命羈押或再執行羈押。

依第38條及第39條規定，法院對於犯家庭暴力罪及違反保護令罪之被告宣告緩刑或監獄報請法務部許可受刑人假釋出獄時，被告在緩刑期內、受刑人在假釋中均應付保護管束，法院除顯無必要外應定類似保護令內容之緩刑條件或假釋條件，命被告或受刑人於緩刑付保護管束期間內遵守，被告違反緩刑條件或受刑人違反假釋條件情節重大者，應撤銷緩刑之宣告或撤銷假釋。

有人將上開釋放條件、緩刑條件或假釋條件稱為「刑事保護令」。

三、定探視方式或禁止探視

第14條第1項第7款規定，法院核通常發保護令時，得定相對人對未成年子女會面交往（探視）之方式，必要時並得禁止探視。

第45條第1項規定，法院准許家庭暴力加害人會面交往其未成年子女時，應審酌子女及被害人之安全，並得為下列一款或數款命令：（一）命於特定安全場所交付子女。（二）命由第三人或機關團體監督會面交往，並得定會面交往時應遵守之事項（此即為監督會面交往制度）。（三）以加害人完成加害人處遇計畫或其他特定輔導為會面交往條件。（四）命加害人負擔監督會面交往費用。（五）禁止過夜會面交往。（六）命加害人出具準時、安全交還子女之保證金。（七）其他保護子女、被害人或其他家庭成員安全之條件。依同條第2項規定，法院如認會面交往人有違反第1項命令之情形，或准許會面交往無法確保被害人或其子女之安全者，得依聲請或依職權禁止會面交往或沒入保證金。依同條第3項規定，法院於必要時，得命有關機關或有關人員保密被害人或子女之安全。

雖然第45條規定在法院核發第14條第1項第7款之通常保護令時亦有適用，但第45條之適用範圍並不以通常保護令為限，其對於一般子女探視權事件均有適用。

四、禁止和解或調解

由於家庭暴力案件之雙方當事人通常不具有對等之談判條件，施虐者常運用各種手段以控制受虐者，使調解或和解產生十分不公平之結果。因此，家庭暴力防治法第13條第7項明定，保護令事件不得進行調解或和解。此外，第47條規定，在其他案件之訴訟或調解程序中，法院如認為有家庭暴力之情事時，除有下列情形之一外，不得進行和解或調解：（一）行和解或調解之人曾受家庭暴力防治之訓練並以確保被害人安全之方式進行和解或調解。（二）准許被害人選定輔助人參與和解或調解。（三）其他行和解或調解之人認為能使被害人免受加害人脅迫之程序。

五、法庭外隔離訊問

在保護令事件中，第13條規定，法官或檢察官進行隔別訊問時，如有

必要時得依聲請或職權在法庭外為之，或採有聲音及影像相互傳送之科技設備或其他適當隔離措施。

在其他案件中，第36條規定，對於家庭暴力罪或違反保護令罪之被害人訊問或詰問時，法官或檢察官得依聲請或依職權於法庭外為之，或採取適當之隔離措施。

六、通知被害人之義務

為保護被害人起見，法官或檢察官如定有釋放條件時，依第34條規定，應對被害人送達釋放條件之處分或裁定。此外，依第37條規定，法官或檢察官對於家庭暴力罪及違反保護令罪案件所為之起訴書、不起訴處分書、緩起訴處分書、撤銷緩起訴處分書、裁定書或判決書，均應送達被害人。

七、接受在職教育

為使法官或檢察官對於家庭暴力案件做更妥適及專業之處理起見，家庭暴力防治法第59條第3項明定，司法院或法務部應辦理司法人員防治家庭暴力之在職教育。

八、其他相關規定

此外，家庭暴力防治法另有一些規定非直接賦予司法人員權責，但因係有關司法院或法務部等司法機關之規定，故與司法人員可謂息息相關。例如：第18條第2項規定，直轄市、縣（市）主管機關應登錄各法院所核發之保護令，並隨時供司法及其他執行保護令之機關查閱；第19條規定，法院應提供家庭暴力之被害人或證人安全出庭之環境與措施；直轄市、縣（市）主管機關應於所在地地方法院自行或委託民間團體設置家庭暴力事件服務處所，法院應提供場所、必要之軟硬體設備及其他相關協助。但離島法院有礙難情形者，不在此限。第54條第1項第2款規定，中央衛生主管

機關應訂定家庭暴力加害人處遇計畫規範，其內容包括：司法機關、家庭暴力被害人保護計畫之執行機關（構）、加害人處遇計畫之執行機關（構）間之連繫及評估制度。

柒、結語

司法部門自古以來即是世人所倚重的正義防線，司法人員向來被世人視為正義的守護者，但司法部門與司法人員對於諸如家庭暴力被害人等弱勢族群的具體關懷行動卻遲至近幾年來才漸漸展開。

就家庭暴力事件而言，世人對於家庭暴力事件所存有之迷思與偏見，古今中外皆可謂大同小異。司法人員也不例外，只是這些迷思與偏見反應在案件處理方式上，常使加害人可以理直氣壯地逍遙法外，被害人則感到求助無門。

當家庭暴力之議題越來越受世人注意，家庭暴力之神祕面紗逐漸脫落時，人們對於司法部門與司法人員之漠視與消極處理方式也變得無法忍受。美國等先進國家，不僅針對司法人員關於家庭暴力之迷思與偏見做深入之調查研究，而且要求司法人員積極扮演執法者之角色，透過在職教育、制定手冊或準則、明定政策、設立專院、專庭或專股、設置證人暨被害人辯護組、採行禁止撤回起訴政策、領導整合等等方式，對於家庭暴力事件務期做積極有效之處理。不僅如此，美國司法人員為了有效防治家庭暴力，還將其關懷之觸角延伸至司法以外之其他部門，積極從事建立整體防治網絡之相關活動。其中最值得注意的是，全國少年及家事法庭法官會議自1991年起，即邀集立法者、法官、律師、醫師、警察人員、教育人員及其他專家學者共同草擬模範家庭暴力法（Model Code on Domestic and Family Violence），該法於1994年1月間完成問世，成為美國各州及世界各國立法之重要參考。

我國對於家庭暴力問題之重視與覺醒起步較晚，但近幾年來已有十分快速的進展。整體而言，社政部門與警政部門做了較多具體地回應，司法

部門卻較少有具體回應。但來自各方的呼聲不斷，不少司法人員也在公餘之暇，主動投入家庭暴力防治法立法運動之行列，使家庭暴力防治法在歷經1年多的密集研討後，得以順利完成草擬工作。事實上，由於家庭暴力之神祕面紗已漸漸被揭開，不少司法人員也或多或少採取主動積極的辦案方式，不再迴避家庭暴力案件之處理。不過，若是期望司法人員能做更積極地回應，司法部門能與其他部門密切攜手合作，首先必須落實家庭暴力防治法，讓司法人員能積極介入，其次應減少司法人員之案件負荷量，讓司法人員有更多心力接受各種教育與裝備，才能更公正有效地處理案件，使家庭暴力被害人在偵查與審判制度中得到確實的救濟與保護。

附錄1

MODEL CODE ON
DOMESTIC AND FAMILY VIOLENCE

CHAPTER 1

GENERAL PROVISIONS

Section 101. Construction.
The Model Code on Domestic and Family Violence must be construed to promote:
1. The protection and safety of all victims of domestic or family violence in a fair, prompt, and effective manner; and
2. The prevention of future violence in all families.

COMMENTARY

The Model Code was crafted to facilitate parallel statutory development with respect to domestic and family violence among the States and the District of Columbia. The enactment of similar codes by all jurisdictions will enhance both the uniformity and quality of justice for victims and perpetrators of domestic and family violence throughout the nation.

Sec. 102. Definitions.
Unless the context otherwise requires, as used in the Model Code:
1. "Domestic or family violence" means the occurrence of one or more of the following acts by a family or household member, but does not include acts of self-defense:
(a) Attempting to cause or causing physical harm to another family or household member;
(b) Placing a family or household member in fear of physical harm; or
(c) Causing a family or household member to engage involuntarily in sexual activity by force, threat of force, or duress.
2. "Family or household members" include:
(a) Adults or minors who are current or former spouses;
(b) Adults or minors who live together or who have lived together;
(c) Adults or minors who are dating or who have dated;
(d) Adults or minors who are engaged in or who have engaged in a sexual relationship;
(e) Adults or minors who are related by blood or adoption;
(f) Adults or minors who are related or formerly related by marriage;
(g) Persons who have a child in common; and
(h) Minor children of a person in a relationship that is described in paragraphs (a) through (g).
3. "Program of intervention for perpetrators" means a specialized program that:
(a) Accepts perpetrators of domestic or family violence into treatment or educational classes to satisfy court orders;
(b) Offers treatment to perpetrators of domestic or family violence; or
(c) Offers classes or instruction to perpetrators of domestic or family violence.
4. "Program for victims of domestic or family violence" means a specialized program for victims of domestic or family violence and their children that provides advocacy, shelter, crisis intervention, social services, treatment, counseling, education, or training.

5. "Safety plan" means a written or oral outline of actions to be taken by a victim of domestic or family violence to secure protection and support after making an assessment of the dangerousness of the situation.

COMMENTARY

Domestic or family violence as defined in subsection 1 identifies the conduct that is commonly recognized as domestic or family violence. The definition incorporates assaultive and non-violent conduct that injures or attempts injury. The term "physical harm" permits a court to exercise broad discretion in evaluating whether the conduct has resulted in an injury that might not typically be identified as a medical injury. The definition recognizes that abusive persons jeopardize partners and family members by threatening physical harm or acting in a manner to instill fear. Use of the word "fear" in paragraph (b) refers to a reasonable person standard, that is which acts would place a reasonable person in fear of physical harm.

Subsection 2 identifies the persons to be protected by the various remedies set forth in the Model Code. The definition of family or household member is broad. Cohabitation is not a prerequisite for eligibility; and the relationship between the victim and the perpetrator need not be current. The Code recognizes that violence may continue after the formal or informal relationship has ended.

Subsection 3 defines a program of intervention for perpetrators. The definition contemplates that the treatment or educational services provided for perpetrators of domestic or family violence pursuant to this Code be those designed specifically and exclusively for this distinct class of offenders.

The programs for victims of domestic or family violence defined in subsection 4 are designed to offer specialized advocacy and assistance. The Code addresses these programs throughout, particularly related to referrals by the justice and health systems, safety planning for victims, supportive services, and advocacy.

Subsection 5 briefly defines a safety plan. The Code anticipates that professionals throughout the justice, health, education and social services systems will educate victims about how to assess risk, to devise effective protection strategies, and to gain community assistance for implementation.

Drafter's Note: States should incorporate the specific terminology for domestic and family violence from their own states.

CHAPTER 2

CRIMINAL PENALTIES AND PROCEDURES

Sec. 201. "Crime involving domestic or family violence" defined.

A "crime involving domestic or family violence" occurs when a family or household member commits one or more of the following crimes against another family or household member:

1. Arson;
2. Assault Offenses (Aggravated Assault, Simple Assault, and Intimidation);
3. Burglary, Breaking and Entering;
4. Destruction, Damage, Vandalism of Property;
5. Homicide Offenses (Murder and Nonnegligent Manslaughter, Negligent Manslaughter, and Justifiable Homicide);
6. Kidnaping, Abduction;
7. Sex Offenses, Forcible (Forcible Rape, Forcible Sodomy, Sexual Assault with an Object, and Forcible Fondling);
8. Stolen Property Offenses;
9. Weapon Law Violations;

10. Disorderly Conduct;
11. Family Offenses, Nonviolent;
12. Stalking;
13. Trespass of Real Property; and
14. State to add any other.

COMMENTARY

This section enumerates the range of criminal conduct employed by many perpetrators of domestic or family violence. The Model Code offers this detailed list to underscore the breadth of violent crimes and fear-inducing or harmful conduct undertaken by perpetrators of domestic or family violence.

Drafter's Note: Crimes were listed using the classifications of Group A and Group B Offenses in the National Incident-Based Reporting System (NIBRS), 1992 edition of the *Uniform Crime Reporting Handbook* (Federal Bureau of Investigation, Uniform Crime Reports, Washington, D.C. 20535). The list of crimes encompassed within the definition of "crimes involving domestic or family violence" may be altered by state code drafters and must be modified to conform to a state's system of classification.

Sec. 202. Violation of certain orders for protection is misdemeanor.

Violation of one of the following orders issued in accordance with paragraph (a), (b), (c), or (d) of subsection 3 of section 305, paragraph (a), (b), (c), (d), or (e) of subsection 2 of section 306, or paragraph (a) of subsection 3 of section 306, respectively, is a misdemeanor:

1. An order enjoining the respondent from threatening to commit or committing acts of domestic· or family violence against the petitioner or other family or household member.

2. An order prohibiting the respondent from harassing, annoying, telephoning, contacting, or otherwise communicating with the petitioner, directly or indirectly.

3. An order removing and excluding the respondent from the residence of the petitioner.

4. An order requiring the respondent to stay away from the residence, school, place of employment, or a specified place frequented regularly by the petitioner and any named family or household member.

5. An order prohibiting the respondent from using or possessing a firearm or other weapon specified by the court.

COMMENTARY

The Model Code specifies those violations of orders for protection that subject a perpetrator to arrest and criminal prosecution, in addition to subjecting the perpetrator to other criminal and civil contempt proceedings and sanctions. The provisions in orders for protection tailored to immediately deter violence are those for which a breach is charged as a misdemeanor. They are articulated in subsections 1 through 5 of this section and reference is made to the relevant sections in Chapter 3. Drafters of the Model Code determined that there were problems with enforcement of penalties for violations of restraining orders in those states that only authorize enforcement of the orders through the court's contempt power. This section of the Model Code authorizes the intervention of the criminal court process for certain violations of orders for protection. See also section 206 which requires a law enforcement officer to arrest an apparent violator of these enumerated orders.

Sec. 203. Enhancement of penalty for second or subsequent crime involving domestic or family violence.

When a defendant makes a judicial admission, pleads guilty to, or has been found guilty of a second or subsequent crime involving domestic or family violence within five years, the penalty is enhanced by one degree above the penalty otherwise provided for that offense in the state statute or as otherwise enhanced for an habitual offender in the state statute.

COMMENTARY

This section requires that the penalty for a second or subsequent crime involving domestic or family violence be enhanced by one degree above the penalty usually provided for the offense or as otherwise enhanced for a habitual offender. Enhanced penalties may deter some perpetrators and serve to persuade those subjected to elevated sanctions that refraining from violence is preferable to further incarceration. Legislatures in several states have enacted various code provisions to enhance penalties for repeat offenders.

Drafter's Note: State to conform phrasing of "judicial admission, pleads guilty, or has been found guilty" to their usage.

Sec. 204. Duties of law enforcement officer to victim of domestic or family violence; required notice to victim.

1. A law enforcement officer who responds to an allegation of domestic or family violence shall use all reasonable means to protect the victim and prevent further violence, including but not limited to:

(a) Taking the action necessary to provide for the safety of the victim and any family or household member.

(b) Confiscating any weapon involved in the alleged domestic or family violence.

(c) Transporting or obtaining transportation for the victim and any child to a shelter.

(d) Assisting the victim in removing essential personal effects.

(e) Assisting the victim and any child in obtaining medical treatment, including obtaining transportation to a medical facility.

(f) Giving the victim immediate and adequate notice of the rights of victims and of the remedies and services available to victims of domestic or family violence.

2. As part of the notice required by paragraph (f) of subsection 1, the law enforcement officer shall give a written notice to the adult victim substantially as follows:

"If you are the victim of domestic or family violence and you believe that law enforcement protection is needed for your physical safety, you have the right to request that the officer assist in providing for your safety, including asking for an emergency order for protection. You may also request that the officer assist you in obtaining your essential personal effects and locating and taking you to a safe place, including but not limited to a designated meeting place for a shelter, a family member's or a friend's residence, or a similar place of safety. If you are in need of medical treatment, you have the right to request that the officer assist you in obtaining medical treatment. You may request a copy of the report at no cost from the law enforcement department.

You may ask the prosecuting attorney to file a criminal complaint. You also have the right to file a petition in insert name of court requesting an order for protection from domestic or family violence which could include any of the following orders:

(a) An order enjoining your abuser from threatening to commit or committing further acts of domestic or family violence;

(b) An order prohibiting your abuser from harassing, annoying, telephoning, contacting or otherwise communicating with you, directly or indirectly;

(c) An order removing your abuser from your residence;

(d) An order directing your abuser to stay away from your residence, school, place of employment, or any other specified place frequented by you and another family or household member;

(e) An order prohibiting your abuser from using or possessing any firearm or other weapon specified by the court;

(f) An order granting you possession and use of the automobile and other essential personal effects;

(g) An order granting you custody of your child or children;

(h) An order denying your abuser visitation;

(i) An order specifying arrangements for visitation, including requiring supervised visitation; and

(j) An order requiring your abuser to pay certain costs and fees, such as rent or mortgage payments, child support payments, medical expenses, expenses for shelter, court costs, and attorney's fees.

The forms you need to obtain an order for protection are available from the insert clerk of the court or other appropriate person. The resources available in this community for information relating to domestic and family violence, treatment of injuries, and places of safety and shelters are: insert list and hotline numbers. You also have the right to seek reimbursement for losses suffered as a result of the abuse, including medical and moving expenses, loss of earnings or support, and other expenses for injuries sustained and damage to your property. This can be done without an attorney in small claims court if the total amount claimed is less than fill in the amount required by statute."

3. The written notice:

(a) Must not include the addresses of shelters, unless the location is public knowledge.

(b) Must be provided in the native language of the victim, if practicable, when the native language of the victim is not English.

COMMENTARY

Law enforcement officers are the gatekeepers of the criminal justice system. The response of law enforcement is pivotal for both the victim and the perpetrator. Subsection 1 enumerates specific responsibilities assigned to officers in a situation where domestic or family violence is alleged.

Subsection 2 sets forth the comprehensive, written notice that a responding officer must give to a victim of domestic or family violence. An officer may be the first to inform a victim that there are legal and community resources available to assist him or her. Written notice is required because a victim may not be able to recall the particulars of such detailed information given verbally, particularly because the information is transmitted at a time of crisis and turmoil. This written menu of options, from law enforcement intervention to filing criminal charges, seeking an order for protection, acquiring safe shelter and counseling, and recovery for the losses suffered from the violence, permits a victim to study and consider these options after the crisis.

Paragraph (a) of subsection 3 makes it explicit that the written notice must not reveal the street address of shelters unless the location is public knowledge. In many communities, shelters are located in confidential or quasi-public locations in order to impede retaliatory violence, stalking, and kidnapping by perpetrators which endangers all residents and staff of shelters. Paragraph (b) of subsection 3 requires that written notice be given to the victim in his or her native language where it is practical to do so. In those states where significant portions of the residents are not English-speaking, it is preferred that these rights and options be translated into their languages.

The drafters of the Model Code offer the following two sections, alternative sections 205(A) and 205(B), concerning arrest of perpetrators of crimes involving domestic or family violence. Alternative section 205(A) provides for presumptive, warrantless arrest when a law enforcement officer has probable cause to believe that a person has committed a crime involving domestic or family violence. Alternative section 205(B) requires mandatory arrest in these cases. Arrest appears to be an important deterrent to future domestic or family violence. The employment of presumptive or mandatory arrest practices may prevent domestic homicide. Arrest also conveys clear messages to victims, perpetrators, and the community that domestic or family violence will not be tolerated and that perpetrators will be held accountable.

The drafters reviewed the research and scholarly articles concerning the debate between proponents of presumptive arrest and the proponents of mandatory arrest which was informative but not conclusive. After much discussion, the drafters decided that the Model Code would be most helpful if the best possible sections were crafted and dealt with both presumptive and mandatory arrest. It is left to individual states to examine local practice, available services, and law enforcement policy to determine which of the two sections would work best within a state.

Sec. 205(A). Powers and duties of law enforcement officers to arrest for crimes involving domestic or family violence; determination of primary aggressor; required report.

1. If a law enforcement officer has probable cause to believe that a person has committed a crime involving domestic or family violence, whether the offense is a felony or a misdemeanor, or was committed in or outside the presence of the officer, the law enforcement officer shall presume that arresting and charging the person is the appropriate response.

2. If a law enforcement officer receives complaints of domestic or family violence from two or more opposing persons, the officer shall evaluate each complaint separately to determine who was the primary aggressor. If the officer determines that one person was the primary physical aggressor, the officer need not arrest the other person believed to have committed domestic or family violence. In determining whether a person is the primary aggressor the officer shall consider:

(a) Prior complaints of domestic or family violence;

(b) The relative severity of the injuries inflicted on each person;

(c) The likelihood of future injury to each person; and

(d) Whether one of the persons acted in self-defense.

3. A law enforcement officer shall not:

(a) Threaten, suggest, or otherwise indicate the possible arrest of all parties to discourage requests for intervention by law enforcement by any party; or

(b) Base the decision to arrest or not to arrest on:

(1) The specific consent or request of the victim; or

(2) The officer's perception of the willingness of a victim of or witness to the domestic or family violence to testify or otherwise participate in a judicial proceeding.

4. In addition to any other report required, a law enforcement officer who does not make an arrest after investigating a complaint of domestic or family violence or who arrests two or more persons for a crime involving domestic or family violence must submit a written report setting forth the grounds for not arresting or for arresting both parties.

COMMENTARY

Subsection 1 directs law enforcement officers that warrantless, probable cause arrests for misdemeanor and felony crimes of domestic or family violence is the preferred response. Presumptive arrest means law enforcement officers should arrest alleged perpetrators of domestic or family violence unless there are clear and compelling reasons not to arrest. While many state statutes now permit or mandate law enforcement officers to arrest for enumerated crimes or in specified circumstances, such as injury to the victim or an attempt to place the victim in fear of bodily injury or death, the Model Code adopts broad authority for arrest in all crimes arising from domestic or family violence. The grant of broad authority is based on the policy determination of the drafters that arrest is a critical intervention against violence in intimate relationships and is an intervention that is underemployed in many jurisdictions, even in those with preferred or mandatory arrest laws. Simple and comprehensive arrest authority will cause decisive intervention and reduce the significance of extralegal factors in decisions concerning arrest.

Subsection 2 provides guidance to law enforcement for assessment of the claims of mutual violence. Officers are directed to consider certain factors about whether a person is the primary aggressor and then about whether the presumption in favor of arrest and charging the other person is overcome by the facts and circumstances as the officer understands them to be. In making dual arrests, officers may place victims at accelerated risk and often immunize perpetrators from accountability. See commentary following section 311. Subsection 2 provides instruction for focused investigation and informed decision-making, while continuing to vest discretion in the officer and offering some protection from liability when the officer acts within the parameters of the Code.

Subsection 3 contains explicit injunctions against practices that undermine the policy of presumptive arrest for crimes involving domestic or family violence. Paragraph (a) prohibits threatening or suggesting the possible arrest of all parties to discourage requests for intervention by law enforcement. Paragraph (b) makes it clear that the arrest decision is to be reached by an officer based solely on probable cause, and the decision may not be informed by extraneous, extralegal factors. The two factors are explicitly excluded from consideration in arrest decisions in crimes involving domestic or family violence. These exclusions are articulated in numerous state statutes and law enforcement policies on domestic or family violence.

Subsection 4 requires an officer who has not arrested an alleged perpetrator or who made a dual arrest decision to submit a written report explaining the reasons for that decision. This requirement provides a vehicle for supervisors to monitor the practices of those law enforcement officers who do not arrest alleged perpetrators of domestic or family violence and those who arrest both parties related to a complaint. Such reports will furnish supervisors the information necessary to provide corrective action and to secure consistent compliance with statute and departmental policy. Consistent documentation by responding officers will facilitate adherence to departmental policy. Careful law enforcement practice will reduce exposure to departmental liability and will improve the prevention efforts of the justice system.

Alternate Sec. 205(B). Mandatory arrest for crimes involving domestic or family violence; determination of primary aggressor; required report.

1. A law enforcement officer shall, without a warrant, arrest and charge a person with the appropriate crime if the officer has probable cause to believe that the person has committed a crime involving domestic or family violence, whether the offense is a felony or a misdemeanor, or was committed in or outside the presence of the officer.

2. If a law enforcement officer receives complaints of domestic or family violence from two or more opposing persons, the officer shall evaluate each complaint separately to determine who was the primary aggressor. If the officer determines that one person was the primary physical aggressor, the officer need not arrest the other person believed to have committed domestic or family violence. In determining whether a person is the primary aggressor the officer shall consider:

(a) Prior complaints of domestic or family violence;

(b) The relative severity of the injuries inflicted on each person;

(c) The likelihood of future injury to each person; and

(d) Whether one of the persons acted in self-defense.

3. A law enforcement officer shall not threaten, suggest, or otherwise indicate the possible arrest of all parties to discourage requests for intervention by law enforcement by any party.

4. In addition to any other report required, a law enforcement officer who does not make an arrest after investigating a complaint of domestic or family violence or who arrests two or more persons for a crime involving domestic or family violence must submit a detailed, written report setting forth the grounds for not arresting or for arresting both parties.

COMMENTARY

Subsection 1 mandates the arrest of perpetrators in all instances where an officer determines that there is probable cause to conclude that a crime involving domestic or family violence has occurred. See alternative section 205(A) for analysis and commentary on the efficacy of arrest as an intervention against domestic and family violence.

Many jurisdictions have adopted mandatory arrest policies, and a number of states have enacted mandatory arrest statutes. Proponents of mandatory arrest suggest that law enforcement response to domestic and family violence has improved since the advent of mandatory arrest policies and statutes, providing victims immediate protection from the

current violence, affording victims an opportunity to consider legal options, and providing victims a window of time for safe relocation or obtaining civil orders for protection. Victims are more likely to be assaulted immediately after law enforcement response to a call where no arrest was made than where arrests were made. Law enforcement executives have embraced mandatory arrest policies in the hope of facilitating consistent, effective practice which may immunize departments from liability for inadequate response to domestic and family violence.

See alternative section 205(A) for commentary on subsections 2 through 4.

Sec. 206. Mandatory arrest for certain violations of orders for protection.

When a law enforcement officer has probable cause to believe that a respondent has violated one of the following orders of the court and verifies the existence of the order, the officer shall, without a warrant, arrest the apparent violator whether the violation was committed in or outside the presence of the officer if the orders are issued in accordance with paragraph (a), (b), (c), or (d) of subsection 3 of section 305, paragraph (a), (b), (c), (d), or (e) of subsection 2 of section 306, or paragraph (a) of subsection 3 of section 306, respectively:

1. An order enjoining the respondent from threatening to commit or committing acts of domestic or family violence against the petitioner or other family or household member.

2. An order prohibiting the respondent from harassing, annoying, telephoning, contacting or otherwise communicating with the petitioner, either directly or indirectly.

3. An order removing and excluding the respondent from the residence of the petitioner.

4. An order requiring the respondent to stay away from the residence, school, place of employment, or a specified place frequented regularly by the petitioner and any named family or household member.

5. An order prohibiting the respondent from using or possessing a firearm or other weapon specified by the court.

COMMENTARY

This section directs law enforcement to make a warrantless arrest of a respondent if the officer has probable cause to believe that the respondent has violated specifically enumerated provisions of orders for protection. Research suggests that perpetrators are best deterred by swift and certain sanctions. Further support for the mandate stems from the conclusion of experts in the field that victims may refrain from seeking justice system intervention if perpetrators violate orders with impunity. See also section 202 which enumerates those violations of orders for protection that are misdemeanors. The arrest mandate is limited to those violations that may be charged as misdemeanors.

Sec. 207. Authority of law enforcement officer to seize weapons.

Incident to an arrest for a crime involving domestic or family violence, a law enforcement officer:

1. Shall seize all weapons that are alleged to have been involved or threatened to be used in the commission of a crime.

2. May seize a weapon that is in the plain view of the officer or was discovered pursuant to a consensual search, as necessary for the protection of the officer or other persons.

COMMENTARY

The Model Code grants law enforcement broad authority to seize weapons pursuant to an arrest for domestic or family violence. Weapons seizure is both evidence collection and crime prevention. The prevention element may be significantly higher in crimes of domestic and family violence because the recidivism rate is greater for these perpetrators and the risk for lethal recidivism is highest for victims in the context of domestic or family violence. Recognizing the peril posed by weapons, the Model Code directs law enforcement to confiscate weapons incident to all arrests for crimes involving domestic or family violence. In subsection 1, seizure of all weapons used or threatened to be used in the commission of a crime is mandated. In subsection 2, when officers conclude that a weapon must be confiscated to protect law enforcement, victims of violence, or others, they are authorized to seize any weapon that is plain view or which is located during a search authorized by a person entitled to consent to the search. The seizure of weapons authorized in this section is without regard to ownership of the weapons; weapons owned by a third party are subject to confiscation pursuant to this section.

Drafter's Note: Conform "weapon" to usage in state.

Sec. 208. Conditions of release.

1. In making a decision concerning pretrial release of a person who is arrested for or charged with a crime involving domestic or family violence or a violation of an order for protection, the court or agency having authority to make a decision concerning pretrial release or agency having custody of the person shall review the facts of the arrest and detention of the person and determine whether the person:

(a) Is a threat to the alleged victim or other family or household member;

(b) Is a threat to public safety; and

(c) Is reasonably likely to appear in court.

2. Before releasing a person arrested for or charged with a crime involving domestic or family violence or a violation of an order for protection, the court or agency having authority to make a decision concerning pretrial release shall make findings on the record if possible concerning the determination made in accordance with subsection 1 and may impose conditions of release or bail on the person to protect the alleged victim of domestic or family violence and to ensure the appearance of the person at a subsequent court proceeding. The conditions may include:

(a) An order enjoining the person from threatening to commit or committing acts of domestic or family violence against the alleged victim or other family or household member.

(b) An order prohibiting the person from harassing, annoying, telephoning, contacting, or otherwise communicating with the alleged victim, either directly or indirectly.

(c) An order directing the person to vacate or stay away from the home of the alleged victim and to stay away from any other location where the victim is likely to be.

(d) An order prohibiting the person from using or possessing a firearm or other weapon specified by the court.

(e) An order prohibiting the person from possession or consumption of alcohol or controlled substances.

(f) Any other order required to protect the safety of the alleged victim and to ensure the appearance of the person in court.

3. If conditions of release are imposed, the court or agency imposing the conditions on the arrested or charged person shall:

(a) Issue a written order for conditional release;

(b) Immediately distribute a copy of the order to the agency having custody of the arrested or charged person; and

(c) Provide the agency with any available information concerning the location of the victim in a manner that protects the safety of the victim.

4. The court or the agency having custody of the arrested or charged person shall provide a copy of the conditions to the arrested or charged person upon his or her release. Failure to provide the person with a copy of the conditions of release does not invalidate the conditions if the arrested or charged person has notice of the conditions.

5. If conditions of release are imposed without a hearing, the arrested or charged person may request a prompt hearing before the court to review the conditions. Upon such a request, the court shall hold a prompt hearing to review the conditions.

6. When a person who is arrested for or charged with a crime involving domestic or family violence or a violation of an order for protection is released from custody, the court or agency having authority to make a decision concerning release or agency having custody of the

arrested or charged person shall:

(a) Use all reasonable means to immediately notify the victim of the alleged crime of the release; and

(b) Furnish the victim of the alleged crime at no cost a certified copy of any conditions of release.

7. Release of a person who is arrested for or charged with a crime involving domestic or family violence or a violation of an order for protection must not be delayed because of the requirements of subsection 6.

COMMENTARY

Subsection 1 directs the court or agency charged with making decisions about pretrial release of a person who is alleged to have committed a crime of domestic or family violence to review the facts of the arrest and detention and to evaluate whether the accused poses a threat to the alleged victim, a family or household member, and the general public. The Model Code expands the matters for review beyond those articulated in many state statutes, recognizing the increased risk that a perpetrator of domestic or family violence may pose to the victim and others in their respective families. Perpetrators of domestic or family violence are more likely than assailants who are strangers to their victims to retaliate against their victims and families for intervention by the justice system and to target them for intimidation for their participation in prosecution. As is the practice in many jurisdictions, the Code mandates that courts make a finding on the record concerning the determination required by this subsection.

In consideration of the required assessment of subsection 1 and before the release of the accused, subsection 2 authorizes the court or agency responsible for making decisions about pretrial release to impose enumerated conditions on pretrial release to protect the victim and to ensure appearance at court proceedings in the criminal case. The court or agency is also given broad discretion to craft other conditions to achieve victim-safety and the appearance of the defendant. Thus, where the court or agency concludes that the accused presents a threat to the safety of other family or household members or witnesses for the prosecution, any of the enumerated and other specifically tailored constraints on the accused related to these third parties may be imposed.

Subsection 3 requires the court or agency imposing conditions to issue a written order for conditional release, to distribute a copy to the custodian of the accused, and to provide information concerning the location of the victim in a manner that protects the safety of the victim.

Subsection 4 provides the accused of notice of any constraints imposed on his or her conduct by the conditions of release. Due process is accomplished and compliance is facilitated thereby. If the accused has actual notice of the conditions of release even though a copy is not provided to the accused, he or she is bound thereby and is subject to arrest pursuant to section 209, and the process and penalties that may be established elsewhere in state statutes.
Where conditions of release are imposed pursuant to administrative decision, subsection 5 enables the accused to obtain a hearing before a court to review the conditions imposed. A reviewing court may modify conditions pursuant to the hearing.

Subsection 6 provides a mechanism for prompt notification of victims of the alleged crime of domestic or family violence. It is important that victims be furnished certified copies of the conditions of release, at no cost to the victim, to enable victims to obtain law enforcement intervention upon violations and to facilitate verification by officers. Subsection 7 ensures that the accused's right to liberty not be subordinated to the victim's right to notice.

Sec. 209. Mandatory arrest for violation of conditions of release.

If a law enforcement officer has probable cause to believe that a person has violated a condition of release imposed in accordance with section 208 and verifies that the alleged violator has notice of the conditions, the officer shall, without a warrant, arrest the alleged violator whether the violation was committed in or outside the presence of the officer.

COMMENTARY

The Model Code directs law enforcement to effect warrantless, probable cause arrests for violations of conditions of release related to crimes of domestic and family violence, but only where the alleged violator has notice of the conditions. The rationale for mandating, rather than merely authorizing, arrest for violation of conditions of release is comparable to that outlined in the commentary following section 206.

Sec. 210. Written procedures for prosecution of domestic and family violence; purpose.

On or before <u>insert appropriate date</u>, the prosecuting attorney in <u>insert appropriate jurisdictions</u> shall develop or adopt and put into effect written procedures for attorneys who prosecute crimes of domestic and family violence concerning:

1. Effective prosecution of such crimes; and
2. The protection and safety of victims of domestic and family violence.

COMMENTARY

This section requires prosecuting attorneys to establish by an appointed time specialized procedures for the prosecution of crimes involving domestic and family violence. These written procedures may include guidelines for case management, charging and arraignment, advocacy and safety planning for victims, investigation and evidence collection, trial preparation, intervention with reluctant victims and witnesses, plea negotiations, trial strategy, sentencing, interface with batterer treatment programs, post-disposition practice, press relations, task force participation, and data collection and analysis. See Appendices I and VIII.

Sec. 211. Duty of prosecutor to notify victim.

1. A prosecutor shall make reasonable efforts to notify a victim of an alleged crime involving domestic or family violence when the prosecutor has decided to decline prosecution of the crime, to dismiss the criminal charges filed against the defendant, or to enter into a plea agreement.

2. Release of a defendant from custody must not be delayed because of the requirements of subsection 1.

COMMENTARY

Subsection 1 requires prosecutors to give notice of pretrial disposition of an allegation or charge of domestic or family violence to the victim of the alleged crime. This provision does not impinge on the broad discretion of prosecutors in decisions concerning the filing of charges or plea agreements, but it does inform victims about the outcomes of cases in which they have interests. Notice is critical to victims of domestic or family violence who often defer pursuit of other legal safeguards in reliance on the protective remedies they hope to achieve through prosecution. This reliance may be to their detriment if victims are not given timely notice that the safeguards sought will not be obtained through prosecution. The "reasonable efforts" of prosecutors should include the establishment of a system for notice that accomplishes actual notice in a timely manner.

Subsection 2 ensures that the accused's right to liberty not be subordinated to the victim's right to notice of pretrial disposition.

Sec. 212. Record of dismissal required in court file.

When a court dismisses criminal charges or a prosecutor moves to dismiss charges against a defendant accused of a crime involving domestic or family violence, the specific reasons for the dismissal must be recorded in the court file. The prosecutor shall indicate the specific reason why the witness is unavailable and the reasons the case cannot be prosecuted.

COMMENTARY

The Model Code does not require prosecutors to request victim input before seeking dismissal. It does anticipate that the prosecutor will assess the merits of the case and attempt to communicate with the victim before moving to dismiss a case of domestic or family violence. This section enhances the safety of victims. When victims are

reluctant to testify, the formalization of the process for dismissal invites the prosecutor and the court to evaluate the intimidation and risk that may be posed by the defendant. Rather than dismiss cases as a matter of course when a victim under subpoena fails to appear, this provision encourages the prosecutor to ascertain the basis for the victim's absence. Investigation may reveal coercive conduct by the defendant and indicate the necessity of increased protection for the victim, thereby also enhancing the possibility of successful prosecution.

Sec. 213. Dismissal of criminal case prohibited because civil compromise reached.

A court shall not dismiss a criminal case involving domestic or family violence for the sole reason that a civil compromise or settlement is reached.

COMMENTARY

The Model Code rejects state statutes and prosecution practice which permit or compel dismissal of crimes of domestic and family violence when a civil compromise, adjustment, or settlement is presented to the criminal court. While appropriate for tort claims, civil reparation is misused as a dismissal devise in cases involving crimes of domestic and family violence.

Sec. 214. Rights of victims of domestic or family violence; duty of prosecutor to inform victim of rights.

1. A victim of domestic and family violence is entitled to all rights granted to victims of crime including but not limited to the right to:

(a) Be informed of all hearing dates and continuances.

(b) Provide the court with a victim-impact statement, victim-opinion statement, and an assessment of the risk of further harm.

(c) Be present at sentencing and address the court.

(d) Advise the court of conditions of probation and parole required to ensure the safety of the victim and other family or household members.

(e) Restitution for losses sustained as a direct consequence of any criminal conduct.

(f) Apply for victims' compensation and to be informed of procedures for applying.

(g) Receive notice from the prosecutor in accordance with section 211.

2. An attorney prosecuting a crime involving domestic or family violence shall notify the victim of domestic or family violence of the victim's rights set forth in this section.

COMMENTARY

Subsection 1 enumerates the rights of victims of domestic and family violence crimes related to court or prosecution process and to compensation for losses occasioned by the criminal conduct. It specifies that victims of domestic and family violence are entitled to all the rights accorded other victims of violent crime.

Subsection 2 requires that the prosecutor notify victims of these rights. For notice to be meaningful, it should be actual, timely, and written in a language in which the victim is competent.

Sec. 215. Spousal privileges inapplicable in criminal proceedings involving domestic or family violence.

The following evidentiary privileges do not apply in any criminal proceeding in which a spouse or other family or household member is the victim of an alleged crime involving domestic or family violence perpetrated by the other spouse:

1. The privilege of confidential communication between spouses.

2. The testimonial privilege of spouses.

COMMENTARY

The Model Code specifies that spousal privileges do not apply in criminal proceedings involving domestic or family violence. Drafters of the Model Code do not endorse the imposition of punitive sanctions against victims who refuse to give testimony against their spouses because proper investigation and collection of evidence by law enforcement officers and prosecutors obviate the need for victims to appear in court.

Sec. 216. Advocate-victim privilege applicable in cases involving domestic or family violence.

1. Except as otherwise provided in subsection 2, a victim of domestic or family violence may refuse to disclose, and may prevent an advocate from disclosing, confidential oral communication between the victim and the advocate and written records and reports concerning the victim if the privilege is claimed by:

(a) The victim; or

(b) The person who was the advocate at the time of the confidential communication, except that the advocate may not claim the privilege if there is no victim in existence or if the privilege has been waived by the victim.

2. The privilege does not relieve a person from any duty imposed pursuant to insert the state law concerning mandatory reporting of child abuse or neglect. A person may not claim the privilege when providing evidence in proceedings concerning child abuse pursuant to insert state law.

3. As used in this subsection, "advocate" means an employee of or volunteer for a program for victims of domestic or family violence who:

(a) Has a primary function of rendering advice, counseling, or assistance to victims of domestic or family violence; supervising the employees or volunteers of the program; or administering the program;

(b) Has undergone insert number of hours of training; and

(c) Works under the direction of a supervisor of the program, supervises employees or volunteers, or administers the program.

COMMENTARY

The drafters concluded that the confidentiality of communications between advocates and victims is fundamental to the relationship and to the safety planning, education, and counseling that occurs therein, all of which are paramount to the protection of victims of domestic and family violence. Subsection 1 establishes a privilege of confidential communication between advocates and victims and an advocate-victim testimonial privilege. The privilege extends to all oral and written communications between and by either. It encompasses all communications made in the course of the advocacy relationship, including those made in the presence of third parties also participating in the advocacy or other victim services of the domestic or family violence program. It includes all documents relating to the victim created by either during the course of advocacy and other service delivery. Neither the victim nor the advocate may be compelled to disclose these oral or written communications. The privilege may be waived only by the victim. Any waiver is binding on the advocate. The privilege expires upon the death of the victim.

Subsection 2 carves out an exception to the privilege related to mandatory reporting of child abuse and neglect and testimony or production of evidence in proceedings related thereto. The scope of the exception is to be construed in light of the state law on child abuse and neglect.

Subsection 3 identifies the limited class of advocates for whom the privilege is operative. This class includes persons employed or serving as volunteers in a service and advocacy program for victims of domestic or family violence and those providing assistance to victims in the court-related programs specified in section 314, who provide direct services, support, assistance, or advocacy to victims, who are supervised therein and who have completed the requisite hours of professional training designated in state statute.

Drafter's note: States may need to cross reference with other state statutes concerning privilege.

Sec. 217. Residential confinement in home of victim prohibited.

In cases involving domestic or family violence, a court shall not order residential confinement for a perpetrator in the home of the victim.

COMMENTARY

While many forms of alternative sentencing may be appropriate for perpetrators of domestic and family violence, including but not limited to deferred sentencing as provided in section 218, specialized counseling or education of perpetrators, as described in section 508, or community service; home detention in the residence of the victim is prohibited by this Code because it endangers victims.

Sec. 218. Diversion prohibited; deferred sentencing permitted.

1. A court shall not approve diversion for a perpetrator of domestic or family violence. The court may defer sentencing of a perpetrator of domestic or family violence if:

(a) The perpetrator meets eligibility criteria established pursuant to subsection 2;

(b) Consent of the prosecutor is obtained after consultation with the victim, when the victim is available;

(c) A hearing is held in which the perpetrator enters a plea or judicial admission to the crime; and

(d) The court orders conditions of the deferred sentence that are necessary to protect the victim, prevent future violence, and rehabilitate the perpetrator.

2. A court or other appropriate authority shall establish criteria for determination of:

(a) A perpetrator's eligibility for deferred sentencing;

(b) A perpetrator's successful completion of the conditions imposed by the court; and

(c) Penalties for violation of the conditions imposed by the court.

3. The case against a perpetrator of domestic or family violence may be dismissed if the perpetrator successfully completes all conditions imposed by the court pursuant to subsection 1.

COMMENTARY

The Model Code departs from state statutes or practices that approve pretrial diversion or deferred prosecution programs for perpetrators of domestic or family violence for many reasons. Pretrial diversion or deferred prosecution programs for these perpetrators convey the notion that domestic or family violence does not constitute serious crime. It is particularly inappropriate when other violent offenders are not eligible for similar enrollment. Second, domestic and family violence cases are difficult to successfully prosecute after failed diversion, and thus noncompliance may result in charges being dismissed, whereas the immediate imposition of sentence, including possible incarceration, upon failure of the perpetrator to successfully complete a program of deferred sentencing serves as a more powerful deterrent. Third, professionals offering specialized treatment or counseling programs for perpetrators prefer that participants mandated to counseling have acknowledged the use of violence toward the victim. Subsection 1 precludes courts from approving pretrial diversion and authorizes them to defer sentencing under enumerated circumstances. Absent the consent of the prosecutor who is required to consult with the victim, no deferred sentencing is permissible. The perpetrator also has a choice; should the defendant elect not to plead nor to agree to the conditions proposed, he or she can avoid participation in any deferred sentencing program. The benefits of expedited disposition, including judicial and prosecutorial economies and victim cooperation, are realized by the option of deferred sentencing. The accountability of the perpetrator is also ensured and the safety of the victim is not compromised. The conditions might include the conditions of probation set forth in subsection 2 of section 219.

Subsection 2 requires the development and use of eligibility criteria for deferred sentencing programs. Criteria adopted in many jurisdictions address the history and pattern of the perpetrator's violence, the severity of injuries to the victim, the criminal history of the defendant, the nature of the presenting crime (misdemeanor or felony), and prior diversion or participation in deferred sentencing.

Sec. 219. Conditions of probation for perpetrator convicted of crime involving domestic or family violence; required reports by probation department.

1. Before placing a perpetrator who is convicted of a crime involving domestic or family violence on probation, the court shall consider the safety and protection of the victim of domestic or family violence and any member of the victim's family or household.

2. The court may condition the suspension of sentence or granting of probation to a perpetrator on compliance with one or more orders of the court, including but not limited to:

(a) Enjoining the perpetrator from threatening to commit or committing acts of domestic or family violence against the victim or other family or household member.

(b) Prohibiting the perpetrator from harassing, annoying, telephoning, contacting, or otherwise communicating with the victim, directly or indirectly.

(c) Requiring the perpetrator to stay away from the residence, school, place of employment, or a specified place frequented regularly by the victim and any designated family or household member.

(d) Prohibiting the perpetrator from possessing or consuming alcohol or controlled substances.

(e) Prohibiting the perpetrator from using or possessing a firearm or other specified weapon.

(f) Directing the perpetrator to surrender any weapons owned or possessed by the perpetrator.

(g) Directing the perpetrator to participate in and complete, to the satisfaction of the court, a program of intervention for perpetrators, treatment for alcohol or substance abuse, or psychiatric or psychological treatment.

(h) Directing the perpetrator to pay restitution to the victim.

(i) Imposing any other condition necessary to protect the victim of domestic or family violence and any other designated family or household member or to rehabilitate the perpetrator.

3. The perpetrator shall pay the costs of any condition of probation, according to ability.

4. The court shall establish policies and procedures for responding to reports of nonattendance or noncompliance by a perpetrator with the conditions of probation imposed pursuant to subsection 2.

5. The probation department shall immediately report to the court and the victim any assault by the perpetrator, the perpetrator's failure to comply with any condition imposed by the court or probation department, and any threat of harm made by the perpetrator.

6. The probation department shall establish policies and procedures:

(a) For the exchange of information concerning the perpetrator with the court and the victim; and

(b) For responding to reports of nonattendance or noncompliance by the perpetrator with conditions imposed pursuant to subsection 2.

COMMENTARY

Subsection 1 requires courts to evaluate whether a victim and members of the victim's family or household can be adequately protected against further violent criminal conduct of the perpetrator by sentencing the defendant to a term of probation which is conditioned by the safeguards set forth in subsection 2. Where a court concludes that one cannot reasonably expect that the defendant will desist, probation should not be granted.

In consideration of the required assessment of subsection 1, subsection 2 authorizes the court to impose enumerated conditions on a suspended sentence or probation to protect the victim and family or household members of the victim, to facilitate perpetrator desistance and rehabilitation, to promote the financial restoration of the victim, and to ensure compliance with the conditions. The court is given broad discretion to craft other conditions to safeguard

家庭暴力防治法規專論

victims and designated family or household members or to rehabilitate the perpetrator.

Subsection 3 requires perpetrators to pay the costs of any condition imposed to the extent that they are able.

Subsection 4 compels courts to establish guidelines for review of probation violations to ensure accountability of perpetrators participating in probation programs tailored for domestic and family violence offenders. Policies and procedures for responding to reports of noncompliance with conditions of probation enhance the uniformity, formality, consistency, and reliability of probation services and of charging decisions related to reported violations.

Subsection 5 requires the probation department, or another designated office, in each jurisdiction to report to the court and to the victim any assaults, threats, and violations of conditions by the perpetrator. Prompt reporting facilitates both safety and accountability. The drafters of the Code contemplated that probationers in this program are not career criminals or perpetrators of severely injurious violence, but persons who may, confronted with the serious, adverse consequences of violence, choose to desist from violent criminal conduct. Swift, certain, and explicit consequences for violation of the terms and conditions of probation increase the deterrent power of the probation program.

Subsection 6 requires that the probation department or designated office establish a system for communication to enforce the conditions of probation imposed by the court. This mandate necessarily entails a system for monitoring compliance of perpetrators admitted to this specialized probation. Formal, routine monitoring is essential for both safety and accountability. Paragraph (b) directs the agency to establish explicit procedures for response to the data obtained pursuant to the monitoring system. Again, the more public and predictable the response procedures and the more adverse and certain the consequences of noncompliance, the greater the anticipated deterrence. Paragraph (a) requires the agency to develop and implement a system for exchange of communication with the court and the victim about safety, compliance and proceedings related to noncompliance with any terms or conditions of probation. See Appendices I and VIII.

Sec. 220. Conditions of parole for perpetrator convicted of crime involving domestic or family violence; required reports by parole board.

1. In addition to other conditions imposed on a perpetrator convicted of a crime involving domestic or family violence, the parole board or other designated authority may impose any condition of parole upon the perpetrator necessary to protect the safety of the victim and family or household members of the victim, including but not limited to the following conditions:

(a) Enjoining the perpetrator from threatening to commit or committing acts of domestic or family violence against the victim or other family or household member.

(b) Prohibiting the perpetrator from harassing, annoying, telephoning, contacting, or otherwise communicating with the victim, directly or indirectly.

(c) Requiring the perpetrator to stay away from the residence, school, place of employment, or a specified place frequented regularly by the victim and any designated family or household member.

(d) Prohibiting the perpetrator from possessing or consuming alcohol or controlled substances.

(e) Prohibiting the perpetrator from using or possessing a firearm or other specified weapon.

(f) Directing the perpetrator to surrender any weapons owned or possessed by the perpetrator.

(g) Directing the perpetrator to participate in and complete, to the satisfaction of the parole board or other designated authority, a program of intervention for perpetrators, treatment for alcohol or substance abuse, or psychiatric or psychological treatment.

(h) Directing the perpetrator to pay restitution to the victim.

(i) Imposing any other condition necessary to protect the victim of domestic or family violence and any other designated family or household member or rehabilitate the perpetrator.

2. The perpetrator shall pay the costs of any condition of parole, according to ability.

3. The parole board or other designated authority shall report to the court and the victim

286

any assault by the perpetrator, the perpetrator's failure to comply with any condition imposed by the <u>parole board or other designated authority</u>, and any threat of harm made by the perpetrator.

4. The <u>parole board or other designated authority</u> shall establish policies and procedures:

(a) For the exchange of information concerning the perpetrator with the court and the victim;

(b) For the protection and safety of the victim, including the release of a perpetrator in a jurisdiction other than where the victim lives; and

(c) For responding to reports of nonattendance or noncompliance by the perpetrator with conditions imposed pursuant to subsection 1.

COMMENTARY

This section requires parole boards or other designated authorities to carefully consider the continuing risks of violence posed by offenders released from incarceration and to craft conditions of parole to mitigate the risks. Subsection 1 authorizes the parole board or any agency otherwise designated by the state to impose specialized conditions of parole on the perpetrator of domestic or family violence; these conditions are to supplement those otherwise imposed on offenders admitted to parole. The purposes of and the conditions specified in this section of the Code are the same as those articulated in subsections 1 and 2 of section 219. The agency is authorized to impose conditions other than those listed, and could thus bar the parolee from any presence in the jurisdiction where the victim resides or release to a jurisdiction other than where the victim resides or could require the perpetrator to participate in an electronic monitoring program. See commentary following section 219.

As to subsections 2, 3 and 4, the commentary following section 219 is applicable. Note that paragraph (b) of subsection 4 requires parole board or state designated agencies to develop procedures for imposing conditions that release perpetrators to jurisdictions other than where the victim resides. Paragraph (c) of subsection 4, like subsection 6 of section 219, contemplates that the agency will establish a monitoring system to evaluate compliance and to intervene where noncompliance occurs.

Sec. 221. Duties of department of corrections.

1. The <u>director of the department of corrections or other appropriate state agency</u> shall establish or make available:

(a) Programs of education and counseling for offenders who are also victims of domestic or family violence; and

(b) Programs of intervention for perpetrators convicted of crimes involving domestic or family violence.

2. The <u>director</u> shall adopt rules or regulations requiring initial training and continuing education for employees of the correctional institutions concerning domestic and family violence. A new employee must receive the initial training during the orientation of the employee to the institution.

3. The rules or regulations must be developed in consultation with public and private agencies that provide programs for victims of domestic or family violence and programs of intervention for perpetrators, advocates for victims, persons who have demonstrated expertise in education and training concerning domestic and family violence, and <u>the statewide domestic or family violence coalition</u>.

COMMENTARY

Subsection 1 requires the department of corrections or other designated state agency to provide educational and rehabilitative services to inmates who are victims or perpetrators of domestic or family violence. As used in this section, "offenders" includes all inmates who are victims of domestic or family violence, not just those who are convicted of crimes involving domestic or family violence. Intervention programs for perpetrators convicted of

crimes involving domestic or family violence provide an opportunity for extended education, and development of skills which are essential for abstaining from violent behavior. Most perpetrators who stop violent, coercive, or threatening conduct do so after long-term intervention services. Likewise, programs of education and counseling for offenders who are also victims of domestic or family violence offer them opportunities for education, development of skills, and safety planning. Participation in intervention programs in prison will also assist the offender in the transition to life in the community.

Subsection 2 requires that the director of the state agency establish a system for instruction of all correctional employees, new and veteran, both during orientation and thereafter on a continuing basis, concerning domestic and family violence. All employees, not just guards and treatment staff, are included in this training mandate.

Subsection 3 directs that development of the system for instruction of correctional employees be undertaken in consultation with community experts on domestic and family violence to assure that the curriculum and procedures for intervention included therein promote victim safety, perpetrator accountability, appropriate temporary release and parole decisions, alliances among correctional staff and community service providers to facilitate a bridge between institutional and community services on domestic and family violence.

Sec. 222. Release of perpetrator permitted under certain conditions; notice to victim; confidentiality of victim's address.

1. The insert all appropriate state agencies and departments and authorities that administer early release programs, intermediate release programs, community-based programs, furloughs, transfers to less secure facilities, and work release programs may release a perpetrator of a crime involving domestic or family violence only under conditions that would protect the safety of the victim of domestic or family violence or other family or household member.

2. The insert all appropriate state agencies and departments and authorities that administer early release programs, intermediate release programs, community-based programs, furloughs, transfers to less secure facilities, and work release programs shall notify the victim of a crime of domestic or family violence of the escape of the perpetrator or of the proposed release of the perpetrator before the date of release of the perpetrator, if the victim has provided the agency or department with an address at which he or she can be notified.

3. The address of a victim of a crime involving domestic or family violence is confidential. The agency or department shall not reveal any address provided pursuant to subsection 2.

COMMENTARY

Subsection 1 authorizes the furlough, temporary release, or transfer to a less secure correctional facility of a perpetrator of a crime involving domestic or family violence, if that change in status can be made under conditions which safeguard the victim or other members of the family or household from further acts of violence by the perpetrator. Every office in the state charged with oversight of the enumerated release or transfer programs preceding parole is bound by this directive.

Subsection 2 mandates that the office which is designated by state statute as responsible for notification of victims of domestic or family violence, provide a victim with notice of the escape of a perpetrator or, in advance of the proposed date, of the release, furlough, or transfer of the perpetrator to a less secure facility.

Subsection 3 contemplates that the address of the victim furnished to the designated office will not be revealed. It is imperative that perpetrators and their agents not have access to an address of a victim of domestic or family violence except as the victim chooses to share it. Thus, address information should not be given to any state agency or third party without the explicit permission of the victim.

Sec. 223. Required written policies and procedures.

On or before insert appropriate date, each law enforcement agency shall develop or adopt and put into effect written policies and procedures concerning:

1. The effective response of the agency to cases involving domestic and family violence.

2.　Enforcement of the Model Code and other applicable state statutes concerning domestic and family violence.

3.　Protection and safety of the victims of domestic violence and other family and household members.

4.　Coordination with hospitals and programs for victims of domestic or family violence.

COMMENTARY

The Model Code recognizes the importance of written policies and procedures for law enforcement agencies. Policies and procedures put into operation state law and law enforcement curricula on intervention in domestic and family violence. Protocols inform all employees of a law enforcement agency of the philosophy of the department, of appropriate standards for practice, and of strategies to avoid liability for improper response in crimes involving domestic and family violence. However, policies and procedures are not self-implementing; thus, the Code requires that the law enforcement agency put them into effect, which entails dissemination, education, and supervision.

Subsection 1 requires an enumeration of guidelines related to response to the crime scene. Such guidelines may include, but are not limited to dispatch priority and process on domestic and family violence calls, investigation, evidence collection, arrest, notice and assistance to victims, seizure of weapons, procedures when arrest is not made, methods for processing the accused, assessment of risk, methods for input on conditions of release, follow-up with victims, report writing, and strategies to maximize officer safety.

Subsection 2 requires the law enforcement agency to apply the Model Code and state law relevant to law enforcement practices. Direction from the chief executive about application of the law is vital to enforcement of the law.

Subsection 3 instructs that the agency's policies and procedures must detail the breadth of law enforcement assistance to victims. Policies and procedures found in other state statutes and regulations include but are not limited to transportation to shelter or medical treatment, assistance in regaining possession of the home or removing essential personal effects from the home, obtaining telephonic protection orders, enforcing orders for protection, and any other action necessary to ensure the safety of the victim and any family or household member. Written procedures will direct officers in the efficient, yet comprehensive, performance of same. See sections 204 through 207, 209, 305, and paragraph (f) of section 306.

Subsection 4 calls for coordination among law enforcement, programs for victims of domestic or family violence, and hospitals. Coordination is important because each agency and service provider is involved with victims at a time of crisis when victims may require extraordinary assistance for safe and secure survival. Coordination among these agencies promotes early intervention, enhances information and referral, ensures that victims are apprised of legal and community options, reinforces safety planning, maximizes resources, and underscores the fact that the best results are achieved by collective efforts.

CHAPTER 3

CIVIL ORDERS FOR PROTECTION

Sec. 301.　Eligible petitioners for order.

1.　A person who is or has been a victim of domestic or family violence may file a petition for an order for protection against a family or household member who commits an act of domestic or family violence.

2.　A parent, guardian, or other representative may file a petition for an order for protection on behalf of a child against a family or household member who commits an act of domestic or family violence.

COMMENTARY

Subsection 1 broadly defines the class of persons eligible to seek protection from the violence inflicted by family or household members in order to enable courts to effectively intervene in domestic or family violence. Comprehensive inclusion of all those exposed to risk within a family or household gives courts the latitude to construct relief to prevent further abuse and to provide essential safeguards. A person abused by another to whom she or he is related by blood or marriage may petition. Subsection 2 recognizes that children are acutely vulnerable to the trauma of domestic or family violence, whether they are the biological children of the victim or perpetrator or any other children residing with either, the Model Code permits petitioning by a child-victim or by a responsible adult, be it a parent, guardian, or other representative, on behalf of the child-victim. Moreover, the class of eligible petitioners is not limited to those victims currently or formerly residing with the perpetrator. This section also recognizes that the risks posed by perpetrators do not end when victims separate from abusers, but rather that some perpetrators are likely to use more severe violence after the separation or divorce.

Sec. 302. Uniform form required for petitions and orders; required statements in petitions and orders; duty of clerk to provide petitions and clerical assistance.

1. The insert name of appropriate state agency shall:

(a) Develop and adopt uniform forms for petitions and orders for protection, including but not limited to such orders issued pursuant to divorce, custody, and other domestic relations hearings; and

(b) Provide the forms to the clerk of each court authorized to issue such orders.

2. In addition to any other required information, the petition for an order for protection must contain a statement listing each civil or criminal action involving both parties.

3. The following statements must be printed in bold faced type or in capital letters on the order for protection:

(a) "Violation of this order may be punished by confinement in jail for as long as insert time period and by a fine of as much as insert amount."

(b) "If so ordered by the court, the respondent is forbidden to enter or stay at the petitioner's residence, even if invited to do so by the petitioner or any other person. In no event is the order for protection voided."

4. The clerk of the court or other designated person shall provide to a person requesting an order for protection:

(a) The forms adopted pursuant to subsection 1;

(b) All other forms required to petition for an order for protection, including but not limited to, forms for service and forms required by Uniform Child Custody Jurisdiction Act; and

(c) Clerical assistance in filling out the forms and filing the petition.

5. Except as otherwise provided in section 305, a petition for an order for protection must be in writing, verified, and subscribed to in the manner provided by state law.

6. All orders for protection must be issued on the form adopted in accordance with subsection 1.

COMMENTARY

Subsection 1 requires that the appropriate state agency promulgate uniform forms for all petitions and orders for protection which are authorized by statute in any family law or domestic relations matter. The agency is, likewise, required to supply the various forms to each court authorized to grant any of the protection orders.

Subsection 2 directs that the form petition require the petitioner to provide notice to the court of all the civil and criminal matters, past and present, involving both parties. With this notice, the court can more readily access court dockets, pleadings or charges and outcomes, including the issuance of any civil protection or criminal restraining orders, the contents of which may be relevant to action taken in the matter currently before the court. This notice will facilitate informed court practice and inhibit the issuance of contradictory court orders.

Subsection 3 is designed to provide the perpetrator of domestic or family violence with clear, unequivocal notice of the potential consequences of violation of an emergency, *ex parte*, or comprehensive protection order. The right of every citizen to due process of law makes it essential that a person against whom an *ex parte* protection order is issued be apprised of the consequences of violation. Beyond this, paragraph (b) of subsection 3, informs the perpetrator that conduct which might otherwise be permissible is precluded by the protection order. This provision gives notice to the respondent, and indirectly to law enforcement officers, that entry into the residence from which the perpetrator is excluded will not be condoned and the order will be valid and enforceable notwithstanding any invitation by the victim.

Subsection 4 enumerates the responsibilities of the person designated by the court to assist petitioners for protection orders. Besides giving petitioners the forms developed by the state agency, the clerk of court must provide all other forms necessary for completion of the application process. In many jurisdictions this may include forms related to service; any form necessary for transmittal of an order to a local or state registry of protection orders; forms related to custody and visitation; forms required by the Uniform Child Custody Jurisdiction Act; and forms related to requests for restitution, child support, and attorney's fees. Court clerks or others providing clerical assistance to petitioners are also charged with helping them complete all forms and file petitions.

Subsection 5 provides that all petitions be written and executed pursuant to state law and creates an exception to the requirement for telephonic orders issued pursuant to the request of law enforcement in section 305. Subsection 6 directs courts to issue orders only on forms developed by the state agency pursuant to subsection 1. The purpose of this section is to underscore the importance of simple, consistent, and comprehensive orders.

Sec. 303. Jurisdiction; venue; residency not required to petition.

1. The <u>court that has jurisdiction over domestic relations</u> has jurisdiction to issue orders for protection.
2. A petition for an order for protection may be filed in the <u>insert county or district</u>:
(a) Where the petitioner currently or temporarily resides;
(b) Where the respondent resides; or
(c) Where the domestic or family violence occurred.
3. There is no minimum requirement of residency to petition for an order for protection.

COMMENTARY

Subsection 1 assigns subject matter jurisdiction in civil protection order matters to the court with jurisdiction over domestic relations proceedings for several reasons. The drafters concluded that the judiciary handling cases constructing family rights and responsibilities after the separation of the parents or dissolution of the marriage should address the issues involved in applications for civil protection orders, especially the vital issue of safety for victims of domestic or family violence and other family or household members.

Subsection 2 provides for personal jurisdiction and venue in any judicial district where a victim may require the assistance of the court in achieving safety. The drafters of the Model Code recognize that the abused person may require the protection of the justice system in locations other than where the acts of abuse occurred. This subsection also establishes venue in the judicial district where the perpetrator resides.

Subsection 3 specifies that residency is immediately conferred upon a party who is present in a district and seeks at least temporary residency therein. Victims of domestic or family violence may relocate for a variety of reasons such as to acquire family and personal support or safe shelter, and should not be limited to legal protection in the district of origin or abuse. Ready access to the courts is necessary for protection of adult and child victims of domestic or family violence so long as such access does not encroach unduly on the constitutional rights of perpetrators.

Sec. 304. Continuing duty to inform court of other proceedings; effect of other proceedings; delay of relief prohibited; omission of petitioner's address.

1. At any hearing in a proceeding to obtain an order for protection, each party has a continuing duty to inform the court of each proceeding for an order for protection, any civil litigation, each proceeding in family or juvenile court, and each criminal case involving the

parties, including the case name, the file number, and the county and state of the proceeding, if that information is known by the party.

2. An order for protection is in addition to and not in lieu of any other available civil or criminal proceeding. A petitioner is not barred from seeking an order because of other pending proceedings. A court shall not delay granting relief because of the existence of a pending action between the parties.

3. A petitioner may omit her or his address from all documents filed with the court. If a petitioner omits her or his address, the petitioner must provide the court a mailing address. If disclosure of petitioner's address is necessary to determine jurisdiction or consider venue, the court may order the disclosure to be made:

(a) After receiving the petitioner's consent;

(b) Orally and in chambers, out of the presence of the respondent and a sealed record to be made; or

(c) After a hearing, if the court takes into consideration the safety of the petitioner and finds such disclosure is in the interest of justice.

COMMENTARY

Subsection 1 expands upon the obligation to provide the court with notice of other civil or criminal proceedings involving the party articulated in subsection 2 of section 302. The duty is defined as continuing and is imposed on both the petitioner and respondent. The duty is operative only during court proceedings related to the protection order. The scope of other litigation or prosecution about which notice is to be given is enlarged. It is not only legal proceedings between the parties; it is all litigation involving either party. The drafters concluded that the court should evaluate the relevance to the protection order deliberations of any civil or criminal case in which either party is involved, rather than articulating a limited list of specific legal actions encompassed within the duty of notice. The Model Code also requires that a party, who has information which will facilitate identification and review of these other proceedings, furnish that information to the protection order court.

Subsection 2 makes it clear that a victim of domestic or family violence is not compelled to elect a single remedy in law or equity and that the protection order application may proceed to disposition notwithstanding any proceeding or outcome in any other legal arena. It rejects the statutory imposition of preemptive and exclusive jurisdiction by divorce courts contained in some state statutes once a divorce complaint has been filed by either party. The Model Code directs the protection order court to proceed immediately to disposition and prohibits deferral of disposition pending the outcome of other pending litigation between the parties.

Subsection 3 enables the petitioner to omit her or his address from all documents filed with the court in protection order applications in order not to reveal the location of the residence, whether or not it is a shelter for abused family members. The petitioner need not seek court approval for non-disclosure in all protection order documents. However, the petitioner must furnish the court with a mailing address, which need not be his or her residence, so that the court can provide the victim with notice of any proceedings and with copies of all orders issued. To determine jurisdiction or consider venue, the court may order disclosure of the address under prescribed conditions.

Sec. 305. Emergency order for protection; available relief; availability of judge or court officer; expiration of order.

1. A court may issue a written or oral emergency order for protection ex parte when a law enforcement officer states to the court in person or by telephone, and the court finds reasonable grounds to believe, that the petitioner is in immediate danger of domestic or family violence based on an allegation of a recent incident of domestic or family violence by a family or household member.

2. A law enforcement officer who receives an oral order for protection from a court shall:

(a) Write and sign the order on the form required pursuant to section 302;

(b) Serve a copy on the respondent;

(c) Immediately provide the petitioner with a copy of the order; and

(d) Provide the order to the court by the end of the next judicial day.

3. The court may grant the following relief in an emergency order for protection:

(a) Enjoin the respondent from threatening to commit or committing acts of domestic or family violence against the petitioner and any designated family or household member;

(b) Prohibit the respondent from harassing, annoying, telephoning, contacting, or otherwise communicating with the petitioner, directly or indirectly;

(c) Remove and exclude the respondent from the residence of the petitioner, regardless of ownership of the residence;

(d) Order the respondent to stay away from the residence, school, place of employment of the petitioner, or any specified place frequented by the petitioner and any designated family or household member;

(e) Order possession and use of an automobile and other essential personal effects, regardless of the ownership of the essential personal effects, and direct the appropriate law enforcement officer to accompany the petitioner to the residence of the parties to ensure that the petitioner is safely restored to possession of the residence, automobile, and other essential personal effects, or to supervise the petitioner's or respondent's removal of personal belongings;

(f) Grant temporary custody of a minor child to the petitioner; and

(g) Order such other relief as the court deems necessary to protect and provide for the safety of the petitioner and any designated family or household member.

4. A judge or other court officer with authority to issue an order for protection must be available 24 hours a day to hear petitions for emergency orders for protection.

5. An emergency order for protection expires <u>72</u> hours after issuance.

COMMENTARY

Subsection 1 creates 24-hour access to emergency orders of protection utilizing law enforcement officers as agents for judicial officers who are authorized to issue the order by telephone. In states or jurisdictions where there is a judge on duty 24 hours a day, this section creates an additional avenue of access to the court. The drafters considered the high risk of continuing violence in these cases when determining the standard of proof of immediate danger rather than imminent or present danger.

Subsection 2 requires an officer to reduce any oral order issued by the court to writing on the prescribed form, furnishing a copy to the petitioner immediately and to the court during its next business day.

The scope of relief authorized in emergency orders for protection in subsection 3 is intended by the drafters to ensure that victims are afforded all the relief necessary to curtail access by a perpetrator to the victim and thereby to safeguard against elevated risk of violence, to accord the victim safe shelter in the family residence, and to inhibit conduct by the perpetrator that jeopardizes the employment and personal support of the victim. It also enables courts to award temporary custody of minor children both to protect the child from violence and to impede abduction by the perpetrator. It permits the court to mandate assistance by law enforcement to the victim for effectuating the terms of the order.

Subsection 4 requires 24-hour access for orders of protection, and invites legislators and courts in every jurisdiction to consider authorizing other court personnel to serve in lieu of the judiciary for purposes of issuing emergency orders for protection.

Subsection 5 limits the duration of emergency orders for protection, thus requiring the victim to file a petition with the court, requesting any or all of the relief enumerated in section 307.

Sec. 306. Order for protection; modification of orders; relief available ex parte; relief available after hearing; duties of the court; duration of order.

1. If it appears from a petition for an order for protection or a petition to modify an

order for protection that domestic or family violence has occurred or a modification of an order for protection is required, a court may:

(a) Without notice or hearing, immediately issue an order for protection ex parte or modify an order for protection ex parte as it deems necessary to protect the petitioner.

(b) Upon notice, issue an order for protection or modify an order after a hearing whether or not the respondent appears.

2. A court may grant the following relief without notice and hearing in an order for protection or a modification issued ex parte:

(a) Enjoin the respondent from threatening to commit or committing acts of domestic or family violence against the petitioner and any designated family or household member;

(b) Prohibit the respondent from harassing, annoying, telephoning, contacting, or otherwise communicating with the petitioner, directly or indirectly;

(c) Remove and exclude the respondent from the residence of the petitioner, regardless of ownership of the residence;

(d) Order the respondent to stay away from the residence, school, or place of employment of the petitioner, or any specified place frequented by the petitioner and any designated family or household member;

(e) Prohibit the respondent from using or possessing a firearm or other weapon specified by the court;

(f) Order possession and use of an automobile and other essential personal effects, regardless of the ownership of the essential personal effects, and direct the appropriate law enforcement officer to accompany the petitioner to the residence of the parties to ensure that the petitioner is safely restored to possession of the residence, automobile, and other essential personal effects, or to supervise the petitioner's or respondent's removal of personal belongings;

(g) Grant temporary custody of any minor children to the petitioner; and

(h) Order such other relief as it deems necessary to provide for the safety and welfare of the petitioner and any designated family or household member.

3. A court may grant the following relief in an order for protection or a modification of an order after notice and hearing, whether or not the respondent appears:

(a) Grant the relief available in accordance with subsection 2.

(b) Specify arrangements for visitation of any minor child by the respondent and require supervision of that visitation by a third party or deny visitation if necessary to protect the safety of the petitioner or child.

(c) Order the respondent to pay attorney's fees.

(d) Order the respondent to:

(1) Pay rent or make payment on a mortgage on the petitioner's residence and pay for the support of the petitioner and minor child if the respondent is found to have a duty to support the petitioner or minor child;

(2) Reimburse the petitioner or other person for any expenses associated with the domestic or family violence, including but not limited to medical expenses, counseling, shelter, and repair or replacement of damaged property; and

(3) Pay the costs and fees incurred by the petitioner in bringing the action;

4. The court shall:

(a) Cause the order to be delivered to the appropriate authority for service;

(b) Make reasonable efforts to ensure that the order for protection is understood by the petitioner, and the respondent, if present;

(c) Transmit, by the end of the next business day after the order is issued, a copy of the order for protection to the local law enforcement agency or agencies designated by the petitioner; and

(d) Transmit a copy of the order to the state registry.

5. An order for protection issued ex parte or upon notice and hearing or a modification of an order for protection issued ex parte or upon notice and hearing is effective until further order of the court.

6. The designated authority shall provide expedited service for orders for protection.

COMMENTARY

Paragraph (a) of subsection 1 authorizes the *ex parte* issuance and modification of orders for protection. An *ex parte* order can be issued without notice or a hearing only if the court concludes the order is necessary to protect the petitioner. The risks of recidivism and harm are high in the context of domestic and family violence. See also the commentary following sections 202, 203, 205, 207, 208, 219, 220 222, 301, 302, and 305. There is evidence that the safety, if not the lives, of victims would be jeopardized if they were required to give notice and participate in a full hearing before any legal protection is issued. The Model Code thus requires that a petitioner only make a *prima facie* showing that he or she is eligible for protection and that an order is necessary to protect against future violence before issuing or modifying an order for protection *ex parte*. The Code ensures that respondents be accorded due process, notwithstanding the availability of *ex parte* relief. See subsection 1 of section 307. Paragraph (b) of subsection 1 addresses the situation where a respondent elects not to attend a hearing after requisite notice. The Model Code explicitly authorizes *ex parte* issuance of orders as described in section 307 when a respondent has been given notice, while availing the respondent ready access to seek modification of an order should the circumstances later warrant it.

Subsection 2 lists the relief that may be included in an *ex parte* order. Much of the relief is that designed to deny the respondent access to the victim. Because of the significant use of weapons in both non-lethal and lethal assaults by perpetrators of domestic and family violence, the Code contains an option prohibiting the use or possession of a firearm or other weapon. See commentary following section 207.

Subsection 3 specifies the relief courts may award after notice and hearing. First, the court may affirm or supplement the relief granted in any temporary order, as well as order any relief granted in accordance with subsection 2 for a petitioner who has not obtained an *ex parte* order. See commentary following section 401. It also requires a court to deliberate about whether the perpetrator should be accorded visitation based on the risks that the perpetrator may pose to the abused parent or the child. Paragraph (b) gives a court three options: denial of visitation, supervised visitation by a third party who is not the victim, and unsupervised visitation. When any visitation is awarded, a court is to enumerate the arrangements for visitation, including conditions to protect the child and the petitioner. Paragraphs (c) and (d) afford additional economic assistance to a victim for costs incurred as a result the violence and monies necessary to achieve economic stability.

Subsection 4 assigns the court several responsibilities necessary for due process and enforcement. Because law enforcement must be able to reasonably rely on the orders furnished to their agencies or the state registry, it essential that the court employ a reliable system that minimizes exposure of law enforcement to liability. The Code directs courts to oversee these functions.

Subsection 5 provides that an order for protection issued pursuant to section 306 or 307 is in effect until a court modifies or rescinds the order. No time limitations are imposed. This does not preclude a court from fixing review hearings to evaluate the continuing need for an order, nor does it preclude a request by either the petitioner or perpetrator to terminate the order. Subsection 5 departs from the duration strictures found in some state statutes because the risk posed to victims is not time limited or certain. The Code seeks to protect victims for as long as that protection is required, which should be determined by the court after hearing; expiration should not occur as a function of the passage of an arbitrary period of time. This provision also limits the unnecessary demand on court dockets required for reissuance or extension of orders when protection is required beyond the time of automatic expiration. This provision also shifts the burden from the victim to the perpetrator who is responsible for seeking court approval to terminate an order that is no longer essential.

Subsection 6 requires the designated authority to provide service in an expedited manner.

Sec. 307. Required hearings; duty of court when order for protection denied.

1. Except as otherwise provided in subsection 2, if a court issues an order for protection ex parte or a modification of an order for protection ex parte and the court provides relief pursuant to subsection 2 of section 306, upon a request by either party within 30 days after service of the order or modification, the court shall set a date for a hearing on the petition. The hearing must be held within insert number of days after the request for a hearing is filed unless continued by the court for good cause shown. The court shall notify both parties by first class mail of the date and time of the hearing.

2. The court shall set a date for a hearing on the petition within insert number of days after the filing of the petition if a court issues an order for protection ex parte or a modification of an order of protection ex parte, and:

(a) The petitioner requests or the court provides relief in accordance with paragraph (g) of subsection 2 of section 306, concerning custody of a minor child; or

(b) The petitioner requests relief pursuant to paragraph (b), (c), or (d) of subsection 3 of section 306.

Such a hearing must be given precedence over all matters except older matters of the same character.

3. In a hearing held pursuant to subsection 1 or 2 of this section:

(a) Relief in accordance with section 306 is available.

(b) If respondent seeks relief concerning an issue not raised by the petitioner, the court may continue the hearing at the petitioner's request.

4. If a court denies a petition for an order for protection or a petition to modify an order for protection that is requested without notice to the respondent, the court shall inform the petitioner of his or her right to request a hearing upon notice to the respondent.

COMMENTARY

Subsection 1 provides the party who did not initiate the *ex parte* petition for relief or modification with the opportunity to challenge any provision of an order or modified order issued. The respondent, whether the victim or perpetrator, must make a timely request for a hearing on matters in dispute related to subsection 2 of section 306; otherwise, all issues that might have been contested are waived. The Model Code provides 30 days from service to make the request for hearing. This window of time gives the respondent adequate time to prepare the request for reconsideration and enables the moving party to rely upon the order issued at a date certain. Due process is thus afforded both parties. The court is assigned the responsibility for notice of both parties.

However, subsection 2 requires that when a court granting the *ex parte* order or modification awards custody of the minor children to the petitioner, when either party desires respondent visitation with the children, or when the petitioner seeks economic relief, the court must schedule a hearing within a time certain of the filing of the petition for protection or modification. The hearing is to be given precedence on the docket over all other matters except order for protection proceedings previously scheduled.

Subsection 3 reaffirms that the relief enumerated in section 306 may be granted at the hearing, even if neither the petitioner nor the respondent has made application for the specific relief orally or in documents filed with the court. This provision enables the court to issue supplemental relief pursuant to section 306 as it deems the relief is necessary to provide for the safety and welfare of the petitioner and family or household members. It permits the petitioner to request relief without the formality of amending the pleadings. It eliminates the requirement for responsive pleading; requiring only that the respondent request a hearing and allowing the respondent to identify any issues in dispute or relief sought at the hearing itself. If the respondent raise issues or ask for relief not addressed or sought by the petitioner, the court may grant a continuance should the petitioner ask for time to prepare to respond to the matters raised by the respondent.

Subsection 4 requires a court to advise the petitioner of his or her right to request a hearing if the court denies a petition. Notice to the respondent is required.

Sec. 308. Effect of action by petitioner or respondent on order.

If a respondent is excluded from the residence of a petitioner or ordered to stay away from the petitioner, an invitation by the petitioner to do so does not waive or nullify an order for protection.

COMMENTARY

This section firmly underscores the principle that court orders may only be modified by judges and rejects the notion that any party, by his or her conduct, can set aside or modify the terms and conditions of any order for protection, even by agreement of the parties. The remedy for the victim or perpetrator seeking to be excused from any provision of an order of protection is to petition for modification pursuant to section 306. Likewise, this section gives unequivocal direction to law enforcement officers that orders for protection are to be enforced as written and that no action by a party relieves the duty to enforce the order.

Sec. 309. Denial of relief prohibited.

The court shall not deny a petitioner relief requested pursuant to section 305 or 306 solely because of a lapse of time between an act of domestic or family violence and the filing of the petition.

COMMENTARY

This section recognizes that a perpetrator of domestic or family violence may pose a risk of violence long after the last act or episode of violence and that an order may be necessary to protect a victim from that continuing or recurrent risk.

Sec. 310. Mutual orders for protection prohibited.

A court shall not grant a mutual order for protection to opposing parties.

COMMENTARY

The Model Code explicitly prohibits the issuance of mutual protection orders. Mutual orders create due process problems as they are issued without prior notice, written application, or finding of good cause. Mutual orders are difficult for law enforcement officers to enforce, and ineffective in preventing further abuse. However, the Code does not preclude the issuance of separate orders for protection restraining each opposing party where each party has properly filed and served petitions for protection orders, each party has committed domestic or family violence as defined by the Code, each poses a continuing risk of violence to the other, each has otherwise satisfied all prerequisites for the type of order and remedies sought, and each has complied with the provisions of this chapter.

Sec. 311. Court-ordered and court-referred mediation of cases involving domestic or family violence prohibited.

A court shall not order parties into mediation or refer them to mediation for resolution of the issues in a petition for an order for protection.

COMMENTARY

This section prohibits a court from ordering or referring parties to mediation in a proceeding for an order for protection. Mediation is a process by which parties in equivalent bargaining positions voluntarily reach consensual agreement about the issue at hand. Violence, however, is not a subject for compromise. A process which involves both parties mediating the issue of violence implies that the victim is somehow at fault. In addition, mediation of issues in a proceeding for an order for protection is problematic because the petitioner is frequently unable to participate equally with the person against whom the protection order has been sought. Also see section 407.

Sec. 312. Court costs and fees.

Fees for filing and service of process must not be charged for any proceeding seeking only the relief provided in this chapter.

This section underscores and enhances the public policy position incorporated in many state codes, that victims of domestic or family violence must have ready access to the courts and that access must not be constrained by the economic means of petitioners. The drafters concluded that the determination of indigence by the court or an affidavit of inability to pay fees and costs, required by some codes, unduly burdens victims and court personnel.

Sec. 313. Court-mandated assistance to victims of domestic and family violence.

1. The court system in each jurisdiction shall provide assistance to victims of domestic or family violence. The administrator of the court system may enter into a contract with a private agency or organization that has a record of service to victims of domestic or family violence to provide the assistance.

2. The duties of the provider of assistance include but are not limited to:

(a) Informing victims of domestic or family violence of their rights pursuant to insert state law concerning victims' rights and assisting victims in securing those rights;

(b) Informing victims of the availability of orders for protection and assisting victims in obtaining such orders;

(c) Providing interpreters for cases involving domestic or family violence, including requests for orders for protection;

(d) Informing victims of the availability of shelter, counseling, and other social services; and

(e) Providing victims with safety plans and assisting victims in preparing the plans.

3. The provider of the assistance shall coordinate the provision of services with the providers of programs for victims of domestic or family violence.

Subsection 1 requires that the court in each jurisdiction establish an assistance program for victims of domestic or family violence. It may be staffed by court personnel or the court may contract with an organization with expertise in serving victims of domestic or family violence to provide the assistance enumerated in subsection 2. Many court programs that serve victims in protection order cases and in other civil or family law matters are located in community-based agencies. Subsection 2 specifies the minimum of assistance to be rendered. The Code requires the provider of assistance to provide information to victims about legal rights, the protection order process, safe shelter, community services and supports, as well as safety planning to enhance justice system protections. In addition, the assistance program must furnish interpreter services for the hearing impaired and for those who are not able to effectively communicate in English in domestic or family violence cases. Subsection 3 directs the provider of the assistance to collaborate with those other offices or organizations in the community providing domestic or family violence services.

Sec. 314. Registration and enforcement of foreign orders for protection; duties of court clerk.

1. A certified copy of an order for protection issued in another state may be filed in the office of the clerk of any district or family court of this state. The clerk shall act upon the order in the same manner as the clerk acts upon an order for protection issued by a district or family court of this state.

2. An order for protection filed in accordance with subsection 1 has the same effect and must be enforced in the same manner as an order for protection issued by a court of this state.

3. The clerk of each district or family court shall:

(a) Maintain a registry in which to enter certified orders for protection issued in other states that are received for filing.

(b) At the request of a court of another state or at the request of a person who is affected by or has a legitimate interest in an order for protection, certify and forward a copy of the order to that court or person at no cost to the requesting party.

4. A court of this state shall enforce all provisions of a registered foreign order for protection whether or not such relief is available in the state.

COMMENTARY

Subsection 1 explicitly articulates the mechanism for registration of foreign orders for protection. Upon filing, the clerk of court is required to handle the foreign order as he or she would any order for protection issued by a court within the state. Subsection 2 directs courts and law enforcement to fully credit and enforce foreign orders filed with the clerk of court.

Paragraph (a) of subsection 3 requires that the clerk of the designated court keep a registry in which foreign orders for protection are to be registered. Paragraph (b) requires the clerk to certify and forward a copy of the order at the request of a court of another state, or at the request of a person who is affected by or who has a legitimate interest in the order for protection. Copies of orders must be provided to appropriate courts and persons at no charge.

Subsection 4 directs courts to enforce foreign orders as written and for the duration specified even if the state statute where the order is registered provides for more limited relief to residents. The provisions of this section do not relieve any party from the requirements of the Uniform Reciprocal Enforcement of Support Act and the Uniform Child Custody Jurisdiction Act for registration and other matters regarding support and custody.

Sec. 315. State registry for orders for protection.

1. The <u>appropriate state agency</u> shall maintain a registry of all orders for protection issued by a court of this state or registered in this state. The orders must be included in the registry within 24 hours after issuance or registration.

2. The information contained in the registry is available at all times to a court, a law enforcement agency, and <u>other governmental agency</u> upon request.

COMMENTARY

This section requires a state agency to maintain a registry of all orders for protection issued or registered in the state and requires that the orders be included in the registry within 24 hours after issuance or registration. State registries of orders for protection typically are located in state criminal justice or law enforcement agencies. The advantages of charging a state's law enforcement agency with this responsibility is that the agency may be able to incorporate orders of protection in its existing system for verification of state warrants, etc., and that system is available around the clock.

CHAPTER 4

FAMILY AND CHILDREN

Sec. 401. Presumptions concerning custody.

In every proceeding where there is at issue a dispute as to the custody of a child, a determination by the court that domestic or family violence has occurred raises a rebuttable presumption that it is detrimental to the child and not in the best interest of the child to be placed in sole custody, joint legal custody, or joint physical custody with the perpetrator of family violence.

COMMENTARY

Support for the presumptions incorporated in this section, that domestic violence is detrimental to the child and that it is contrary to the child's best interest to be placed in sole or joint custody with the perpetrator thereof, is extensive. This section compels courts, attorneys, custody evaluators, and other professionals working with cases involving the custody of children to consider the impact of domestic and family violence on these children. This mandate is not limited to courts issuing orders for protection but includes courts hearing divorce, delinquency, and child protection cases.

Sec. 402. Factors in determining custody and visitation.

1. In addition to other factors that a court must consider in a proceeding in which the custody of a child or visitation by a parent is at issue and in which the court has made a finding of domestic or family violence:

(a) The court shall consider as primary the safety and well-being of the child and of the parent who is the victim of domestic or family violence.

(b) The court shall consider the perpetrator's history of causing physical harm, bodily injury, assault, or causing reasonable fear of physical harm, bodily injury, or assault, to another person.

2. If a parent is absent or relocates because of an act of domestic or family violence by the other parent, the absence or relocation is not a factor that weighs against the parent in determining custody or visitation.

COMMENTARY

This section was constructed to remedy the failure of many custody statutes to give courts direction related to appropriate consideration of domestic and family violence in contested custody cases. Paragraph (a) of subsection 1 elevates the safety and well-being of the child and abused parent above all other "best interest" factors in deliberations about custodial options in those disputed custody cases where there has been a finding of abuse by one parent of the other. It contemplates that no custodial or visitation award may properly issue that jeopardizes the safety and well-being of adult and child victims.

Paragraph (b) compels courts to consider the history, both the acts and patterns, of physical abuse inflicted by the abuser on other persons, including but not limited to the child and the abused parent, as well as the fear of physical harm reasonably engendered by this conduct. It recognizes that discreet acts of abuse do not accurately convey the risk of continuing violence, the likely severity of future abuse, or the magnitude of fear precipitated by the composite picture of violent conduct.

Subsection 2 recognizes that sometimes abused adults flee the family home in order to preserve or protect their lives and sometimes do not take dependent children with them because of the emergency circumstances of flight, because they lack resources to provide for the children outside the family home, or because they conclude that the abuser will hurt the children, the abused parent, or third parties if the children are removed prior to court intervention. This provision prevents the abuser from benefitting from the violent or coercive conduct precipitating the relocation of the battered parent and affords the abused parent an affirmative defense to the allegation of child abandonment.

Sec. 403. Presumption concerning residence of child.

In every proceeding where there is at issue a dispute as to the custody of a child, a determination by a court that domestic or family violence has occurred raises a rebuttable presumption that it is in the best interest of the child to reside with the parent who is not a perpetrator of domestic or family violence in the location of that parent's choice, within or outside the state.

COMMENTARY

This section articulates a rebuttable presumption that the residence of the child in the context of domestic or family violence should be with the non-perpetrating parent in the location chosen by that parent. This presumption builds on the one enumerated in section 401. It is designed to defeat any assertion by a perpetrator of domestic or family violence that custody and residence with the abused parent should only be presumptive if the abused adult remains within the jurisdiction of the marital domicile. It recognizes that the enhanced safety, personal, and social supports, and the economic opportunity available to the abused parent in another jurisdiction are not only in that parent's best interest, but are, likewise and concomitantly, in the best interest of the child.

Sec. 404. Change of circumstances.

In every proceeding in which there is at issue the modification of an order for custody or visitation of a child, the finding that domestic or family violence has occurred since the last custody determination constitutes a finding of a change of circumstances.

COMMENTARY

This section provides that in proceedings concerning modification of an order for custody or visitation of a child, a finding by the reviewing court that domestic or family violence has occurred constitutes a finding of a change of circumstances.

Sec. 405. Conditions of visitation in cases involving domestic and family violence.

1. A court may award visitation by a parent who committed domestic or family violence only if the court finds that adequate provision for the safety of the child and the parent who is a victim of domestic or family violence can be made.

2. In a visitation order, a court may:

(a) Order an exchange of a child to occur in a protected setting.

(b) Order visitation supervised by another person or agency.

(c) Order the perpetrator of domestic or family violence to attend and complete, to the satisfaction of the court, a program of intervention for perpetrators or other designated counseling as a condition of the visitation.

(d) Order the perpetrator of domestic or family violence to abstain from possession or consumption of alcohol or controlled substances during the visitation and for 24 hours preceding the visitation.

(e) Order the perpetrator of domestic or family violence to pay a fee to defray the costs of supervised visitation.

(f) Prohibit overnight visitation.

(g) Require a bond from the perpetrator of domestic or family violence for the return and safety of the child.

(h) Impose any other condition that is deemed necessary to provide for the safety of the child, the victim of domestic or family violence, or other family or household member.

3. Whether or not visitation is allowed, the court may order the address of the child and the victim to be kept confidential.

4. The court may refer but shall not order an adult who is a victim of domestic or family violence to attend counseling relating to the victim's status or behavior as a victim, individually or with the perpetrator of domestic or family violence as a condition of receiving custody of a child or as a condition of visitation.

5. If a court allows a family or household member to supervise visitation, the court shall establish conditions to be followed during visitation.

COMMENTARY

Subsection 1 permits the award of visitation to a perpetrator of domestic violence only if protective measures, including but not limited to those enumerated in subsection 2 of this section, are deemed sufficient to protect the child and the abused parent from further acts or threats of violence or other fear-engendering conduct. The Model

Code posits that where protective interventions are not accessible in a community, a court should not endanger a child or adult victim of domestic violence in order to accommodate visitation by a perpetrator of domestic or family violence. The risk of domestic violence directed both towards the child and the battered parent is frequently greater after separation than during cohabitation; this elevated risk often continues after legal interventions.

Subsection 2 lists the protective conditions most routinely imposed on visitation by the perpetrator of domestic and family violence. It is not intended to be exhaustive, nor does this subsection contemplate that each provision should be imposed on every custody order.

Subsection 3 recognizes that it may be necessary to withhold the address of the adult victim and children from the perpetrator and others in order to prevent stalking and assault of adult and child victims in their undisclosed residence. Research reveals that one of the most effective methods of averting violence is denying the abuser access to the victim, which can be facilitated by preserving the confidentiality of the victim's address.

Subsection 4 prohibits a court from ordering a victim of domestic or family violence to attend counseling related to the status or behavior as a victim as a condition of receiving custody of a child or as a condition of visitation. It does not preclude the court from ordering other types of counseling, such as substance abuse counseling or educational classes.

Subsection 5 requires a court to establish conditions to be followed if the court allows a family or household member to supervise visitation. When those supervising visitation are furnished clear guidelines related to their responsibility and authority during supervision, they are better able to protect the child should the perpetrator engage in violent or intimidating conduct toward the child or adult victim in the course of visitation.

Sec. 406. Specialized visitation center for victims of domestic or family violence.

1. The insert appropriate state agency shall provide for visitation centers throughout the state for victims of domestic or family violence and their children to allow court ordered visitation in a manner that protects the safety of all family members. The state agency shall coordinate and cooperate with local governmental agencies in providing the visitation centers.

2. A visitation center must provide:

a. A secure setting and specialized procedures for supervised visitation and the transfer of children for visitation; and

b. Supervision by a person trained in security and the avoidance of domestic and family violence.

COMMENTARY

Supervised visitation centers are an essential component of an integrated community intervention system to eliminate abuse and protect its victims. Visitation centers may reduce the opportunity for retributive violence by batterers, prevent parental abduction, safeguard endangered family members, and offer the batterer continuing contact and relationship with their children. This section requires a state to provide for the existence of visitation centers but does not mandate that the state own or operate such centers, nor that the centers be operated at public expense. See Appendix III.

Sec. 407. Duty of mediator to screen for domestic violence during mediation referred or ordered by court.

1. A mediator who receives a referral or order from a court to conduct mediation shall screen for the occurrence of domestic or family violence between the parties.

2. A mediator shall not engage in mediation when it appears to the mediator or when either party asserts that domestic or family violence has occurred unless:

(a) Mediation is requested by the victim of the alleged domestic or family violence;

(b) Mediation is provided in a specialized manner that protects the safety of the victim by a certified mediator who is trained in domestic and family violence; and

(c) The victim is permitted to have in attendance at mediation a supporting person of his or her choice, including but not limited to an attorney or advocate.

COMMENTARY

This section requires mediators who receive referrals or orders from courts to screen for domestic or family violence between the parties. Screening must include an assessment of the danger posed by the perpetrator, recognizing that victims of domestic violence are at sharply elevated risk of as they attempt to end the relationship, and utilize the legal system to gain essential protective safeguards. Subsection 2 articulate a practice standard for the mediator who discovers that domestic or family violence has occurred. See Appendix III.

Drafters note: Drafters must look to general provisions concerning mediation in their state laws and insert exception as provided in sections 311 and 408.

The Model Code provides alternative sections concerning mediation in cases involving domestic or family violence. Both of the sections provide directives for courts hearing cases concerning the custody or visitation of children, if there is a protection order in effect and if there is an allegation of domestic or family violence. Neither of these sections prohibits the parties to such a hearing from engaging in mediation of their own volition. For the majority of jurisdictions, section 408(A) is the preferred section. For the minority of jurisdictions that have developed mandatory mediation by trained, certified mediators, and that follow special procedures to protect a victim of domestic or family violence from intimidation, section 408(B) is provided as an alternative.

Sec. 408(A). Mediation in cases involving domestic or family violence.

1. In a proceeding concerning the custody or visitation of a child, if an order for protection is in effect, the court shall not order mediation or refer either party to mediation.

2. In a proceeding concerning the custody or visitation of a child, if there is an allegation of domestic or family violence and an order for protection is not in effect, the court may order mediation or refer either party to mediation only if:

(a) Mediation is requested by the victim of the alleged domestic or family violence;

(b) Mediation is provided by a certified mediator who is trained in domestic and family violence in a specialized manner that protects the safety of the victim; and

(c) The victim is permitted to have in attendance at mediation a supporting person of his or her choice, including but not limited to an attorney or advocate.

COMMENTARY

Subsection 1 makes it explicit that referrals to mediation by a court in the context of domestic or family violence, not only mandates for participation, are impermissible. Judicial referrals are compelling and often viewed by litigants as the dispute resolution method preferred by the court. Also see commentary following section 311.

Subsection 2 authorizes courts to require mediation or refer to mediation when there is an allegation of domestic or family violence only where there is no protection order in effect and the three enumerated conditions for mediation are met. First, the court should not approve mediation unless the victim of the alleged violence requests mediation. The second requisite condition for court-approved mediation in the context of domestic violence contains two components: that mediation be provided in a specialized manner that protects the safety of the victim and that mediators be certified and trained in domestic and family violence. Guidelines have been generated by mediators, scholars, and advocates. Paragraph (c) of subsection 2 reflects the policy recommendations, promulgated by the collaborative studies of mediators, advocates, and legal scholars, that at the victim's option, he or she may have another party present during mediation. This person may be the victim's attorney, an advocate, or some other person of the victim's choosing.

Sec. 408(B). Mediation in cases involving domestic or family violence.

1. In a proceeding concerning the custody or visitation of a child, if an order for

303

protection is in effect or if there is an allegation of domestic or family violence, the court shall not order mediation or refer either party to mediation unless the court finds that:

(a) The mediation is provided by a certified mediator who is trained in the dynamics of domestic and family violence; and ﹐

(b) ˙The mediator or mediation service provides procedures to protect the victim from intimidation by the alleged perpetrator in accordance with subsection 2.

2. Procedures to protect the victim must include but are not limited to:

(a) Permission for the victim to have in attendance at mediation a supporting person of his or her choice, including but not limited to an attorney or advocate; and

(b) Any other procedure deemed necessary by the court to protect the victim from intimidation from the alleged perpetrator.

COMMENTARY

Subsection 1 authorizes a court to order or refer parties in a proceeding concerning custody or visitation of a child only under two conditions, that mediation is provided by a certified mediator who is trained in domestic and family violence and procedures are provided that protect the victim from intimidation.

Subsection 2 enumerates the procedures that must be followed by a mediator to protect the victim from intimidation. Paragraph (a) reflects the policy recommendations, promulgated by the collaborative studies of mediators, advocates, and legal scholars, that at the victim's option, he or she may have another party present at mediation. This person may be the victim's attorney, an advocate, or some other person of the victim's choosing. Paragraph (b) authorizes the court to impose any additional procedure deemed necessary to protect the victim from intimidation.

Sec. 409. Duties of children's protective services.

1. The state administrator of children's protective services shall develop written procedures for screening each referral for abuse or neglect of a child to assess whether abuse of another family or household member is also occurring. The assessment must include but is not limited to:

(a) Inquiry concerning the criminal record of the parents, and the alleged abusive or neglectful person and the alleged perpetrator of domestic or family violence, if not a parent of the child; and

(b) Inquiry concerning the existence of orders for protection issued to either parent.

2. If it is determined in an investigation of abuse or neglect of a child:

(a) That the child or another family or household member is in danger of domestic or family violence and that removal of one of the parties is necessary to prevent the abuse or neglect of the child, the administrator shall seek the removal of the alleged perpetrator of domestic or family violence whenever possible.

(b) That a parent of the child is a victim of domestic or family violence, services must be offered to the victimized parent and the provision of such services must not be contingent upon a finding that either parent is at fault or has failed to protect the child

COMMENTARY

This section underscores the premise that protection of the abused child and the non-perpetrating parent should be the guiding policy of child protective services agencies. Subsection 1 requires the state's administrator of child protective services to develop both an assessment tool and investigation procedures for identification of violence directed at family or household members in addition to the child alleged to be at risk. Identification of adult domestic or family violence through careful intake screening and preliminary risk assessment, followed by thorough investigation, is essential if parents are to be afforded the life preserving assistance necessary for effective parenting and child protection.

Paragraph (a) of subsection 2 codifies the premise that when a parent or parent-surrogate has abused a child or poses

304

a continuing risk of abuse or violence towards anyone in the family or household, and the agency concludes that safety can only be accomplished if those at risk live separate and apart from the perpetrator, the agency should either assist the non-perpetrating parent in seeking the legal exclusion of the perpetrator from the home or itself pursue removal of the perpetrator from the home. The perpetrator should be removed rather than placing the abused child or children in foster care or other placement. This provision does not require that a perpetrator be removed from the home if both the child and the victim of domestic violence can be adequately protected by other interventions. Paragraph (b) of subsection 2 requires that the agency make services available to parents of abused children under the supervision of the agency, who have been victimized by domestic or family violence. This subsection requires that services for parents victimized by domestic or family violence are to be undertaken whether or not the abused parent is found to bear any culpability for the abuse of a child under the supervision of the agency; findings of neglect, abuse, or any failure to protect by the parent victimized by domestic or family violence are not a prerequisite for service.

CHAPTER 5

PREVENTION AND TREATMENT

Sec. 501. Creation of state advisory council on domestic and family violence; purpose; required report.

1. There is hereby created the state advisory council on domestic and family violence.

2. The purpose of the advisory council is to increase the awareness and understanding of domestic and family violence and its consequences and to reduce the incidence of domestic and family violence within the state by:

(a) Promoting effective strategies for identification of the existence of domestic or family violence and intervention by public and private agencies serving persons who are victims of domestic or family violence;

(b) Providing for public education;

(c) Facilitating communication between public and private agencies that provide programs for victims of domestic and family violence and programs of intervention for perpetrators;

(d) Providing assistance to public and private agencies to develop statewide procedures and community education, including procedures for reviewing fatalities in local communities;

(e) Developing a comprehensive and coordinated plan of data collection concerning domestic and family violence for courts, prosecutors, law enforcement officers, health care practitioners, and other state agencies, in consultation with each other and in a manner that protects the identity of victims of domestic and family violence; and

(f) Promoting the organization of local councils on domestic and family violence and providing assistance and support to established local councils.

3. The advisory council shall report to the highest level of the executive, legislative or judicial branch of government of the state.

COMMENTARY

In subsection 1, the drafters of the Model Code identify a vehicle by which states can achieve the goals of awareness and understanding of domestic and family violence and of effective intervention to reduce the incidence thereof in the state. State advisory councils on domestic and family violence are able to give visibility, authority, and breadth of experience to the public awareness initiatives and other functions delineated in this section. The state advisory council, while reporting to the highest level of one branch of state government, is designed to be an independent agency to ensure that the focus of the work undertaken is not parochial, that all pertinent disciplines are involved in collaboration, and that strategies adopted are best suited to reduce the incidence of domestic and family violence within the state. See Appendix IV.

Subsection 2 defines the purposes and the functions of the state advisory council. Paragraph (a) charges the council with promulgating strategies for identification of domestic or family violence. Paragraph (a) also requires the council to promote effective intervention strategies for agencies in the public and private sectors. The oversight efforts of a state advisory council, both to identify model programs and interventions undertaken by various disciplines and agencies and to facilitate research on the efficacy of these approaches for protecting victims and deterring perpetrators, will help to refine practice in the field and concomitantly reduce domestic and family violence. Paragraph (b) authorizes the council to engage in public education. Paragraph (c) authorizes the council to facilitate communication between intervention programs for perpetrators and programs for victims of domestic and family violence. Paragraph (d) directs state advisory councils to assist agencies working in the field in the creation of statewide intervention and education procedures. The paragraph states that fatality review procedures related to domestic and family violence should be developed and implemented locally. Paragraph (e) charges the council with developing a plan for collection of data about the incidence, circumstances, and consequences of domestic and family violence for the state. Lack of data makes it difficult to accurately evaluate the efficacy of interventions and to identify the barriers within and between systems. The Code invests in the council the responsibility of working through the problems associated with data collection and crafting a plan for comprehensive, statewide data collection from all relevant agencies at the state and local levels. The plan is to be developed in consultation with the relevant agencies. Data must be gathered, analyzed, and reported in a manner that does not reveal the identity of victims. Paragraph (f) directs that the state advisory council facilitate the establishment of local councils and provide training, technical assistance, and other support to their endeavors. See section 503.

Subsection 3 identifies the agency or office to which the state advisory council is to report. If it is to be the powerful force for coordination and awareness anticipated by the Code drafters, it must report to the highest level of state government. See commentary concerning subsection 1.

Sec. 502. Composition and qualification of members.

1. The state advisory council on domestic and family violence consists of insert number of members. The governor, chief justice, or other appointing authority shall appoint the members of the advisory council after consulting with public and private agencies that provide programs for victims of domestic or family violence, advocates for victims, the statewide domestic or family violence coalition, and persons who have demonstrated expertise and experience in providing services to victims of domestic and family violence and their children.

2. The membership of the advisory council must include as many relevant disciplines as practicable. The governor or other appointing authority shall appoint persons to the advisory council to provide significant representation by victims of domestic and family violence and persons of diverse racial and ethnic backgrounds.

COMMENTARY

Subsection 1 requires that the state office with oversight responsibility for the council appoint the members. This appointment must be in consultation with programs and advocates for victims, the statewide domestic or family violence coalition and others expert in service delivery to victims. Subsection 2 indicates the composition of the council is to include representatives of the relevant disciplines in the field, victims of domestic or family violence, and persons of diverse racial and ethnic backgrounds.

Sec. 503. Enabling statute for establishment of local councils.

1. A local government or group of local governments may establish an advisory council on domestic and family violence.

2. The purpose of the advisory council is to increase the awareness and understanding of domestic and family violence and its consequences and to reduce the incidence of domestic and family violence within the locality by:

(a) Promoting effective strategies of intervention for identification of the existence of domestic or family violence and intervention by public and private agencies serving persons who are victims of domestic or family violence;

(b) Providing for public education;

(c) Facilitating communication between public and private agencies that provide programs to assist victims and programs of intervention for perpetrators;

(d) Providing assistance to public and private agencies and providers of services to develop statewide procedures and community education, including procedures to review fatalities; and

(e) Developing a comprehensive plan of data collection concerning domestic and family violence for courts, prosecutors, law enforcement officers, health care practitioners, and other local agencies, in a manner that protects the identity of victims of domestic and family violence.

COMMENTARY

This section authorizes local governments or a consortium of local governments to establish advisory councils within a county, circuit, or district to undertake work parallel to that of the state council and to coordinate with the state advisory council of section 501.

Sec. 504. State public health plan for reducing domestic and family violence.

1. The <u>designated state public health agency</u> shall:

(a) Assess the impact of domestic and family violence on public health;

(b) Write a state public health plan for reducing the incidence of domestic and family violence in the state.

2. The state public health plan:

(a) Must include but is not limited to public education, including use of the various communication media to set forth the public health perspective on domestic and family violence.

(b) Must be developed in consultation with public and private agencies that provide programs for victims of domestic or family violence, advocates for victims, <u>the statewide domestic or family violence coalition</u>, and persons who have demonstrated expertise and experience in providing health care to victims of domestic and family violence and their children.

(c) Must be completed on or before <u>insert date</u>.

3. The <u>designated state public health agency</u> shall:

(a) Transmit a copy of the state public health plan to the governor and the members of the state legislature; and

(b) Review and update the state public health plan <u>insert interim</u>.

COMMENTARY

This section requires that the designated state public health agency make an assessment of the impact of domestic and family violence on public health and write a plan for reducing the incidence of domestic and family violence in the state. Requirements for the plan are listed in subsection 2 and requirements for transmittal, review, and update are listed in subsection 3. This section also authorizes public health officers to assume the requisite leadership to effect the change in health care practice necessary for physicians, nurses, and medical caregivers to fully contribute to the multi-disciplinary initiatives to end domestic and family violence against abused adults and their children. See Appendices IV and VIII.

Sec. 505. Standards for health-care facilities, practitioners, and personnel; specialized procedures and curricula concerning domestic and family violence.

1. The <u>insert appropriate state agency or licensing board</u> shall promulgate standards for health care facilities, practitioners, and personnel in the facilities including specialized procedures and curricula concerning domestic and family violence.

2. The procedures and curricula must be developed in consultation with public and private agencies that provide programs for victims of domestic or family violence, advocates for victims, the statewide domestic or family violence coalition, and persons who have demonstrated expertise and experience in providing health care to victims of domestic and family violence and their children.

COMMENTARY

Subsection 1 requires the establishment of protocols and training throughout the health care community and its service organizations. Subsection 2 requires that the procedures and curricula be developed by the appropriate state agency or licensing board in consultation with specified service-providers and professionals. See Appendices IV and VIII.

Sec. 506. Notice of rights of victims and remedies and services available; required information.

1. The designated state public health agency shall make available to practitioners and health care facilities a written notice of the rights of victims and remedies and services available to victims of domestic or family violence in accordance with subsection 3.

2. A practitioner who becomes aware that a patient is a victim of domestic or family violence shall provide to the patient and every health care facility shall make available to all patients the notice provided pursuant to subsection 1.

3. The notice to victims of domestic or family violence must be substantially as follows:
"If you are the victim of domestic or family violence and you believe that law enforcement protection is needed for your physical safety, you have the right to request that an officer assist in providing for your safety, including asking for an emergency order for protection. You may also request that the officer assist you in obtaining your essential personal effects and locating and taking you to a safe place including but not limited to a designated meeting place for a shelter, a family member's or a friend's residence, or a similar place of safety. If you are in need of medical treatment, you have the right to request that the officer assist you in obtaining medical treatment. You may request a copy of the report at no cost from the law enforcement department.

You may ask the prosecuting attorney to file a criminal complaint. You also have the right to file a petition in insert name of court requesting an order for protection from domestic or family violence which could include any of the following orders:

(a) An order enjoining your abuser from threatening to commit or committing further acts of domestic or family violence;

(b) An order prohibiting your abuser from harassing, annoying, telephoning, contacting or otherwise communicating with you, directly or indirectly;

(c) An order removing your abuser from your residence;

(d) An order directing your abuser to stay away from your residence, school, place of employment, or any other specified place frequented by you and another family or household member;

(e) An order prohibiting your abuser from using or possessing any firearm or other weapon specified by the court;

(f) An order granting you possession and use of the automobile and other essential personal effects;

(g) An order granting you custody of your child or children;

(h) An order denying your abuser visitation;

(i) An order specifying arrangements for visitation, including requiring supervised visitation; and

(j) An order requiring your abuser to pay certain costs and fees, such as rent or mortgage payments, child support payments, medical expenses, expenses for shelter, court costs, and attorney's fees.

The forms you need to obtain an order for protection are available from the insert clerk of the court or other appropriate person. The resources available in this community for information relating to domestic and family violence, treatment of injuries, and places of safety and shelters are: insert list and hotline numbers. You also have the right to seek reimbursement for losses suffered as a result of the abuse, including medical and moving expenses, loss of earnings or support, and other expenses for injuries sustained and damage to your property. This can be done without an attorney in small claims court if the total amount claimed is less than fill in the amount required by statute."

4. The written notice:

(a) Must not include the addresses of shelters, unless the location is pubic knowledge.

(b) Must be provided in the native language of the victim, if practicable, when the native language of the victim is not English.

COMMENTARY

This section recognizes the responsibility of the health care delivery system, public and private, to disseminate information about legal options and available services for the victims of domestic or family violence. In subsection 1, the state public health agency is directed to provide such information in written form to health care practitioners. Subsection 2 requires practitioners in the health care community to make available written notice about legal options and community services offers a simple, effective mechanism for transmitting life-preserving information to victims of domestic and family violence. Subsection 3 provides the substantial elements of the notice. Subsection 4 protects the confidentiality of the location of shelters and requires the notice be provided to those victims of domestic or family violence in their native language where practicable. Also see section 204 and the commentary following.

Sec. 507. Hospitals required to provide certain information to parents.

Hospitals shall provide information concerning domestic and family violence to parents of newborn infants and to parents of hospitalized minors. The information must include but is not limited to the effect of domestic and family violence on children and available services for the prevention and treatment of domestic and family violence.

COMMENTARY

This section mandates that information about risks and remedies be given to all parents of newborn children so that parents can readily identify domestic and family violence, aptly assess the impact of ongoing abuse on the adult and child victims, and effectively seek intervention early in the life of the children. This section of the Code articulates a prevention strategy that has profound implications for averting the trauma of domestic and child abuse in families. This information is not routinely shared with pregnant women and parents of newborns, and thus battered parents are without the information essential to identify the risks to their infants posed by domestic and family violence and to obtain the assistance they need to protect their children and themselves. Informing parents about domestic violence and the community and health care systems available for support and assistance may be the first step in the process of acquiring essential safeguards and services for families.

Sec. 508. Regulation of programs of intervention for perpetrators; required provisions; duties of providers.

1. The insert appropriate state agency shall promulgate rules or regulations for programs of intervention for perpetrators of domestic or family violence. The rules or regulations must be promulgated after consultation with public and private agencies that provide programs for victims of domestic or family violence and programs of intervention for perpetrators, with advocates for victims, and with persons who have demonstrated expertise and experience in

309

providing services to victims and perpetrators of domestic and family violence and their children. If a state licenses or provides money to a program of intervention for perpetrators, the state agency shall review compliance with the rules or regulations promulgated pursuant to this subsection.

2. The rules or regulations must include:

(a) Standards of treatment for programs of intervention;

(b) Criteria concerning a perpetrator's appropriateness for the program;

(c) Systems for communication and evaluation among the referring court, the public and private agencies that provide programs for victims of domestic or family violence, and the programs of intervention for perpetrators; and

(d) Required education and qualifications of providers of intervention.

3. The standards must include but are not limited to the following principles:

(a) The focus of the program must be stopping the acts of violence and ensuring the safety of the victim and any children or other family or household members.

(b) Recognition that violence is a behavior for which the perpetrator must be held accountable.

(c) Recognition that substance abuse is a problem separate from domestic or family violence which requires specialized treatment.

4. Providers of programs of intervention for perpetrators:

(a) Shall require a perpetrator who is ordered into the program by a court to sign the following releases:

(1) Allowing the provider to inform the victim and victim's advocates that the perpetrator is in treatment with the provider, and to provide information for safety to the victim and victim's advocates;

(2) Allowing prior and current treating agencies to provide information about the perpetrator to the provider; and

(3) Allowing the provider to provide information about the perpetrator to relevant legal entities, including courts, parole officers, probation officers, and children's protective services.

(b) Shall report to the court and the victim any assault, failure to comply with the program, failure to attend the program, and threat of harm by the perpetrator.

COMMENTARY

The requirements of this section establish the minimum level of responsibility, service, and accountability expected from providers of programs of intervention for perpetrators of domestic or family violence, and provide a measure against which the performance and efficacy of a program can be evaluated. See Appendix IV. Subsection 1 requires the appropriate state agency to promulgate statewide rules or regulations for programs of intervention for perpetrators. The Model Code specifies that the state agency is to consult with programs for victims and

perpetrators, advocates for victims, and persons with demonstrated expertise in service delivery to victims and perpetrators. Subsection 2 lists requirements for the rules or regulations including standards of treatment; criteria concerning the appropriateness of a perpetrator for treatment; provisions for communication and evaluation among the referring court, public and private agencies, and the programs of intervention; and the education and qualifications of providers. Statewide service delivery standards facilitate uniformity of practice, promoting the highest level of ethical and informed practice by practitioners. Subsection 3 lists the principles which are required to be included in the standards of treatment. Subsection 4 mandates that a program of intervention require a perpetrator who is ordered into treatment to sign releases allowing the program to provide certain information to the victim, the court, and other legal entities. The subsection also requires the provider of a program to report to the court and the victim assaults, threats, absence from the program, and failure to comply with the program by the perpetrator.

Sec. 509. Continuing education for law enforcement officers concerning domestic

and family violence; content of course.

1. The peace officers standards and training committee or other appropriate state agency must provide insert number of hours of initial education to all prospective law enforcement officers concerning domestic and family violence.

2. The insert the appropriate law enforcement agency shall provide insert number of hours of continuing education concerning domestic and family violence to law enforcement officers each year.

3. The course of instruction and the objectives in learning and performance for the education of law enforcement officers required pursuant to subsections 1 and 2 must be developed and presented in consultation with public and private providers of programs for victims of domestic or family violence and programs of intervention for perpetrators, persons who have demonstrated expertise in training and education concerning domestic and family violence, and the statewide domestic or family violence coalition.

4. The course of instruction must include but is not limited to:

(a) The investigation and management of cases involving domestic and family violence and writing of reports in such cases;

(b) The nature, extent, and causes of domestic and family violence;

(c) Practices designed to promote the safety of officers investigating domestic and family violence;

(d) Practices designed to promote the safety of the victims of domestic and family violence and other family and household members, including safety plans;

(e) The legal rights and remedies available to victims of domestic or family violence including but not limited to rights and compensation of victims of crime and enforcement of civil and criminal remedies;

(f) The services available to victims of domestic or family violence and their children;

(g) Sensitivity to cultural, racial, and sexual issues and the effect of cultural, racial, and gender bias on the response of law enforcement officers and the enforcement of laws relating to domestic and family violence; and

(h) The provisions of the Model Code and other applicable state statutes concerning domestic and family violence.

COMMENTARY

Subsection 1 indicates that the state committee or agency charged with establishment of professional standards, development and delivery of comprehensive training, and certification for law enforcement recruits is the appropriate office in which to locate law enforcement training responsibility. While those constructing the curriculum may conclude that issues of domestic and family violence intervention should be woven throughout the entire curriculum, rather than being offered in a separate unit of instruction, it is important that a significant amount of time be devoted to domestic and family violence intervention since such a substantial amount of the time of front line staff is expended on these calls. Subsection 2 does not charge the same state committee or agency with continuing education of law enforcement, recognizing the diversity in state statutes and regulations about the vehicles for on-going training of officers. The Code contemplates that all sworn officers, including executives, management, and supervising officers, not just front line staff, are subject to this education requirement.

Subsection 3 requires the course of instruction required in subsections 1 and 2 to be developed and presented in collaboration with four specific groups of expert professionals in the state. In many states these professionals have historically provided leadership in crafting and delivery of training for law enforcement. This Code includes them to facilitate cooperative, multi-disciplinary initiatives for domestic and family violence intervention.

Subsection 4 enumerates the essential components of a preliminary course of instruction for prospective and veteran officers while state code drafters and local practice may require the inclusion of other components.

Sec. 510. Continuing education of judges and court personnel; content of course.

1. <u>The supreme court or state judicial educator</u> shall develop and present courses of continuing education concerning domestic and family violence for judicial officers and court personnel.

2. The courses must be prepared and presented in consultation with public and private agencies that provide programs for victims of domestic or family violence and programs of intervention for perpetrators, advocates for victims, <u>the statewide domestic or family violence coalition</u> and the state advisory council on domestic and family violence.

3. Each judicial officer and each court employee who comes into contact with either party in domestic or family violence cases must have <u>insert appropriate number of</u> hours of education in domestic and family violence.

4. The courses must include but are not limited to the following topics:

(a) The nature, extent, and causes of domestic and family violence;

(b) Practices designed to promote safety of the victim and other family and household members, including safety plans;

(c) Resources available for victims and perpetrators of domestic or family violence;

(d) Sensitivity to gender bias and cultural, racial, and sexual issues; and

(e) The lethality of domestic and family violence.

COMMENTARY

Subsection 1 designates the office responsible for development and presentation of the continuing education courses on domestic and family violence for justice system personnel. It further directs that the requirement of continuing education in this field applies both to judicial officers and court staff. Magistrates, law masters, arraignment or other judicial officers, law clerks, court administrators, clerical assistants, registry staff, security personnel, process servers, and others working in criminal, family, and district courts where issues of domestic and family violence are addressed should be knowledgeable about the law and procedure. See Appendix VIII for a bibliography of continuing education curricula and materials for judicial and court personnel.

Subsection 2 directs that courses be prepared and presented in consultation with experts in the field and the state advisory council. See commentary pertaining to subsection 3 of section 509.

Subsection 3 requires all judicial officers and court personnel who come in contact with victims or perpetrators of domestic or family violence in the course of their professional responsibilities to receive a minimum number of hours of continuing education.

Subsection 4 lists the topics that must be included in courses of continuing education. See the commentary pertaining to subsection 4 of section 509.

Sec. 511. Continuing education for state, county, and city employees who work with domestic and family violence cases and are required to report abuse and neglect of children.

1. The <u>appropriate state, county, and city agencies</u> shall provide courses of continuing education concerning domestic and family violence for state, county, and city employees:

(a) Who work with cases of domestic and family violence; and

(b) Who are required by law to report abuse or neglect of children.

2. The courses must be prepared and presented in consultation with public and private agencies that provide programs for victims of domestic or family violence and programs of intervention for perpetrators, advocates for victims, <u>the statewide or local domestic or family violence coalition</u> and the state advisory council on domestic and family violence.

3. The courses must include but are not limited to the following topics:

(a) The nature, extent, and causes of domestic and family violence;

(b) Practices designed to promote safety of the victim and other family and household members, including safety plans;

(c) Resources available for victims and perpetrators of domestic or family violence;

(d) Sensitivity to gender bias and cultural, racial, and sexual issues; and

(e) The lethality of domestic and family violence.

4. As used in this section, "state, county, and city employees who work with cases of domestic and family violence" include:

(a) Probation officers;

(b) Workers in children's protective services;

(c) Psychologists;

(d) Social workers;

(e) Court appointed special advocates;

(f) Mediators;

(g) Custody-evaluators; and

(h) State to add any other employees.

COMMENTARY

Subsection 1 identifies the appropriate agencies on the state, county, and city levels which is responsible for continuing employee education and directs them to provide courses on domestic and family violence to those classes of employees who work with cases of domestic or family violence and who are mandated reporters of child abuse or neglect. The commentary in sections 509 and 510 examines the intent of the Code related to subsections 2 and 3. Subsection 4 defines the classes of employees subject to this training mandate. The enumeration is extensive in order to assure that practice among and between the professions is compatible and subscribes to the same goals of prevention and intervention.

Sec. 512. Continuing education for attorneys.

1. The state bar or appropriate state agency shall provide courses of continuing legal education in domestic and family violence for attorneys.

2. The courses must be prepared and presented in consultation with persons who have demonstrated expertise and experience in providing legal assistance to victims and perpetrators of domestic or family violence, advocates for victims, the statewide domestic or family violence coalition and the state advisory council on domestic and family violence.

3. The courses must include but are not limited to the following topics:

(a) The nature, extent, and causes of domestic and family violence;

(b) Practices designed to promote safety of the victim and other family and household members, including safety plans;

(c) Resources available for victims and perpetrators of domestic or family violence;

(d) Sensitivity to gender bias and cultural, racial, and sexual issues; and

(e) The lethality of domestic and family violence.

COMMENTARY

This section mandates that the state bar or other appropriate state agency provide continuing legal education in domestic or family violence for attorneys. See commentary following sections 509 and 510 which examines the intent of the Code related to subsections 2 and 3.

Sec. 513. Required curricula for state, county, and city education system.

1. The state, county and city departments of education shall select or develop:

(a) Curricula for pupils concerning domestic and family violence that are appropriate for various ages; and

(b) Curricula for school counselors, health-care personnel, administrators, and teachers concerning domestic and family violence.

2. The curricula must be selected or developed in consultation with public and private agencies that provide programs for victims of domestic or family violence and programs of intervention for perpetrators of domestic or family violence, advocates for victims, the statewide domestic or family violence coalition, persons who have demonstrated expertise and experience in education and domestic or family violence, and the state advisory council on domestic and family violence.

3. The curricula must include but are not limited to:

(a) The nature, extent, and causes of domestic and family violence;

(b) Issues of domestic and family violence concerning children;

(c) The prevention of the use of violence by children;

(d) Sensitivity to gender bias and cultural, racial, and sexual issues;

(e) Violence in dating and other social relationships of boys and girls; and

(f) Practices designed to promote safety of the victim and other family and household members, including safety plans.

COMMENTARY

There are many curricula on domestic and family violence tailored for education of children attending kindergarten through grade 12. See commentary related to subsection 4 of section 509 and subsection 4 of section 510 which is related to subsections 2 and 3 of this section. See Appendix VIII.

Sec. 514. Continuing education for school personnel who are required to report abuse and neglect of children.

1. The state department of education or other appropriate school district shall provide courses of continuing education concerning domestic and family violence for employees who are required by law to report abuse or neglect of children.

2. The courses must be prepared and presented in consultation with public and private agencies that provide programs for victims of domestic or family violence, persons who have demonstrated expertise in education and domestic and family violence, advocates for victims, the statewide domestic or family violence coalition and the state advisory council on domestic and family violence.

3. The courses must include but are not limited to the following topics:

(a) The nature, extent, and causes of domestic and family violence;

(b) Practices designed to promote safety of the victim and other family and household members, including safety plans;

(c) Issues of domestic and family violence concerning children;

(d) Sensitivity to gender bias and cultural, racial, and sexual issues; and

(e) The lethality of domestic and family violence.

COMMENTARY

The nexus between domestic and family violence and child abuse and neglect is strong. School personnel can assist children in violent homes and their parents through identification, information and referral related to legal options and community resources, and safety planning. The Code requires that such courses be developed and provided to appropriate educators and school personnel who are mandated reporters. Also see commentary related to subsections 2 and 3 following sections 509 and 510.

附錄2
家庭暴力防治法104年2月4日
修正條文對照表

修正條文	原條文	修正說明
第二條 本法用詞定義如下： 一、家庭暴力：指家庭成員間實施身體、精神或經濟上之騷擾、控制、脅迫或其他不法侵害之行為。 二、家庭暴力罪：指家庭成員間故意實施家庭暴力行為而成立其他法律所規定之犯罪。 三、目睹家庭暴力：指看見或直接聽聞家庭暴力。 四、騷擾：指任何打擾、警告、嘲弄或辱罵他人之言語、動作或製造使人心生畏怖情境之行為。 五、跟蹤：指任何以人員、車輛、工具、設備、電子通訊或其他方法持續性監視、跟追或掌控他人行蹤及活動之行為。 六、加害人處遇計畫：指對於加害人實施之認知教育輔導、親職教育輔導、心理輔導、精神治療、戒癮治療或其他輔導、治療。	**第二條** 本法用詞定義如下： 一、家庭暴力：指家庭成員間實施身體或精神上不法侵害之行為。 二、家庭暴力罪：指家庭成員間故意實施家庭暴力行為而成立其他法律所規定之犯罪。 三、騷擾：指任何打擾、警告、嘲弄或辱罵他人之言語、動作或製造使人心生畏怖情境之行為。 四、跟蹤：指任何以人員、車輛、工具、設備或其他方法持續性監視、跟追之行為。 五、加害人處遇計畫：指對於加害人實施之認知教育輔導、心理輔導、精神治療、戒癮治療或其他輔導、治療。	一、為使家庭暴力定義更為具體，參酌國際間最新之家庭暴力立法例，於第一款增列有關精神及經濟虐待之定義。 二、鑑於家庭暴力不僅直接造成受暴者之傷害，對於身心發展未臻成熟之兒童及少年，目睹家庭暴力亦可能對其造成身心傷害與負面影響，為加強保護該群潛在被害人，爰於相關修正條文增訂保護目睹家庭暴力兒童及少年之相關規定，並增列第三款有關目睹家庭暴力之定義。 三、現行第三款未修正，款次遞移為第四款。 四、現行第四款款次遞移為第五款，並擴充跟蹤之使用工具及行為樣態，俾符合實務狀況。 五、實務經驗發現，家庭暴力事件有相當高比例屬家長對子女之虐待或子女對長輩之不當對待，究其原因常為缺乏親職功能所致，是以加害人處遇

		計畫應包含親職教育輔導，俾防止親子間之家庭暴力，爰於現行第五款加害人處遇計畫增列親職教育輔導項目，由法院命加害人接受相關輔導，俾協助其增強親職功能，並將款次遞移為第六款。
第四條 本法所稱主管機關：在中央為衛生福利部；在直轄市為直轄市政府；在縣（市）為縣（市）政府。 本法所定事項，主管機關及目的事業主管機關應就其權責範圍，針對家庭暴力防治之需要，尊重多元文化差異，主動規劃所需保護、預防及宣導措施，對涉及相關機關之防治業務，並應全力配合之，其權責事項如下： 一、主管機關：家庭暴力防治政策之規劃、推動、監督、訂定跨機關（構）合作規範及定期公布家庭暴力相關統計等事宜。 二、衛生主管機關：家庭暴力被害人驗傷、採證、身心治療、諮商及加害人處遇等相關事宜。 三、教育主管機關：各級學校家庭暴力防治教育、目睹家庭暴力兒童及少年之輔導措施、家庭暴力被害人及其子女就學權益之維護等相關事宜。	**第四條** 本法所稱主管機關：在中央為內政部；在直轄市為直轄市政府；在縣（市）為縣（市）政府。	一、第一項因應中央組織再造，修正中央主管機關名稱。 二、查家庭暴力防治涉及跨機關權責事項，為明確規範各相關機關權責，以利業務推動，爰參酌兒童及少年福利與權益保障法、身心障礙者權益保障法之立法例，增訂第二項明定主管機關及各目的事業主管機關之權責事項。 三、第二項各款增訂理由如下： ㈠涉及家庭暴力防治整體政策之規劃與推動屬本法主管機關權責，爰於第一款增訂主管機關權責事項。 ㈡涉及家庭暴力被害人驗傷採證、治療、諮商及加害人處遇等相關事宜屬衛生單位主管事項，爰增訂第二款衛生主管機關權責事項。 ㈢涉及各級學校家庭暴力防治教育、目睹家庭暴力兒童少年之輔導措施、家庭暴力被害人及其子女就學權益之維護

四、勞工主管機關：家庭暴力被害人職業訓練及就業服務等相關事宜。 五、警政主管機關：家庭暴力被害人及其未成年子女人身安全之維護及緊急處理、家庭暴力犯罪偵查與刑事案件資料統計等相關事宜。 六、法務主管機關：家庭暴力犯罪之偵查、矯正及再犯預防等刑事司法相關事宜。 七、移民主管機關：設籍前之外籍、大陸或港澳配偶因家庭暴力造成逾期停留、居留及協助其在臺居留或定居權益維護等相關事宜。 八、文化主管機關：出版品違反本法規定之處理等相關事宜。 九、通訊傳播主管機關：廣播、電視及其他通訊傳播媒體違反本法規定之處理等相關事宜。 十、戶政主管機關：家庭暴力被害人與其未成年子女身分資料及戶籍等相關事宜。 十一、其他家庭暴力防治措施，由相關目的事業主管機關依職權辦理。		等屬教育單位主管事項，爰增訂第三款教育主管機關權責事項。 ㈣涉及弱勢民眾職業訓練與就業服務等，需勞工單位給予協助，爰增訂第四款勞工主管機關權責事項。有關加害人或其他家庭成員之職業訓練與就業服務事項，考量現行失業服務體系已能涵蓋，基於國家資源配置之衡平性，目前政策並未規劃對家暴加害人或其他家庭成員有高於一般失業民眾之特別保護協助，爰未予納入。 ㈤為確保民眾免於家庭暴力傷害，需警力視需要提供相關緊急協處，並透過約制查訪及保護令執行等約束加害人，以維護家庭暴力被害人及其未成年子女人身安全，爰增訂第五款警政主管機關權責事項。有關相對人約制查訪係屬家庭暴力被害人及其未成年子女人身安全維護之範圍，爰未予納入。 ㈥有關家庭暴力犯罪之偵查、預防等刑事司法權責屬法務主管單位主管事項，爰增訂第六款法務主管機關權責事項。 ㈦設籍前之外籍、大陸或港澳配偶因家庭暴力造成逾期停留、居留及其在臺居留或定居等權益維護需移民單位予以協助，爰增訂第七款移民主管機關權責事項。

		(八)出版品違反本法規定之處理相關事屬文化主管單位權責，爰於第八款增訂之；出版品包括數位出版品。 (九)廣播、電視及其他通訊傳播媒體違反本法規定之處理等相關事屬通訊傳播主管機關權責，爰於第九款增訂之。 (十)家庭暴力被害人與其未成年子女身分資料及戶籍等相關事屬戶政主管機關權責，爰於第十款增訂之。 (土)為避免家庭暴力防治事項有所遺漏，爰於第十一款規定其他防治措施由各相關目的事業主管機關依職權辦理。
第五條 中央主管機關應辦理下列事項： 一、研擬家庭暴力防治法規及政策。 二、協調、督導有關機關家庭暴力防治事項之執行。 三、提高家庭暴力防治有關機構之服務效能。 四、督導及推展家庭暴力防治教育。 五、協調被害人保護計畫及加害人處遇計畫。 六、協助公立、私立機構建立家庭暴力處理程序。 七、統籌建立、管理家庭暴力電子資料庫，供法官、檢察官、警察、醫師、護理人員、心理師、社會工	**第五條** 中央主管機關應辦理下列事項： 一、研擬家庭暴力防治法規及政策。 二、協調、督導有關機關家庭暴力防治事項之執行。 三、提高家庭暴力防治有關機構之服務效能。 四、督導及推展家庭暴力防治教育。 五、協調被害人保護計畫及加害人處遇計畫。 六、協助公立、私立機構建立家庭暴力處理程序。 七、統籌建立、管理家庭暴力電子資料庫，供法官、檢察官、警察、醫師、護理人員、心理師、社會工	一、為確實掌握我國家庭暴力問題及發展趨勢，以利相關政策措施之規劃，於第一項增列第九款有關中央主管機關應定期針對家庭暴力問題進行調查、研究，以呈現我國家庭暴力樣態之整體報告，並進一步檢討防治工作執行成效。現行第九款遞移為第十款，其餘各款未修正。 二、為配合性別主流化政策，爰參酌性侵害犯罪防治法第四條規定，修正第二項女性代表人數之規定。 三、第三項未修正。

作人員及其他政府機關使用，並對被害人之身分予以保密。 八、協助地方政府推動家庭暴力防治業務，並提供輔導及補助。 九、每四年對家庭暴力問題、防治現況成效與需求進行調查分析，並定期公布家庭暴力致死人數、各項補助及醫療救護支出等相關之統計分析資料。各相關單位應配合調查，提供統計及分析資料。 十、其他家庭暴力防治有關事項。 中央主管機關辦理前項事項，應遴聘（派）學者專家、民間團體及相關機關代表提供諮詢，其中學者專家、民間團體代表之人數，不得少於總數二分之一；且任一性別人數不得少於總數三分之一。 第一項第七款規定電子資料庫之建立、管理及使用辦法，由中央主管機關定之。	作人員及其他政府機關使用，並對被害人之身分予以保密。 八、協助地方政府推動家庭暴力防治業務，並提供輔導及補助。 九、其他家庭暴力防治有關事項。 中央主管機關辦理前項事項，應遴聘（派）學者專家、民間團體及相關機關代表提供諮詢，其中學者專家、民間團體代表之人數，不得少於總數二分之一；且其女性代表人數不得少於總數二分之一。 第一項第七款規定電子資料庫之建立、管理及使用辦法，由中央主管機關定之。	
第六條 中央主管機關為加強推動家庭暴力及性侵害相關工作，應設置基金，其收支保管及運用辦法，由行政院定之。 前項基金來源如下： 一、政府預算撥充。 二、緩起訴處分金。 三、認罪協商金。 四、本基金之孳息收入。 五、受贈收入。	**第六條** 中央主管機關為加強推動家庭暴力及性侵害相關工作，得設置家庭暴力及性侵害防治基金；其收支保管及運用辦法，由行政院定之。	一、查家庭暴力案件量逐年上升，為免因經費不足影響防治成效，爰明定應設置基金，加強推動家庭暴力及性侵害相關工作。 二、另參酌兒童及少年福利與權益保障法及國民年金法之相關規定，增列第二項明定基金之來源。

六、依本法所處之罰鍰。 七、其他相關收入。		三、第二款及第三款之緩起訴處分金及認罪協商金，以不超過來自性侵害案件及家庭成員間之暴力案件所支付之緩起訴處分金及認罪協商基金總額為限。前揭金額以前次決算年度為準，由中央主管機關編列預算。
第八條 直轄市、縣（市）主管機關應整合所屬警政、教育、衛生、社政、民政、戶政、勞工、新聞等機關、單位業務及人力，設立家庭暴力防治中心，並協調司法、移民相關機關，辦理下列事項： 一、提供二十四小時電話專線服務。 二、提供被害人二十四小時緊急救援、協助診療、驗傷、採證及緊急安置。 三、提供或轉介被害人經濟扶助、法律服務、就學服務、住宅輔導，並以階段性、支持性及多元性提供職業訓練與就業服務。 四、提供被害人及其未成年子女短、中、長期庇護安置。 五、提供或轉介被害人、<u>經評估有需要之目睹家庭暴力兒童及少年或家庭成員身心治療、諮商、社會與心理評估及處置。</u> 六、轉介加害人處遇及追蹤輔導。	**第八條** 直轄市、縣（市）主管機關應整合所屬警政、教育、衛生、社政、民政、戶政、勞工、新聞等機關、單位業務及人力，設立家庭暴力防治中心，並協調司法相關機關，辦理下列事項： 一、提供二十四小時電話專線服務。 二、提供被害人二十四小時緊急救援、協助診療、驗傷、採證及緊急安置。 三、提供或轉介被害人心理輔導、經濟扶助、法律服務、就學服務、住宅輔導，並以階段性、支持性及多元性提供職業訓練與就業服務。 四、提供被害人及其未成年子女短、中、長期庇護安置。 五、轉介被害人身心治療及諮商。 六、轉介加害人處遇及追蹤輔導。 七、追蹤及管理轉介服務案件。 八、推廣各種教育、訓練	一、查移民業務人員已列為責任通報人員，移民機關亦為協助受暴之外籍、大陸地區等配偶之重要一環，爰第一項序文有關家庭暴力防治中心應協調之機關增列移民機關，以擴大防治網絡保護機制。 二、第一項第三款所列心理輔導與第五款所列身心治療及諮商性質相似，爰整併至第五款擴充服務內涵後予以刪除。 三、第一項第五款之服務對象增列經評估有需要之家庭成員，俾周延保護對象及防治效益；另為避免身心治療及輔導過於醫療化，爰參酌社會工作師之業務內容增列社會與心理評估及處置等文字，以周延社會及心理輔導專業範疇。 四、第一項第八款酌修文字，以臻明確。 五、為落實保護家庭暴力被害人及未成年子女

七、追蹤及管理轉介服務案件。 八、推廣家庭暴力防治教育、訓練及宣導。 九、辦理危險評估，並召開跨機構網絡會議。 十、其他家庭暴力防治有關之事項。 前項中心得與性侵害防治中心合併設立，並應配置社會工作、警察、衛生及其他相關專業人員；其組織，由直轄市、縣（市）主管機關定之。	及宣導。 九、其他家庭暴力防治有關之事項。 前項中心得與性侵害防治中心合併設立，並應配置社工、警察、衛生及其他相關專業人員；其組織，由直轄市、縣（市）主管機關定之。	之人身安全，明定各直轄市、縣（市）主管機關於處理家庭暴力案件應辦理危險評估，並召開跨機構網絡會議，俾及早發掘高危機個案，並加強跨網絡協調合作，共同擬具、執行降低暴力風險之安全行動策略，爰增列第一項第九款。 六、現行第一款、第二款、第四款、第六款及第七款未修正，第九款遞移為第十款。 七、第二項酌修文字。
第十一條 保護令之聲請，由被害人之住居所地、相對人之住居所地或家庭暴力發生地之地方法院管轄。 前項地方法院，於設有少年及家事法院地區，指少年及家事法院。	**第十一條** 保護令之聲請，由被害人之住居所地、相對人之住居所地或家庭暴力發生地之法院管轄。	為配合家事事件法之規定，修正第一項明定由地方法院管轄，同時配合少年及家事法院之成立，增列第二項少年及家事法院之適用。
第十四條 法院於審理終結後，認有家庭暴力之事實且有必要者，應依聲請或依職權核發包括下列一款或數款之通常保護令： 一、禁止相對人對於被害人、目睹家庭暴力兒童及少年或其特定家庭成員實施家庭暴力。 二、禁止相對人對於被害人、目睹家庭暴力兒童及少年或其特定家庭成員為騷擾、接觸、跟蹤、通話、通	**第十四條** 法院於審理終結後，認有家庭暴力之事實且有必要者，應依聲請或依職權核發包括下列一款或數款之通常保護令： 一、禁止相對人對於被害人或其特定家庭成員實施家庭暴力。 二、禁止相對人對於被害人為騷擾、接觸、跟蹤、通話、通信或其他非必要之聯絡行為。 三、命相對人遷出被害人之住居所；必要時，	一、為彰顯本法積極防治暴力代間擴散之精神，並達教育目的，於第一項第二款至第四款增列特定家庭成員、第十三款增列目睹家庭暴力兒童及少年為適用對象，俾據以對其核發相當內容之保護令，其餘各款未修正。 二、為保障未成年子女權益，增列第二項明定法院於定暫時對未成年子女權利義務之行使及會面交往相關事

信或其他非必要之聯絡行為。

三、命相對人遷出被害人、目睹家庭暴力兒童及少年或其特定家庭成員之住居所；必要時，並得禁止相對人就該不動產為使用、收益或處分行為。

四、命相對人遠離下列場所特定距離：被害人、目睹家庭暴力兒童及少年或其特定家庭成員之住居所、學校、工作場所或其他經常出入之特定場所。

五、定汽車、機車及其他個人生活上、職業上或教育上必需品之使用權；必要時，並得命交付之。

六、定暫時對未成年子女權利義務之行使或負擔，由當事人之一方或雙方共同任之、行使或負擔之內容及方法；必要時，並得命交付子女。

七、定相對人對未成年子女會面交往之時間、地點及方式；必要時，並得禁止會面交往。

八、命相對人給付被害人住居所之租金或被害人及其未成年子女之扶養費。

九、命相對人交付被害人或特定家庭成員之醫療、輔導、庇護所或財物損害等費用。

並得禁止相對人就該不動產為使用、收益或處分行為。

四、命相對人遠離下列場所特定距離：被害人之住居所、學校、工作場所或其他被害人或其特定家庭成員經常出入之特定場所。

五、定汽車、機車及其他個人生活上、職業上或教育上必需品之使用權；必要時，並得命交付之。

六、定暫時對未成年子女權利義務之行使或負擔，由當事人之一方或雙方共同任之、行使或負擔之內容及方法；必要時，並得命交付子女。

七、定相對人對未成年子女會面交往之時間、地點及方式；必要時，並得禁止會面交往。

八、命相對人給付被害人住居所之租金或被害人及其未成年子女之扶養費。

九、命相對人交付被害人或特定家庭成員之醫療、輔導、庇護所或財物損害等費用。

十、命相對人完成加害人處遇計畫。

十一、命相對人負擔相當之律師費用。

十二、禁止相對人查閱被害人及受其暫時監護之未成年子女戶籍、學籍、所得來源相關資訊。

宜之裁定前，應考量未成年子女之最佳利益，必要時並得徵詢未成年子女或社會工作人員之意見。

三、現行第二項遞移為第三項，並增列法院得逕為裁定命相對人接受認知教育輔導、親職教育輔導及其他輔導，以及直轄市、縣（市）主管機關得於法院裁定前，對處遇計畫之實施方式提出建議之規定，以達到促進法院加強裁定處遇計畫之目的。

四、實務上常有相對人故意不完成處遇計畫，然因仍在保護令有效期間，無法以違反保護令罪移送，爰增列第四項，於保護令裁定明文規定加害人處遇計畫執行期限，俾積極執行處遇計畫。

十、命相對人完成加害人處遇計畫。 十一、命相對人負擔相當之律師費用。 十二、禁止相對人查閱被害人及受其暫時監護之未成年子女戶籍、學籍、所得來源相關資訊。 十三、命其他保護被害人、目睹家庭暴力兒童及少年或其特定家庭成員之必要命令。 法院為前項第六款、第七款裁定前，應考量未成年子女之最佳利益，必要時並得徵詢未成年子女或社會工作人員之意見。 第一項第十款之加害人處遇計畫，法院得逕命相對人接受認知教育輔導、親職教育輔導及其他輔導，並得命相對人接受有無必要施以其他處遇計畫之鑑定；直轄市、縣（市）主管機關得於法院裁定前，對處遇計畫之實施方式提出建議。 第一項第十款之裁定應載明處遇計畫完成期限。	十三、命其他保護被害人或其特定家庭成員之必要命令。 法院為前項第十款之裁定前，得命相對人接受有無必要施以處遇計畫之鑑定。	
第十五條 通常保護令之有效期間為二年以下，自核發時起生效。 通常保護令失效前，法院得依當事人或被害人之聲請撤銷、變更或延長之。 延長保護令之聲請，每次延長期間為二年以下。 檢察官、警察機關或直轄市、縣（市）主管機關得	**第十五條** 通常保護令之有效期間為一年以下，自核發時起生效。 通常保護令失效前，法院得依當事人或被害人之聲請撤銷、變更或延長之。 延長之期間為一年以下，並以一次為限。 通常保護令所定之命令，於期間屆滿前經法院另為	一、民間團體及地方政府等實務工作人員迭有反映，家庭暴力被害人為脫離受暴環境，往往需面對司法案件、住居所及工作變動等壓力，現行保護令一年以下之效期，對於穩定部分被害人身心及生活之期間確實過短，爰延長保護

為前項延長保護令之聲請。 通常保護令所定之命令，於期間屆滿前經法院另為裁判確定者，該命令失其效力。	裁判確定者，該命令失其效力。	令效期已為多方共識。有關保護令延長期限及次數，較不適由法官自由裁決保護令效期，另考量民事保護令係屬暫時法律關係之決定，為免法律關係長期處於不穩定狀態，經參酌其他國家之經驗，並衡酌我國國情後，修正第一項通常保護令效期為二年以下，並修正第二項延長期間，並得不以一次為限。 二、有鑑於實務上常有被害人因擔心遭加害人報復等因素致未聲請延長保護令，為周延被害人保護，爰修正放寬第二項聲請人範圍，俾確保被害人權益。
第十六條 法院核發暫時保護令或緊急保護令，得不經審理程序。 法院為保護被害人，得於通常保護令審理終結前，依聲請或依職權核發暫時保護令。 法院核發暫時保護令或緊急保護令時，得依聲請或依職權核發第十四條第一項第一款至第六款、第十二款及第十三款之命令。 法院於受理緊急保護令之聲請後，依聲請人到庭或電話陳述家庭暴力之事實，足認被害人有受家庭暴力之急迫危險者，應於	**第十六條** 法院核發暫時保護令或緊急保護令，得不經審理程序。 法院為保護被害人，得於通常保護令審理終結前，依聲請核發暫時保護令。 法院核發暫時保護令或緊急保護令時，得依聲請或依職權核發第十四條第一項第一款至第六款、第十二款及第十三款之命令。 法院於受理緊急保護令之聲請後，依聲請人到庭或電話陳述家庭暴力之事實，足認被害人有受家庭暴力之急迫危險者，應於四小時內以書面核發緊急	為周延被害人保護，修正第二項，使法院可依職權核發暫時保護令。

四小時內以書面核發緊急保護令，並得以電信傳真或其他科技設備傳送緊急保護令予警察機關。 聲請人於聲請通常保護令前聲請暫時保護令或緊急保護令，其經法院准許核發者，視為已有通常保護令之聲請。 暫時保護令、緊急保護令自核發時起生效，於聲請人撤回通常保護令之聲請、法院審理終結核發通常保護令或駁回聲請時失其效力。 暫時保護令、緊急保護令失效前，法院得依當事人或被害人之聲請或依職權撤銷或變更之。	保護令，並得以電信傳真或其他科技設備傳送緊急保護令予警察機關。 聲請人於聲請通常保護令前聲請暫時保護令或緊急保護令，其經法院准許核發者，視為已有通常保護令之聲請。 暫時保護令、緊急保護令自核發時起生效，於聲請人撤回通常保護令之聲請、法院審理終結核發通常保護令或駁回聲請時失其效力。 暫時保護令、緊急保護令失效前，法院得依當事人或被害人之聲請或依職權撤銷或變更之。	
第十七條 法院對相對人核發第十四條第一項第三款及第四款之保護令，不因被害人、目睹家庭暴力兒童及少年或其特定家庭成員同意相對人不遷出或不遠離而失其效力。	**第十七條** 命相對人遷出被害人住居所或遠離被害人之保護令，不因被害人同意相對人不遷出或不遠離而失其效力。	配合第十四條第一項修正第三款及第四款增定遠離令及遷出令之保護對象擴及目睹家庭暴力兒童及少年或特定家庭成員，爰修正本條文字。
第十九條 法院應提供被害人或證人安全出庭之環境與措施。 直轄市、縣（市）主管機關應於所在地地方法院自行或委託民間團體設置家庭暴力事件服務處所，法院應提供場所、必要之軟硬體設備及其他相關協助。但離島法院有礙難情形者，不在此限。 前項地方法院，於設有少年及家事法院地區，指少年及家事法院。	**第十九條** 法院應提供被害人或證人安全出庭之環境與措施。 直轄市、縣（市）主管機關應於所在地地方法院自行或委託民間團體設置家庭暴力事件服務處所，法院應提供場所、必要之軟硬體設備及其他相關協助。但離島法院有礙難情形者，不在此限。	配合少年及家事法院之成立，增列第三項少年及家事法院之適用。

第二十條 保護令之程序，除本章別有規定外，適用家事事件法有關規定。 關於保護令之裁定，除有特別規定者外，得為抗告；抗告中不停止執行。	**第二十條** 關於保護令之裁定，除有特別規定者外，得為抗告。 保護令之程序，除本章別有規定外，準用非訟事件法有關規定；非訟事件法未規定者，準用民事訴訟法有關規定。	一、保護令事件屬家事事件法第三條第四項第十三款之丁類家事非訟事件，依該法第七十四條規定，除別有規定外，適用該法第四編之規定。故關於保護令之程序，除別有規定外，應適用家事事件法有關家事非訟程序之相關規定處理，爰配合修正現行第二項並移列為第一項。 二、依家事事件法第八十二條第一項規定，依家事非訟程序所為裁定，除法律別有規定外，於宣示、公告、送達或以其他適當方法告知於受裁定人時發生效力。但有合法之抗告者，抗告中停止其效力。為免保護令之裁定於抗告中停止效力，爰於第二項增列抗告中不停止執行之規定。
第三十條之一 被告經法官訊問後，認為違反保護令者、家庭成員間故意實施家庭暴力行為而成立之罪，其嫌疑重大，有事實足認為有反覆實行前開犯罪之虞，而有羈押之必要者，得羈押之。	無	一、本條新增。 二、鑑於實務上家庭暴力相對人重複施暴之比率甚高，且其施暴情形常會隨時間加劇，威脅被害人之人身安全，爰增訂本條規定，將家庭暴力罪及違反保護令罪為預防性羈押之事由，俾周延對家庭暴力被害人之保護。

| 第三十一條
家庭暴力罪或違反保護令罪之被告經檢察官或法院訊問後，認無羈押之必要，而命具保、責付、限制住居或釋放者，對被害人、目睹家庭暴力兒童及少年或其特定家庭成員得附下列一款或數款條件命被告遵守：
一、禁止實施家庭暴力。
二、禁止為騷擾、接觸、跟蹤、通話、通信或其他非必要之聯絡行為。
三、遷出住居所。
四、命相對人遠離其住居所、學校、工作場所或其他經常出入之特定場所特定距離。
五、其他保護安全之事項。
前項所附條件有效期間自具保、責付、限制住居或釋放時起生效，至刑事訴訟終結時為止，最長不得逾一年。
檢察官或法院得依當事人之聲請或依職權撤銷或變更依第一項規定所附之條件。 | 第三十一條
家庭暴力罪或違反保護令罪之被告經檢察官或法院訊問後，認無羈押之必要，而命具保、責付、限制住居或釋放者，得附下列一款或數款條件命被告遵守：
一、禁止實施家庭暴力。
二、禁止對被害人為騷擾、接觸、跟蹤、通話、通信或其他非必要之聯絡行為。
三、遷出被害人之住居所。
四、遠離下列場所特定距離：被害人之住居所、學校、工作場所或其他被害人或其特定家庭成員經常出入之特定場所。
五、其他保護被害人或其特定家庭成員安全之事項。
前項所附條件有效期間自具保、責付、限制住居或釋放時起生效，至刑事訴訟終結時為止，最長不得逾一年。
檢察官或法院得依當事人之聲請或依職權撤銷或變更依第一項規定所附之條件。 | 第一項第二款至第五款文字係配合第十四條第一項第二款至第四款及第十三款文字修正。 |
| 第三十二條
被告違反檢察官或法院依前條第一項規定所附之條件者，檢察官或法院得撤銷原處分，另為適當之處分；如有繳納保證金者，並得沒入其保證金。
被告違反檢察官或法院依前條第一項第一款所定應遵守之條件，犯罪嫌疑重 | 第三十二條
被告違反檢察官或法院依前條第一項規定所附之條件者，檢察官或法院得撤銷原處分，另為適當之處分；如有繳納保證金者，並得沒入其保證金。
被告違反檢察官或法院依前條第一項第一款所定應遵守之條件，犯罪嫌疑重 | 查現行刑事訴訟法第一百零一條之一並無家庭暴力之相關規定，爰刪除第二項依刑事訴訟法規定適用文字。 |

大，且有事實足認被告有反覆實施家庭暴力行為之虞，而有羈押之必要者，偵查中檢察官得聲請法院羈押之；審判中法院得命羈押之。	大，且有事實足認被告有反覆實施家庭暴力行為之虞，而有羈押之必要者，得依刑事訴訟法第一百零一條之一之規定，偵查中檢察官得聲請法院羈押之；審判中法院得命羈押之。	
第三十四條 檢察官或法院為第三十一條第一項及前條第一項之附條件處分或裁定時，應以書面為之，並送達於被告、被害人及被害人住居所所在地之警察機關。	**第三十四條** 檢察官或法院為第三十一條第一項及前條第一項之附條件處分或裁定時，應以書面為之，並送達於被告及被害人。	為強化家庭暴力被害人保護，有關檢察官或法院依本法第三十一條第一項及前條第一項之附條件處分，除應送達被告及被害人，應同時通知被害人及其住居所所在地之警察機關，俾利警察機關加強被害人之安全維護。
第三十四條之一 法院或檢察署有下列情形之一，應即時通知被害人所在地之警察機關及家庭暴力防治中心： 一、家庭暴力罪或違反保護令罪之被告解送法院或檢察署經檢察官或法官訊問後，認無羈押之必要，而命具保、責付、限制住居或釋放者。 二、羈押中之被告，經法院撤銷或停止羈押者。 警察機關及家庭暴力防治中心於接獲通知後，應立即通知被害人或其家庭成員。 前二項通知應於被告釋放前通知，且得以言詞、電信傳真或其他科技設備傳送之方式通知。但被害人或其家庭成員所在不明或通知顯有困難者，不在此限。	無	一、本條新增。 二、為避免家庭暴力被害人因不知加害人於刑事司法程序中獲釋放之訊息，而未即時採取相關防護措施致影響其人身安全，爰參酌美國馬里蘭州之立法例，當家庭暴力罪或違反保護令之被告不再受司法機關拘束時，相關司法機關應及時通知被害人所在地之警察機關及家庭暴力防治中心。上開單位接獲通知後，應立即通知被害人或其家庭成員。 三、為確保被害人之人身安全，及其有充裕之時間執行安全計畫，於第三項訂定通知之時間與方式，並明定如事實上有通知困難者，免除通知之義務。

第三十六條 對被害人之訊問或詰問，得依聲請或依職權在法庭外為之，或採取適當隔離措施。 警察機關於詢問被害人時，得採取適當之保護及隔離措施。	**第三十六條** 對被害人之訊問或詰問，得依聲請或依職權在法庭外為之，或採取適當隔離措施。	為強化警察機關於詢問被害人之保護與隔離措施，以確保被害人隱私及人身安全，爰增列第二項規定。
第三十六條之一 被害人於偵查中受訊問時，得自行指定其親屬、醫師、心理師、輔導人員或社工人員陪同在場，該陪同人並得陳述意見。 被害人前項之請求，檢察官除認其在場有妨礙偵查之虞者，不得拒絕之。 陪同人之席位應設於被害人旁。	無	一、本條新增。 二、考量家庭暴力事件對被害人身心影響甚鉅，為協助被害人在偵查程序中能盡可能完整陳述，爰增訂本條規定，使被害人得自行指定陪同人員接受偵訊，以減緩被害人在偵查程序中所受到之心理衝擊。 三、為落實被害人接受陪同偵訊之權利，爰本條第二項規定除有妨礙偵查之情形外，檢察官不得拒絕被害人之請求。並於第三項規定陪同人之席位應設於被害人旁，以發揮陪同之功能。
第三十六條之二 被害人受訊問前，檢察官應告知被害人得自行選任符合第三十六條之一資格之人陪同在場。	無	一、本條新增。 二、為避免家庭暴力事件被害人因不諳法律，而未能知悉其有接受陪同偵訊的權利，爰增訂本條規定，賦予檢察機關應告知之義務，以落實維護被害人之權益。

第三十七條 對於家庭暴力罪或違反保護令罪案件所為之起訴書、聲請簡易判決處刑書、不起訴處分書、緩起訴處分書、撤銷緩起訴處分書、裁定書或判決書，應送達於被害人。	第三十七條 對於家庭暴力罪或違反保護令罪案件所為之起訴書、不起訴處分書、緩起訴處分書、撤銷緩起訴處分書、裁定書或判決書，應送達於被害人。	家庭暴力事件之司法文書亦包括「聲請簡易判決處刑書」，爰予納入以臻周延。
第三十八條 犯家庭暴力罪或違反保護令罪而受緩刑之宣告者，在緩刑期內應付保護管束。 法院為前項緩刑宣告時，除顯無必要者外，應命被告於付緩刑保護管束期間內，遵守下列一款或數款事項： 一、禁止實施家庭暴力。 二、禁止對被害人、目睹家庭暴力兒童及少年或其特定家庭成員為騷擾、接觸、跟蹤、通話、通信或其他非必要之聯絡行為。 三、遷出被害人、目睹家庭暴力兒童及少年或其特定家庭成員之住居所。 四、命相對人遠離下列場所特定距離：被害人、目睹家庭暴力兒童及少年或其特定家庭成員之住居所、學校、工作場所或其他經常出入之特定場所。 五、完成加害人處遇計畫。 六、其他保護被害人、目睹家庭暴力兒童及少年或其特定家庭成員安全之事項。	第三十八條 犯家庭暴力罪或違反保護令罪而受緩刑之宣告者，在緩刑期內應付保護管束。 法院為前項緩刑宣告時，得命被告於付緩刑保護管束期間內，遵守下列一款或數款事項： 一、禁止實施家庭暴力。 二、禁止對被害人為騷擾、接觸、跟蹤、通話、通信或其他非必要之聯絡行為。 三、遷出被害人之住居所。 四、遠離下列場所特定距離：被害人之住居所、學校、工作場所或其他被害人或其特定家庭成員經常出入之特定場所。 五、完成加害人處遇計畫。 六、其他保護被害人或其特定家庭成員安全之事項。 法院依前項第五款規定，命被告完成加害人處遇計畫前，得準用第十四條第二項規定。 法院為第一項之緩刑宣告時，應即通知被害人及其住居所所在地之警察機關。	一、第一項、第四項及第五項未修正。 二、受緩刑宣告者已有家庭暴力罪或違反保護令罪之事實，為積極預防暴力之一再發生，修正第二項序文，俾維護被害人人身安全。 三、配合修正條文第十四條第一項第二款、第三款、第四款保護令保護對象增列特定家庭成員、第十三款增列目睹家庭暴力兒童及少年，配合修正第二項第二款、第三款、第四款及第六款。 四、配合修正條文第十四條之修正，第三項文字酌作修正。

法院依前項第五款規定，命被告完成加害人處遇計畫前，得準用第十四條第三項規定。 法院為第一項之緩刑宣告時，應即通知被害人及其住居所所在地之警察機關。 受保護管束人違反第二項保護管束事項情節重大者，撤銷其緩刑之宣告。	受保護管束人違反第二項保護管束事項情節重大者，撤銷其緩刑之宣告。	
第四十二條 矯正機關應將家庭暴力罪或違反保護令罪受刑人預定出獄之日期通知被害人、其住居所所在地之警察機關及家庭暴力防治中心。但被害人之所在不明者，不在此限。 受刑人如有脫逃之事實，矯正機關應立即為前項之通知。	**第四十二條** 監獄長官應將家庭暴力罪或違反保護令罪受刑人預定出獄之日期或脫逃之事實通知被害人。但被害人之所在不明者，不在此限。	一、為使文義臻於明確並符現行體例，酌修文字。 二、鑑於諸多被害人因擔心加害人報復，常有遷徙之情形，當地之警察機關及家庭暴力防治中心較矯正機關能掌握被害人之確切聯繫方式或行蹤，爰增列該二機關為受通知對象，以周全保護被害人安全。 三、受刑人有脫逃之情事時，現行作法僅以行文為之，恐緩不濟急，爰增訂第二項規定。
第四十八條 警察人員處理家庭暴力案件，必要時應採取下列方法保護被害人及防止家庭暴力之發生： 一、於法院核發緊急保護令前，在被害人住居所守護或採取其他保護被害人或其家庭成員之必要安全措施。 二、保護被害人及其子女至庇護所或醫療機	**第四十八條** 警察人員處理家庭暴力案件，必要時應採取下列方法保護被害人及防止家庭暴力之發生： 一、於法院核發緊急保護令前，在被害人住居所守護或採取其他保護被害人或其家庭成員之必要安全措施。 二、保護被害人及其子女至庇護所或醫療機	一、鑑於查訪並告誡加害人，以遏止暴力發生，係為警政人員之職責，亦為目前警察人員處理家庭暴力事件之實況，爰於本條第一項增列第四款，以強化警察人員職責。 二、另考量單方面查訪加害人，難以完全達到保護被害人及遏止暴

構。 三、告知被害人其得行使之權利、救濟途徑及服務措施。 四、查訪並告誡相對人。 五、訪查被害人及其家庭成員，並提供必要之安全措施。 警察人員處理家庭暴力案件，應製作書面紀錄；其格式，由中央警政主管機關定之。	構。 三、告知被害人其得行使之權利、救濟途徑及服務措施。 警察人員處理家庭暴力案件，應製作書面紀錄；其格式，由中央警政主管機關定之。	力犯罪之效果，且部分加害人居無定所，警察人員難以進行查訪及告誡，爰於本條第一項增列第五款，使警察人員於查訪加害人外，並可透過訪查被害人及其家庭成員，瞭解加害人施暴情形是否改善，並適時提供必要的安全措施，以保障被害人及其家庭成員之人身安全。
第四十九條 醫事人員、社會工作人員、教育人員及保育人員為防治家庭暴力行為或保護家庭暴力被害人之權益，有受到身體或精神上不法侵害之虞者，得請求警察機關提供必要之協助。	**第四十九條** 醫事人員、社會工作人員、臨床心理人員、教育人員及保育人員為防治家庭暴力行為或保護家庭暴力被害人之權益，有受到身體或精神上不法侵害之虞者，得請求警察機關提供必要之協助。	依醫療法及醫事人員人事條例規定，醫事人員業已包括臨床心理人員，爰酌修文字。
第五十條 醫事人員、社會工作人員、教育人員、保育人員、警察人員、移民業務人員及其他執行家庭暴力防治人員，在執行職務時知有疑似家庭暴力，應立即通報當地主管機關，至遲不得逾二十四小時。 前項通報之方式及內容，由中央主管機關定之；通報人之身分資料，應予保密。 主管機關接獲通報後，應即行處理，並評估有無兒童及少年目睹家庭暴力之情事；必要時得自行或委請其他機關（構）、團體	**第五十條** 醫事人員、社會工作人員、臨床心理人員、教育人員、保育人員、警察人員、移民業務人員及其他執行家庭暴力防治人員，在執行職務時知有疑似家庭暴力情事者，應立即通報當地主管機關，至遲不得逾二十四小時。 前項通報之方式及內容，由中央主管機關定之；通報人之身分資料，應予保密。 主管機關接獲通報後，應即行處理；必要時得自行或委請其他機關（構）、團體進行訪視、調查。	一、依醫療法及醫事人員人事條例規定，醫事人員業已包括臨床心理人員，爰酌修第一項文字。 二、為妥予協助目睹家庭暴力兒童及少年，於第三項增列主管機關接獲通報後進行相關專業評估。 三、為進行訪視調查需要，參酌兒童及少年福利與權益保障法第五十四條，於第四項增列公寓大廈管理委員會為受請求協助對象之規定。

進行訪視、調查。 主管機關或受其委請之機關（構）或團體進行訪視、調查時，得請求警察機關、醫療（事）機構、學校、公寓大廈管理委員會或其他相關機關（構）協助，被請求者應予配合。	主管機關或受其委請之機關（構）或團體進行訪視、調查時，得請求警察機關、醫療（事）機構、學校或其他相關機關（構）協助，被請求者應予配合。	
第五十條之一 宣傳品、出版品、廣播、電視、網際網路或其他媒體，不得報導或記載被害人及其未成年子女之姓名，或其他足以識別被害人及其未成年子女身分之資訊。但經有行為能力之被害人同意、犯罪偵查機關或司法機關依法認為有必要者，不在此限。	無	一、本條新增。 二、參酌性侵害犯罪防治法第十三條第一項規定，增列有關資訊保密規定，俾保障被害人及其未成年子女之權益。
第五十八條 直轄市、縣（市）主管機關得核發家庭暴力被害人下列補助： 一、緊急生活扶助費用。 二、非屬全民健康保險給付範圍之醫療費用及身心治療、諮商與輔導費用。 三、訴訟費用及律師費用。 四、安置費用、房屋租金費用。 五、子女教育、生活費用及兒童托育費用。 六、其他必要費用。 第一項第一款、第二款規定，於目睹家庭暴力兒童及少年，準用之。 第一項補助對象、條件及金額等事項規定，由直轄	**第五十八條** 直轄市、縣（市）主管機關得核發家庭暴力被害人下列補助： 一、緊急生活扶助費用。 二、非屬全民健康保險給付範圍之醫療費用及身心治療、諮商與輔導費用。 三、訴訟費用及律師費用。 四、安置費用、房屋租金費用。 五、子女教育、生活費用及兒童托育費用。 六、其他必要費用。 前項補助對象、條件及金額等事項規定，由直轄市、縣（市）主管機關定之。 家庭暴力被害人年滿二十	一、配合本次修法擴大對目睹家庭暴力兒童及少年之保障，增列第二項。原第二項文字酌作修正，移列第三項。 二、地方主管機關需整合各相關機關持有或保管之資料，以辦理家庭暴力被害人各項補助申請之調查及核定，爰參酌全民健康保險法第七十九條，社會救助法第四十四條之三，國民年金法第五十六條及特殊境遇家庭扶助條例第十五條之一之規定意旨，增訂第五項規定各相關機關提供資料之義務。

市、縣（市）主管機關定之。 家庭暴力被害人年滿二十歲者，得申請創業貸款；其申請資格、程序、利息補助金額、名額及期限等，由中央目的事業主管機關定之。 為辦理第一項及第四項補助業務所需之必要資料，<u>主管機關得洽請相關機關（構）、團體、法人或個人提供之，受請求者不得拒絕。</u> 主管機關依前項規定所取得之資料，應盡善良管理人之注意義務，確實辦理資訊安全稽核作業；其保有、處理及利用，並應遵循個人資料保護法之規定。	歲者，得申請創業貸款；其申請資格、程序、利息補助金額、名額及期限等，由中央目的事業主管機關定之。	四、為使主管機關善盡資料保護之義務，增訂第六項規定主管機關應依個人資料保護法規定辦理，以保障當事人之隱私。
第五十八條之一 對於具就業意願而就業能力不足之家庭暴力被害人，勞工主管機關應提供預備性就業或支持性就業服務。 前項預備性就業或支持性就業服務相關辦法，由勞工主管機關定之。	無	一、本條新增。 二、鑑於經濟自立是影響家庭暴力被害人能否離開受暴關係的重要關鍵，故為協助被害人經濟自立，本法現行第八條已將提供支持性就業服務納入，惟長期遭受家庭暴力對被害人身心狀況影響甚鉅，進而影響被害人就業能力，爰僅提供就業媒合或職場關懷，尚無法真正協助被害人進入職場。為協助被害人提早適應職場，強化其就業信心及能力，爰增訂本條規定，明定勞工主管機關應依照被害人之工作能力，提供所需之就業支持與相關服務。

第五十九條 社會行政主管機關應辦理社會工作人員、居家式托育服務提供者、托育人員、保育人員及其他相關社會行政人員防治家庭暴力在職教育。 警政主管機關應辦理警察人員防治家庭暴力在職教育。 司法院及法務部應辦理相關司法人員防治家庭暴力在職教育。 衛生主管機關應辦理或督促相關醫療團體辦理醫護人員防治家庭暴力在職教育。 教育主管機關應辦理學校、幼兒園之輔導人員、行政人員、教師、教保服務人員及學生防治家庭暴力在職教育及學校教育。 移民主管機關應辦理移民業務人員防治家庭暴力在職教育。	**第五十九條** 社會行政主管機關應辦理社會工作人員、保母人員、保育人員及其他相關社會行政人員防治家庭暴力在職教育。 警政主管機關應辦理警察人員防治家庭暴力在職教育。 司法院及法務部應辦理相關司法人員防治家庭暴力在職教育。 衛生主管機關應辦理或督促相關醫療團體辦理醫護人員防治家庭暴力在職教育。 教育主管機關應辦理學校之輔導人員、行政人員、教師及學生防治家庭暴力在職教育及學校教育。	一、第一項現行之保母人員配合兒童及少年福利與權益保障法相關規定，修正為居家式托育服務提供者及托育人員。 二、第二項至第四項未修正。 三、第五項配合幼兒教育及照顧法相關規定，增訂幼兒園之相關人員為在職訓練參訓對象。 四、查移民業務人員已列為責任通報人員，移民主管機關亦為扶助受暴之外籍、大陸地區等配偶之重要一環，爰於第六項增列移民主管機關辦理教育訓練之權責。
第六十條 高級中等以下學校每學年應有四小時以上之家庭暴力防治課程。但得於總時數不變下，彈性安排於各學年實施。	**第六十條** 各級中小學每學年應有四小時以上之家庭暴力防治課程，但得於總時數不變下，彈性安排於各學年實施。	現行條文已涵蓋高級中學及高級職業學校，為使文義更臻明確，並使高級中等以下學校落實辦理家庭暴力防治課程，以提升防治成效，爰酌作文字修正。
第六十一條之一 廣播、電視事業違反第五十條之一規定者，由目的事業主管機關處新臺幣三萬元以上十五萬元以下罰鍰，並命其限期改正；屆期未改正者，得按次處罰。 前項以外之宣傳品、出版	無	一、本條新增。 二、配合修正條文第五十條之一之資訊保密規定，爰參酌兒童及少年福利與權益保障法第一百零三條及性侵害犯罪防治法第十三條等規定，增列違反該規定之罰則。

品、網際網路或其他媒體之負責人違反第五十條之一規定者，由目的事業主管機關處新臺幣三萬元以上十五萬元以下罰鍰，並得沒入第五十條之一規定之物品、命其限期移除內容、下架或其他必要之處置；屆期不履行者，得按次處罰至履行為止。但被害人死亡，經目的事業主管機關權衡社會公益，認有報導之必要者，不罰。 宣傳品、出版品、網際網路或其他媒體無負責人或負責人對行為人之行為不具監督關係者，第二項所定之罰鍰，處罰行為人。		
第六十三條之一 被害人年滿十六歲，遭受現有或曾有親密關係之未同居伴侶施以身體或精神上不法侵害之情事者，準用第九條至第十三條、第十四條第一項第一款、第二款、第四款、第九款至第十三款、第三項、第四項、第十五條至第二十條、第二十一條第一項第一款、第三款至第五款、第二項、第二十七條、第二十八條、第四十八條、第五十條之一、第五十二條、第五十四條、第五十五條及第六十一條之規定。 前項所稱親密關係伴侶，指雙方以情感或性行為為基礎，發展親密之社會互動關係。 本條自公布後一年施行。	無	一、本條新增。 二、鑑於本法第三條範定「配偶或前配偶」、「現有或曾有同居關係」，致未同居親密關係暴力被害人，無法獲得相關人身安全保障，且經查未同居之親密關係暴力多盛行於十六至二十四歲之女性，爰增列第一項年滿十六歲曾有或現有未同居親密關係而遭受其伴侶施以虐待者，準用本法第九條至第十三條、第十四條第一項第一款、第二款、第四款、第九款至第十三款、第三項、第四項、第十五條至第二十條、第二十一條第一項第一款、第三款至第五款、第二

		項、第二十七條、第二十八條、第四十八條、第五十條之一、第 五 十 二 條 、 第五十四條、第五十五條及第六十一條之規定。 二、按國內外相關研究均指出，未同居之親密關係暴力被害者多盛行於十六至二十四歲女性族群；另查我國「刑法」及「民法」之相關規定，年滿十六歲之人即得依其自主意願而與他人發生合意之性行為；又查我國「家事事件法」第十四條規定，年滿七歲以上之未成年人具程序能力。據此，爰定被害人之年齡下限為十六歲，並於第二項訂定親密關係伴侶定義。 四、又考量相關機關為執行本條所需之準備工作，包含專業人員教育訓練及相關配套措施等，爰於第三項明定本條施行時間。

附錄3
家庭暴力防治法96年3月28日
修正條文對照表

修正條文	原條文	修正說明
第一章　通　則	第一章　通　則	章名未修正。
第1條 為防治家庭暴力行為及保護被害人權益，特制定本法。	**第1條** 為促進家庭和諧，防治家庭暴力行為及保護被害人權益，特制定本法。	本法主要目的在於防治家庭暴力行為、保護遭受家庭暴力之被害人人身安全及保障其自由選擇安全生活方式與環境之尊嚴，至於促進家庭和諧並非本法主要目的，爰予修正刪除。
第2條 本法用詞，定義如下： 一、家庭暴力：指家庭成員間實施身體或精神上不法侵害之行為。 二、家庭暴力罪：指家庭成員間故意實施家庭暴力行為而成立其他法律所規定之犯罪。 三、騷擾：指任何打擾、警告、嘲弄或辱罵他人之言語、動作或製造使人心生畏怖情境之行為。 四、跟蹤：指任何以人員、車輛、工具、設備或其他方法持續性監視、跟追之行為。 五、加害人處遇計畫：指對於加害人實施之認知教育輔導、心理輔導、精神治	**第2條** 一、本法所稱家庭暴力者，謂家庭成員間實施身體或精神上不法侵害之行為。 二、本法所稱家庭暴力罪者，謂家庭成員間故意實施家庭暴力行為而成立其他法律所規定之犯罪。 本法所稱騷擾者，謂任何打擾、警告、嘲弄或辱罵他人之言語、動作或製造使人心生畏怖情境之行為。	一、本條係有關用詞定義規定，爰參照一般體例將現行各項改為分款規定，並增列跟蹤、加害人處遇計畫二詞。 二、現行第三項有關騷擾之定義，係將「製造使人心生畏怖情境之行為」列為騷擾態樣之一，惟「心生畏怖」為主觀之心理情境，在客觀認定上容易引發爭議或遭致誤解，爰於第三款刪除此種騷擾態樣。至於相關行為，部分可於新增之第四款跟蹤規定處理，其餘則可歸為「打擾」、「警告」等既有行為態樣之範圍。 三、實務上經常發現加害人於保護令核發後，有對被害人施予跟蹤之行為，此種特殊行

療、戒癮治療或其他輔導、治療。		為態樣,解釋上雖可勉強涵蓋於騷擾之範圍,惟一般認知上仍認為有所差異,為避免實務執行上衍生不必要爭議,以利於本法保護被害人之目的得以落實,爰增列第四款有關跟蹤之定義,修正條文第十四條等相關條文並配合增列此種行為態樣。 四、增列加害人處遇計畫用詞定義,內涵由現行條文第十三條第十款移列,另為避免造成加害人係有毒癮、酒癮及精神疾病之刻板化印象,致其再犯之危險升高,爰將「精神治療」及「戒癮治療」之順序調整於「心理治療」之後;另依現行家庭暴力加害人處遇計畫規範第二點規定,「認知教育輔導」亦極為重要,爰併予明列。
第3條 本法所定家庭成員,包括下列各員及其未成年子女: 一、配偶或前配偶。 二、現有或曾有同居關係、家長家屬或家屬間關係者。 三、現為或曾為直系血親或直系姻親。 四、現為或曾為四親等以內之旁系血親或旁系姻親。	**第3條** 本法所稱家庭成員,包括下列各員及其未成年子女: 一、配偶或前配偶。 二、現有或曾有事實上之夫妻關係、家長家屬或家屬間關係者。 三、現為或曾為直系血親或直系姻親。 四、現為或曾為四親等以內之旁系血親或旁系姻親。	現行條文所稱家庭成員,指現有或曾有事實上之夫妻關係、家長家屬或家屬間關係者,依民法第一一二三條第三項規定,非親屬而以永久共同生活為目的同居一家者可視為家屬,有關社會各界重視的同志可否納入本法保護問題,雖實務上法官得依個案認定,而不排除家庭暴力防治法之適用,惟為明確規定以杜爭議,爰將同居關係明文納入適用範圍。

第4條	第4條	
本法所稱主管機關：在中央為內政部；在直轄市為直轄市政府；在縣（市）為縣（市）政府。	本法所稱主管機關：在中央為內政部家庭暴力防治委員會；在省（市）為省（市）政府；在縣（市）為縣（市）政府。	一、配合臺灣省政府功能業務及組織之調整，刪除省主管機關部分，並參照其他立法例酌作文字修正。 二、依照現行法制通例，除極少數例外，向以部會為作用法之主管機關，方能收到協調、推動及統合之實效；另衡諸實務，內政部家庭暴力防治委員會亦非以內政部所屬機關方式運作，為符實際，爰刪除「家庭暴力防治委員會」文字，至於相關業務，仍依修正條文第五條之規定，由該部家庭暴力防治委員會辦理。
第5條	第5條	
中央主管機關應辦理下列事項： 一、研擬家庭暴力防治法規及政策。 二、協調、督導有關機關家庭暴力防治事項之執行。 三、提高家庭暴力防治有關機構之服務效能。 四、督導及推展家庭暴力防治教育。 五、協調被害人保護計畫及加害人處遇計畫。 六、協助公立、私立機構建立家庭暴力處理程序。 七、統籌建立、管理家庭暴力電子資料庫，供法官、檢察	內政部應設立家庭暴力防治委員會，其職掌如下： 一、研擬家庭暴力防治法規及政策。 二、協調、督導及考核有關機關家庭暴力防治事項之執行。 三、提高家庭暴力防治有關機構之服務效能。 四、提供大眾家庭暴力防治教育。 五、協調被害人保護計畫及加害人處遇計畫。 六、協助公、私立機構建立家庭暴力處理程序及推展家庭暴力防治教育。 七、統籌家庭暴力之整體資料，供法官、檢察官、警察人員、醫護人員及其他政府機關	一、為中央行政機關組織基準法第五條第三項規定，作用法或其他法規不得規定機關之組織，酌修第一項序文，現行條文第六條之委員會移列第二項，其組織、定位與功能仍予維持，對於業務推動並無影響。 二、為強調地方自治中央、地方協調合作、非上下隸屬關係，第一項第二款刪除「考核」文字。 三、為現行條文第一項第四款「提供大眾家庭暴力防治教育」範圍廣泛，須中央相關部會共同辦理，非委員會所能獨任，為符實際，修正為「督導及

官、警察、醫師、護理人員、心理師、社會工作人員及其他政府機關使用,並對被害人之身分予以保密。 八、協助地方政府推動家庭暴力防治業務,並提供輔導及補助。 九、其他家庭暴力防治有關事項。 　　中央主管機關辦理前項事項,應遴聘(派)學者專家、民間團體及相關機關代表提供諮詢,其中學者專家、民間團體代表之人數,不得少於總數二分之一;且其女性代表人數不得少於總數二分之一。 　　第一項第七款規定電子資料庫之建立、管理及使用辦法,由中央主管機關定之。	相互參酌並對被害人之身分予以保密。 八、協助地方政府推動家庭暴力防治業務並提供輔導及補助。 　　前項第七款資料之建立、管理及使用辦法,由中央主管機關另定之。	推展家庭暴力防治教育」。 四、為依現行條文第一項第七款中央所能統籌建立、管理者,非紙本資料,而係經相關機關、單位建檔後透過電子科技資訊軟體統整之資料庫,為符實際,爰予修正。 五、現行條文第一項其餘各款酌作文字修正及調整。另為臻周延,增列第九款概括性規定,以免掛漏。 六、第三項配合第一項第七款酌作文字修正。
(刪除)	**第6條** 家庭暴力防治委員會,以內政部長為主任委員,民間團體代表、學者及專家之比例不得少於委員總數二分之一。 家庭暴力防治委員會應配置專人分組處理有關業務;其組織規程由中央主管機關定之。	一、本條刪除。 二、中央行政機關組織基準法業已公布施行,依該法第五條第三項規定,作用法或其他法規不得規定機關之組織,爰予刪除。至現行家庭暴力防治委員會之組織、定位與功能仍維持。
第6條 中央主管機關為加強推動家庭暴力及性侵害相關工作,得設置家庭暴		一、本條新增。 二、鑑於家庭暴力受理通報案件數量逐年提升,而政府所編列的

力及性侵害防治基金，其收支保管及運用辦法由行政院定之。		相關公務預算不足，為免相關預算編列遭遇排擠，並得以隨時補充公務預算之不足，中央主管機關得視須要設置家庭暴力及性侵害防治基金。 二、依「預算法」第二十一條規定，家庭暴力及性侵害防治基金之收支保管及運用辦法由行政院定之。
第7條 直轄市、縣（市）主管機關為協調、研究、審議、諮詢、督導、考核及推動家庭暴力防治工作，應設家庭暴力防治委員會；其組織及會議事項，由直轄市、縣（市）主管機關定之。	**第7條** 各級地方政府得設立家庭暴力防治委員會，其職掌如下： 一、研擬家庭暴力防治法規及政策。 二、協調、督導及考核有關機關家庭暴力防治事項之執行。 三、提高家庭暴力防治有關機構之服務效能。 四、提供大眾家庭暴力防治教育。 五、協調被害人保護計畫與加害人處遇計畫。 六、協助公、私立機構建立家庭暴力處理程序及推展家庭暴力防治教育。 七、統籌家庭暴力之整體資料，供法官、檢察官、警察人員、醫護人員及其他政府機關相互參酌並對被害人之身分予以保密。 前項家庭暴力防治委員會之組織由地方政府定之。	一、配合第四條之修正，將各條所稱「直轄市、縣（市）政府」、「地方主管機關」及「地方政府」修正為「直轄市、縣（市）主管機關」，以統一體例文字。 二、直轄市、縣（市）主管機關所設家庭暴力防治委員會，其性質為諮詢性之任務編組，至於業務之執行則由第八條所定家庭暴力防治中心辦理。另現行條文第一項所列家庭暴力防治委員會職掌與家庭暴力防治中心任務不易區隔，爰依實務狀況加以修正，以確立其任務編組之性質，並強制規定直轄。市、縣（市）主管機關應行設立，以強化防治網功能。其中屬於業務執行部分，例如第四款、第七款規定，另移列修正條文第八條規定。

		三、本條修正後，已無分項規定必要，爰將現行條文第二項併入，並酌作修正。
第8條 直轄市、縣（市）主管機關應整合所屬警政、教育、衛生、社政、民政、戶政、勞工、新聞等機關、單位業務及人力，設立家庭暴力防治中心，並協調司法相關機關，辦理下列事項： 一、提供二十四小時電話專線服務。 二、提供被害人二十四小時緊急救援、協助診療、驗傷、採證及緊急安置。 三、提供或轉介被害人心理輔導、經濟扶助、法律服務、就學服務、住宅輔導，並以階段性、支持性及多元性提供職業訓練與就業服務。 四、提供被害人及其未成年子女短、中、長期庇護安置。 五、轉介被害人身心治療及諮商。 六、轉介加害人處遇及追蹤輔導。 七、追蹤及管理轉介服務案件。 八、推廣各種教育、訓練及宣導。 九、其他家庭暴力防治有關之事項。	**第8條** 各級地方政府應各設立家庭暴力防治中心，並結合警政、教育、衛生、社政、戶政、司法等相關單位，辦理下列措施，以保護被害人之權益並防止家庭暴力事件之發生： 一、二十四小時電話專線。 二、被害人之心理輔導、職業輔導、住宅輔導、緊急安置與法律扶助。 三、給予被害人二十四小時緊急救援、協助診療、驗傷及取得證據。 四、加害人之追蹤輔導之轉介。 五、被害人與加害人身心治療之轉介。 六、推廣各種教育、訓練與宣傳。 七、其他與家庭暴力有關之措施。 前項中心得單獨設立或與性侵害防治中心合併設立，並應配置社工、警察、醫療及其他相關專業人員；其組織規程由地方主管機關定之。	一、家庭暴力防治中心之職責主要在於業務執行而非僅止於協調，其設立應先整合相關機關、單位之人力及業務，再者，原列相關機關、單位仍有所不足，爰酌修第一項序文如上。 二、為防治家庭暴力行為，落實被害人權益保護，爰酌修第一項各款規定，依據實務狀況與流程先後，規範後續處置及轉介服務事項，提供被害人更完善保護措施與整體性之輔導計畫，另款次亦一併調整。 三、為符地方自治精神，擴大防治中心設置彈性，刪除第二項「規程」二字，另酌作文字修正。

前項中心得與性侵害防治中心合併設立，並應配置社工、警察、衛生及其他相關專業人員；其組織，由直轄市、縣（市）主管機關定之。		
第二章　民事保護令	第二章　民事保護令	章名未修正。
第一節　聲請及審理		本節新增，使體例更加清晰。
第9條 民事保護令（以下簡稱保護令）分為通常保護令、暫時保護令及緊急保護令。	**第9條** 保護令分為通常保護令及暫時保護令。 被害人、檢察官、警察機關或直轄市、縣（市）主管機關得向法院聲請保護令。 被害人為未成年人、身心障礙者或因故難以委任代理人者，其法定代理人、三親等以內之血親或姻親，得為其向法院聲請保護令。	一、本章所規定者為民事保護令事項，為免與刑事程序混淆，爰予訂明。 二、依現行條文第一項規定，保護令分為通常保護令及暫時保護令，而暫時保護令依現行條文第十一條第一項但書及第十五條第一項規定，復有緊急性暫時保護令及一般性暫時保護令之不同，其中緊急性暫時保護令僅得由檢察官、警察機關或直轄市、縣（市）主管機關聲請，非被害人所得為之，爰將緊急性暫時保護令，獨立一類另稱為緊急保護令，以利適用。 三、至於現行條文第二項及第三項係有關保護令聲請權人規定，則修正移列為修正條文第十條。

第10條 被害人得向法院聲請通常保護令、暫時保護令；被害人為未成年人、身心障礙者或因故難以委任代理人者，其法定代理人、三親等以內之血親或姻親，得為其向法院聲請之。 檢察官、警察機關或直轄市、縣（市）主管機關得向法院聲請保護令。 前二項之聲請，免徵裁判費。		一、本條新增。 二、現行條文第九條第二項、第三項條文移列，並配合修正條文第九條酌作文字修正。
第11條 保護令之聲請，由被害人之住居所地、相對人之住居所地或家庭暴力發生地之法院管轄。	**第10條** 保護令之聲請，由被害人之住居所地、相對人之住居所地或家庭暴力發生地之法院管轄。	一、條次變更。 二、內容未修正。
第12條 保護令之聲請，應以書面為之。但被害人有受家庭暴力之急迫危險者，檢察官、警察機關或直轄市、縣（市）主管機關，得以言詞、電信傳真或其他科技設備傳送之方式聲請緊急保護令，並得於夜間或休息日為之。 前項聲請得不記載聲請人或被害人之住居所，僅記載其送達處所。 法院為定管轄權，得調查被害人之住居所。經聲請人或被害人要求保密被害人之住居所，法院應以秘密方式訊問，將該筆錄及相關資料密封，並禁止閱覽。	**第11條** 保護令之聲請，應以書面為之。但被害人有受家庭暴力之急迫危險者，檢察官、警察機關、或直轄市、縣（市）主管機關，得以言詞、電信傳真或其他科技設備傳送之方式聲請，並得於夜間或休息日為之。 前項聲請得不記載聲請人或被害人之住居所，僅記載其送達處所。 法院為定管轄權，得調查被害人之住居所。如聲請人或被害人要求保密被害人之住居所，法院應以秘密方式訊問，將筆錄及相關資料密封，並禁止閱覽。	一、現行條文第九條規定，保護令分為通常保護令及暫時保護令，暫時保護令依現行條文第十一條第一項但書及第十五條第一項規定，復有緊急性暫時保護令及一般性暫時保護令之不同，而緊急性暫時保護令僅得由檢察官、警察機關，或直轄市、縣（市）主管機關聲請，非被害人所得為之，為免適用上滋生疑義，第一項配合修正條文第九條修正之。 二、第三項酌作文字修正。

第13條	第12條	一、現行條文第十三條第
聲請保護令之程式或要件有欠缺者，法院應以裁定駁回之。但其情形可以補正者，應定期間先命補正。 法院得依職權調查證據，必要時得隔別訊問。 前項隔別訊問，必要時得依聲請或職權在法庭外為之，或採有聲音及影像相互傳送之科技設備或其他適當隔離措施。 被害人得於審理時，聲請其親屬或個案輔導之社工人員、心理師陪同被害人在場，並得陳述意見。 保護令事件之審理不公開。 法院於審理終結前，得聽取直轄市、縣（市）主管機關或社會福利機構之意見。 保護令事件不得進行調解或和解。 法院受理保護令之聲請後，應即行審理程序，不得以當事人間有其他案件偵查或訴訟繫屬為由，延緩核發保護令。	保護令事件之審理不公開。 法院得依職權調查證據，必要時得隔別訊問。 法院於審理終結前，得聽取直轄市、縣（市）主管機關或社會福利機構之意見。 保護令事件不得進行調解或和解。 法院不得以當事人間有其他案件偵查或訴訟繫屬為由，延緩核發保護令。	一項僅規定通常保護令之駁回及審理，而不及於緊急保護令及暫時保護令，為期明確，爰參酌民事訴訟法第二百四十九條規定，修正移列為第一項及第六項，並酌修文字，其餘各項次遞移。 二、為使條文更臻周延，依實務處理程序調整現行條文第一項、第二項項次，並參考性侵害犯罪防治法第十五條第一項及第十六條第一項，增列隔別訊問之方式及得陪同出庭之人員。
第14條 法院於審理終結後，認有家庭暴力之事實且有必要者，應依聲請或依職權核發包括下列一款或數款之通常保護令： 一、禁止相對人對於被害人或其特定家庭成員實施家庭暴力。	**第13條** 法院受理通常保護令之聲請後，除有不合法之情形逕以裁定駁回者外，應即行審理程序。 法院於審理終結後，認有家庭暴力之事實且有必要者，應依聲請或依職權核發包括下列一款或數款之通常保護令：	一、現行第一項修正移列修正條文第十三條第一項、第六項，爰予刪除。 二、現行條文第二項遞移為第一項，修正部分為： ㈠依實務上經驗顯示，相對人於保護令核發後，部分仍會與被害人接

二、禁止相對人對於被
害人為騷擾、接
觸、跟蹤、通話、
通信或其他非必要
之聯絡行為。
三、命相對人遷出被害
人之住居所；必要
時，並得禁止相對
人就該不動產為使
用、收益或處分行
為。
四、命相對人遠離下列
場所特定距離：被
害人之住居所、學
校、工作場所或其
他被害人或其特定
家庭成員經常出入
之特定場所。
五、定汽車、機車及其
他個人生活上、職
業上或教育上必需
品之使用權；必要
時，並得命交付
之。
六、定暫時對未成年子
女權利義務之行使
或負擔由當事人之
一方或雙方共同任
之、行使或負擔之
內容及方法；必要
時，並得命交付子
女。
七、定相對人對未成年
子女會面交往之
時間、地點及方
式；必要時，並得
禁止會面交往。
八、命相對人給付被害
人住居所之租金或
被害人及其未成年
子女之扶養費。
九、命相對人交付被害
人或特定家庭成員
之醫療、輔導、庇護

一、禁止相對人對於被害
人或其特定家庭成員
實施家庭暴力。
二、禁止相對人直接或間
接對於被害人為騷
擾、通話、通信或其
他非必要之聯絡行
為。
三、命相對人遷出被害人
之住居所，必要時並
得禁止相對人就該不
動產為處分行為或為
其他假處分。
四、命相對人遠離下列場
所特定距離：被害人
之住居所、學校、工
作場所或其他被害人
或其特定家庭成員經
常出入之特定場所。
五、定汽、機車及其他個
人生活上、職業上或
教育上必需品之使用
權，必要時並得命交
付之。
六、定暫時對未成年子女
權利義務之行使或負
擔由當事人之一方
或雙方共同任之、行
使或負擔之內容及方
法，必要時並得命交
付子女。
七、定相對人對未成年子
女會面交往之方式，
必要時並得禁止會面
交往。
八、命相對人給付被害人
住居所之租金或被害
人及其未成年子女之
扶養費。
九、命相對人交付被害人
或特定家庭成員之醫
療、輔導、庇護所或
財物損害等費用。

觸，甚至施予跟蹤，此
等行為有可能使被害人
之身心承受不必要壓力
以至於受到傷害，爰於
第二款增列禁止行為態
樣，並刪除「直接或間
接」贅語，以供法院核
發保護令時審酌採行，
使被害人之保護更為周
全。
(二)假處分為民事訴訟保全
程序之一，規定於民事
訴訟法第五百三十二
條以下，係債權人為保
全金錢以外請求之強制
執行，或於爭執之法律
關係定暫時狀態之方
式，法院所為假處分
裁定，均有所欲保全之
請求或爭執法律關係之
本案訴訟存在。而第三
款所稱假處分，觀諸本
項序文，係法院於審理
「終結」後所核發通常
保護令之內容，既未有
本案訴訟存在，與前開
民事訴訟之假處分概念
即有不同，為免產生疑
義，致將來無法執行，
爰刪除有關「假處分」
規定。次查所有權之概
念，在於自由使用、收
益或處分其所有物，本
款僅規定至處分部分，
對於被害人之保護恐有
所不周，爰併予酌修。
(三)第七款增列未成年子女
會面交往時間、地點裁
定，以臻明確。
(四)第十款加害人處遇計畫
內容業於修正條文第二
條第五款明定，爰將後
段刪除。
(五)為加強保護被害人及受
其暫時監護之未成年子

所或財物損害等費用。 十、命相對人完成加害人處遇計畫。 十一、命相對人負擔相當之律師費用。 十二、禁止相對人查閱被害人及受其暫時監護之未成年子女戶籍、學籍、所得來源相關資訊。 十三、命其他保護被害人或其特定家庭成員之必要命令。 法院為前項第十款之裁定前，得命相對人接受有無必要施以處遇計畫之鑑定。	十、命相對人完成加害人處遇計畫：戒癮治療、精神治療、心理輔導或其他治療、輔導。 十一、命相對人負擔相當之律師費。 十二、命其他保護被害人及其特定家庭成員之必要命令。	女，增列第十二款規定被害人得持本保護令向相關機關申請禁止相對人查閱被害人及受其暫時監護未成年子女之戶籍、學籍資料、所得來源等資訊。有關其執行方式及細節規定，將依修正條文第六十四條以辦法定之。 (六)第五款、第六款及第十一款酌作文字修正。 (七)現行第十二款遞移為第十三款，並酌作文字修正。 三、實施加害人處遇計畫之必要性有無，常涉及心理及衛生等專業領域，爰依實務需求與尊重專業原則，增列第二項規定，使法院為第一項第十款裁定前，得命相對人接受有無必要施以處遇計畫之鑑定。
第15條 通常保護令之有效期間為一年以下，自核發時起生效。 通常保護令失效前，法院得依當事人或被害人之聲請撤銷、變更或延長之。延長之期間為一年以下，並以一次為限。 通常保護令所定之命令，於期間屆滿前經法院另為裁判確定者，該命令失其效力。	**第14條** 通常保護令之有效期間為一年以下，自核發時起生效。 通常保護令失效前，當事人及被害人得聲請法院撤銷、變更或延長之。延長之期間為一年以下，並以一次為限。 通常保護令所定之命令，於期間屆滿前經法院另為裁判確定者，該命令失其效力。	酌修文字，以臻明確。
第16條 法院核發暫時保護令或緊急保護令，得不經審理程序。	**第15條** 法院為保護被害人，得不經審理程序或於審理終結前，依聲請核發暫時保護	一、為配合修正條文第九條增列緊急保護令，現行條文第一項意涵分列為修正條文第一

法院為保護被害人，得於通常保護令審理終結前，依聲請核發暫時保護令。 法院核發暫時保護令或緊急保護令時，得依聲請或依職權核發第十四條第一項第一款至第六款、第十二款及第十三款之命令。 法院於受理緊急保護令之聲請後，依聲請人到庭或電話陳述家庭暴力之事實，足認被害人有受家庭暴力之急迫危險者，應於四小時內以書面核發緊急保護令，並得以電信傳真或其他科技設備傳送緊急保護令予警察機關。 聲請人於聲請通常保護令前聲請暫時保護令或緊急保護令，其經法院准許核發者，視為已有通常保護令之聲請。 暫時保護令、緊急保護令自核發時起生效，於聲請人撤回通常保護令之聲請、法院審理終結核發通常保護令或駁回聲請時失其效力。 暫時保護令、緊急保護令失效前，法院得依當事人或被害人之聲請或依職權撤銷或變更之。	令。 法院核發暫時保護令時，得依聲請或依職權核發第十三條第二項第一款至第六款及第十二款之命令。 法院於受理第十一條第一項但書之暫時保護令聲請後，依警察人員到庭或電話陳述家庭暴力之事實，有正當理由足認被害人有受家庭暴力之急迫危險者，除有正當事由外，應於四小時內以書面核發暫時保護令，並得以電信傳真或其他科技設備傳送暫時保護令予警察機關。 聲請人於聲請通常保護令前聲請暫時保護令，其經法院准許核發者，視為已有通常保護令之聲請。 暫時保護令自核發時起生效，於法院審理終結核發通常保護令或駁回聲請時失其效力。 暫時保護令失效前，法院得依當事人及被害人之聲請或依職權撤銷或變更之。	項、第二項，餘酌作文字修正。 二、為現行條文第三項「有正當理由」文字，係於事實認定外另列多餘之主觀判斷，爰予刪除。 三、緊急保護令、暫時保護令生效後，如聲請人撤回通常保護令之聲請，均應使已核發生效之緊急保護令、暫時保護令失效，爰於第六項增訂之。
第17條 命相對人遷出被害人住居所或遠離被害人之保護令，不因被害人同意相對人不遷出或不遠離而失其效力。	**第16條** 命相對人遷出被害人住居所或遠離被害人之保護令，不因被害人同意相對人不遷出或不遠離而失其效力。	本條未修正。

第18條 保護令除緊急保護令外，應於核發後二十四小時內發送當事人、被害人、警察機關及直轄市、縣（市）主管機關。 直轄市、縣（市）主管機關應登錄法院所核發之保護令，並供司法及其他執行保護令之機關查閱。	第17條 保護令除第十五條第三項情形外，應於核發後二十四小時內發送當事人、被害人、警察機關及直轄市、縣（市）主管機關。 直轄市、縣（市）主管機關應登錄各法院所核發之保護令，並隨時供法院、警察機關及其他政府機關查閱。	一、第一項配合修正條文第九條酌作文字修正。 二、第二項為符個人資料保護精神，將查閱範圍酌予釐清。
第19條 法院應提供被害人或證人安全出庭之環境與措施。 直轄市、縣（市）主管機關應於所在地地方法院自行或委託民間團體設置家庭暴力事件服務處所，法院應提供場所、必要之軟硬體設備及其他相關協助。但離島法院有礙難情形者，不在此限。	第18條 法院應提供被害人或證人安全出庭之環境與措施。	一、第一項法院應提供被害人或證人安全出庭之環境與措施，包括下列情形，以維護其人身安全並免於心理恐懼： (一)針對危機或極度恐懼的受暴者，能提供視訊或單面鏡審理空間。 (二)規劃有安全危機之受暴者，到庭時使用不同之出入路線。 (三)准許社工人員陪同受暴婦女出庭。 二、增訂第二項各直轄市、縣（市）政府應於法院自行或委託民間團體設置家庭暴力事件服務處所，並規定法院應提供必要之軟、硬體設備，及其他相關協助，視法院辦公空間、資源及實際需要，包括： (一)提供服務處在法院所需相關設施設備，包括傳真機及電話線路等。 (二)於法院辦公空間使用允許條件下，提供可保障隱私的會談場所。 (三)提供服務處查詢家暴個

		案庭期資訊之便利性服務。 ㈣有定期的聯繫會報,三個月一次或至少半年一次。 ㈤其他有助於服務處推展業務之協助。
第20條 關於保護令之裁定,除有特別規定者外,得為抗告。 保護令之程序,除本章別有規定外,準用非訟事件法有關規定;非訟事件法未規定者,準用民事訴訟法有關規定。	**第19條** 於保護令之裁定,除有特別規定者外,得為抗告。 保護令之程序,除本章別有規定外,準用非訟事件法有關規定。非訟事件法未規定者,準用民事訴訟法有關規定。	酌修標點符號。
第二節　執　行		本節新增,因應司法院釋字第五五九號解釋,俾利保護令執行程序完備清晰。
第21條 保護令核發後,當事人及相關機關應確實遵守,並依下列規定辦理: 一、不動產之禁止使用、收益或處分行為及金錢給付之保護令,得為強制執行名義,由被害人依強制執行法聲請法院強制執行,並暫免徵收執行費。 二、於直轄市、縣(市)主管機關所設處所為未成年子女會面交往,及由直轄市、縣(市)主管機關或其所屬人員監督未成年子女會面交往之保護令,由相對人向直轄	**第20條** 保護令之執行,由警察機關為之。但關於金錢給付之保護令,得為執行名義,向法院聲請強制執行。 警察機關應依保護令,保護被害人至被害人或相對人之住居所,確保其安全占有住居所、汽、機車或其他個人生活上、職業上或教育上必需品。 當事人或利害關係人對於警察機關執行保護令之內容有異議時,得於保護令失效前,向原核發保護令之法院聲明異議。 關於聲明異議之程序,準用強制執行法之規定。	一、因應司法院釋字第五五九號解釋,依照實務釐清事權,使保護令執行規定得以明確,修正部分為: ㈠不動產禁止處分向由法院執行,現行保護令規定由警察機關執行之,因生執行困難及地政機關認定上爭議,爰於第一項第一款明定由被害人向法院申請執行,為減輕被害人之經濟負擔,並快速執行保護令,故明定執行費暫免徵收。 ㈡未成年子女會面交往目前係由直轄市、縣(市)政府家庭暴力及性侵害防治中心主責,為符實際並釐清事權,爰明定第一項第二款如上。

市、縣（市）主管機關申請執行。 三、完成加害人處遇計畫之保護令，由直轄市、縣（市）主管機關執行之。 四、禁止查閱相關資訊之保護令，由被害人向相關機關申請執行。 五、其他保護令之執行，由警察機關為之。 前項第二款及第三款之執行，必要時得請求警察機關協助之。		㈢加害人處遇計畫部分，現行係由各直轄市、縣（市）政府家庭暴力防治中心負責規劃安排處遇計畫執行機關相關事宜，並將處遇計畫書交由警察機關，於加害人至警察機關報到時轉交，命加害人確實遵守，爰明定第一項第三款如上。 ㈣配合修正條文第十四條第一項第十二款之增定，明定第一項第四款執行程序。 ㈤規定其他保護令之執行，仍由警察機關為之，修正條文第一項第五款。 二、為加害人處遇計畫、未成年子女會面交往可能發生相對人不配合情形，甚或對執行人員暴力相向，爰增列第二項規定。 三、現行條文第二項移列修正條文第二十二條第一項。 四、有關聲明異議相關規定業訂於修正條文第二十七條，現行條文第三項、第四項刪除。
第22條 警察機關應依保護令，保護被害人至被害人或相對人之住居所，確保其安全占有住居所、汽車、機車或其他個人生活上、職業上或教育上必需品。 前項汽車、機車或其他個人生活上、職業上或教育上必需品，相對人應		一、第一項為現行條文第二十條第二項移列，文字參考現行條文第四十條第一項第三款體例酌修。 三、關於金錢、汽車、機車或其他個人生活上、職業上或教育上必須之物品交付等保護令，事涉民事所有權之行使，員警於執

依保護令交付而未交付者，警察機關得依被害人之請求，進入住宅、建築物或其他標的物所在處所解除相對人之占有或扣留取交被害人。		行時，常遇相對人反抗或拒不開門、不讓執行員警進入家宅內、隱匿拒不交付標的物情事，爰於第二項中明定賦予執行人員得進入執行標的之住宅、建築物或其他標的物所在處所，對於相對人拒不交付、抗拒隱匿標的物之情事，在符合比例原則得解除相對人之占有，或扣留標的物取交被害人，以保障被害人權益，落實保護令之執行。
第23條 前條所定必需品，相對人應一併交付有關證照、書據、印章或其他憑證而未交付者，警察機關得將之取交被害人。 前項憑證取交無著時，其屬被害人所有者，被害人得向相關主管機關申請變更、註銷或補行發給；其屬相對人所有而為行政機關製發者，被害人得請求原核發機關發給保護令有效期間之代用憑證。		一、本條新增。 二、前條必需品有關之證照、書據、印章或其他憑證，相對人經常不隨同交付，為解決實務執行上之困境，爰參酌強制執行法第一百二十一條、第一百二十三條關於物之交付請求權執行立法規範，明定執行人員依保護令執行交付必需品所需之證照、書據、印章或其他憑證為相對人占有者，警察機關得將該憑證取交被害人，及相關憑證取交無著時之救濟措施。
第24條 義務人不依保護令交付未成年子女時，權利人得聲請警察機關限期命義務人交付，屆期未交付者，命交付未成年子		一、本條新增。 二、有關執行子女暫時監護權之保護令，其執行過程常發生爭執，且實務上常發現，法院定子女暫時監護權

女之保護令得為強制執行名義，由權利人聲請法院強制執行，並暫免徵收執行費。		人次後，另一方（包括被害人及加害人）經常有帶子女躲避不願交付之情形發生，而使該款項保護令無法落實執行，爰規定不依保護令交付未成年子女時，權利人得聲請警察機關限期命義務人交付，屆期未交付者，由權利人聲請法院強制執行，並暫免徵執行費。
第25條 義務人不依保護令之內容辦理未成年子女會面交往時，執行。機關或權利人得依前條規定辦理，並得向法院聲請變更保護令		一、本條新增。 二、規定義務人不依保護令安全交還會面交往之未成年子女時，執行機關或當事人除得依第二十四條規定辦理，並可向法院聲請變更保護令。
第26條 當事人之一方依第十四條第一項第六款規定取得暫時對未成年子女權利義務之行使或負擔者，得持保護令逕向戶政機關申請未成年子女戶籍遷徙登記。		一、本條新增。 二、法院核發保護令裁定未成年子女之暫時監護權人時，依戶籍法第四十二條規定「遷徙登記，以本人或戶長為申請人」，則該未成年子女之戶籍遷徙登記，如戶長非取得暫時監護權人，便需受限於其同意；且依該法施行細則第十七條規定，戶政事務所受理戶籍登記需查驗「國民身分證及戶口名簿」，倘戶長不願配合提供戶口名簿，則未成年子女之戶籍遷徙登記亦有困難，爰予增列。

第27條 當事人或利害關係人對於執行保護令之方法、應遵行之程序或其他侵害利益之情事，得於執行程序終結前，向執行機關聲明異議。 前項聲明異議，執行機關認其有理由者，應即停止執行並撤銷或更正已為之執行行為；認其無理由者，應於十日內加具意見，送原核發保護令之法院裁定之。 對於前項法院之裁定，不得抗告。		一、本條新增。 二、增訂對於執行保護令之方法、應遵行之程序或其他侵害利益情事聲明異議之規定，以保障人民權利，使保護令制度更臻周延。
第28條 外國法院關於家庭暴力之保護令，經聲請中華民國法院裁定承認後，得執行之。 當事人聲請法院承認之外國法院關於家庭暴力之保護令，有民事訴訟法第四百零二條第一項第一款至第三款所列情形之一者，法院應駁回其聲請。 外國法院關於家庭暴力之保護令，其核發地國對於中華民國法院之保護令不予承認者，法院得駁回其聲請。	**第21條** 外國法院關於家庭暴力之保護令，經聲請中華民國法院裁定承認後，得執行之。 當事人聲請法院承認之外國法院關於家庭暴力之保護令，有民事訴訟法第四百零二條第一款至第三款所列情形之一者，法院應駁回其聲請。 外國法院關於家庭暴力之保護令，其核發地國對於中華民國法院之保護令不予承認者，法院得駁回其聲請。	一、條次變更。 二、配合九十二年二月七日修正公布之民事訴訟法第四百零二條規定，酌修第二項如上。
第三章　刑事程序	第三章　刑事程序	章名未修正。
第29條 警察人員發現家庭暴力罪之現行犯時，應逕行逮捕之，並依刑事訴訟法第九十二條規定處理。 檢察官、司法警察官或司法警察偵查犯罪認被告	**第22條** 警察人員發現家庭暴力犯罪或違反保護令罪之現行犯時，應逕行逮捕之，並依刑事訴訟法第九十二條規定處理。 雖非現行犯，但警察人員	一、條次變更。 二、家庭暴力通常發生於極具隱密性之家中，且常在夜間發生，有時情況非常危急，依現行條文第二項規定，對於非現行犯，

或犯罪嫌疑人犯家庭暴力罪或違反保護令罪嫌疑重大，且有繼續侵害家庭成員生命、身體或自由之危險，而情況急迫者，得逕行拘提之。 前項拘提，由檢察官親自執行時，得不用拘票；由司法警察官或司法警察執行時，以其急迫情形不及報請檢察官者為限，於執行後，應即報請檢察官簽發拘票。如檢察官不簽發拘票時，應即將被拘提人釋放。	認其犯家庭暴力罪嫌疑重大，且有繼續侵害家庭成員生命、身體或自由之危險，而符合刑事訴訟法所定之逕行拘提要件者，應逕行拘提之。並即報請檢察官簽發拘票。如檢察官不簽發拘票時，應即將被拘提人釋放。	警察人員如認其犯家庭暴力罪嫌疑重大，且有繼續侵害家庭成員生命、身體或自由之危險情況，因現行刑事訴訟法第八十八之一條所定之逕行拘提要件，不能符合家庭暴力之特性，為兼顧程序正當性與第一線執法需要，爰修正檢察官、司法警察官或司法警察發現犯家庭暴力罪或違反保護令罪之被告或犯罪嫌疑人嫌疑重大，且有繼續侵害家庭成員生命、身體或自由之危險，而情況急迫時，即得逕行拘提之，爰修正第二項如上。 三、增列第三項，明定檢察官依第二項規定親自執行拘提時，不用拘票，由司法警察官或司法警察依第二項規定執行時，應以遇情形急迫不及報請檢察官者為限，事後再報請簽發拘票。
第30條 檢察官、司法警察官或司法警察依前條第二項、第三項規定逕行拘提或簽發拘票時，應審酌一切情狀，尤應注意下列事項： 一、被告或犯罪嫌疑人之暴力行為已造成被害人身體或精神上傷害或騷擾，不立即隔離者，被害人或其家庭成員生		一、本條新增。 二、因修正條文第二十九條增列放寬刑事訴訟法對於逕行拘提之要件規定，為促使相關程序有所依循，避免急迫危險認定不一情形，爰對於急迫危險之認定作例示規定。

命、身體或自由有遭受侵害之危險。 二、被告或犯罪嫌疑人有長期連續實施家庭暴力或有違反保護令之行為、酗酒、施用毒品或濫用藥物之習慣。 三、被告或犯罪嫌疑人有利用兇器或其他危險物品恐嚇或施暴行於被害人之紀錄，被害人有再度遭受侵害之虞者。 四、被害人為兒童、少年、老人、身心障礙或具有其他無法保護自身安全之情形。		
第31條 家庭暴力罪或違反保護令罪之被告經檢察官或法院訊問後，認無羈押之必要，而命具保、責付、限制住居或釋放者，得附下列一款或數款條件命被告遵守： 一、禁止實施家庭暴力。 二、禁止對被害人為騷擾、接觸、跟蹤、通話、通信或其他非必要之聯絡行為。 三、遷出被害人之住居所。 四、遠離下列場所特定距離：被害人之住居所、學校、工作場所或其他被害人或其特定家庭成員經常出入之特定場所。	**第23條** 家庭暴力罪或違反保護令罪之被告經檢察官或法院訊問後，認無羈押之必要，而逕命具保、責付、限制住居或釋放者，得附下列一款或數款條件命被告遵守： 一、禁止實施家庭暴力行為。 二、命遷出被害人之住居所。 三、禁止對被害人為直接或間接之騷擾、接觸、通話或其他聯絡行為。 四、其他保護被害人安全之事項。 檢察官或法院得依當事人之聲請或依職權撤銷或變更依前項所附之條件。	一、條次變更。 二、犯家庭暴力罪或違反保護令罪之被告，經詢問後釋放或具保、責付、限制住居時，對被害人人身安全之威脅往往更形嚴重，為保護被害人之安全，爰於第一項第二款增列禁止跟蹤被害人；另所禁止者應包含不必要之連絡行為，為臻明確，爰予修正。 三、增列第一項第四款命加害人應遠離特定場所特定距離，以保障被害人之人身安全。 四、第一項款次調整，並酌作文字修正。 五、增列第二項附條件具保、責付、限制住居或釋放者所附條件之有效期間規定，以補

五、其他保護被害人或其特定家庭成員安全之事項。 前項所附條件有效期間自具保、責付、限制住居或釋放時起生效，至刑事訴訟終結時為止，最長不得逾一年。 檢察官或法院得依當事人之聲請或依職權撤銷或變更依第一項規定所附之條件。		現行條文未定時效所留空窗期，並兼顧人權立法之時代潮流，至有關刑事訴訟終結時點之認定，將另於本法施行細則中規定。 六、第三項配合第二項之增列，酌作文字修正。
第32條 被告違反檢察官或法院依前條第一項規定所附之條件者，檢察官或法院得撤銷原處分，另為適當之處分；如有繳納保證金者，並得沒入其保證金。 被告違反檢察官或法院依前條第一項第一款所定應遵守之條件，犯罪嫌疑重大，且有事實足認被告有反覆實施家庭暴力行為之虞，而有羈押之必要者，得依刑事訴訟法第一百零一之一條之規定，偵查中檢察官得聲請法院羈押之；審判中法院得命羈押之。	**第24條** 被告違反檢察官或法院依前條第一項規定所附之條件者，檢察官或法院得命撤銷原處分，另為適當之處分；如有繳納保證金者，並得沒入其保證金。 前項情形，偵查中檢察官得聲請法院羈押之；審判中法院得命羈押之。	一、條次變更。 二、為使現行條文所定附條件逕命具保、責付、限制住居或釋放者之約制力更臻明確，並審酌當事人人權，於第二項增列被告違反檢察官或法院依第三十一條第一項第一款所定應遵守之條件，犯罪嫌疑重大，且有事實足認被告有反覆實施家庭暴力行為之虞，而有羈押之必要者，得依刑事訴訟法規定予以羈押。
第33條 第三十一條及前條第一項規定，於羈押中之被告，經法院裁定停止羈押者，準用之。停止羈押之被告違反法院依前項規定所附之條件者，法院於認有羈押必要時，得命再執行羈押。	**第25條** 第二十三條、第二十四條第一項之規定，於羈押中之被告，經法院裁定停止羈押者，準用之。停止羈押中之被告違反法院依前項規定所附之釋放條件者，法院於認有羈押必要時，得命再執行羈押。	一、條次變更。 二、配合條次變更，酌作文字修正。

第34條 檢察官或法院為第三十一條第一項及前條第一項之附條件處分或裁定時,應以書面為之,並送達於被告及被害人。	第26條 檢察官或法院為第二十三條第一項及前條第一項之附條件處分或裁定時,應以書面為之,並送達於被告及被害人。	一、條次變更。 二、配合條次變更,酌作文字修正。
第35條 警察人員發現被告違反檢察官或法院依第三十一條第一項、第三十三條第一項規定所附之條件者,應即報告檢察官或法院。第二十九條規定,於本條情形,準用之。	第27條 警察人員發現被告違反檢察官或法院依第二十三條第一項、第二十五條第一項規定所附之條件者,應即報告檢察官或法院。第二十二條之規定於本條情形準用之。	一、條次變更。 二、配合條次變更,酌作文字修正。
第36條 對被害人之訊問或詰問,得依聲請或依職權在法庭外為之,或採取適當隔離措施。	第28條 家庭暴力罪及違反保護令罪之告訴人得委任代理人到場。但檢察官或法院認為必要時,得命本人到場。 對智障被害人或十六歲以下被害人之訊問或詰問,得依聲請或依職權在法庭外為之,或採取適當隔離措施。被害人於本項情形所為之陳述,得為證據。	一、條次變更。 二、為刑事訴訟法第二百三十六條之一、第二百七十一條之一規定較現行條文第一項範圍更寬,爰予刪除。 三、考量被害人處境特殊,參照性侵害犯罪防治法第十六條規定,放寬對被害人之訊問與詰問得在法庭外為之,或採取適當隔離措施,不限於智障或十六歲以下之被害人;另「被害人於本項情形所為之陳述,得為證據。」文字,查於該情形所為之訊問或詰問,係法庭之延伸,所為陳述本得作為證據,屬贅語爰予刪除。
第37條 對於家庭暴力罪或違反保護令罪案件所為之起	第29條 對於家庭暴力罪或違反保護令罪案件所為之起訴	條次變更,並配合緩起訴制度之施行,酌予文字修正。

訴書、不起訴處分書、緩起訴處分書、撤銷緩起訴處分書、裁定書或判決書，應送達於被害人。	書、不起訴處分書、裁定書或判決書，應送達於被害人。	
第38條 犯家庭暴力罪或違反保護令罪而受緩刑之宣告者，在緩刑期內應付保護管束。 法院為前項緩刑宣告時，得命被告於付緩刑保護管束期間內，遵守下列一款或數款事項： 一、禁止實施家庭暴力。 二、禁止對被害人為騷擾、接觸、跟蹤、通話、通信或其他非必要之聯絡行為。 三、遷出被害人之住居所。 四、遠離下列場所特定距離：被害人之住居所、學校、工作場所或其他被害人或其特定家庭成員經常出入之特定場所。 五、完成加害人處遇計畫。 六、其他保護被害人或其特定家庭成員安全之事項。 法院依前項第五款規定，命被告完成加害人處遇計畫前，得準用第十四條第二項規定。 法院為第一項之緩刑宣告時，應即通知被害人及其住居所所在地之警察機關。 受保護管束人違反第二項保護管束事項情節重大者，撤銷其緩刑之宣告。	**第30條** 犯家庭暴力罪或違反保護令罪而受緩刑之宣告者，在緩刑期內應付保護管束。 法院為前項緩刑宣告時，得命被告於付緩刑保護管束期間內，遵守下列一款或數款事項： 一、禁止實施家庭暴力行為。 二、命遷出被害人之住居所。 三、禁止對被害人為直接或間接之騷擾、接觸、通話或其他聯絡行為。 四、命接受加害人處遇計畫：戒癮治療、精神治療、心理輔導或其他治療、輔導。 五、其他保護被害人或其特定家庭成員安全或更生保護之事項。 法院為第一項之緩刑宣告時，應即通知被害人及其住居所所在地之警察機關。 受保護管束人違反第二項保護管束事項情節重大者，撤銷其緩刑之宣告。	一、條次變更。 二、為本法第二條名詞定義者為家庭暴力，爰第二項第一款配合修正，另為確實保護被害人權益，增列第四款命加害人遠離特定場所特定距離。 三、配合修正條文第十四條第一項第二款、第四款、第十款文字酌修第二項各款次文字，以統一體例；至違反保護令罪之被告，縱有尚未完成其原民事保護令之加害人處遇計畫情形，法院仍得依第二項規定，命其完成另一處遇計畫，自不待言。 四、現行條文第二項第五款「更生保護」部分，因其內涵、條件、要件與執行機關之規定與本項各款顯有差異，爰予刪除。 五、增列第三項，法官於新命加害人完成處遇計畫前，得準用第十四條第二項關於裁定前鑑定之規定。 六、現行條文第三項、第四項遞移。

第39條 前條規定，於受刑人經假釋出獄付保護管束者，準用之。	**第31條** 前條之規定，於受刑人經假釋出獄付保護管束者，準用之。	條次變更，並酌作文字修正。
第40條 檢察官或法院依第三十一條第一項、第三十三條第一項、第三十八條第二項或前條規定所附之條件，得通知直轄市、縣（市）主管機關或警察機關執行之。	**第32條** 檢察官或法院依第二十三條第一項、第二十五條第一項、第三十條第二項或前條規定所附之條件，得指揮司法警察執行之。	一、條次變更。 二、配合條次變更，酌作文字修正。 三、依附條件內容參照民事保護令執行機關酌修，以符實際。
第41條 法務部應訂定並執行家庭暴力罪或違反保護令罪受刑人之處遇計畫。 前項計畫之訂定及執行之相關人員，應接受家庭暴力防治教育及訓練。	**第33條** 有關政府機關應訂定並執行家庭暴力罪或違反保護令罪受刑人之處遇計畫。 前項計畫之訂定及執行之相關人員應接受家庭暴力防治教育及訓練。	一、條次變更。 二、依現行實務明列執行家庭暴力罪或違反保護令罪受刑人處遇計畫之訂定機關。
第42條 監獄長官應將家庭暴力罪或違反保護令罪受刑人預定出獄之日期或脫逃之事實通知被害人。但被害人之所在不明者，不在此限。	**第34條** 監獄長官應將家庭暴力罪或違反保護令罪受刑人預定出獄之日期或脫逃之事實通知被害人。但被害人之所在不明者，不在此限。	條次變更，內容未修正。
第四章　父母子女	第四章　父母子女與和解調解程序	章名酌作文字修正。
第43條 法院依法為未成年子女酌定或改定權利義務之行使或負擔之人時，對已發生家庭暴力者，推定由加害人行使或負擔權利義務不利於該子女。	**第35條** 法院依法為未成年子女酌定或改定權利義務之行使或負擔之人時，對已發生家庭暴力者，推定由加害人行使或負擔權利義務不利於該子女。	條次變更，內容未修正。

第44條	第36條	條次變更，並酌作文字修正。
法院依法為未成年子女酌定或改定權利義務之行使或負擔之人或會面交往之裁判後，發生家庭暴力者，法院得依被害人、未成年子女、直轄市、縣（市）主管機關、社會福利機構或其他利害關係人之請求，為子女之最佳利益改定之。	法院依法為未成年子女酌定或改定權利義務之行使或負擔之人或會面交往之裁判後，發生家庭暴力者，法院得依被害人、未成年子女、主管機關、社會福利機構或其他利害關係人之請求為子女之最佳利益改定之。	
第45條	**第37條**	一、條次變更。
法院依法准許家庭暴力加害人會面交往其未成年子女時，應審酌子女及被害人之安全，並得為下列一款或數款命令： 一、於特定安全場所交付子女。 二、由第三人或機關、團體監督會面交往，並得定會面交往時應遵守之事項。 三、完成加害人處遇計畫或其他特定輔導為會面交往條件。 四、負擔監督會面交往費用。 五、禁止過夜會面交往。 六、準時、安全交還子女，並繳納保證金。 七、其他保護子女、被害人或其他家庭成員安全之條件。 法院如認有違背前項命令之情形，或准許會面交往無法確保被害人或其子女之安全者，得依	法院依法准許家庭暴力加害人會面交往其未成年子女時，應審酌子女及被害人之安全，並得為下列一款或數款命令： 一、命於特定安全場所交付子女。 二、命由第三人或機關團體監督會面交往，並得定會面交往時應遵守之事項。 三、以加害人完成加害人處遇計畫或其他特定輔導為會面交往條件。 四、命加害人負擔監督會面交往費用。 五、禁止過夜會面交往。 六、命加害人出具準時、安全交還子女之保證金。 七、其他保護子女、被害人或其他家庭成員安全之條件。 法院如認有違背前項命令之情形，或准許會面交往無法確保被害人或其子女之安全者，得依聲請或依職權禁止之。如違背前項第六款命令，並得沒入保	二、第一項第一款至第四款、第六款酌作文字修正；又第六款應以要求準時、安全交還子女為先，保證金繳納係附帶條件，爰酌修文字釐清先後，至保證金繳納之相關規定另於施行細則明定。

聲請或依職權禁止之。如違背前項第六款命令，並得沒入保證金。法院於必要時，得命有關機關或有關人員保密被害人或子女住居所。	證金。法院於必要時，得命有關機關或有關人員保密被害人或子女住居所。	
第46條 直轄市、縣（市）主管機關應設未成年子女會面交往處所或委託其他機關（構）、團體辦理。前項處所，應有受過家庭暴力安全及防制訓練之人員；其設置、監督會面交往與交付子女之執行及收費規定，由直轄市、縣（市）主管機關定之。	**第38條** 各直轄市及縣（市）政府應設未成年子女會面交往處所或委託辦理。前項會面交往處所應有受過家庭暴力安全及防制訓練之人員，其設置辦法及監督會面交往與交付子女之程序由各直轄市及縣（市）主管機關另訂之。	一、條次變更。 二、第一項明定得以委託其他單位辦理未成年子女會面交往。 三、基於使用者付費原則，明定未成年子女會面交往處所之收費規定，由直轄市、縣（市）主管機關定之，並酌作文字及標點符號修正。
第47條 法院於訴訟或調解程序中如認為有家庭暴力之情事時，不得進行和解或調解，但有下列情形之一者，不在此限： 一、行和解或調解之人曾受家庭暴力防治之訓練並以確保被害人安全之方式進行和解或調解。 二、准許被害人選定輔助人參與和解或調解。 三、其他行和解或調解之人認為能使被害人免受加害人脅迫之程序。	**第39條** 法院於訴訟或調解程序中如認為有家庭暴力之情事時，不得進行和解或調解，但有下列情形之一者，不在此限： 一、行和解或調解之人曾受家庭暴力防治之訓練並以確保被害人安全之方式進行和解或調解。 二、准許被害人選定輔助人參與和解或調解。 三、其他行和解或調解之人認為能使被害人免受加害人脅迫之程序。	一、條次變更。 二、內容未修正。
第五章　預防及處遇	第五章　預防與治療	為符實際並去污名化，將「治療」修正為「處遇」，並酌作文字修正。
第48條 警察人員處理家庭暴力	**第40條** 警察人員處理家庭暴力案	一、條次變更。 二、配合修正條文第十六

案件，必要時應採取下列方法保護被害人及防止家庭暴力之發生： 一、於法院核發緊急保護令前，在被害人住居所守護或採取其他保護被害人或其家庭成員之必要安全措施。 二、保護被害人及其子女至庇護所或醫療機構。 三、告知被害人其得行使之權利、救濟途徑及服務措施。 警察人員處理家庭暴力案件，應製作書面紀錄；其格式，由中央警政主管機關定之。	件，必要時應採取下列方法保護被害人及防止家庭暴力之發生： 一、於法院核發第十五條第三項之暫時保護令前，在被害人住居所守護或採取其他保護被害人及其家庭成員之必要安全措施。 二、保護被害人及其子女至庇護所或醫療處所。 三、保護被害人至被害人或相對人之住居所，確保其安全占有保護令所定個人生活上、職業上或教育上之必需品。 四、告知被害人其得行使之權利、救濟途徑及服務措施。 警察人員處理家庭暴力案件，應製作書面紀錄，其格式由中央警政主管機關訂之。	條，第一項第一款酌作文字修正。 三、第一項第三款已規定於修正條文第二十二條第一項，爰予刪除。 四、第一項第二款、第二項酌作文字修正。
第49條 醫事人員、社會工作人員、臨床心理人員、教育人員及保育人員為防治家庭暴力行為或保護家庭暴力被害人之權益，有受到身體或精神上不法侵害之虞者，得請求警察機關提供必要之協助。		一、本條新增。 二、為加強對於防治網絡人員之保護，增列相關專業人員因防治家庭暴力行為或保護家庭暴力被害人之權益，有受到身體或精神上不法侵害之虞者，得請求警察機關提供必要之協助。
第50條 醫事人員、社會工作人員、臨床心理人員、教育人員、保育人員、警察人員及其他執行家庭暴力防治人員，在執行職務時知有疑似家庭暴力情事者，應立即通報	**第41條** 醫事人員、社工人員、臨床心理人員、教育人員、保育人員、警察人員及其他執行家庭暴力防治人員，在執行職務時知有家庭暴力之犯罪嫌疑者，應通報當地主管機關。	一、條次變更。 二、第一項及第三項增列知有疑似家暴情事者，應立即通報，至遲不得逾二十四小時，主管機關接獲通報後應立即處理之規定。

<table>
<tr>
<td>

當地主管機關，至遲不得逾二十四小時。

前項通報之方式及內容，由中央主管機關定之；通報人之身分資料，應予保密。

主管機關接獲通報後，應即行處理；必要時得自行或委請其他機關（構）、團體進行訪視、調查。

主管機關或受其委請之機關（構）或團體進行訪視、調查時，得請求警察機關、醫療（事）機構、學校或其他相關機關（構）協助，被請求者應予配合。

</td>
<td>

前項通報人之身分資料應予保密。

主管機關接獲通報後，必要時得自行或委託其他機關或防治家庭暴力有關機構、團體進行訪視、調查。

主管機關或受其委託之機關、機構或團體進行訪視、調查時，得請求警察、醫療、學校或其他相關機關或機構協助，被請求之機關或機構應予配合。

</td>
<td>

三、本法施行細則第十七條通報之方式及內容之訂定，涉及人民權利義務，應於法律位階訂定，爰移列於本條第二項。

四、第一項、第三項、第四項為統一體例，酌作文字修正。

</td>
</tr>
<tr>
<td>

第51條

直轄市、縣（市）主管機關對於撥打依第八條第一項第一款設置之二十四小時電話專線者，於有下列情形之一時，得追查其電話號碼及地址：

一、為免除當事人之生命、身體、自由或財產上之急迫危險。

二、為防止他人權益遭受重大危害而有必要。

三、無正當理由撥打專線電話，致妨害公務執行。

四、其他為增進公共利益或防止危害發生。

</td>
<td></td>
<td>

一、本條新增。

二、緊急救援為二十四小時電話專線功能之一，目前民眾撥打專線尋求協助，如接線人員接線後發現狀況緊急（例如：正在發生暴力，需立即協請警察介入中止暴力；或民眾意圖自殺需即時介入救援），往往因無法及時查知來電者之電話號碼及地址，而錯失良機，喪失專線緊急救援功能；另專線騷擾電話頻繁，為制止民眾無故撥打電話騷擾妨害接線公務之執行，爰明定主管機關為免除急迫危險，防止他人權益遭受危害及無正當理由撥打致妨害公務等情形時，得即時

</td>
</tr>
</table>

		追查來電電話號碼及地址，以便及時通報110及119等相關單位介入，發揮緊急救援功能，維護人身安全，同時制止騷擾、防止妨害公務之執行。
第52條 醫療機構對於家庭暴力之被害人，不得無故拒絕診療及開立驗傷診斷書。	**第42條** 醫院、診所對於家庭暴力之被害人，不得無故拒絕診療及開立驗傷診斷書。	條次變更，並酌作文字修正。
第53條 衛生主管機關應擬訂及推廣有關家庭暴力防治之衛生教育宣導計畫。	**第43條** 衛生主管機關應擬訂及推廣有關家庭暴力防治之衛生教育宣導計畫。	條次變更，內容未修正。
第54條 中央衛生主管機關應訂定家庭暴力加害人處遇計畫規範，其內容包括下列各款： 一、處遇計畫之評估標準。 二、司法機關、家庭暴力被害人保護計畫之執行機關（構）、加害人處遇計畫之執行機關（構）間之連繫及評估制度。 三、執行機關（構）之資格。 中央衛生主管機關應會同相關機關負責家庭暴力加害人處遇計畫之推動、發展、協調、督導及其他相關事宜。	**第45條** 中央衛生主管機關應訂定家庭暴力加害人處遇計畫規範，其內容包括下列各款： 一、處遇計畫之評估標準。 二、司法機關、家庭暴力被害人保護計畫之執行機關（構）、加害人處遇計畫之執行機關（構）間之連繫及評估制度。 三、執行機關（構）之資格。	一、條次變更。 二、增列第二項，明定中央衛生主管機關主管有關加人處遇計畫之推動、督導等權責，以臻明確。
第55條 加害人處遇計畫之執行機關（構）得為下列事項：	**第46條** 加害人處遇計畫之執行機關（構）得為下列事項： 一、將加害人接受處遇情	一、條次變更。 二、第一項第一款增加告知司法機關，以因應法界實務需求；第二

一、將加害人接受處遇情事告知司法機關、被害人及其辯護人。 二、調閱加害人在其他機構之處遇資料。 三、將加害人之資料告知司法機關、監獄監務委員會、家庭暴力防治中心及其他有關機構。加害人有不接受處遇計畫、接受時數不足或不遵守處遇計畫內容及恐嚇、施暴等行為時，加害人處遇計畫之執行機關（構）應告知直轄市、縣（市）主管機關，必要時並得通知直轄市、縣（市）主管機關協調處理。	事告知被害人及其辯護人。 二、調查加害人在其他機構之處遇資料。 三、將加害人之資料告知司法機關、監獄監務委員會、家庭暴力防治中心及其他有關機構。 加害人處遇計畫之執行機關（構）應將加害人之恐嚇、施暴、不遵守計畫等行為告知相關機關。	款將調「查」修正為調「閱」以符合實際狀況。 三、為臻明確，第二項增列加害人不接受處遇計畫、接受時數不足等文字，為釐權責，明定處遇計畫執行機關（構）應將加害人不遵守規定行為告知直轄市、縣（市）主管機關，必要時，並得由其通知直轄市、縣（市）主管機關協調處理規定，並酌作文字修正。
第56條 直轄市、縣（市）主管機關應製作家庭暴力被害人權益、救濟及服務之書面資料，供被害人取閱，並提供醫療機構及警察機關使用。 醫事人員執行業務時，知悉其病人為家庭暴力被害人時，應將前項資料交付病人。 第一項資料，不得記明庇護所之地址。	**第44條** 直轄市及縣（市）政府應製作家庭暴力被害人權益、救濟及服務之書面資料，以供被害人取閱，並提供執業醫師醫療機構及警察機關使用。醫師在執行業務時，知悉其病人為家庭暴力被害人時，應將前項資料交付病人。第一項資料不得記明庇護所之住址。	條次變更，並酌作文字及標點符號修正。
第57條 直轄市、縣（市）主管機關應提供醫療機構、公、私立國民小學及戶政機關家庭暴力防治之相關資料，俾醫療機構、	**第47條** 直轄市、縣（市）政府應提供醫療機構及戶政機關家庭暴力防治之相關資料，俾醫療機構及戶政機關將該相關資料提供新生	一、條次變更。 二、原條文第一項所定「住院未成年人之父母」意義不明，爰予刪除；另學校與家庭互動密切，為加強宣

公、私立國民小學及戶政機關將該相關資料提供新生兒之父母、辦理小學新生註冊之父母、辦理結婚登記之新婚夫妻及辦理出生登記之人。前項資料內容應包括家庭暴力對於子女及家庭之影響及家庭暴力之防治服務。	兒之父母、住院未成年人之父母、辦理結婚登記之新婚夫妻及辦理出生登記之人。前項資料內容應包括家庭暴力對於子女及家庭之影響及家庭暴力之防治服務。	導，爰將資料提供對象增列公、私立國民小學。
第58條 直轄市、縣（市）主管機關得核發家庭暴力被害人下列補助： 一、緊急生活扶助費用。 二、非屬全民健康保險給付範圍之醫療費用及身心治療、諮商與輔導費用。 三、訴訟費用及律師費用。 四、安置費用、房屋租金費用。 五、子女教育、生活費用及兒童托育費用。 六、其他必要費用。 前項補助對象、條件及金額等事項規定，由直轄市、縣（市）主管機關定之。家庭暴力被害人，依民事保護令取得未成年子女之權利義務行使或有具體事實證明獨自扶養子女者，得申請創業貸款補助，其申請資格、程序、補助金額、名額及期限等，由中央目的事業主管機關定之。		一、本條新增。 二、比照特殊境遇婦女家庭扶助條例增列被害人相關補助，以使標準一致。
第59條 社會行政主管機關應辦	**第48條** 社會行政主管機關應辦理	一、條次變更。 二、依「兒童福利專業人

理社會工作人員、保母人員、保育人員及其他相關社會行政人員防治家庭暴力在職教育。警政主管機關應辦理警察人員防治家庭暴力在職教育。司法院及法務部應辦理相關司法人員防治家庭暴力在職教育。衛生主管機關應辦理或督促相關醫療團體辦理醫護人員防治家庭暴力在職教育。教育主管機關應辦理學校之輔導人員、行政人員、教師及學生防治家庭暴力在職教育及學校教育。	社工人員及保育人員防治家庭暴力之在職教育。警政主管機關應辦理警察人員防治家庭暴力之在職教育。司法院及法務部應辦理相關司法人員防治家庭暴力之在職教育。衛生主管機關應辦理或督促相關醫療團體辦理醫護人員防治家庭暴力之在職教育。教育主管機關應辦理學校之輔導人員、行政人員、教師及學生防治家庭暴力之在職教育及學校教育。	員資格要點」規定，「保母人員」與「保育人員」有所區隔，而社會行政人員、保母人員為家庭暴力防治工作重要他人，有關家庭暴力事件之專業敏感度與相關防治觀念、個案處遇知能亦應予以提升，爰於第一項增列。 三、第二項至第四項酌作文字修正。
第60條 各級中小學每學年應有四小時以上之家庭暴力防治課程，但得於總時數不變下，彈性安排於各學年實施。	**第49條** 各級中小學每學年應有家庭暴力防治課程。	家庭暴力防治課程之安排，為配合實際教學需要、學生特質與需求，宜保持適當彈性，爰明定各級中小學家庭暴力防治課程之最低時數，以確保各級中小學對於家庭暴力防治課程之實施與品質。
第六章　罰　則	第六章　罰　則	章名未修正。
第61條 違反法院依第十四條第一項、第十六條第三項所為之下列裁定者，為本法所稱違反保護令罪，處三年以下有期徒刑、拘役或科或併科新臺幣十萬元以下罰金： 一、禁止實施家庭暴力。 二、禁止騷擾、接觸、跟蹤、通話、通信或其他非必要之聯絡行為。 三、遷出住居所。	**第50條** 違反法院依第十三條、第十五條所為之下列裁定者，為本法所稱之違反保護令罪，處三年以下有期徒刑、拘役或科或併科新臺幣十萬元以下罰金： 一、禁止實施家庭暴力行為。 二、禁止直接或間接騷擾、接觸、通話或其他連絡行為。 三、命遷出住居所。 四、遠離住居所、工作場所、學校或其他特定	

四、遠離住居所、工作場所、學校或其他特定場所。 五、完成加害人處遇計畫。	場所。 五、命完成加害人處遇計畫：戒癮治療、精神治療、心理輔導或其他治療、輔導。	一、條次變更。 二、配合修正條文第十四條第一項第一款、第二款、第十款文字，酌修本條第一款、第二款及第五款。第三款酌作文字修正。
第62條 違反第五十條第一項規定者，由直轄市、縣（市）主管機關處新臺幣六千元以上三萬元以下罰鍰。 但醫事人員為避免被害人身體緊急危難而違反者，不罰。違反第五十二條規定者，由直轄市、縣（市）主管機關處新臺幣六千元以上三萬元以下罰鍰。	**第51條** 違反第四十一條第一項規定者，處新臺幣六千元以上三萬元以下罰鍰。但醫事人員為避免被害人身體緊急危難而違反者，不罰。 違反第四十二條規定者，處新臺幣六千元以上三萬元以下之罰鍰。	一、條次變更。 二、酌作文字修正及配合條次修正。
第63條 違反第五十一條第三款規定，經勸阻不聽者，直轄市、縣（市）主管機關得處新臺幣三千元以上一萬五千元以下罰鍰。		一、本條新增。 二、113婦幼保護二十四小時電話專線，係為維護人身安全而設置之通報諮詢專線，目前因無故撥打騷擾情形嚴重，致暴力受害者不易求助甚或無法撥通之情形普遍存在，為避免影響真正需要協助之民眾相關權益並使行政資源得以充分發揮其功效，確保該專線達成設置目的並防止遭無故濫用，爰參照消防法第三十六條明定相關處罰規定。
第七章　附　則	第七章　附　則	章名未修正。

第64條 行政機關執行保護令及處理家庭暴力案件辦法，由中央主管機關定之。	**第52條** 警察機關執行保護令及家庭暴力案件辦法，由中央主管機關定之。	一、條次變更。 二、因應司法院釋字第五五九號解釋，本法已增列執行專節，規範民事保護令之執行機關，爰酌作文字修正，期使保護令之執行與處理更加完備。
第65條 本法施行細則，由中央主管機關定之。	**第53條** 本法施行細則，由中央主管機關定之。	條次變更，內容未修正。
第66條 本法自公布日施行。	**第54條** 本法自公布日施行。 第二章至第四章、第五章第四十條、第四十一條、第六章自公布後一年施行。	一、條次變更。 二、本法施行以滿八年，全部條文皆已施行，第二項已無規定必要，爰予刪除。

附錄4
家庭暴力防治法

1. 民國87年6月24日總統令制定公布全文54條；本法自公布日施行，第二章至第四章、第五章第40條、第41條、第六章自公布後一年施行。
2. 民國96年3月28日總統令修正公布全文66條；並自公布日施行。
3. 民國97年1月9日總統令修正公布第10條條文。
4. 民國98年4月22日總統令修正公布第50條條文。
5. 民國98年4月29日總統令修正公布第58條條文。
   民國102年7月19日行政院公告第4條所列屬「內政部」之權責事項，自102年7月23日起改由「衛生福利部」管轄。
6. 民國104年2月4日總統令修正公布第2、4至6、8、11、14至17、19、20、31、32、34、36、37、38、42、48至50、58、59、60條條文；並增訂第30-1、34-1、36-1、36-2、50-1、58-1、61-1、63-1條條文；除第63-1條自公布後一年施行外，其餘自公布日施行。

第一章　通則

第 1 條　　為防治家庭暴力行為及保護被害人權益，特制定本法。

第 2 條　　本法用詞定義如下：

　　一、家庭暴力：指家庭成員間實施身體、精神或經濟上之騷擾、控制、脅迫或其他不法侵害之行為。

　　二、家庭暴力罪：指家庭成員間故意實施家庭暴力行為而成立其他法律所規定之犯罪。

　　三、目睹家庭暴力：指看見或直接聽聞家庭暴力。

　　四、騷擾：指任何打擾、警告、嘲弄或辱罵他人之言語、動作或製造使人心生畏怖情境之行為。

　　五、跟蹤：指任何以人員、車輛、工具、設備、電子通訊或其他方法持續性監視、跟追或掌控他人行蹤及活動之行為。

　　六、加害人處遇計畫：指對於加害人實施之認知教育輔導、親職教育輔導、心理輔導、精神治療、戒癮治療或其他輔導、治療。

第 3 條　　本法所定家庭成員，包括下列各員及其未成年子女：

　　一、配偶或前配偶。

二、現有或曾有同居關係、家長家屬或家屬間關係者。

三、現為或曾為直系血親或直系姻親。

四、現為或曾為四親等以內之旁系血親或旁系姻親。

第 4 條　本法所稱主管機關：在中央為衛生福利部；在直轄市為直轄市政府；在縣（市）為縣（市）政府。

本法所定事項，主管機關及目的事業主管機關應就其權責範圍，針對家庭暴力防治之需要，尊重多元文化差異，主動規劃所需保護、預防及宣導措施，對涉及相關機關之防治業務，並應全力配合之，其權責事項如下：

一、主管機關：家庭暴力防治政策之規劃、推動、監督、訂定跨機關（構）合作規範及定期公布家庭暴力相關統計等事宜。

二、衛生主管機關：家庭暴力被害人驗傷、採證、身心治療、諮商及加害人處遇等相關事宜。

三、教育主管機關：各級學校家庭暴力防治教育、目睹家庭暴力兒童及少年之輔導措施、家庭暴力被害人及其子女就學權益之維護等相關事宜。

四、勞工主管機關：家庭暴力被害人職業訓練及就業服務等相關事宜。

五、警政主管機關：家庭暴力被害人及其未成年子女人身安全之維護及緊急處理、家庭暴力犯罪偵查與刑事案件資料統計等相關事宜。

六、法務主管機關：家庭暴力犯罪之偵查、矯正及再犯預防等刑事司法相關事宜。

七、移民主管機關：設籍前之外籍、大陸或港澳配偶因家庭暴力造成逾期停留、居留及協助其在臺居留或定居權益維護等相關事宜。

八、文化主管機關：出版品違反本法規定之處理等相關事宜。

九、通訊傳播主管機關：廣播、電視及其他通訊傳播媒體違反本法規定之處理等相關事宜。

十、戶政主管機關：家庭暴力被害人與其未成年子女身分資料及戶籍等相關事宜。

十一、其他家庭暴力防治措施，由相關目的事業主管機關依職權辦理。

第 5 條　中央主管機關應辦理下列事項：

一、研擬家庭暴力防治法規及政策。

二、協調、督導有關機關家庭暴力防治事項之執行。

三、提高家庭暴力防治有關機構之服務效能。

四、督導及推展家庭暴力防治教育。

五、協調被害人保護計畫及加害人處遇計畫。

六、協助公立、私立機構建立家庭暴力處理程序。

七、統籌建立、管理家庭暴力電子資料庫，供法官、檢察官、警察、醫師、護理人員、心理師、社會工作人員及其他政府機關使用，並對被害人之身分予以保密。

八、協助地方政府推動家庭暴力防治業務，並提供輔導及補助。

九、每四年對家庭暴力問題、防治現況成效與需求進行調查分析，並定期公布家庭暴力致死人數、各項補助及醫療救護支出等相關之統計分析資料。各相關單位應配合調查，提供統計及分析資料。

十、其他家庭暴力防治有關事項。

中央主管機關辦理前項事項，應遴聘（派）學者專家、民間團體及相關機關代表提供諮詢，其中學者專家、民間團體代表之人數，不得少於總數二分之一；且任一性別人數不得少於總數三分之一。

第一項第七款規定電子資料庫之建立、管理及使用辦法，由中央主管機關定之。

第 6 條　中央主管機關為加強推動家庭暴力及性侵害相關工作，應設置基金；其收支保管及運用辦法，由行政院定之。

前項基金來源如下：

一、政府預算撥充。

二、緩起訴處分金。

三、認罪協商金。

四、本基金之孳息收入。

五、受贈收入。

六、依本法所處之罰鍰。

七、其他相關收入。

第 7 條　直轄市、縣（市）主管機關為協調、研究、審議、諮詢、督導、考核及推動家庭暴力防治工作，應設家庭暴力防治委員會；其組織及會議事項，由直轄市、縣（市）主管機關定之。

第 8 條　直轄市、縣（市）主管機關應整合所屬警政、教育、衛生、社政、民政、戶政、勞工、新聞等機關、單位業務及人力，設立家庭暴力防治中心，並協調司法、移民相關機關，辦理下列事項：

一、提供二十四小時電話專線服務。

二、提供被害人二十四小時緊急救援、協助診療、驗傷、採證及緊急安

置。

三、提供或轉介被害人經濟扶助、法律服務、就學服務、住宅輔導，並以
階段性、支持性及多元性提供職業訓練與就業服務。

四、提供被害人及其未成年子女短、中、長期庇護安置。

五、提供或轉介被害人、經評估有需要之目睹家庭暴力兒童及少年或家庭
成員身心治療、諮商、社會與心理評估及處置。

六、轉介加害人處遇及追蹤輔導。

七、追蹤及管理轉介服務案件。

八、推廣家庭暴力防治教育、訓練及宣導。

九、辦理危險評估，並召開跨機構網絡會議。

十、其他家庭暴力防治有關之事項。

前項中心得與性侵害防治中心合併設立，並應配置社會工作、警察、衛生
及其他相關專業人員；其組織，由直轄市、縣（市）主管機關定之。

第二章　民事保護令

第一節　聲請及審理

第 9 條　民事保護令（以下簡稱保護令）分為通常保護令、暫時保護令及緊急保護
令。

第 10 條　被害人得向法院聲請通常保護令、暫時保護令；被害人為未成年人、身心
障礙者或因故難以委任代理人者，其法定代理人、三親等以內之血親或姻
親，得為其向法院聲請之。

檢察官、警察機關或直轄市、縣（市）主管機關得向法院聲請保護令。

保護令之聲請、撤銷、變更、延長及抗告，均免徵裁判費，並準用民事訴
訟法第七十七條之二十三第四項規定。

第 11 條　保護令之聲請，由被害人之住居所地、相對人之住居所地或家庭暴力發生
地之地方法院管轄。

前項地方法院，於設有少年及家事法院地區，指少年及家事法院。

第 12 條　保護令之聲請，應以書面為之。但被害人有受家庭暴力之急迫危險者，檢
察官、警察機關或直轄市、縣（市）主管機關，得以言詞、電信傳真或其
他科技設備傳送之方式聲請緊急保護令，並得於夜間或休息日為之。

前項聲請得不記載聲請人或被害人之住居所，僅記載其送達處所。

法院為定管轄權，得調查被害人之住居所。經聲請人或被害人要求保密被
害人之住居所，法院應以秘密方式訊問，將該筆錄及相關資料密封，並禁

止閱覽。

第 13 條　聲請保護令之程式或要件有欠缺者，法院應以裁定駁回之。但其情形可以補正者，應定期間先命補正。

法院得依職權調查證據，必要時得隔別訊問。

前項隔別訊問，必要時得依聲請或依職權在法庭外為之，或採有聲音及影像相互傳送之科技設備或其他適當隔離措施。

被害人得於審理時，聲請其親屬或個案輔導之社工人員、心理師陪同被害人在場，並得陳述意見。

保護令事件之審理不公開。

法院於審理終結前，得聽取直轄市、縣（市）主管機關或社會福利機構之意見。

保護令事件不得進行調解或和解。

法院受理保護令之聲請後，應即行審理程序，不得以當事人間有其他案件偵查或訴訟繫屬為由，延緩核發保護令。

第 14 條　法院於審理終結後，認有家庭暴力之事實且有必要者，應依聲請或依職權核發包括下列一款或數款之通常保護令：

一、禁止相對人對於被害人、目睹家庭暴力兒童及少年或其特定家庭成員實施家庭暴力。

二、禁止相對人對於被害人、目睹家庭暴力兒童及少年或其特定家庭成員為騷擾、接觸、跟蹤、通話、通信或其他非必要之聯絡行為。

三、命相對人遷出被害人、目睹家庭暴力兒童及少年或其特定家庭成員之住居所；必要時，並得禁止相對人就該不動產為使用、收益或處分行為。

四、命相對人遠離下列場所特定距離：被害人、目睹家庭暴力兒童及少年或其特定家庭成員之住居所、學校、工作場所或其他經常出入之特定場所。

五、定汽車、機車及其他個人生活上、職業上或教育上必需品之使用權；必要時，並得命交付之。

六、定暫時對未成年子女權利義務之行使或負擔，由當事人之一方或雙方共同任之、行使或負擔之內容及方法；必要時，並得命交付子女。

七、定相對人對未成年子女會面交往之時間、地點及方式；必要時，並得禁止會面交往。

八、命相對人給付被害人住居所之租金或被害人及其未成年子女之扶養

費。

九、命相對人交付被害人或特定家庭成員之醫療、輔導、庇護所或財物損害等費用。

十、命相對人完成加害人處遇計畫。

十一、命相對人負擔相當之律師費用。

十二、禁止相對人查閱被害人及受其暫時監護之未成年子女戶籍、學籍、所得來源相關資訊。

十三、命其他保護被害人、目睹家庭暴力兒童及少年或其特定家庭成員之必要命令。

法院為前項第六款、第七款裁定前,應考量未成年子女之最佳利益,必要時並得徵詢未成年子女或社會工作人員之意見。

第一項第十款之加害人處遇計畫,法院得逕命相對人接受認知教育輔導、親職教育輔導及其他輔導,並得命相對人接受有無必要施以其他處遇計畫之鑑定;直轄市、縣(市)主管機關得於法院裁定前,對處遇計畫之實施方式提出建議。

第一項第十款之裁定應載明處遇計畫完成期限。

第 15 條　通常保護令之有效期間為二年以下,自核發時起生效。

通常保護令失效前,法院得依當事人或被害人之聲請撤銷、變更或延長之。延長保護令之聲請,每次延長期間為二年以下。

檢察官、警察機關或直轄市、縣(市)主管機關得為前項延長保護令之聲請。

通常保護令所定之命令,於期間屆滿前經法院另為裁判確定者,該命令失其效力。

第 16 條　法院核發暫時保護令或緊急保護令,得不經審理程序。

法院為保護被害人,得於通常保護令審理終結前,依聲請或依職權核發暫時保護令。

法院核發暫時保護令或緊急保護令時,得依聲請或依職權核發第十四條第一項第一款至第六款、第十二款及第十三款之命令。

法院於受理緊急保護令之聲請後,依聲請人到庭或電話陳述家庭暴力之事實,足認被害人有受家庭暴力之急迫危險者,應於四小時內以書面核發緊急保護令,並得以電信傳真或其他科技設備傳送緊急保護令予警察機關。

聲請人於聲請通常保護令前聲請暫時保護令或緊急保護令,其經法院准許核發者,視為已有通常保護令之聲請。

　　暫時保護令、緊急保護令自核發時起生效，於聲請人撤回通常保護令之聲請、法院審理終結核發通常保護令或駁回聲請時失其效力。

　　暫時保護令、緊急保護令失效前，法院得依當事人或被害人之聲請或依職權撤銷或變更之。

第 17 條　法院對相對人核發第十四條第一項第三款及第四款之保護令，不因被害人、目睹家庭暴力兒童及少年或其特定家庭成員同意相對人不遷出或不遠離而失其效力。

第 18 條　保護令除緊急保護令外，應於核發後二十四小時內發送當事人、被害人、警察機關及直轄市、縣（市）主管機關。

　　直轄市、縣（市）主管機關應登錄法院所核發之保護令，並供司法及其他執行保護令之機關查閱。

第 19 條　法院應提供被害人或證人安全出庭之環境與措施。

　　直轄市、縣（市）主管機關應於所在地地方法院自行或委託民間團體設置家庭暴力事件服務處所，法院應提供場所、必要之軟硬體設備及其他相關協助。但離島法院有礙難情形者，不在此限。

　　前項地方法院，於設有少年及家事法院地區，指少年及家事法院。

第 20 條　保護令之程序，除本章別有規定外，適用家事事件法有關規定。

　　關於保護令之裁定，除有特別規定者外，得為抗告；抗告中不停止執行。

第二節　執行

第 21 條　保護令核發後，當事人及相關機關應確實遵守，並依下列規定辦理：

　　一、不動產之禁止使用、收益或處分行為及金錢給付之保護令，得為強制執行名義，由被害人依強制執行法聲請法院強制執行，並暫免徵收執行費。

　　二、於直轄市、縣（市）主管機關所設處所為未成年子女會面交往，及由直轄市、縣（市）主管機關或其所屬人員監督未成年子女會面交往之保護令，由相對人向直轄市、縣（市）主管機關申請執行。

　　三、完成加害人處遇計畫之保護令，由直轄市、縣（市）主管機關執行之。

　　四、禁止查閱相關資訊之保護令，由被害人向相關機關申請執行。

　　五、其他保護令之執行，由警察機關為之。

　　前項第二款及第三款之執行，必要時得請求警察機關協助之。

第 22 條　警察機關應依保護令，保護被害人至被害人或相對人之住居所，確保其安全占有住居所、汽車、機車或其他個人生活上、職業上或教育上必需品。

前項汽車、機車或其他個人生活上、職業上或教育上必需品，相對人應依保護令交付而未交付者，警察機關得依被害人之請求，進入住宅、建築物或其他標的物所在處所解除相對人之占有或扣留取交被害人。

第 23 條　前條所定必需品，相對人應一併交付有關證照、書據、印章或其他憑證而未交付者，警察機關得將之取交被害人。

前項憑證取交無著時，其屬被害人所有者，被害人得向相關主管機關申請變更、註銷或補行發給；其屬相對人所有而為行政機關製發者，被害人得請求原核發機關發給保護令有效期間之代用憑證。

第 24 條　義務人不依保護令交付未成年子女時，權利人得聲請警察機關限期命義務人交付，屆期未交付者，命交付未成年子女之保護令得為強制執行名義，由權利人聲請法院強制執行，並暫免徵收執行費。

第 25 條　義務人不依保護令之內容辦理未成年子女之會面交往時，執行機關或權利人得依前條規定辦理，並得向法院聲請變更保護令。

第 26 條　當事人之一方依第十四條第一項第六款規定取得暫時對未成年子女權利義務之行使或負擔者，得持保護令逕向戶政機關申請未成年子女戶籍遷徙登記。

第 27 條　當事人或利害關係人對於執行保護令之方法、應遵行之程序或其他侵害利益之情事，得於執行程序終結前，向執行機關聲明異議。

前項聲明異議，執行機關認其有理由者，應即停止執行並撤銷或更正已為之執行行為；認其無理由者，應於十日內加具意見，送原核發保護令之法院裁定之。

對於前項法院之裁定，不得抗告。

第 28 條　外國法院關於家庭暴力之保護令，經聲請中華民國法院裁定承認後，得執行之。

當事人聲請法院承認之外國法院關於家庭暴力之保護令，有民事訴訟法第四百零二條第一項第一款至第三款所列情形之一者，法院應駁回其聲請。

外國法院關於家庭暴力之保護令，其核發地國對於中華民國法院之保護令不予承認者，法院得駁回其聲請。

第三章　刑事程序

第 29 條　警察人員發現家庭暴力罪之現行犯時，應逕行逮捕之，並依刑事訴訟法第九十二條規定處理。

檢察官、司法警察官或司法警察偵查犯罪認被告或犯罪嫌疑人犯家庭暴力罪或違反保護令罪嫌疑重大，且有繼續侵害家庭成員生命、身體或自由之

危險，而情況急迫者，得逕行拘提之。

前項拘提，由檢察官親自執行時，得不用拘票；由司法警察官或司法警察執行時，以其急迫情形不及報請檢察官者為限，於執行後，應即報請檢察官簽發拘票。如檢察官不簽發拘票時，應即將被拘提人釋放。

第 30 條　檢察官、司法警察官或司法警察依前條第二項、第三項規定逕行拘提或簽發拘票時，應審酌一切情狀，尤應注意下列事項：

一、被告或犯罪嫌疑人之暴力行為已造成被害人身體或精神上傷害或騷擾，不立即隔離者，被害人或其家庭成員生命、身體或自由有遭受侵害之危險。

二、被告或犯罪嫌疑人有長期連續實施家庭暴力或有違反保護令之行為、酗酒、施用毒品或濫用藥物之習慣。

三、被告或犯罪嫌疑人有利用兇器或其他危險物品恐嚇或施暴行於被害人之紀錄，被害人有再度遭受侵害之虞者。

四、被害人為兒童、少年、老人、身心障礙或具有其他無法保護自身安全之情形。

第 30-1 條　被告經法官訊問後，認為犯違反保護令者、家庭成員間故意實施家庭暴力行為而成立之罪，其嫌疑重大，有事實足認為有反覆實行前開犯罪之虞，而有羈押之必要者，得羈押之。

第 31 條　家庭暴力罪或違反保護令罪之被告經檢察官或法院訊問後，認無羈押之必要，而命具保、責付、限制住居或釋放者，對被害人、目睹家庭暴力兒童及少年或其特定家庭成員得附下列一款或數款條件命被告遵守：

一、禁止實施家庭暴力。

二、禁止為騷擾、接觸、跟蹤、通話、通信或其他非必要之聯絡行為。

三、遷出住居所。

四、命相對人遠離其住居所、學校、工作場所或其他經常出入之特定場所特定距離。

五、其他保護安全之事項。

前項所附條件有效期間自具保、責付、限制住居或釋放時起生效，至刑事訴訟終結時為止，最長不得逾一年。

檢察官或法院得依當事人之聲請或依職權撤銷或變更依第一項規定所附之條件。

第 32 條　被告違反檢察官或法院依前條第一項規定所附之條件者，檢察官或法院得撤銷原處分，另為適當之處分；如有繳納保證金者，並得沒入其保證金。

被告違反檢察官或法院依前條第一項第一款所定應遵守之條件，犯罪嫌疑重大，且有事實足認被告有反覆實施家庭暴力行為之虞，而有羈押之必要者，偵查中檢察官得聲請法院羈押之；審判中法院得命羈押之。

第 33 條　第三十一條及前條第一項規定，於羈押中之被告，經法院裁定停止羈押者，準用之。

停止羈押之被告違反法院依前項規定所附之條件者，法院於認有羈押必要時，得命再執行羈押。

第 34 條　檢察官或法院為第三十一條第一項及前條第一項之附條件處分或裁定時，應以書面為之，並送達於被告、被害人及被害人住居所所在地之警察機關。

第 34-1 條　法院或檢察署有下列情形之一，應即時通知被害人所在地之警察機關及家庭暴力防治中心：

一、家庭暴力罪或違反保護令罪之被告解送法院或檢察署經檢察官或法官訊問後，認無羈押之必要，而命具保、責付、限制住居或釋放者。

二、羈押中之被告，經法院撤銷或停止羈押者。

警察機關及家庭暴力防治中心於接獲通知後，應立即通知被害人或其家庭成員。

前二項通知應於被告釋放前通知，且得以言詞、電信傳真或其他科技設備傳送之方式通知。但被害人或其家庭成員所在不明或通知顯有困難者，不在此限。

第 35 條　警察人員發現被告違反檢察官或法院依第三十一條第一項、第三十三條第一項規定所附之條件者，應即報告檢察官或法院。第二十九條規定，於本條情形，準用之。

第 36 條　對被害人之訊問或詰問，得依聲請或依職權在法庭外為之，或採取適當隔離措施。

警察機關於詢問被害人時，得採取適當之保護及隔離措施。

第 36-1 條　被害人於偵查中受訊問時，得自行指定其親屬、醫師、心理師、輔導人員或社工人員陪同在場，該陪同人並得陳述意見。

被害人前項之請求，檢察官除認其在場有妨礙偵查之虞者，不得拒絕之。

陪同人之席位應設於被害人旁。

第 36-2 條　被害人受訊問前，檢察官應告知被害人得自行選任符合第三十六條之一資格之人陪同在場。

第 37 條　對於家庭暴力罪或違反保護令罪案件所為之起訴書、聲請簡易判決處刑

書、不起訴處分書、緩起訴處分書、撤銷緩起訴處分書、裁定書或判決書，應送達於被害人。

第 38 條　犯家庭暴力罪或違反保護令罪而受緩刑之宣告者，在緩刑期內應付保護管束。

法院為前項緩刑宣告時，除顯無必要者外，應命被告於付緩刑保護管束期間內，遵守下列一款或數款事項：

一、禁止實施家庭暴力。

二、禁止對被害人、目睹家庭暴力兒童及少年或其特定家庭成員為騷擾、接觸、跟蹤、通話、通信或其他非必要之聯絡行為。

三、遷出被害人、目睹家庭暴力兒童及少年或其特定家庭成員之住居所。

四、命相對人遠離下列場所特定距離：被害人、目睹家庭暴力兒童及少年或其特定家庭成員之住居所、學校、工作場所或其他經常出入之特定場所。

五、完成加害人處遇計畫。

六、其他保護被害人、目睹家庭暴力兒童及少年或其特定家庭成員安全之事項。

法院依前項第五款規定，命被告完成加害人處遇計畫前，得準用第十四條第三項規定。

法院為第一項之緩刑宣告時，應即通知被害人及其住居所所在地之警察機關。

受保護管束人違反第二項保護管束事項情節重大者，撤銷其緩刑之宣告。

第 39 條　前條規定，於受刑人經假釋出獄付保護管束者，準用之。

第 40 條　檢察官或法院依第三十一條第一項、第三十三條第一項、第三十八條第二項或前條規定所附之條件，得通知直轄市、縣（市）主管機關或警察機關執行之。

第 41 條　法務部應訂定並執行家庭暴力罪或違反保護令罪受刑人之處遇計畫。

前項計畫之訂定及執行之相關人員，應接受家庭暴力防治教育及訓練。

第 42 條　矯正機關應將家庭暴力罪或違反保護令罪受刑人預定出獄之日期通知被害人、其住居所所在地之警察機關及家庭暴力防治中心。但被害人之所在不明者，不在此限。

受刑人如有脫逃之事實，矯正機關應立即為前項之通知。

第四章　父母子女

第 43 條　法院依法為未成年子女酌定或改定權利義務之行使或負擔之人時，對已發

生家庭暴力者，推定由加害人行使或負擔權利義務不利於該子女。

第 44 條　法院依法為未成年子女酌定或改定權利義務之行使或負擔之人或會面交往之裁判後，發生家庭暴力者，法院得依被害人、未成年子女、直轄市、縣（市）主管機關、社會福利機構或其他利害關係人之請求，為子女之最佳利益改定之。

第 45 條　法院依法准許家庭暴力加害人會面交往其未成年子女時，應審酌子女及被害人之安全，並得為下列一款或數款命令：

一、於特定安全場所交付子女。

二、由第三人或機關、團體監督會面交往，並得定會面交往時應遵守之事項。

三、完成加害人處遇計畫或其他特定輔導為會面交往條件。

四、負擔監督會面交往費用。

五、禁止過夜會面交往。

六、準時、安全交還子女，並繳納保證金。

七、其他保護子女、被害人或其他家庭成員安全之條件。

法院如認有違背前項命令之情形，或准許會面交往無法確保被害人或其子女之安全者，得依聲請或依職權禁止之。如違背前項第六款命令，並得沒入保證金。

法院於必要時，得命有關機關或有關人員保密被害人或子女住居所。

第 46 條　直轄市、縣（市）主管機關應設未成年子女會面交往處所或委託其他機關（構）、團體辦理。

前項處所，應有受過家庭暴力安全及防制訓練之人員；其設置、監督會面交往與交付子女之執行及收費規定，由直轄市、縣（市）主管機關定之。

第 47 條　法院於訴訟或調解程序中如認為有家庭暴力之情事時，不得進行和解或調解。但有下列情形之一者，不在此限：

一、行和解或調解之人曾受家庭暴力防治之訓練並以確保被害人安全之方式進行和解或調解。

二、准許被害人選定輔助人參與和解或調解。

三、其他行和解或調解之人認為能使被害人免受加害人脅迫之程序。

第五章　預防及處遇

第 48 條　警察人員處理家庭暴力案件，必要時應採取下列方法保護被害人及防止家庭暴力之發生：

一、於法院核發緊急保護令前，在被害人住居所守護或採取其他保護被害

人或其家庭成員之必要安全措施。

二、保護被害人及其子女至庇護所或醫療機構。

三、告知被害人其得行使之權利、救濟途徑及服務措施。

四、查訪並告誡相對人。

五、訪查被害人及其家庭成員，並提供必要之安全措施。

警察人員處理家庭暴力案件，應製作書面紀錄；其格式，由中央警政主管機關定之。

第 49 條　醫事人員、社會工作人員、教育人員及保育人員為防治家庭暴力行為或保護家庭暴力被害人之權益，有受到身體或精神上不法侵害之虞者，得請求警察機關提供必要之協助。

第 50 條　醫事人員、社會工作人員、教育人員、保育人員、警察人員、移民業務人員及其他執行家庭暴力防治人員，在執行職務時知有疑似家庭暴力，應立即通報當地主管機關，至遲不得逾二十四小時。

前項通報之方式及內容，由中央主管機關定之；通報人之身分資料，應予保密。

主管機關接獲通報後，應即行處理，並評估有無兒童及少年目睹家庭暴力之情事；必要時得自行或委請其他機關（構）、團體進行訪視、調查。

主管機關或受其委請之機關（構）或團體進行訪視、調查時，得請求警察機關、醫療（事）機構、學校、公寓大廈管理委員會或其他相關機關（構）協助，被請求者應予配合。

第 50-1 條　宣傳品、出版品、廣播、電視、網際網路或其他媒體，不得報導或記載被害人及其未成年子女之姓名，或其他足以識別被害人及其未成年子女身分之資訊。但經有行為能力之被害人同意、犯罪偵查機關或司法機關依法認為有必要者，不在此限。

第 51 條　直轄市、縣（市）主管機關對於撥打依第八條第一項第一款設置之二十四小時電話專線者，於有下列情形之一時，得追查其電話號碼及地址：

一、為免除當事人之生命、身體、自由或財產上之急迫危險。

二、為防止他人權益遭受重大危害而有必要。

三、無正當理由撥打專線電話，致妨害公務執行。

四、其他為增進公共利益或防止危害發生。

第 52 條　醫療機構對於家庭暴力之被害人，不得無故拒絕診療及開立驗傷診斷書。

第 53 條　衛生主管機關應擬訂及推廣有關家庭暴力防治之衛生教育宣導計畫。

第 54 條　中央衛生主管機關應訂定家庭暴力加害人處遇計畫規範；其內容包括下列

各款：

一、處遇計畫之評估標準。

二、司法機關、家庭暴力被害人保護計畫之執行機關（構）、加害人處遇計畫之執行機關（構）間之連繫及評估制度。

三、執行機關（構）之資格。

中央衛生主管機關應會同相關機關負責家庭暴力加害人處遇計畫之推動、發展、協調、督導及其他相關事宜。

第 55 條　加害人處遇計畫之執行機關（構）得為下列事項：

一、將加害人接受處遇情事告知司法機關、被害人及其辯護人。

二、調閱加害人在其他機構之處遇資料。

三、將加害人之資料告知司法機關、監獄監務委員會、家庭暴力防治中心及其他有關機構。

加害人有不接受處遇計畫、接受時數不足或不遵守處遇計畫內容及恐嚇、施暴等行為時，加害人處遇計畫之執行機關（構）應告知直轄市、縣（市）主管機關；必要時並得通知直轄市、縣（市）主管機關協調處理。

第 56 條　直轄市、縣（市）主管機關應製作家庭暴力被害人權益、救濟及服務之書面資料，供被害人取閱，並提供醫療機構及警察機關使用。

醫事人員執行業務時，知悉其病人為家庭暴力被害人時，應將前項資料交付病人。

第一項資料，不得記明庇護所之地址。

第 57 條　直轄市、縣（市）主管機關應提供醫療機構、公、私立國民小學及戶政機關家庭暴力防治之相關資料，俾醫療機構、公、私立國民小學及戶政機關將該相關資料提供新生兒之父母、辦理小學新生註冊之父母、辦理結婚登記之新婚夫妻及辦理出生登記之人。

前項資料內容應包括家庭暴力對於子女及家庭之影響及家庭暴力之防治服務。

第 58 條　直轄市、縣（市）主管機關得核發家庭暴力被害人下列補助：

一、緊急生活扶助費用。

二、非屬全民健康保險給付範圍之醫療費用及身心治療、諮商與輔導費用。

三、訴訟費用及律師費用。

四、安置費用、房屋租金費用。

五、子女教育、生活費用及兒童托育費用。

六、其他必要費用。

第一項第一款、第二款規定，於目睹家庭暴力兒童及少年，準用之。

第一項補助對象、條件及金額等事項規定，由直轄市、縣（市）主管機關定之。

家庭暴力被害人年滿二十歲者，得申請創業貸款；其申請資格、程序、利息補助金額、名額及期限等，由中央目的事業主管機關定之。

為辦理第一項及第四項補助業務所需之必要資料，主管機關得洽請相關機關（構）、團體、法人或個人提供之，受請求者不得拒絕。

主管機關依前項規定所取得之資料，應盡善良管理人之注意義務，確實辦理資訊安全稽核作業；其保有、處理及利用，並應遵循個人資料保護法之規定。

第 58-1 條　對於具就業意願而就業能力不足之家庭暴力被害人，勞工主管機關應提供預備性就業或支持性就業服務。

前項預備性就業或支持性就業服務相關辦法，由勞工主管機關定之。

第 59 條　社會行政主管機關應辦理社會工作人員、居家式托育服務提供者、托育人員、保育人員及其他相關社會行政人員防治家庭暴力在職教育。

警政主管機關應辦理警察人員防治家庭暴力在職教育。

司法院及法務部應辦理相關司法人員防治家庭暴力在職教育。

衛生主管機關應辦理或督促相關醫療團體辦理醫護人員防治家庭暴力在職教育。

教育主管機關應辦理學校、幼兒園之輔導人員、行政人員、教師、教保服務人員及學生防治家庭暴力在職教育及學校教育。

移民主管機關應辦理移民業務人員防治家庭暴力在職教育。

第 60 條　高級中等以下學校每學年應有四小時以上之家庭暴力防治課程。但得於總時數不變下，彈性安排於各學年實施。

第六章　罰則

第 61 條　違反法院依第十四條第一項、第十六條第三項所為之下列裁定者，為本法所稱違反保護令罪，處三年以下有期徒刑、拘役或科或併科新臺幣十萬元以下罰金：

一、禁止實施家庭暴力。

二、禁止騷擾、接觸、跟蹤、通話、通信或其他非必要之聯絡行為。

三、遷出住居所。

四、遠離住居所、工作場所、學校或其他特定場所。

五、完成加害人處遇計畫。

第 61-1 條　廣播、電視事業違反第五十條之一規定者，由目的事業主管機關處新臺幣三萬元以上十五萬元以下罰鍰，並命其限期改正；屆期未改正者，得按次處罰。

前項以外之宣傳品、出版品、網際網路或其他媒體之負責人違反第五十條之一規定者，由目的事業主管機關處新臺幣三萬元以上十五萬元以下罰鍰，並得沒入第五十條之一規定之物品、命其限期移除內容、下架或其他必要之處置；屆期不履行者，得按次處罰至履行為止。但被害人死亡，經目的事業主管機關權衡社會公益，認有報導之必要者，不罰。

宣傳品、出版品、網際網路或其他媒體無負責人或負責人對行為人之行為不具監督關係者，第二項所定之罰鍰，處罰行為人。

第 62 條　違反第五十條第一項規定者，由直轄市、縣（市）主管機關處新臺幣六千元以上三萬元以下罰鍰。但醫事人員為避免被害人身體緊急危難而違反者，不罰。

違反第五十二條規定者，由直轄市、縣（市）主管機關處新臺幣六千元以上三萬元以下罰鍰。

第 63 條　違反第五十一條第三款規定，經勸阻不聽者，直轄市、縣（市）主管機關得處新臺幣三千元以上一萬五千元以下罰鍰。

第 63-1 條　被害人年滿十六歲，遭受現有或曾有親密關係之未同居伴侶施以身體或精神上不法侵害之情事者，準用第九條至第十三條、第十四條第一項第一款、第二款、第四款、第九款至第十三款、第三項、第四項、第十五條至第二十條、第二十一條第一項第一款、第三款至第五款、第二項、第二十七條、第二十八條、第四十八條、第五十條之一、第五十二條、第五十四條、第五十五條及第六十一條之規定。

前項所稱親密關係伴侶，指雙方以情感或性行為為基礎，發展親密之社會互動關係。

本條自公布後一年施行。

第七章　附則

第 64 條　行政機關執行保護令及處理家庭暴力案件辦法，由中央主管機關定之。

第 65 條　本法施行細則，由中央主管機關定之。

第 66 條　本法自公布日施行。

附錄5
家庭暴力防治法施行細則

1. 民國88年6月22日內政部令訂定發布全文19條；並自發布日施行。
2. 民國96年10月2日內政部令修正發布全文23條；並自發布日施行。
3. 民國104年7月29日衛生福利部令修正發布全文 25 條；並自發布日施行。

第 1 條　　本細則依家庭暴力防治法（以下簡稱本法）第六十五條規定訂定之。

第 2 條　　本法第二條第一款所定經濟上之騷擾、控制、脅迫或其他不法侵害之行
　　　　　　為，包括下列足以使被害人畏懼或痛苦之舉動或行為：
　　　　　　一、過度控制家庭財務、拒絕或阻礙被害人工作等方式。
　　　　　　二、透過強迫借貸、強迫擔任保證人或強迫被害人就現金、有價證券與其
　　　　　　　　他動產及不動產為交付、所有權移轉、設定負擔及限制使用收益等方
　　　　　　　　式。
　　　　　　三、其他經濟上之騷擾、控制、脅迫或其他不法侵害之行為。

第 3 條　　直轄市、縣（市）主管機關家庭暴力防治中心每半年應邀集當地警政、教
　　　　　　育、衛生、社政、民政、戶政、司法、勞工、新聞、移民等相關機關舉行
　　　　　　業務協調會報，研議辦理本法第八條第一項各款措施相關事宜；必要時，
　　　　　　得召開臨時會議。

第 4 條　　檢察官、警察機關或直轄市、縣（市）主管機關依本法第十二條第一項但
　　　　　　書規定聲請緊急保護令時，應考量被害人有無遭受相對人虐待、威嚇、傷
　　　　　　害或其他身體上、精神上或經濟上不法侵害之現時危險，或如不核發緊急
　　　　　　保護令，將導致無法回復之損害等情形。

第 5 條　　依本法第十二條第一項前段規定以書面聲請保護令者，應記載下列事項：
　　　　　　一、聲請人之姓名、性別、出生年月日、國民身分證統一編號、住居所或
　　　　　　　　送達處所及與被害人之關係；聲請人為法人、機關或其他團體者，其
　　　　　　　　名稱及公務所、事務所或營業所。
　　　　　　二、被害人非聲請人者，其姓名、性別、出生年月日、住居所或送達處
　　　　　　　　所。
　　　　　　三、相對人之姓名、性別、出生年月日、住居所或送達處所及與被害人之
　　　　　　　　關係。
　　　　　　四、有代理人者，其姓名、性別、出生年月日、住居所或事務所、營業

389

所。

五、聲請之意旨及其原因、事實。

六、供證明或釋明用之證據。

七、附件及其件數。

八、法院。

九、年、月、日。

聲請人知悉被害人、相對人、代理人之國民身分證統一編號者，宜併於聲請狀記載。

第 6 條　檢察官、警察機關或直轄市、縣（市）主管機關依本法第十二條第一項但書規定，以言詞、電信傳真或其他科技設備傳送之方式聲請緊急保護令時，應表明前條各款事項，除有特殊情形外，並應以法院之專線為之。

第 7 條　本法第十二條第一項但書規定所稱夜間，為日出前，日沒後；所稱休息日，為星期例假日、應放假之紀念日及其他由中央人事主管機關規定應放假之日。

第 8 條　法院受理本法第十二條第一項但書規定緊急保護令聲請之事件，如認現有資料無法審認被害人有受家庭暴力之急迫危險者，得請警察人員及其他相關人員協助調查。

第 9 條　法院受理本法第十二條第一項但書規定緊急保護令聲請之事件，得請聲請人、前條協助調查人到庭或電話陳述家庭暴力之事實，相關人員不得拒絕。

第 10 條　本法第十九條第一項所定提供被害人或證人安全出庭之環境及措施，包括下列事項之全部或一部：

一、提供視訊或單面鏡審理空間。

二、規劃或安排其到庭時使用不同之入出路線。

三、其他相關措施。

被害人或證人出庭時，需法院提供前項措施者，於開庭前或開庭時，向法院陳明。

第 11 條　被害人依本法第二十一條第一項第一款規定，向執行標的物所在地法院聲請強制執行時，應持保護令正本，並以書狀表明下列各款事項：

一、當事人或其代理人。

二、請求實現之權利。

書狀內宜記載執行之標的物、應為之執行行為或強制執行法所定其他事項。

第一項暫免徵收之執行費，執行法院得於強制執行所得金額之範圍內，予以優先扣繳受償。

未能依前項規定受償之執行費，執行法院得於執行完畢後，以裁定確定其數額及應負擔者，並將裁定正本送達債權人及債務人。

第 12 條　被害人依本法第二十一條第一項第四款規定，申請執行本法第十四條第一項第十二款保護令，應向下列機關、學校提出：

一、任一戶政事務所：申請執行禁止相對人查閱被害人及受其暫時監護未成年子女戶籍相關資訊之保護令。

二、學籍所在學校：申請執行禁止相對人查閱被害人及受其暫時監護未成年子女學籍相關資訊之保護令。

三、各地區國稅局：申請執行禁止相對人查閱被害人及受其暫時監護未成年子女所得來源相關資訊之保護令。

第 13 條　本法第二十四條所稱權利人，指由法院依本法第十四條第一項第六款所定暫時對未成年子女行使或負擔權利義務之一方；所稱義務人，指依本法第十四條第一項第六款規定應交付子女予權利人者。

第 14 條　本法第二十五條所稱權利人、義務人，定義如下：

一、於每次子女會面交往執行前：

（一）權利人：指依本法第十四條第一項第七款規定申請執行子女會面交往者。

（二）義務人：指由法院依本法第十四條第一項第六款所定暫時對未成年子女行使或負擔權利義務之一方。

二、於每次子女會面交往執行後：

（一）權利人：指由法院依本法第十四條第一項第六款所定暫時對未成年子女行使或負擔權利義務之一方。

（二）義務人：指依本法第十四條第一項第七款規定申請執行子女會面交往者。

第 15 條　權利人依本法第二十四條或第二十五條規定，向應為執行行為地之法院聲請強制執行時，除依第十一條之規定辦理外，聲請時並應提出曾向警察機關或直轄市、縣（市）主管機關聲請限期履行未果之證明文件。

第 16 條　當事人或利害關係人依本法第二十七條第一項規定，向執行機關聲明異議者，應以書面或言詞提出；其以言詞為之者，受理之人員或單位應作成紀錄，經向聲明異議者朗讀或使閱覽，確認其內容無誤後，由其簽名或蓋章。

聲明異議之書面內容或言詞作成之紀錄，應載明異議人之姓名及異議事由；其由利害關係人為之者，並應載明其利害關係。

第 17 條　本法第三十一條第二項所稱刑事訴訟終結時，指下列情形：

一、案件經檢察官為不起訴處分或緩起訴處分者，至該處分確定時。

二、案件經檢察官提起公訴或聲請簡易判決處刑者，至該案件經法院判決確定時。

第 18 條　警察人員依本法第三十五條規定報告檢察官及法院時，應以書面為之，並檢具事證及其他相關資料。但情況急迫者，得以言詞、電信傳真或其他科技設備傳送之方式報告。

第 19 條　家庭暴力罪及違反保護令罪之告訴人，依刑事訴訟法第二百三十六條之一第一項或第二百七十一條之一第一項規定委任代理人到場者，應提出委任書狀。

第 20 條　警察人員發現受保護管束人違反本法第三十八條第二項於保護管束期間應遵守之事項時，應檢具事證，報告受保護管束人戶籍地或住居所地之地方法院檢察署檢察官。

第 21 條　本法第五十條第二項通報方式，應以電信傳真或其他科技設備傳送；情況緊急時，得先以言詞、電話通訊方式通報，並於通報後二十四小時內補送通報表。

前項通報表內容，包括通報人、被害人、相對人之基本資料、具體受暴事實及相關協助等事項。

第 22 條　本法第五十條之一所定其他足以識別被害人及其未成年子女身分之資訊，包括被害人及其未成年子女之照片、影像、聲音、住居所、就讀學校與班級、工作場所、親屬姓名或與其之關係等個人基本資料。

第 23 條　本法第五十八條所定直轄市、縣（市）主管機關，為被害人戶籍地之直轄市、縣（市）主管機關。

第 24 條　本法第六十三條之一第二項所定親密關係伴侶，得參酌下列因素認定之：

一、雙方關係之本質。

二、雙方關係之持續時間。

三、雙方互動之頻率。

四、性行為之有無及頻率。

五、其他足以認定有親密關係之事實。

第 25 條　本細則自發布日施行。

國家圖書館出版品預行編目資料

家庭暴力防治法規專論／高鳳仙編著. 一 四
版. 一 臺北市：五南, 2018.09
　　　面；　　公分.
ISBN 978-957-11-9919-9 (平裝)
1.家庭暴力防治法
585.79　　　　　　　　　　107014620

1R60

家庭暴力防治法規專論

編 著 者 — 高鳳仙(193.1)

發 行 人 — 楊榮川

總 經 理 — 楊士清

副總編輯 — 劉靜芬

責任編輯 — 高丞嫻　李孝怡

封面設計 — 王麗娟

出 版 者 — 五南圖書出版股份有限公司

地　　　址：106台北市大安區和平東路二段339號4樓

電　　　話：(02)2705-5066　　傳　　真：(02)2706-6100

網　　　址：http://www.wunan.com.tw

電子郵件：wunan@wunan.com.tw

劃撥帳號：01068953

戶　　　名：五南圖書出版股份有限公司

法律顧問　林勝安律師事務所　林勝安律師

出版日期　1998年10月初版一刷
　　　　　2007年 9 月二版一刷
　　　　　2015年 9 月三版一刷
　　　　　2018年 9 月四版一刷

定　　　價　新臺幣450元